谨以此书纪念中国针织工业创建120周年！

针织人话针织

ZHENZHIREN
HUA ZHENZHI

林光兴 ◎ 主编

中国纺织出版社

图书在版编目（CIP）数据

针织人话针织/林光兴主编．—北京：中国纺织出版社，2016.11
ISBN 978－7－5180－3087－3

Ⅰ.①针… Ⅱ.①林… Ⅲ.①针织工业－工业发展－中国－文集
Ⅳ.①F426.81

中国版本图书馆 CIP 数据核字（2016）第 269639 号

策划编辑：孔会云　　责任编辑：范雨昕　　责任校对：楼旭红
责任设计：何　建　　责任印制：何　建

中国纺织出版社出版发行
地址：北京市朝阳区百子湾东里 A407 号楼　邮政编码：100124
销售电话：010—67004422　传真：010—87155801
http：//www.c-textilep.com
E-mail：faxing@c-textilep.com
中国纺织出版社天猫旗舰店
官方微博 http：//weibo.com/2119887771
三河市延风印装有限公司印刷　各地新华书店经销
2016 年 11 月第 1 版第 1 次印刷
开本：710×1000　1/16　印张：28
字数：388 千字　定价：120.00 元

序　一

我国针织工业经历了持续快速发展，已经成为纺织工业中产业体系较为完整、国际影响力较大的重要产业。

2013 年、2014 年，我国针织产品出口连超 1 千亿美元，2015 年也接近 1 千亿美元。我国针织行业产品出口占纺织行业的 1/3，占全球纺织服装贸易的 1/10。针织产品可分为服用、家用和产业用三大类，其中服用针织产品就涵盖了内衣、T 恤衫、文化衫、休闲装、运动服等品类，并且向职业装和正装全方位覆盖。这昭示着针织行业有着广阔的前景。

《针织人话针织》就是在这样的背景下出版发行的，业内人士以交流互动的形式、从多个维度深刻总结行业发展与管理的宝贵经验。

针织行业是一个产业链较长、产品类别多样、结构多元的行业，而且产业跨界融合越来越明显，这是一种行业优势，更是一种行业责任。长期以来，我国针织品产销量世界第一，具有较强的市场影响力。我国针织技术、产品等的某些领域在国际上达到先进水平，为引领行业进步发挥了积极作用。但是，培育自主创新综合实力，培育国际化自主品牌，从而带动行业的全方位提升，依然是行业工作的主线和目标。“十三五”时期是针织行业实现从量的增长向质的提升转变的关键时期。

为此，《针织人话针织》以敏锐的目光，深入探求针织行业发展规律和发展方向，必将对行业管理、协会服务、企业经营和消费导向等各项行业工作，起到十分重要的指导作用和借鉴作用。

让我们针织人弘扬行业的优良传统，继续共同努力，为针织行业的高效发展贡献智慧和力量。

杨纪朝

2016 年 10 月 1 日

杨纪朝，教授级高级工程师，纺织专家，中国纺织工业联合会副会长，中国针织工业协会会长。原国家纺织工业局规划发展司司长。

序　二

《针织人话针织》是一本好书。针织行业的资深人士从不同的角度，以充满真知灼见的文字共同阐述行业的过去、今天和未来，以这样的方式纪念我国针织工业创建120周年。

长期以来，针织人发扬艰苦奋斗的精神，不断完善生产工艺技术，开发出丰富多彩的针织产品，有力地推动针织品消费取向从保暖为主向装饰美化延伸。近年来，由于针织人的辛勤劳动，针织产品的性能得到整体、全面提升，应用领域从服用、装饰用加速向产业用拓展。可以说，针织行业在满足人民日益增长的消费需求方面一直发挥着重要作用。

这样一个行业就是永恒的朝阳产业。随着消费领域对针织产品认知的深入，针织产品将更加广泛地应用于人们生活的各个方面和国民经济的许多领域。这给针织行业带来了更多的发展机遇和更大的提升空间，而针织人将肩负新的历史使命。

《针织人话针织》生动地记录了行业的一些重要事件和协会的许多开创性、导向性成果丰硕的工作，展示了企业发展的成功经验、集群成长的喜人景象、关键技术的突破历程……还有行业调研模式的创立、设计工作室的传承等。有代表性的各类精品文章在这里荟萃，对行业的发展导向脉络清晰，形散而神聚。这是一部属于针织行业的历史性著作。

希望大家深刻借鉴行业发展的宝贵经验，深入研究消费需求，不断提升行业创新实力，维护行业高效发展，为供给侧结构性改革的推进、为针织行业更加美好的未来作出新的应有的贡献。

感谢每一位作者卓有成效的付出，同时祝福针织行业。

毛金凤

2016年10月1日

毛金凤，高级工程师，纺织专家，中国针织工业协会第二届理事长。原中国纺织总会经济贸易部副主任，原中国纺织工业协会副会长。

前　言

这是一本由针织人合作完成的书。

在将近一年的时间里，大家开始时集思广益，分工协作，主要是确保内容广泛；到后来反复遴选，精益求精，主要是力争质量优异。

他们中不乏行业元老，还有一线工作者的代表。他们都有宽广的行业视野，都有一流的专业高度，从不同的层面、不同的视角，以准确的语言、洗练的文字各自阐述关于针织的诸多热点话题。回顾过去，仿佛把针织人带回到那个同样火热、充满激情的为行业创业的年代，对取得的成绩引以自豪；规划未来，又使针织人进一步明确努力的方向、应当采取的措施，对行业的前景充满信心。

除文章的作者外，宗平生、杨大千、刘永和、许期颐、杨尧栋、杨玉丰、李泰亨、王道兴、王爱凤、田景旺、陈祥勤、薛广洲、桂继烈、李文亮、孙镇发、沈大齐、顾维釉、龙海如、常向真、李津、林兰天等一大批行业元老或行业专家，以及中国针织工业协会历届领导和理事、会员纷纷对本书的撰写给予了倾心支持，或提供珍贵资料，或提出宝贵建议，或协助组稿，或帮助订正，体现了针织这个大家庭的温馨与和谐。

可以说，是参与和帮助本书撰写的针织人在共同描绘针织这幅美妙的图画。本书是针织人共同谱写的时代华章，是针织人共同弘扬的时代旋律。

正文67篇。在征求许多同志的意见后决定，正文先根据第一作者的年龄段（截至2016年12月31日）由大到小排序：满80岁及以上、满70岁不到80岁、满60岁不到70岁、满50岁不到60岁、不到50岁，同一年龄段中的文章再按第一作者的姓氏笔画排序。文章的作者大多数是，或者曾经是中国针织工业协会理事或者常务理事。

钱锋、温增利等同志不约而同地说，写这本书是在与时间赛跑，是在抢救历史。这至少有两层意思：行业过去的宝贵经验需要挖掘，时不我待；行业今后的科学发展需要引导，时不我待。其实，这本书还没写完，只是刚开始写。

感谢为本书作出努力的针织人。

感谢同志们。

主编

2016年10月1日

目　录

第一作者满 50 岁不到 60 岁

第一作者不到 50 岁

第一作者满80岁及以上

针织专业高等教育发展探讨

冯勋伟

一、针织专业大学教学沿革

1958年，按照纺织工业部的部署，华东纺织工学院在我国首次建立大学本科针织专业（此前无锡纺织工业学校于1956年成立针织专业，为三年制专科）。针织专业本科生班的学生从1957年秋入学的纺织专业本科生中，根据本人志愿申报选取，学制四年。第一届针织专业本科生于1961年秋毕业。1959年秋针织专业学制由四年改为五年，即1959年入学，1964年毕业。由于学制延长，1963年华东纺织工学院无针织专业学生毕业。从1957年开始至1965年每年招收一个班，人数在30人至50人不等。1966年因“文革”针织专业停招新生，直至1972年针织专业开始招收工农兵学员。1972年和1973年针织专业每年招一个班，自1974年开始每年招两个班，直至1977年全国恢复高考，针织专业还是每年招两个班，每个班人数均在30人至40人之间。2002年前后，针织专业经历一次扩大专业面的改造，针织专业和其他纺织类专业被合并为纺织专业。这主要是考虑到原来针织专业专业面较窄，难以适应实际工作需要。专业面扩大后，纺织专业本科生在前两年半学习相同的基础课程，以后可以根据本人志愿选学针织方向。

我国针织专业研究生教育始于1961年秋。按照教育部的安排，原华东纺织工学院首次招收针织专业研究生。当时招收研究生不采取入学考试

冯勋伟，教授，针织专家，纺织教育家，东华大学纺织学院。

制，由各高校在应届毕业生中推荐入学，对于已经参加工作的往届生，则由用人单位择优推荐入学。第一届针织专业研究生于1961年秋入学，1965年5月毕业，历时近四年。当时我国尚未建立学位制，因此毕业的研究生均无学位。直至20世纪80年代初我国建立硕士及博士学位制度，华东纺织工学院纺织等学科被批准首批建立硕士点及博士点。针织专业于1980年招收国内第一批硕士研究生，学习时间一般为两年半。1993年开始，针织专业招收第一批博士研究生，博士生学习时间一般为三年，在职博士生学习时间一般为四至五年。博士生除学习少量专业及相关前瞻理论课外，主要从事博士论文课题研究，通过答辩取得博士学位。

二、对针织专业现行教育的一点建议

在《建设纺织强国纲要（2011—2020年）》中，中国纺织工业联合会把人才培养提升为产业核心竞争力的主要任务之一，明确提出规模以上企业专业技术人员所占比例要达到20%。天津工业大学的宋广礼教授等对18家大中型针织与针织服装企业调查表明，具有大专以上学历的职工占企业职工总数的比例不到10%，有四分之一企业不到5%。其中纺织及相关专业技术人员所占比例更低，只占职工总数的1.92%，而针织专业方向的不到0.25%。这与我国针织工业快速发展极不适应。为了提高我国针织服装企业在国际市场竞争力及进一步满足国内消费者的需求，培养更多各类针织专业人才显得至关重要。

1. 根据培养目标，提高人才培养质量

现代针织技术呈现综合化和整体化趋势，技术进步不仅局限于针织工艺本身，更需随着科学技术快速发展将现代高新科研成果渗透和融合到针织技术之中。为此，必须设置合理的课程体系，要求教学内容和课程应及时反映快速变化的需要。通过学科基础和专业理论学习，着重培养学生的逻辑思维能力、分析判断能力，在专业方向系列课程的学习进一步提高的同时，通过一定数量的跨专业选课及若干柔性方向的学习，巩固学生所学基础知识和提高能力。

针织专业始于20世纪50年代初，我国教育正处于一边倒全面学习苏联之时。纺织专业按行业分类设置，专业面很窄，针织专业教学内容也大

都局限于针织工艺范围。原华东纺织工学院针织专业经历第一次专业面拓宽改造是在1993年，当时将针织工程系拓宽为针织与服装系，即将针织服装设计与制作纳入专业教学内容。专业课程除原有关针织工艺与生产相关课程外，同时开设与服装有关的专业课，诸如针织服装款式设计、服装色彩学、针织服装电脑打板技术等课程。21世纪初，针织专业一再经历专业改造，随着纺织大专业的建立，将原来与纺织相关的专业合为一个纺织专业，针织工艺与服装成为纺织专业下属柔性专业方向之一。

2. 重视实践教学环节，提高学生适应能力

对选学针织与服装专业方向的学生，通过选课学习有关针织工艺和针织服装的专业理论，通过下厂实习及课题研究教学环节，进一步扩大深化针织理论，培养学生运用所学理论知识联系实际，提高分析问题和解决问题的能力。根据教学计划安排毕业课题研究是学生本科学习最后的教学环节。这类教学模式对提高学生独立工作能力具有非常重要意义。课题研究项目可以结合指导教师的科研项目，选择前沿的理论性研究或选择产学研合作的应用型项目。通过课题研究的锻炼能够提高学生理论联系实际、自主求索知识的能力，有利于学生自主学习和独立进行科学研究，毕业后具有较强的社会适应能力。

3. 要加大和加强实用性人才的培养

20世纪上海有两所纺织高校，一所是东华大学，一所是上海纺织专科学校。纺专为三年制专科，不仅专业对口性强，且偏重专业实践锻炼，毕业生具有解决实际问题能力强等特点。尤其可贵的是，纺专毕业生把自己定位在纺织企业，他们一到企业便安心扎根于生产第一线，很快成为生产技术骨干。那个年代，有人把纺专比喻成上海纺织的“黄埔军校”。现在，专科教学的缺失对纺织企业多层次人才需求是不利的，纺织企业需要具有专业特长的专科毕业生。在条件允许的情况下，建议全面加强纺织专科教育。

做好行业统计，助推产业提升

李学邕　林光兴

中国针织工业协会成立伊始，就开展行业方面的统计工作，并且把这项工作作为协会的日常工作。统计工作由协会秘书长主抓，协会相关部门和专业委员会予以大力协助。中国针织工业协会的实践和许多行业协会的实践都证明，行业统计工作对于协会掌握行业实情，开展切实有助于行业发展和提升的工作意义十分重大。

一、行业统计的具体实践

中国针织工业协会主要开展统计工作的形式较多，包括直接的和间接的统计。

（一）行业定期的统计工作

行业统计报表、行业排序等工作开展较早，有的开创了纺织行业产业协会之先河，并且得到较长久的持续，取得了一定的经验。

1. 大中型企业报表

主要是大中型企业季度报表制度，季度报表制度始于1991年。1996年后扩大统计规模，加强行业分析。在季报中，北京、天津、河北、山西、辽宁、吉林、上海、江苏、浙江、安徽、江西、湖北、河南、广东、广西、云南、四川等省市的纬编、经编、袜子等类型的企业参与，具有广泛的代表性。此外，在一段时期里还有月报制度，每月完成20家（后来更多）重点企业统计，及时报送有关部门。开展大中型企业季报，一是通过报表分析行业走势，在一定范围内开展行业运行的交流，激励企业创新发展，力争上游，不断降低运行成本，增强活力；二是为中国针织工业协会开创年度经济效益排序，做好基础工作。

李学邕，产业经济专家。中国针织工业协会第一届技术经济委员会委员，第一、第二届副秘书长。

2. 年度行业统计工作

年度统计要求较为全面，一是对重点企业的主要经济指标的汇总分析，二是对行业总体经济运行情况的汇总分析。年度行业经济效益排序工作就是在汇总统计的基础上，根据行业现状与导向，对主要经济指标设置合理的比重权数而进行，旨在鼓励先进，总结经验，找出差距。协会每年开展行业排序工作，向国家推荐优势企业，在行业中宣传优势企业、知名品牌，介绍企业成功经验，扩大其社会影响。

3. 产业集聚地区相关统计

协会从1996年开始对浙江、江苏、福建、广东、山东等地的主要产业集聚地区（产业集群），开展年度调研和区域统计，主要掌握产业发展的年度数据，进行相关分析工作。例如诸暨的袜子、象山的针织成衣、绍兴的提花窗帘、长乐的经编面料、佛山的纬编面料，还有武汉汉正街的针棉织品、绍兴柯桥市场的针织面料、广州中大市场的经编面料和纬编面料、青岛即墨针纺市场的针织服饰。

（二）行业调研的统计工作

行业调研的统计为行业协会会员和有关部门服务，这项工作循序渐进取得成效，取得长效。

1. 为有关部门提供服务

协会在行业调研和统计大量行业数据、企业数据的基础上，在为政府服务、为企业服务、为相关单位服务中做了许多工作。海关总署要求制定针织内衣裤、袜子、T恤衫、文化衫等针织品加工贸易单耗标准，协会经过调研和统计提供翔实的基础数据。根据有关部门的要求，协会对行业重点技术与产品、重点企业与品牌等提出扶持的导向建议；对出口产品的税号及税号分类建议提出修改意见；对国家鼓励引进针织及相关技术、限制进口针织机械的目录提出修改意见；对环保型企业和企业节水标准制定进行数据的收集和整理并提出意见……正是因为这些工作的开展，给国家有关部门进行宏观调控、制定有关政策提供了十分可靠的依据。

2. 为协会会员提供服务

协会持续开展经编行业、纬编行业技术现状和生产现状的调研，形成珍贵的调研报告和统计资料。行业分享了其中大量的一手资料，其中统计数据就是十分珍贵的资料。例如，纬编机数量、经编机数量、袜机数量，以及主要类别针织机械在国内的分布等大量有价值的信息都由协会提供。1999 年协会创立的中国针织网初步平台，为会员建立了互联网家园，企业可以通过这个平台进行信息交流，而调研统计就是信息服务的基础。中国针织网还建立了专家库和信息资源，随时为会员提供全方位的服务。针织行业发展论坛、国际针织科技论坛、海峡两岸经编论坛，纬编、经编、染整专业研讨会——通过这些专业性的会议使针织企业有了更多和国内外同行交流的机会。企业最关心的还是市场，为给企业开拓市场创造更多机会，协会就调研服装服饰展、纺织面料展、针织产品展，形成针织服装、面料、袜子参展产品调研报告。

二、统计信息助推产业提升

针织行业涉及产业链较长，产业门类较多，行业发展较快而且不完全平衡。行业统计和行业信息对于产业发展的指导与助推作用不容忽视。

（一）行业统计要处理好三个关系

这三个关系是专业与行业的关系、局部与全局的关系、静态与动态的关系。

1. 专业与行业

针织行业是由纬编行业和经编行业组成。纬编可以单列出毛针织（横机）、织袜、手套等分行业。而从产品划分，针织行业还可以列出内衣、T 恤衫、运动服装、面料、装饰等分行业。对于针织行业而言，分行业都可以称为专业，行业由专业组成。

2. 局部与全局

针织行业分布广，各地发展的重点不同。针织行业的构成包括了各个地区、各个专业，还有许多的产业集聚区域，产业集聚区域还分专业特色、产品特色。这就要求针织行业的调研和统计要尽量全面考虑，要有一定延续性。调研中，还可能是对某一个区域、某一个特色产业进行发展趋势的专项调研。

3. 静态与动态

企业的发展是动态的，调研的数据往往是动态的。例如，对设备的调研会发现，设备的数量是动态的：长乐、杨汛桥的经编机数量是动态的，张槎、象山的纬编机数量是动态的。事实上，静态是发展中的动态的特例。调研中把动态的暂时看成静态的，不影响对趋势的判定，这就需要统计经验和专业知识。

在针织行业统计实践中，有许多典型的实例。大圆机生产能力的估算方法源于对大圆机通常运转速度、生产效率和生产产品品种的测算。针织生产使用原料的估算源于在一段时期，对企业使用原料品种、规格以及生产产品品种、产量等的分析与测算。有些估算方法被实践证明是正确的，估算值很准确，这种估算的科学体系沿用至今。

（二）统计工作与信息工作相辅相成

统计工作是信息工作的主要部分，行业协会应当通过深入开展统计工作，把握行业宏观趋势，从而更好地开展行业工作。

1. 高度重视统计工作

信息工作会遇到许多数据，事实上数据就是信息，信息也可以是一种数据。统计过程就是分析和研究过程，统计工作与信息工作相辅相成、相互促进。开展行业统计，实现信息互联、信息共享。这是开展协会工作的基本认识。

加强行业统计，必须建立完整的统计体系，建立完善的统计方法。针织行业的数据包括各个专业的数据，包括生产与市场的数据，包括技术、产品以及生产过程的数据，包括人力资源、生产资料等诸多方面的数据，这些方面都有待建立完整的统计体系。换言之，统计应当深入行业的各个领域、各个专业。

信息数据的正确性、准确性、实用性决定信息数据对行业指导的有效性。行业数据是海量的，甚至某一方面的数据都是海量的，例如产品数据、市场数据、区域数据等各类行业数据，就可能构成庞大的数据群。这就需要从专业的角度去汇总分析，要采用科学的方法，要应用现代信息工具搜集数据，使统计数据更全面、更真实，数据加工时做到去粗取精，去伪存真。大数据正在改造传统产业的思维，从而改造传统产业的发展。

2. 把握行业宏观趋势

统计是一种手段，利用统计数据分析和把握行业趋势才是关键。统计数据可应用于行业的诸多方面，如科技推广、市场预测、产品流行及产业预警等。

行业运行分析需要数据的支持。国家对行业有一套统计体系，行业自身的统计，特别是对重点企业的统计制度不可或缺。协会可以通过及时分析行业数据、进出口数据等各类数据，把握行业运行走势。还可以以行业数据为依据，提出相应整改、优化的措施，提出相关的建议，促进经济增长质量的提高。

建立行业信息资源库意义重大。建立专家人才库，有助于人才培育和合理利用；建立科技成果数据库，有助于加速成果的推广和转化；建立产业链相关数据信息库，有助于实现上下游的密切配合。行业去过剩产能、压库存，需要掌握大量的数据；研究产品流行趋势，需要掌握大量的数据。而准确数据信息来源于行业，通过汇总分析，可有效指导行业。还要善于利用互联网、短信、微信等现代信息手段，传递传统行业的正能量。

现在已经进入一个信息化、智能化的崭新时代。在这个时代，行业发展与信息息息相关。维护行业健康、协调、可持续发展，是行业协会的不懈追求。做好行业统计这项基础工作，才能在行业工作中掌握实情，有的放矢，从而助推行业的高效发展。

第一作者满70岁不到80岁

弘扬调研风尚，夯实协会工作

——中针协开展的部分调研实录

王木生

调研是掌握实情的有效手段。通过行业调研，掌握行业实情，这是协会工作的基础，也是使协会工作能够充满活力的根本保障。中国针织工业协会重视调研工作，特别是第二届理事会成立开始就把调研作为协会的工作制度。行业调研由秘书处组织，协会技术经济委员会及后来的专家委员会，还有相关省市的针织行业协会等共同参与。行业调研针对不同的目的，采取不同的形式，以下是较有代表性的调研工作实例。

一、产业集群调研

产业集群在中国针织工业协会早期的工作中称为产业集聚地区。产业集聚是针织行业发展的一个特点，针织产业集聚形成始于20世纪80年代末。对针织产销基地或者产业集聚地区的调研，主要是掌握当地行业发展情况。

1. 浙江象山等地

1996年和1997年开展了两次较大规模的调研。其中，1996年初夏对我国最大的针织产销基地之一——浙江省象山县等地进行历时10多天的调研，开启了针织行业大调研的序幕。此次调研得到浙江省轻工业厅、浙江省针织行业协会以及象山县政府、象山县经贸局的高度重视，有关部门派员参加了调研。

调研组走访了30余家有代表性的企业，召开了几次综合性座谈会。企

王木生，高级工程师，针织工程专家。中国针织工业协会第一届技术经济委员会副主任，第一、第二、第三届副秘书长，第二、第三届专家委员会委员。

业调研中，主要了解掌握企业生产销售情况，与企业共同探讨企业经营思路，互通企业与行业的信息。协会专家还帮助企业解决生产管理、产品开发、质量控制等生产一线实际问题。座谈会主要由多家企业的代表，象山县针织行业协会等协会、商会的代表，象山县经贸局等部门的代表参加。座谈会主题包括象山针织行业、重点企业的发展方向，象山针织行业协会的工作重点、工作思路等。对企业的技术产品进行综合分析，例如分析探讨企业T恤衫产品设计滞后、内衣款式设计与功能性不足的原因。

通过调研，象山县确立巨鹰集团在T恤衫领域、甬南公司在内衣领域、象山东风针织厂在面料领域的引领地位，象山县鼓励重点企业发挥产品工艺特色，引领行业发展，争取走在全国行业前列。

中针协与象山县有关部门达成共识，由中国针织工业协会对象山县针织行业提供相关支持，提出中针协具体扶持项目和推进措施。例如，对象山针织企业的产品检测、标准制定提出方案，探讨行业技术进步、产品开发与品牌建设事宜。1996年象山调研带队的常务副秘书长林光兴同志后来还作了一首诗（见附录《爵溪宾馆》），记录了调研组到达爵溪镇，第一天很晚入住宾馆第二天很早离开的情景，从一个侧面折射出当时调研工作的深入，调研工作的辛苦，调研工作的价值所在。通过调研，也让协会的同志感受到协会工作十分有意义，同时认识到必须深入实际，才能得到一手资料。

2. 福建长乐地区

1996年和1997年两次对我国最大的经编产销基地之一——福建省长乐市进行调研。长乐市政府高度重视，长乐市经贸局、乡镇企业局和纺织局（纺织工业公司）参与调研工作。中国针织工业协会调研组对长乐市金峰镇、松下镇以及周边的经编企业进行调研来进一步了解企业情况。

调研组对企业积极有效拓展市场、应用产品优势赢得众多客户以及通过完善管理改善企业生产经营的措施和业绩给予充分肯定。对一些企业较早建立产品开发机构、设计工作室，并与行业专家合作进行产品开发取得显著成绩表示高度赞赏。

中针协提出四点建议：一是，有条件的规模较大的企业设立研发中心，优化现有的设计工作机构；二是，当地行业协会开展信息统计，配合中针协的重点企业报表工作；三是，开展产业链的协作，加速针织与染整配套建设，加强针织经编行业与化纤行业协作；四是，完善当地特色产品市场建设，做好产销衔接，引领周边市场。

针对长乐地区针织原料用量大、品种格局需要优化等状况，协会专家委员会提出，长乐地区化纤原料的选择和持续稳定的供应是大问题，同时原料的优化将对长乐各类经编产品的提升有所促进。协会专家委员会再次提出，锦纶的扩张是行业必须加速探讨的大问题。锦纶的应用空间巨大，从常规品种的质量提升到差别化品种的数量增长，都孕育着巨大的机遇，化纤的拓展必须与针织生产相结合。后来在产品开发研讨中，协会专家还分析锦纶在花边、内衣、外穿服装和休闲产品上的应用，对原料的细度、光泽、蓬松度（针对弹力丝）等提出要求。锦纶不仅对于长乐地区，对于其他地区也将是很有潜力的化纤原料。

长乐调研之后，协会对产业协作重要性的认识有所提高。1997 年的第二届全国针织行业乡镇、三资和民营企业联谊会的主题报告，明确提出各大产业集聚地区产业链的协作问题。同时会议对特色产品类别相近的产业集聚区开展多层次、多方面的经济技术协作，继续完善沟通机制进行了部署。

由于针织产品工艺设计纷繁复杂，许多集群地区企业需要在设计上给予帮助。为此，协会加强了针对企业提出的技术问题、产品开发问题以及工艺设计问题的专项服务工作。

3. 广东佛山张槎

1999 年和 2000 年对广东省佛山地区进行考察、调研。中国针织工业协会副理事长单位和常务理事单位积极配合调研工作，特别是张槎镇的主要领导高度重视，给予调研组极大的支持，张槎商会、张槎生产力促进中心和广东职业学院等单位派代表参加调研。

佛山地区针织行业以张槎镇针织行业为主。张槎镇针织行业的主要产品与广州中大市场配套，张槎针织企业对维护中大市场纬编面料的交易具有举足轻重的作用。张槎针织行业丰富的品种为中大市场带来了巨大活力。佛山市有关部门领导和张槎镇领导就针织行业发展与协会进行探讨。协会帮助张槎针织行业分析产业定位、产业布局，制定发展规划。

在较长时期，张槎针织行业产品开发数据库的建立、检测机构的完善、工人操作标准的建立和操作工技能培训的开展都与协会配合，得到协会的指导，协会还参与具体的组织实施工作。

参与集群调研的人员有周鸿武、张少芳、林光兴、杨大千、温增利、王木生、杨本度、田章茂、李学邕、陈亚滨、顾奕生、何栋生、顾谷声、陈黎伟、干国华、卢辰民、张仁臣、袁鑑等。

二、重点产品调研

1. 针织成衣调研

20 世纪 90 年代中期开始，针织 T 恤衫等服装类产品生产增长迅速，江苏、浙江、福建的几大品牌更是增长迅速。产品设计的提升提到议事日程，传统的针织内衣工艺设计显然不适应外穿服装的时尚设计要求。协会秘书处针对这一情况迅速开展专题调研，分析解决行业、企业的设计提升问题。

几年间，调研组在上海、天津、杭州、宁波、温州、绍兴、南京、苏州、无锡、常州、南通、扬州、南昌、九江、泉州、济南、青岛、广州、佛山、汕头、东莞、武汉、重庆、乌鲁木齐等地开展调研。调研工作持续进行，相应的服务工作也配套实施，协会专家与针织技术、成衣工程、服装设计（包括工艺设计和时尚设计）领域专家合作，帮助企业完善设计工艺和制造工艺流程，传递大量先进的设计信息。

设计提升工作与协会工作相结合，主要工作有通过针织产品展销会推介重点产品、协助企业完善产品检测方法与产品标准、多渠道向广大消费者推荐。自 1998 年开始，协会在武汉、南京、杭州等地先后举办几届针织产品展销会。展销会选定的重点产品多数来自调研中与企业共同探讨如何开发和推向市场或提升市场空间的产品。针织成衣调研还与协会开展的时尚内衣推荐评审工作相结合，评审中重点追溯面料的研发与设计环节。

通过针织成衣主题调研，协会决定在产品年会上发布设计信息、组织设计研发人员交流。例如，2000 年在广东省佛山市张槎镇召开的产品年会上中针协发布了时尚设计信息，杨本度副理事长进行专题总结。

2. 经编面料调研

经编面料是增长最快的产品品类之一，协会专家组通过调研帮助企业分析市场需求和产品开发。除福建长乐外，协会还对广东、浙江、江苏、河北、上海等地经编产品生产企业和交易市场进行过调研。市场包括江苏南通市场、浙江绍兴柯桥市场、广州中大市场等。重点调研了经编弹力面料、窗帘大提花面料、花边面料、绒类面料及轴向面料。

主要有：浙江绍兴杨汛桥的贾卡提花面料、广东佛山等地的弹力面料、福建晋江的弹力面料和间隔织物、江苏常熟的双针床绒类面料、广东潮汕的提花面料和内衣面料。

产品调研过程中，协会还与许多地区建立推动产品提升的合作关系，为后来的区域行业管理等方面的合作奠定基础。例如，在对海宁市面料调研中，协会秘书处就面料产品开发问题与海宁市工业局达成合作意向，为后来的产业规划等合作奠定了基础。

3. 袜子行业调研

浙江义乌、诸暨、海宁是20世纪90年代快速发展成为较大规模的产业集群地。产业快速发展的原因之一就是产品开发符合市场需求。主要包括：传统棉袜向丝袜发展，丝袜产品品种快速扩张。随着消费水平的提高，棉袜又成为消费者的新宠。在此背景下，协会专家鼓励主要区域性袜业，特别是诸暨袜业从单纯以加工为主的生产模式向以设计为核心，以市场为导向的生产模式转变。

诸暨市大唐袜业研究所的组建、象山县针织行业协会产品管理体系的完善、佛山市张槎商会针织产品工艺库的建立等都得到协会的支持和帮助，协会专家还主持了部分产品的设计研发。

产品调研组织负责人是毛金凤、周洪武等，专家组负责人与成员包括林光兴、杨大千、孙毅仁、侯文熠、王木生、陆汉良、杨本度等，以及相关院校的专家、相关省市行业协会和企业的人员，顾问包括褚占绪、宗平生、邱冠雄、冯勋伟、钱锋、杨尧栋、蒋承绶、刘永和、杨希健。

三、专项调研

协会组织专项掌握行业实情，参与有关部门组织的调研，形成调研报告，为政府部门提供决策依据。

1. 加工贸易单耗调研

1998年开始，协会专家组多次参加由海关总署加工贸易单耗管理办公室组织的广东省针织企业（主要是三资企业）加工贸易实际情况的调研。协会专家从企业生产的工艺流程入手，考察生产加工过程中面料、纱线的投入与损耗，现场测算成品加工损耗率。协会协助海关进行内衣、内裤、T恤衫等产品加工贸易原料损耗核销的个案处理。

协会专家还对江苏省、浙江省、福建省、山东省、湖北省开展针织企业加工贸易损耗率专项调研，为后来内衣、袜子、文化衫、T恤衫、套头衫等产品加工贸易单耗标准的制定打下坚实基础。调研过程中，帮助企业分析排料、裁剪和缝纫环节产生损耗的一般规律，分析如何提高制成率、降低原材料的使用。通过调研，摸索针织产品加工贸易单耗标准制定的科学方法，提出可供纺织等行业借鉴的单耗标准制定流程。

协会专家开展的专项研究主要包括：袜子加工贸易损耗率标准的制定方法、内衣加工贸易损耗率测算方法的研究、针织成衣加工贸易单耗制定过程的研究等，一些调研的结论还形成了相关技术文件。

2. 职业技能状况调研

1996年开始，中国针织工业协会多次组织主要企业操作工技能状况的调研，经编专业委员会、纬编专业委员会分别配合对部分经编企业、纬编企业进行调研。当时纬编大圆机领域各地操作方法不能完全统一，各自都有不足和优势，存在南北差异。协会组织了几次行业交流活动，技术人员、协会专家还多次深入企业生产一线讲授先进的操作方法和操作理念。

在与企业的交流中发现，企业大都重视操作工的技能水平，但是对操作工的生产效率研究不多。协会专家花费大量时间帮助企业分析操作技能水平对于操作工操作速度的影响，例如穿纱熟练工与普通工人的操作速度在正常生产状态下能差出2倍，套布环节熟练工和普通工人速度相差通常在5倍以上。而这种差距，不仅是熟练程度的差距，更重要的是操作方法上的差距。协会的结论是：工人操作水平与企业生产效率呈现明显的正相关。目的很明确，就是让企业重视操作人员的培训及培养。

协会还组织开展针织原料调研、大圆机等设备保有量与使用状况调研、针织服饰设计与面料用途调研以及生产经营、人才状况的调研。专项调研由林光兴、王木生负责，陆汉良、杨本度、孙毅仁、李学邕、俞尧良、陈自义、魏福宝等及企业、院校的许多人员参加。

开展多种形式的各类调研，是中国针织工业协会工作创新的一种深刻探索。协会如何在市场经济中发挥作用，调研是不可或缺的重点环节。实践证明，调研充分，协会掌握的资料就丰富，开展各种活动就有依据，就能真正做到有的放矢。多年来，中国针织工业协会开展的调研活动较多，为深入开展协会工作打下了坚实的基础。

附　录

爵溪宾馆（局部）

林光兴

1996 年 7 月初至中旬，余同中针协调研组共七位同志，赴浙江省调研针织行业。6 日，很晚到达象山县爵溪镇，住爵溪宾馆。二层小楼，背靠田野。次日清晨，共同散步。记于 1996 年国庆。

一

象山古县，西接宁波；爵溪古镇，东临大洋。
夜到宾馆，入住底层；潮气扑鼻，一个踉跄。
顶灯昏暗，台灯不亮；当晚日记，仍尽其详。
为防蚊虫，紧闭门窗；夜里闷热，晨起骤凉。

二

推窗远望，绿色茫茫；一幅美景，不由前往。
田埂泥泞，蜿蜒伸长；清风阵阵，身轻发扬。
乍扶藤蔓，顿感衣湿；跨踩潦水，不惧鞋脏。
昨晚何难，找寻驻地；未曾迷路，意志尤强。

三

及至主道，路平地广；偶遇荆棘，难成阻挡。
满目田垄，边际难望；隐隐小溪，缓缓流淌。
果蔬茂密，番茄独红；水稻齐整，有穗待黄。
小花鲜嫩，露珠其上；未见蝶来，恐未起床。

四

路边亭阁，斑驳土墙；后排小屋，农具内藏。
高悬蓑衣，遮雨防风；地置木凳，小憩纳凉。
一汪碧水，竟是池塘；螺蛳端座，鱼虾游翔。
几处呼响，并非生灵；欢快风儿，隔空对唱。

五（略）

六（略）

七

万籁几寂，生机盎然；薄雾冥冥，不觉心慌。
掐表止步，无暇欣赏；忽闻鸟鸣，声绕山岗。
近前小草，似曾相见；远处高树，向我欢畅。
诗画难绘，原野风光；此地盛名，鱼港粮仓。

八

东出西返，神怡心旷；不禁回味，不忘褒扬。
整装待发，洗漱换裳；厨房吆喝，早饭开张。
大锅白粥，翻滚正烫；出笼馒头，飘来纯香。
一缕红光，忽洒桌上；今日放晴，初照斜阳。

提高针织产品附加值的一般途径

王兴华　陈亚滨　侯文熠

针织服装的价值提升一直是业内外关注的话题。我国针织企业长期只重视常规原料加工优质的常规针织产品，只重视产品合理的出厂价格范围。到了20世纪90年代，提高产品附加值得到行业的重视。

当时中国针织工业协会组织了几次关于针织产品附加值状况的调研，调研涉及国内主要省市针织产品的零售价格及与国际品牌的比较。以内衣、T恤衫两个大类产品为例，国际品牌产品使用的原料价值与成衣销售价格的比为1∶8以上，有的达到1∶15甚至1∶20。而国内品牌这一比值得在（1∶2.5）~（1∶5），国际品牌的T恤衫与国内的相比，差距更大。调研得出结论，除了品牌知名度的差异之外，款式设计与色彩应用，原料应用的多样化（包括多组分）与面料选用的多样化也存在明显差距，此外，国际名牌产品考虑到能够应用于更广泛的消费人群。

提高产品附加值依然是针织行业的重点任务，我国针织行业已经具备提高产品附加值的优越条件。

一、原料选用与针织技术相结合

针织产品，无论是民用的还是产业用的，最终性能都与纱线的性能有关。针织设计要使织物的结构能充分体现并且尽量不损失原料的性能，还要使线圈结构赋予织物新的性能。例如，氨纶、弹力锦纶、弹力涤纶赋予针织物良好的弹力和弹力回复率，功能性与差别化化纤长丝赋予针织物前所未有的功能和性能。

王兴华，高级工程师，针织企业家，北京针织行业协会名誉理事长，原北京第三针织厂厂长。中国针织工业协会第一届技术经济委员会委员，第二、第三、第四届副理事长。

陈亚滨，针织机械工程专家，厦门立圣丰机械有限公司董事长。中国针织工业协会第三届专家委员会委员。

侯文熠，教授级高级工程师，针织服装工程专家，北京针织行业协会顾问。中国针织工业协会第二、第三届专家委员会委员。

原料的丰富曾经为针织产品的生产与消费带来巨大增长。高支纱、丝光烧毛纱及股线在针织产品开发中的应用，带来T恤衫、内衣外穿类针织品档次的提升。这时国内品牌产品原料价值与成衣销售价格的比重很快超过1∶5。细旦氨纶用于泳装面料的生产催生了弹力面料行业，用于内衣面料的生产引领了弹力内衣消费，用于休闲面料生产开创了休闲装消费新领域，甚至缔造一个无弹不成布的神话。由于弹力经编面料弹力及弹性回复率均优于一般弹力面料，市场需求快速增长，一批经编弹力面料企业应运而生。近十几年来，锦纶针织面料的开发，促进户外产品大行其道，助推针织产品拓展应用。例如，福建长乐的纺织化纤行业中，因为有了花边，发展了锦纶；因为有了锦纶，又丰富了花边，相互促进，共同提升。

染整一方面传承和改善织物原有的性能，另一方面赋予或弱化某些性能。例如具有很高弹力的氨纶针织物，染整过程损失了部分原有弹力和弹力回复率，而又赋予织物悬垂、平整和尺寸稳定性。染整环节只要尽量减少弹力损失，或者控制在合理区间，也要保证织物更好的外观性能。中国针织工业协会与相关行业协会较早开展技术对接活动，有许多重点的议题就是关于针织染整的实用技术。

二、工艺设计与时尚设计相结合

针织工艺具有独特性，针织工艺与时尚结合就能产生丰富的产品设计思路。针织产品的色彩、款式很重要，这是针织行业早已形成的共识，也是广大消费者多年的期待。

20世纪90年代，部分优势企业建立的设计工作室、研发中心在产品的图案设计和工艺设计方面，在装备技术与织物结构设计、生产工艺流程改进方面做了大量工作，带动了行业产品设计的提升，引领了行业的设计工作，取得了突出业绩。一些集聚区建立包含数以千计、万计的品种工艺开发的产品库，与这些早期工作室密切相关。长乐是著名的经编产业集群地区，设计研发机构在很长一段时间存在，发挥导向作用。长乐部分优势企业的经编花边产品设计工作室，从20世纪90年代开始就推出国际时尚的产品，尽管量不大，但是其产品品种丰富、附加值高，可与国际名牌媲美，对行业也长时期发挥导向作用。

事实证明，应用针织工艺，通过原料的变化、设计的改善和印染后整理的优化，能设计生产出时尚针织产品。中国针织工业协会曾经对部分常务理事、理事企业进行产品营销状况的调研，最具说服力的是对T恤衫产品的调研。一些知名的T恤衫品牌，由于设计时尚、制作精美，在20世纪90年代售价达到国际品牌水平。协会鼓励企业加强产品的时尚设计，通过投入产出比计算，比较时尚产品和常规产品的价值空间。20世纪末开始T恤衫流行，特别是高档T恤衫（原料主要采用丝光棉）广泛流行，产品附加值明显比普通针织产品附加值高，这一进步与行业推出时尚设计理念有关。

中国针织工业协会积极扶持针织行业的名优产品，精心组织年度“中国时尚内衣”评选活动，就是推出、培育时尚针织品的重大举措。

三、生产加工与市场拓展相结合

我国是针织品生产大国，针织品产量早已国际领先，产品门类最齐全，品种最丰富。针织行业的发展表现为长期的内销旺盛、外贸畅通，但品牌建设滞后。

中国针织工业协会第二届专家委员会明确提出针织产品要主动适应市场，还要积极引领消费，这是具有相当高度的措施。协会评选出的名优产品和知名品牌，由协会向有关部门推介，在有关展会中大力宣传，帮助企业扩大市场份额，取得实效。行业名优产品的推荐，首先是产品“优”，其次是向市场“推”，这种理念符合行业的长远利益。后来开展的“名品进名店”活动，就是协会联合有关部门，将针织行业部分名优产品在知名的商场销售，与国际品牌同场销售。事实证明，在这些进名店的国内外针织品中，国内针织品与国际品牌针织品相比品质整体占优，在花色品种方面优势更加明显，而且产品供给源源不断，这是任何国际品牌难以做到的。但是国内针织品的款式、色彩以及功能性方面略显欠缺，对流行的把握上明显滞后，因此国内品牌的附加值明显较低。

当前，供给侧结构性改革为针织行业指明了方向。针织产品需要向时尚化、个性化、高档化方向发展。针织行业有责任向消费者宣传各类别针织产品的性能特点，应当与工商、质检、商务、海关等部门加强协作，开展行业导向工作；与建设、交通、水利、文体等应用领域加强合作，拓展针织品的应用。

行业协会和院校指导企业开发产品，应当建立产品开发的快速反应机制，建立流行研究机制，实现生产与市场的互动。

原料选用与针织技术相结合、工艺设计与时尚设计相结合、生产加工与市场拓展相结合等措施是提高针织服饰产品附加值的有效途径、基本途径。提高针织服饰产品附加值的途径还有很多，需要综合考虑，这也是系统工程。

针织物一次染色成功现场指南

汤铸先　林圣源

提高染色一次成功率是漂染企业研究探索的热点，也是漂染企业的经济增长点。当前有些针织漂染企业没有“针织染整工艺设计书”指导染色工艺，有些企业有工艺设计书但设计不完整、不全面，致使针织物染色一次成功率很低，制约企业的设备利用率，浪费资源、人力，大幅度增加企业的生产成本。

企业实现低成本、高收益，关键环节之一在于提高针织染整的技术水平，从而提升产品质量，保证产品质量稳定。规范针织物染整工艺设计，努力实现针织物一次染色成功，这是针织生产的关键。

一、针织染色工艺

（一）科学制定目标

染整生产关键在工艺。严谨、规范、正确、有效的染整工艺是一次染色成功的有力支撑，染整工艺设计必须把握总体目标。

1. 针织布染色工艺目标

实现针织物染色工艺目标要关注以下几个方面：

（1）环保指标；

（2）内在质量、外在质量；

（3）染色纤维（制衣是否拼白）；

（4）坯布织造结构；

（5）染色过程是否易产生疵点。

汤铸先，高级工程师，针织染整专家，泉州纺织服装职业学院顾问。中国针织工业协会第一届技术经济委员会委员，第二、第三届专家委员会委员。

林圣源，针织企业家，泉州纺织服装职业学院董事长。

2. 针织布后整理目标

实现针织布后整理目标要关注以下几个方面：

（1）符合要求的克重；

（2）符合要求的稳定门幅；

（3）符合要求的缩水率。

工艺设计要注重思考力、决策力，注重从源头治本，实现优质、低耗。

（二）确定质量标准依据

1. 客户质量要求

与客户约定的品质标准是工艺设计的首要依据，因此要规范业务部门接单，以防对生产造成隐患。业务部门接单时必须关注以下几个方面：

（1）坯布全称、规格；

（2）坯布组织结构，纤维成分、比例；

（3）染色纤维；

（4）销售最终地区，产品档次；

（5）环保要求；

（6）染色色牢度要求；

（7）素色，拼色；

（8）对色面（正面、反面）；

（9）对色光源；

（10）定形方式；

（11）其他后整理：拉粒，摇粒、磨毛、抛光等。

大生产尚需提供：克重及误差范围、门幅及误差范围、缩水率及误差范围。

2. 拟定针织物染整工艺设计书

根据针织物加工打样报告书，拟定产品质量目标、定位、档次，选用可靠达标而成本较低的染化料进行小样试验，然后拟定针织物染整工艺设计书。

（三）深中浅色分档标准

如表1所示，根据针织布染色所用染料百分含量划分色档。在相关评色标准中评定变色，用灰色样卡划分色档，即 2 级及以下为浅色；介于 2~5 级之间为中色；5 级及 5 级以上为深色。特深色因其染化料用量大，工艺流程长，成本高，为加工方及漂染企业合理收取费用而从深色中划分出来的，归属企业的内部标准。某些漂染企业，从浅色色档中再划分出特浅色，其主要依据是染化料的用量等，如染棉用的反应性（活性）染料用量总和≤0.1%，染涤用分散染料用量总和≤0.2%。

表 1　根据针织布染色所用染料百分含量划分色档

色档	浅色	中色	深色	特深色
活性染料	0.5%	0.5%~2%	2%~4%	4%
分散染料	1%	1%~3%	3%~6%	6%

（四）染料百分用量计算方法

1. 纯棉

如表 2 所示，将打样处方所用活性染料分别按 100% 力份，计算出染料用量总和，选用染棉“特深色”染整工艺。

表 2　纯棉针织坯布“深姜黄色”所用染料

染料	用量（%，owf）	力份（%）	普通染料用量（%）
活性黄 EF-RD133	3.40	133	4.522
活性深蓝 EF-RD133	0.05	133	0.067
染料用量总和			4.589

2. 纯涤纶

如表 3 所示，将打样处方中所用分散染料分别按 100% 力份，计算出染料用量总和，选用染涤“中色”染整工艺。

表 3　纯棉针织坯布“中蓝色”所用染料

染料	用量（%，owf）	力份（%）	普通染料用量（%）
分散黄棕 H2RL	0.15	100	0.15
分散红玉 H2RL	0.10	100	0.10
分散深蓝 HGL200	1.25	100	2.50
染料百分用量总和			2.75

3. 涤/棉（65/35）

将打样处方中所用分散、活性（反应）染料分别按100%力份，计算出用量总和除以65%和35%，即分散染料对涤、活性染料对棉的百分比用量。示例：染涤/棉（65/35）针织坯布双染橙红色（中色）所用染料计算。

（1）染涤（选用染涤“浅色”染整工艺）：

分散红 ACE	0.5%
分散黄 ACE	0.1%
分散染料百分用量总和	0.6%
橙红色（中色）所用染料	0.6% ÷65% ≈0.92%

（2）套染棉（选用染棉“特深色”染整工艺）：

活性艳红 M－3BE	1%
活性黄 M－3RE	0.7%
活性染料百分用量总和	1.7%
橙红色（中色）所用染料	1.7% ÷35% ≈4.86%

4. 染料选用

根据客户质量要求，选用合适的染料染色。染料选用掌握以下几项：

（1）浅三元色染料名称、规格、生产厂家；

（2）中三元色染料名称、规格、生产厂家；

（3）深三元色染料名称、规格、生产厂家；

（4）另选一组高水洗色牢度的染料组合，染料名称、规格、生产厂家，以应对特殊色牢度要求；

（5）常用染料组合选用：黑色、深蓝、藏青、军绿、咖啡、灰色、大红、艳红、湖蓝、翠蓝。

（五）针织染整工艺设计书

企业根据实际需求，制定规范的染整工艺设计书。设计书内容包括：

（1）基本信息，如企业名称、客户全称、工艺编号、电脑程序控制号、坯布名称、染色纤维、染色号、染色名；

（2）染色坯布的基本参数，如门幅、克重、染化料成本；

（3）工艺处方，包括染色机械，染色浴比，染色温度，染色时间，化料、升温曲线；

（4）操作注意事项，如前处理、染色、后整理等操作注意事项。

二、对样标准与标样

（一）对样标准

染色色光、对样标准的设定需要严格掌握，即确认样同一客户、同一颜色，仅有唯一标准样。光坯布首先检验色光，辨别色光是否符合色光对样标准。

（二）小样出样质量标准及其作用

1. 小样的作用

（1）提供给客户确认。

（2）为大生产提供技术、经济参数。

（3）报价的重要依据。

2. 打好小样的意义

小样出样是给客户确认的依据，也是让顾客第一次认识或者继续加深认识公司的过程，同时也是公司的形象，对吸引客户、接订单十分重要。

3. 小样的质量标准

（1）选用染料、助剂级别与客户成品质量要求相对应，完善染料搭配及其配伍。

（2）色光符合客户来样≥4 级。

（3）布面平整、光洁。

（4）剪贴整齐，丝纹一致，丝纹横向平行，美观大方。

（5）对于 T/C 双染，涤、棉平衡一致。

（6）色名：客户无色名的，取色名时参照标准色名确定。

（7）色号：客户无色号编排，根据公司编排确定色号，以便翻单时对照，客户有色号编排，根据客户编排填写。

（8）制作色样卡并记录小样处方、工艺，留档、出样。

4. 小样确认

（1）小样最终出样：由最终出样打样员负责，这是考核打样员技术水平、熟练程度的重要依据。

（2）色光确认：在任何时间段，小样均要通过北光对色，确认后由打样员、组长、化验室主管核对，在留底一份上签字，以便检查，最后送客户（客户对光源有规定的，应按客户规定执行）。

（3）打小样浴比：正常浴比1∶10（采用打样浴比）；对于弹力布、紧密织造布采用浴比1∶15。

5. 出样

（1）对样标准：客户来样。

（2）对样光源：自然北光，9：00到15：00为宜（客户有特殊要求的，按客户要求执行）。

（3）合格标准判断：色光、深度均要符合客户来样，≥4级。

（4）夜班打样对样：用标准对样箱对样，到了白天需再次进行自然北光对样确认。

（5）把关：凡送出小样，不得有返回重打，要100%确认，客户投诉，退回重打，追究相关责任人的责任。

（三）中样打样与出样规定

1. 中样的作用

（1）中样是生产的前奏。

（2）中样为生产积累工艺技术参数。

（3）中样可根据市场趋势，开发市场。

（4）中样是补单的需要。

2. 打中样规定

（1）染色前要复样，复样后再放中样。工艺员划定浴比后复样，根据毛坯布纤维材料，决定用高温或常温机进行放样，根据毛坯布重量，预测浴比（尽量与大生产1∶10相同），复样后再进行放样染色。

（2）中样染色需关注五个方面，即计量、浴比、温度、时间、pH。

（3）中样进行过程中，因量少，通常会被忽视，应指定专人跟踪。

（4）中样染色要专门做台账，以便专人跟踪并且有依据。

（5）中样染色应与大生产一样，记录各项质检指标。

（6）中样染色布重量，要求在20～30kg/缸。

（7）中样染色需要有书面的染色工艺。

（8）由现场工艺技术人员负责指导中样染色生产，中样染色前必须记录毛坯布下机门幅和毛坯布自然克重。

（9）织造过程需积累技术参数，以便后续生产查阅、参考。

（四）染色车间对样

1. 对样标准

大生产对样与客户确认样的色差≥4 级，同色保证缸差≥4 级。

（1）同一客户、同一合同、同一颜色标样只有一个，任何一缸布，应都参照生产样，对确认样。

（2）缸差采取上浮或者下浮，上缸差与下缸差比较，差距符合允许级别。

（3）同一客户、同一合同、同一颜色的多缸光坯布，最深的与最浅的对照，控制缸差≥3.5 级。

2. 对样光源

白天对自然光或对色箱，夜班对色箱。

3. 染色现场对样必须防止“假对色”

（1）皂洗不干净，浮色多（水解染料或未染上染料没有洗净）为“假对色”。

（2）染涤中，深色需还原清洗干净，还原清洗不干净为“假对色”。

4. 烘干、定形前后

烘干后，定形前后，需由质检人员对样，达到客户认可的标准缸差级别。

（五）制定关键工序作业指导书

（1）染化料采购控制程序。

（2）颜色及风格确认及作业规定。

（3）生产计划作业指导书。

（4）品管标准指导书。

（六）制定企业标准

根据不同的市场分别采用染整质量标准。

（1）国内高档针纺织品染整质量标准。

（2）出口美国市场针纺织品染整质量标准。

（3）出口欧盟市场针纺织品染整质量标准。

（4）出口日本市场针纺织品染整质量标准。

（七）制定各工序间监督控制标准

（1）针织布染整各工序质量要求。

（2）前后工序的关系。

（3）监督控制。

（八）建立客户标样档案

档案内容包括客户来样、确认样、成品样、半成品样、缸样及面料风格等。

三、染整现场执行

（一）针织染整工艺设计审核

（1）审核产品档次定位是否正确。

（2）审核生产环节能否达到环保指标。

（3）审核工艺流程能否达到预期质量目标。

（4）审核染料、助剂选用及工艺流程是否达到低耗。

（5）审核工艺设计是否能预防易产生的染色疵点。

（二）染色前复样

（1）复样不可忽略。已经生产过的品种，间隔一段时间再生产，需进行复样，确保重演性。确保染料、助剂批号或生产厂家不同会影响染色结果。

（2）复样方法。必须到生产现场对毛坯布、染料、助剂进行复样，所用毛坯布、染料、助剂必须与正式生产相同。

（3）复样方法应按小样与大生产相同方法进行。

（4）复样后若有差异，必须重新调整处方，进行再打样，才能放中样或试生产。

不复样进行生产会影响设备占有率、企业的经济效益。建议有条件的企业复样后再用小样染布机模拟现场染色机现场放样（1~2kg布），用测色仪调整和修正技术参数。

（三）管理误区、盲区的预防

为预防管理误区、盲区，应做好以下几个方面工作。

1. 工艺设计、管理必须执行5个“同样重要”

（1）染料与助剂同样重要。

（2）染色与前处理同样重要。

（3）染色与染后处理同样重要。

（4）染色与后整理同样重要。

（5）工艺制定与执行工艺上车同样重要。

2. 现场“五个打假”

（1）假计量：指计量工具不校正误差，精密度差。

（2）假温度：指实际染液温度与仪表温度指标不一致。

（3）假浴比：指不按规定定浴比，操作工凭经验估计浴比。

（4）假对样：指烘不干或过热烘干对样，未皂煮进行对样，未还原清洗进行对样。

（5）假工艺上车：不按工艺规范上车。

3. 操作工“十个禁止”

（1）禁止边加热边加染料边升温，加染料时应停止升温。

（2）禁止活性染料先化开，长时间待染，染料应随冲化随用。

（3）禁止活性染料染色固着时加速加碱，应缓慢加碱。

（4）禁止染色时加速升温、加速降温，应按工艺要求控制好升温、降温速率。

（5）禁止高温染色机未在规定的温度下打开阀门，释放全部蒸汽，开盖剪布对样。

（6）禁止脱水机超载脱水，脱水机未停妥手不得伸进脱水机。

（7）禁止对布过热烘干，否则造成色变。

（8）禁止在化验室将水加入浓硫酸中腐蚀棉。

（9）禁止装固色剂桶不洗净，再装其他助剂，应专桶专用。

（10）禁止随意剪布对样，应在布头60cm内剪布样。

4. “快”（减少染色时间）的“三大祸根”

（1）易产生色花。

（2）易产生缸差。

（3）易产生折印、折痕、鸡爪印。

5. 尿素“三大巧用”

（1）助溶。

（2）硫化染料染色防脆化处理。

（3）消除甲醛。

6. 避开氨纶“三大怕”

（1）怕重碱煮。

（2）怕氯漂。

（3）怕持续高温。

7. 保证“三通畅”

（1）染色机过滤网通畅。

（2）烘干机散发热量通道通畅。

（3）定形机散发热量通道通畅。

（四）检查针织染色工艺上车

染色工艺上车合格的检查标准、方法如表4所示。

表4　针织染色工艺上车合格检查方法

序号	检查项目	检查次数	标准	公差范围	检查方法	检查工具
1	配缸布重布公差	1	按配缸要求重量	±5%	按码布单计算	磅秤
2	翻布布面	3	布面正反一致	不允许	目测	
3	缝头：布边整齐度，距边2~4cm	3	±1cm	±1针/5cm	目测	卷尺或直尺
4	pH（染液）	1	染涤pH=5	±0.5	投料5min后取液测定	精密pH试纸

续表

序号	检查项目	检查次数	标准	公差范围	检查方法	检查工具
5	化染料	1	浴比不低于1∶15 温度按规定			水银温度计
6	浴比	1	按工艺规定浴比	±1.5	目测加计算	水位表
7	升温降温曲线	1	按工艺规定的升、降温控制区内的升降温曲线	±1℃	在控制的升、降温时间内任意抽查一次，此时温度与规定的温度±1℃	随机程控记录仪表；钟表
8	保温时间	1	按工艺要求上、下幅度	±2℃	目测；查对生产记录	随机程控记录仪表；钟表
9	染色前、后处理温度	3	按工艺要求上、下幅度	±2℃	目测；查对生产记录	温度表
10	染色前、后处理时间	3	按工艺要求上、下幅度	±3mim	查对生产记录	钟表
11	染色前后水洗洁净度	3	中性	pH=7~7.5	取织物挤出水分	精密pH试纸
12	对色	1	≥4级	0.5级	目测	标准色卡
13	缸差	2	标准样	3.5级以上	随机取布样、对比	色卡评级
14	脱水坯布	3	棉70%； 化纤30%	±4%	坯布依据原布头重量，湿布依据称重为标准	磅秤
15	烘干温度	1	按公司规定	±4℃	目测	温度表

四、染色一次成功可实现节能减排的最大效益

染色一次成功是指毛坯布经染整全过程后就符合质量标准。一次染色成功率每提高1%，生产成本可降低1%，收益可提高约10%，如表5所示。一次染色成功必须抓住几个重要环节：针对质量目标制定准确的针织

染整工艺计划书、强硬的现场执行力、员工的定期培训、“质检”配合好生产。

表5　针织染色一次成功效益分析

项目	相对成本（%）	相对产能（%）	相对利润（%）
一次染色成功	100	100	100
剥色重染	250	45	-300
改色重染	150	75	-80
小修色	110	80	70
一次加料（10%～30%）	120～150	50	10～20
二次加料（再加）	140～180	20	-50
三次加料（再加）	160～200	0	-150～200

要把回修率控制到最低，价值体现在工艺设计，成果出自优质、低耗。要规范生产管理，规范工艺技术必须做到由思考力到决策力，再到强硬的现场执行力的实施，确保染色一次成功的实现。

针织轴向织物的结构、性能及应用

邱冠雄　姜亚明　刘梁森　齐业雄

针织轴向（DOK）织物早有记载。20 世纪 80 年代初期，德国的 Karl Mayer 公司、Liba 公司、德累斯顿工业大学开发了经编双轴向及经编多轴向织物，美国的 Cofab 公司在圆机上开发了纬编双轴向织物，天津工业大学邱冠雄教授的课题组于 1999 年成功研制了纬编双轴向多层衬纱织物，并于 2001 年成功申请了国家专利。

针织轴向织物作为针织结构的一个重要分支得到行业和学术界越来越广泛的关注和研究。针织轴向织物最突出的结构特点是织物中衬入了完全伸直的衬纱，而衬纱的取向可以是经向、纬向或者斜向，这就使得该类织物不但对高性能纤维纱线力学潜能具有很高的利用率，而且具有极好的力学性能可设计性。此外，邱冠雄教授课题组研制成功的纬编双轴向多层衬纱织物除了具备其他针织轴向织物的优异力学性能外，还具有非常出色的三维曲面成形性能，这就使其在三维薄壳体复合材料领域显示出极大的应用优势。

一、针织轴向织物的结构

针织轴向织物从传统的衬纱织物发展而来，针织线圈是其最基本的结构单元，可有效固定呈直线排列的衬纱，保证了纤维取向的稳定性。总体上看，生产成本较低，完全机械化生产使织物的生产速度明显加快、周期短，针织线圈增强了织物结构整体性、成形性能，因此织物具有了良好的开发、应用前景。根据织物中线圈结构特点，针织轴向织物可分为经编轴向织物和纬编轴向织物两大类。

邱冠雄，教授，针织专家，纺织教育家，天津工业大学原校长。
姜亚明，教授，针织专家，天津工业大学纺织学院党委书记。
刘梁森，高级工程师，针织专家，天津工业大学复合材料研究所。
齐业雄，天津工业大学纺织学院。

1. 经编轴向织物

根据经编轴向（MWK）织物中衬纱的走向将其分为经编单轴向织物、经编双轴向织物和经编多轴向织物，如图1～图3所示。

图1所示为经编单轴向织物结构示意图，经编单轴向织物结构是一种高性能衬纱以特定的衬入角度（经向或纬向）被经编线圈绑缚在一起形成的织物。高强度涤纶、玻璃纤维、碳纤维等高性能纤维作为衬纱对织物规定方向的力学性能进行增强，一般用于具有特殊要求的材料中。

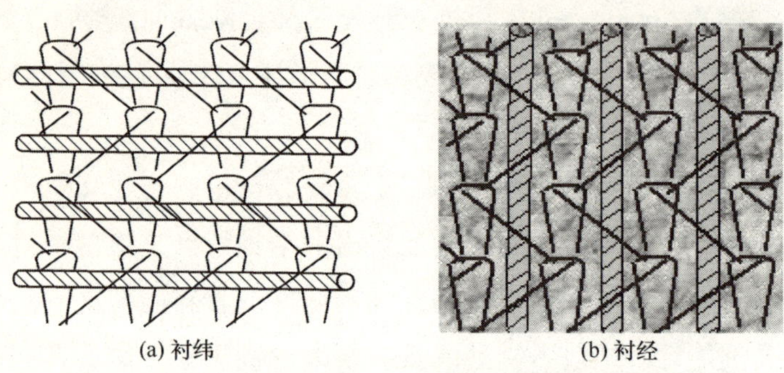

(a) 衬纬　　(b) 衬经

图1　经编单轴向织物结构示意图

图2所示为经编双轴向织物结构示意图，同时将两组不同取向的高性能纱线以特定角度衬入织物中形成织物，主要分为经编双轴向织物和经编双斜向织物。该织物可使两个方向的力学性能得到明显提高，使织物的使用范围得到进一步扩展。

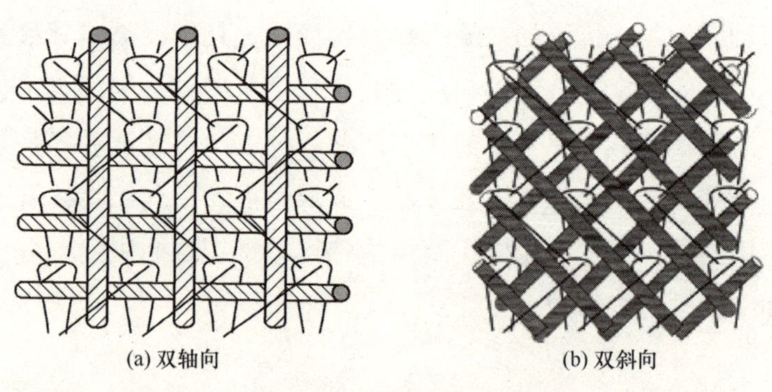

(a) 双轴向　　(b) 双斜向

图2　经编双轴向织物结构示意图

图3所示为MWK织物的典型结构，经编多轴向织物结构，它包含四

个衬纱系统，分别为衬经纱（0）、衬纬纱（90°）及两组斜向衬纱（$\pm\theta$）及一个绑缚系统（绑缚系统目前用得比较多的是经平组织和编链组织），如图3所示。通过绑缚系统把四个衬纱系统捆绑在一起，形成一个整体。其中，斜向衬纱的角度θ可以在30°~90°之间进行变化。

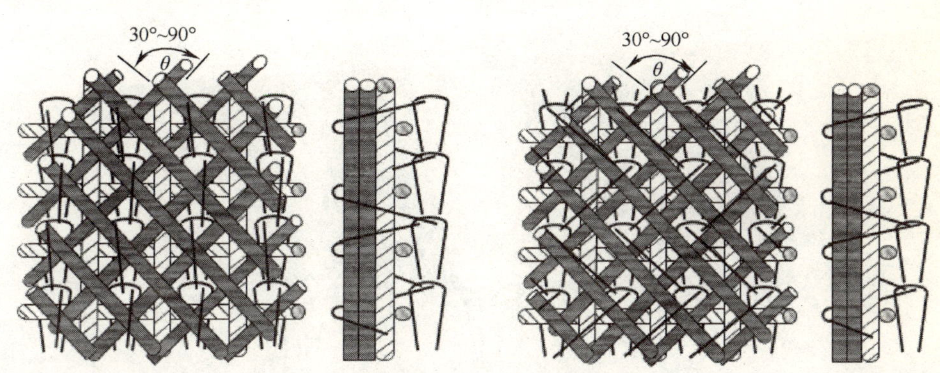

图3 经编多轴向织物结构示意图

2. 纬编轴向织物

纬编轴向（MBWK）织物以1+1罗纹组织为基础，在罗纹编织过程中同时衬入经纱和纬纱而形成。与MWK织物相类似，MBWK织物中衬纱呈直线排列状态，采用高强高模纤维，如玻璃纤维、芳纶、高强聚乙烯纤维、碳纤维等。罗纹组织为绑缚系统，将衬纱无损伤地捆绑在一起而形成具有一定厚度的织物，绑缚纱多采用纱支较细的涤纶、锦纶等，有特殊要求时也可使用玻璃纤维、芳纶等高性能纤维以增强织物厚度方向上的性能。根据MBWK织物中衬纱的走向将其分为纬编单轴向织物、纬编双轴向织物和纬编多轴向织物，如图4所示。

3. 纬编双轴向织物加工设备的研制

纬编线圈的方向延伸性高的特点，使其织物在三维曲面成形时所体现的三维曲面成形性能是无与伦比的。因此它既保留了经编轴向织物优异的力学性能特点，同时又具有远远超越经编轴向织物的三维曲面成形性能。面对新型纺织机械设备的设计制造的迅速发展新形式，以邱冠雄、姜亚明、刘梁森为代表的“纬编衬纱织物及装备研究”课题组开始从事双轴向、多轴向衬纱纬编织物及其织造设备的研究。并经过反复推敲和多次改

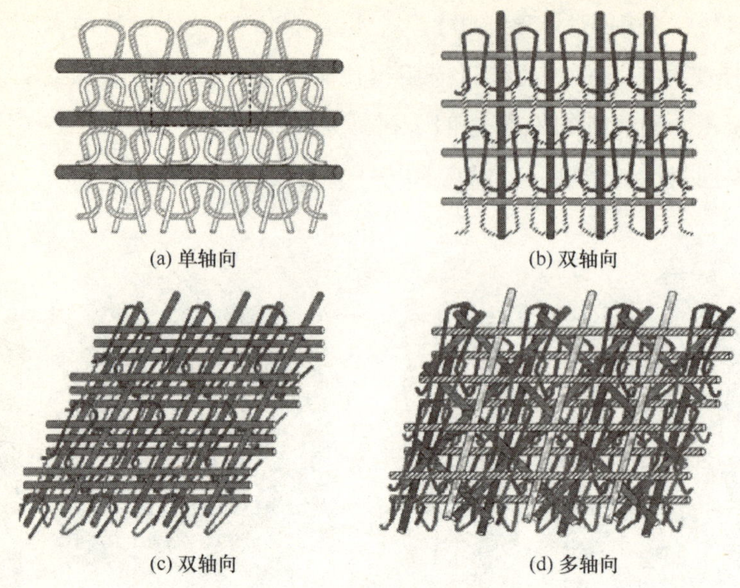

图4　纬编轴向织物结构示意图

进，于2000年制造出我国第一台运转性能良好，产品质量稳定，适用材料广泛的多层双轴向衬纱纬编针织机，如图5所示。通过近十几年的研究及机器设备改造，双轴向纬编针织机微机控制系统已研发成功，实现了双轴向纬编针织机自动编织、工艺参数自动调整等功能，既简化了机器的机械传动机构，提高了机器的自动化程度，又降低了制造成本。

图5　多层双轴向衬纱纬编机织造现场照片

以1+1罗纹组织为捆绑纱组织的纬编轴向织物一般是在改进的横机上进行织造完成的，对于改进的针织横机设备的研究已经非常成熟，已经实现自动编织、自动工艺参数调整、运转性能良好的横机设备的研制。然而横机生产效率相对较低的缺点又使得刘梁森等根据针织圆机具有多路、编织连续性强、生产效率高等特点，研制了筒形纬编双轴向高性能纤维织物及其织造设备，该设备分别采用曲线针筒内壁技术和间歇式感应卷布技术，通过对曲线针筒内壁的合理设计和卷布系统的改进有效地避免了在生产过程中织物的起拱、起皱现象。

二、针织轴向织物的性能

针织轴向织物（包括经编轴向织物和纬编轴向织物）中呈直线排列的高性能纱线按照指定的方向平行顺直排列，并利用较细、较柔软的纱线将其绑缚在一起形成织物，充分利用了高性能纱线的潜能。同时，捆绑纱的存在又明显改善了织物的层间性能，因而具有广阔的应用前景。除此之外，由于捆绑纱线圈的方向延伸性高的特点，使织物在三维曲面成形时所体现的曲面成形性能是无与伦比的。

1. 针织轴向织物的拉伸性能

针织轴向织物在受到轴向拉伸载荷时，对高强高模纱线潜能的利用率在90%以上，而相应的平纹机织物却只有70%左右。其原因在于：当平纹机织物承受拉伸作用时，纱线潜能的一部分浪费在推开另一系统的纱线，同时模量也因为衬纱的几何伸长而显著降低［图6（a）］，而针织轴向织物则不会产生类似问题［图6（b）］。

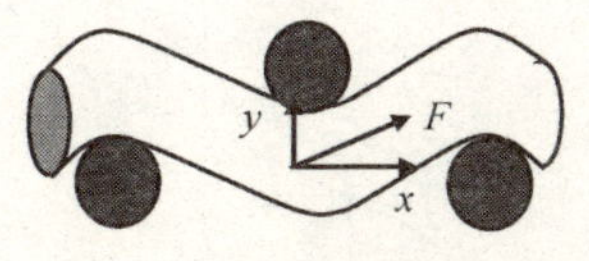

(a) 机织物横截面

(b) 轴向织物横截面

图6　针织轴向织物与平纹机织物的拉伸状态

以多轴向经编织物的单向拉伸为例，织物在受到轴向拉伸载荷时，如图7所示，在不同θ_0时的面内拉伸的雷达图，从图中可以直观地看出，当

$\theta_0 = \pi/4$ 时，织物沿不同方向的拉伸模量基本相同，从而说明织物在斜向衬纱为 ±45°时表现出面内准各向同性的特点，它对 MWK 织物的设计和应用很有价值。

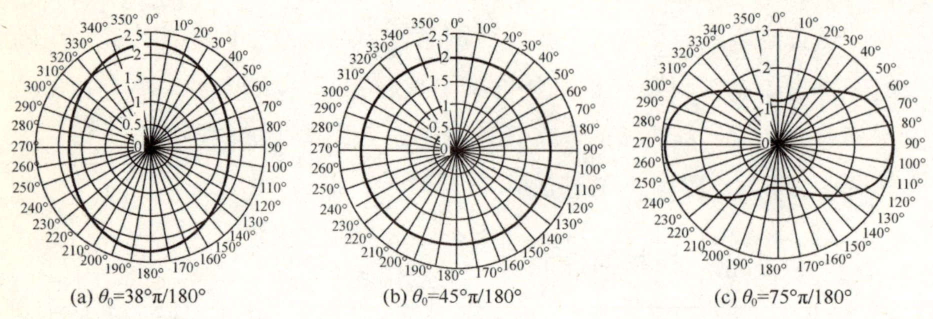

图 7　MWK 织物沿不同方向的拉伸模量

2. 针织轴向织物的弯曲性能

针织轴向织物的弯曲性能与平纹机织物及其他服用面料的弯曲性能大不相同。由于针织轴向织物中绑缚系统纱线的强力要远远小于衬纱系统纱线的强力，因此针织轴向织物的弯曲特性主要取决于衬纱。以多轴向经编织物为例，如图 8 所示，由 KES－FB－2（Kawabata 评价系统）得到的弯曲滞后曲线可以看到，多轴向经编织物的弯曲初始模量高于平纹机织物，其弯曲滞后曲线也更为复杂，呈“狗骨形”，而不像平纹机织物那样呈现规则的“叶子形”。

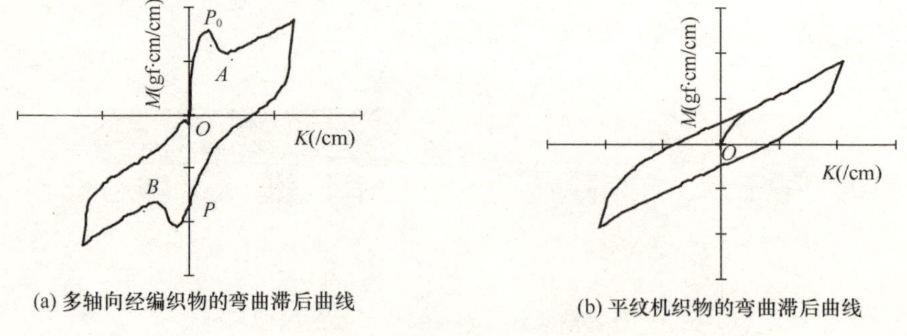

图 8　MWK 织物及平纹机织物的典型弯曲滞后曲线

为了能够更加清晰地了解针织轴向织物弯曲特性及织物内衬纱作用机

理，建立针织轴向织物的弯曲模型，通过该模型可以得到织物沿任意方向弯曲时的完整的弯曲滞后曲线，并可对该织物在任意弯曲曲率下的弯曲模量进行计算。以多轴向经编织物为例，利用 KES－FB－2 织物弯曲测试仪，对 MWK 织物沿四个方向［经向、纬向及两个斜向（$\pm\theta$）］进行了弯曲试验。将多轴向经编织物弯曲滞后曲线的理论计算结果与试验测试结果进行对比分析，如图 9 所示。图中虚线为理论计算曲线，实线为实验结果曲线，从两条曲线的对比分析得到，模型的预测与实验结果十分吻合。

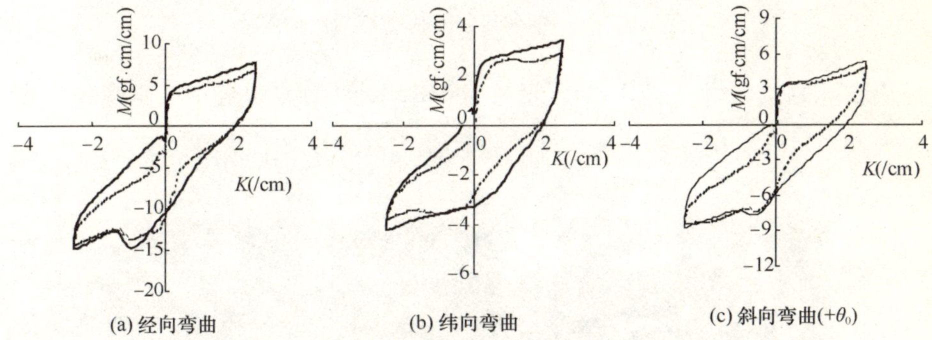

图 9　理论结果与实验结果对比

3. 针织轴向织物的面内剪切性能

针织轴向织物中起固定衬纱作用的绑缚系统沿任意方向均具有一定的延展性，衬经纱和衬纬纱在织物中呈分层铺覆状态，而非交织状态，因此它们可以“自由”滑动和转动，因此经纬纱之间的夹角可以在很大范围内变化（图 10），即可以产生自由剪切，剪切锁定角可以很小，这也是针织轴向织物能够实现良好成型的重要原因。

尽管针织轴向织物的面内剪切变形优于机织物，但受其结构所限，剪切变形能力会有限度，超过这个限度织物便会产生折叠、起皱等严重的变形缺陷，使制品性能下降甚至无法使用，衡量这个限度的指标就是织物的剪切变形极限角。织物的剪切变形极限角是织物剪切变形能力的一个重要表征，以 MBWK 织物为例，由于其结构的特殊性，它的剪切变形极限角受到两个因素的共同制约。当织物发生纯剪切变形时，其线圈虽然发生了转移，但线圈长度依然保持不变，这个长度可由织造时的喂纱量计算而得，

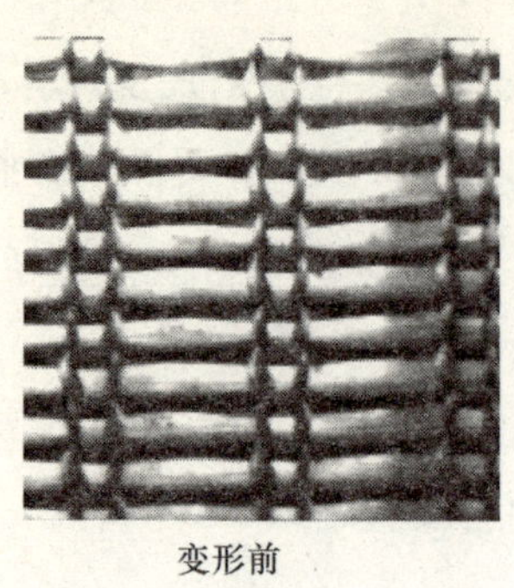

变形前

变形后

图10　针织轴向织物变形前后对比情况

或由实际测量而得，如图11所示。对MBWK织物剪切变形极限角模型的研究，对针织轴向织物的成形性能设计及工程应用具有重要意义。

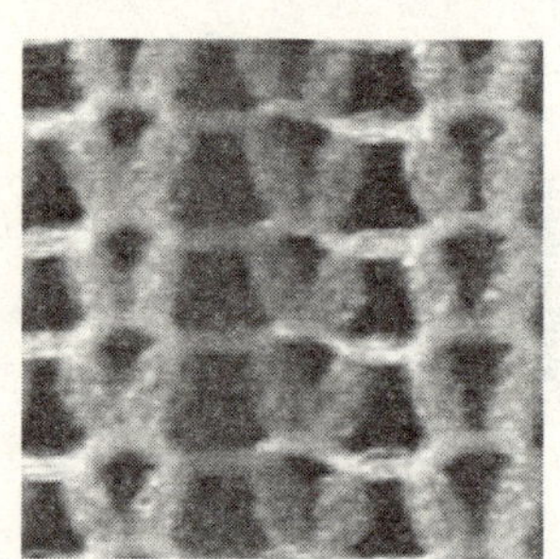

图11　针织线圈的剪切变形

4. 针织轴向织物的成形性能

针织轴向织物除了具有优异的力学性能之外，由于织物内捆绑纱线圈的方向延伸性高的特点，使织物在三维曲面成形时所体现的曲面成形性能无与伦比。

（1）针织轴向织物的半球成形性能。半球是典型的双曲面，而且可用解析表达式进行明确的表达，因此是目前织物成形研究中研究最多的一种几何形体。许多实验方法都能够客观有效地说明MBWK织物半球成形的特点和规律，即织物的半球成形具有对称结构，在成形良好的情况下，可沿着经纬纱方向将其分为四个相同的区域，纱线滑移现象十分微弱，可忽略不计。如图12所示，织物沿±45°方向发生剪切变形，并通过实验可知，变形随着半球纬度的减小而增大。并且，通过实验可以得到在不同半径条件下，织物45°方向上衬经衬纬纱交叉点处的夹角θ随节点半径r的增加而减小，呈线性变化趋势，且半球半径R越大，其线性系数就越大。

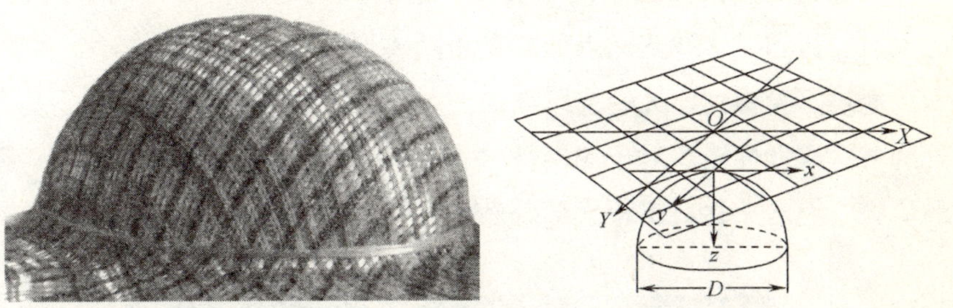

图12　MBWK织物半球成形照片及实验示意图

（2）针织轴向织物的立方体成形性能。立方体是基本的几何形体之一，它所有的面均为平面，除了面与面之间的不连续外，它还具有尖点即立方体的几个顶角，这些鲜明的形体特征使MBWK织物在立方体上的成形性能极具研究价值。根据织物对直角立方体成形的特点及规律，指出对角线铺覆方法最有利于MBWK织物的成型，如图13所示，织物在立方体成形过程中有明显的纱线滑移现象，其变形规律不满足机织物常用的铰链连接网模型。织物45°方向上衬经衬纬纱交叉点处的夹角θ随成形高度h的增加而减小，并呈线性变化趋势。织物达到成形高度极限h_{max}时其相应的剪切变形角即为该织物的剪切变形极限角θ_L，这个角度大约为25°。

(a) 0/90°铺覆

(b) 对角线铺覆

(c) 任意角度铺覆

图13　三种铺覆方法的实验照片

MBWK织物立方体成形性能研究发现，MBWK织物在面对具有尖角等不连续特殊曲面形态的成形性能时同样表现出了不俗的成形性能，为

MBWK 织物应用领域的不断扩大提供了理论及实验准备，具有很大的研究意义。

（3）针织轴向织物的圆柱成形性能。圆柱也是不连续曲面，但与立方体不同的是它的侧面为连续的单曲面，进行织物的圆柱成形时，织物 45°方向上衬经衬和衬纬纱交叉点处的夹角随成形高度的增加而减小，如图 14 所示。通过实验得到，无论连续曲面还是不连续曲面，MBWK 织物均具有良好的一次成形性能，对于 MBWK 织物的三维曲面成形性能全面的、系统性的研究，使之在材料工程大部分领域内拥有更加远大的应用前景。

图 14　MBWK 织物的圆柱面成形

（4）针织轴向织物的双半球成形性能。全球恐怖主义活动猖獗，犯罪分子的武器装备精良，士兵和警察在执行任务时受到的生命威胁也十分严重；另外，战争和防暴行动中闪现出越来越多的女性身影，但是，目前的防弹衣没有针对女性形体特点的专门设计。MBWK 织物良好的双半球成形性能特点，使其在成形避弹衣的设计与开发方面的应用得到了有效快速发展，如图 15 所示。

（5）针织轴向织物增强复合材料的性能。针织轴向织物由于其优异的面内力学性能和良好的三维曲面成形性能使其应用领域日益广泛，同时，对材料几何结构和力学性能的研究需求日益加剧，由针织轴向织物作为增

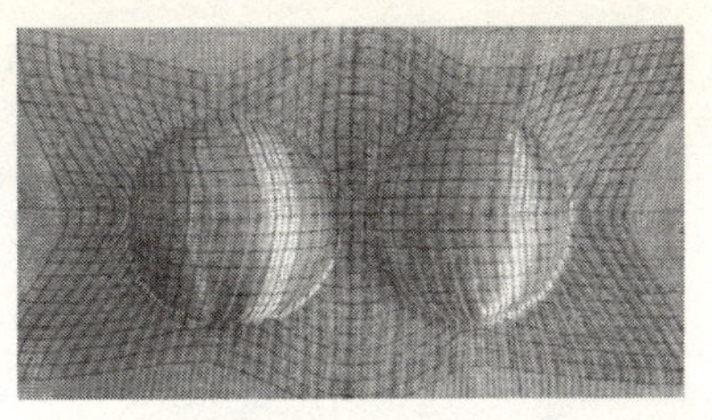

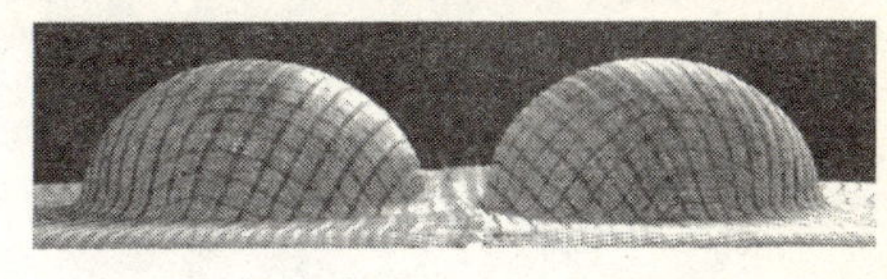

图 15　MBWK 织物双半球成形实验照片

强体的复合材料越来越受到科研人员的关注。在针织轴向织物面内力学模型以及三维成形性能充分有效的研究基础上，针织轴向织物增强复合材料的研究也越发的深入，以 MBWK 织物增强复合材料为例，齐业雄等对其拉伸、弯曲等基础力学性能的实验研究以及 MBWK 织物增强复合材料弹性性能的理论预测等都已有了更加深入、充分的研究。从而更加全面地探讨了针织轴向织物及其复合材料的广阔应用前景。

以 MBWK 织物增强复合材料弹性性能预测与实验验证为例，采用单轴拉伸测试方法获得 MBWK 织物增强复合材料的拉伸性能，对三种类型 MBWK 织物增强复合材料的实验结果和预测结果进行对比分析，如图 16 所示。从整体上看，预测结果和实验结果显示了很好的一致性。与实验结果相比，理论预测与实验测试结果之间存在着一定的误差。产生这些误差

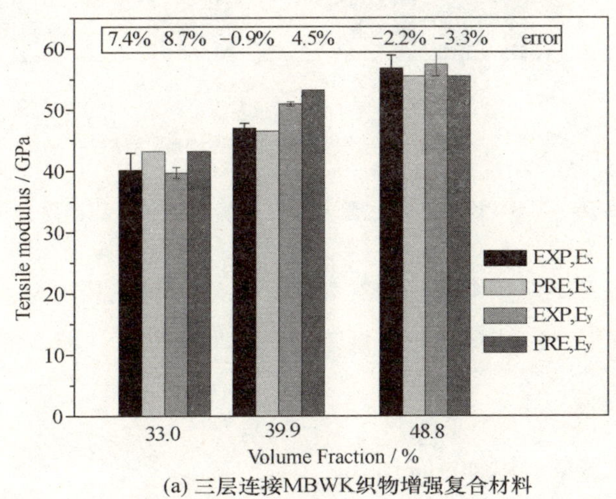

(a) 三层连接MBWK织物增强复合材料

图 16

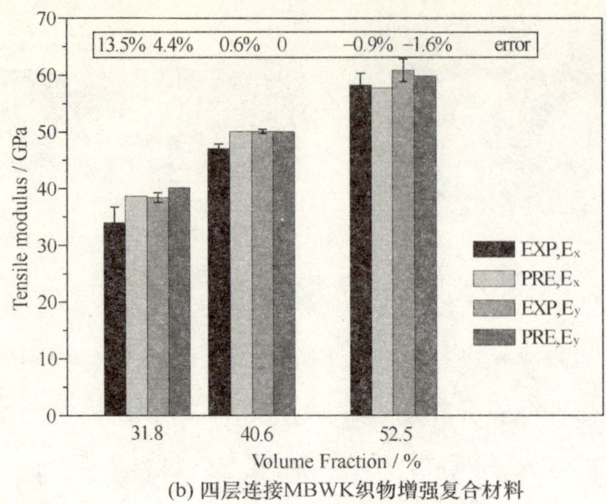

(b) 四层连接MBWK织物增强复合材料

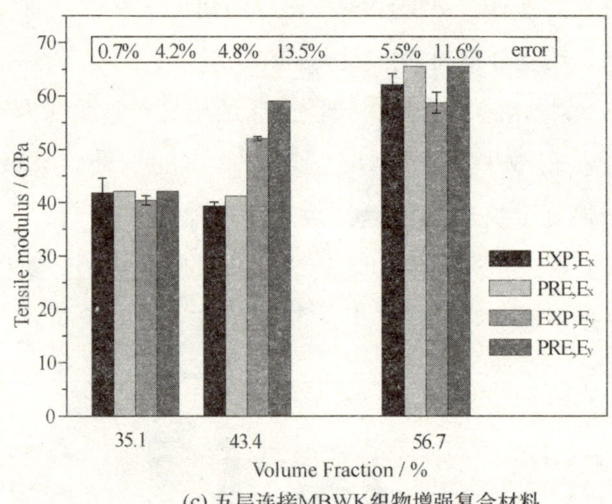

(c) 五层连接MBWK织物增强复合材料

图 16 MBWK 织物增强复合材料实验结果和预测结果分析

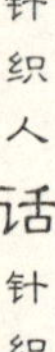

的原因主要是力学模型不完善和复合材料从织造到固化成形过程中诸多环节带来误差。但是预测结果相对误差率全部低于 15%，充分说明了该预测模型的准确性。

三、针织轴向织物的应用

针织轴向织物由于其优异的面内力学性能和良好的三维曲面成形性

能，以及在生产中较高的性价比等，广泛应用于建筑、车船制造、个体防护、航空航天、体育用品及医疗卫生产业等。针织轴向织物作为材料工业领域的后起之秀，越来越受到人们的广泛关注。

1. 建筑业的应用

针织轴向材料在建筑行业内的应用具有很大的潜力，利用针织轴向涂层织物所制造的篷盖材料，由于耐久性好、成品尺寸稳定性好，经过特殊处理后具有隔热、防雨、重量轻、施工简便和生产成本低等特点。目前一些大型建筑的屋顶、灯箱广告及货车篷盖均使用该材料，如图 17 所示。

图 17 针织轴向织物在建筑业上的应用

2. 车船制造业的应用

船体、汽车和火车的车身由于具有复杂的曲面结构，对针织轴向织物的需求日益加大。采用玻璃纤维多轴向经编织物复合材料制作船体，能减轻船体重量，防腐蚀，而且容易清洗。由于针织轴向织物增强复合材料出色的力学性能，使其在涡轮叶片、风车叶片上的应用也得到快速拓展，如图 18 所示。

图 18 针织轴向织物在船体和风车叶片上的应用

3. 个体防护产业的应用

针织轴向织物中的 MBWK 织物在防弹头盔、防弹背心和防弹插板上应用有很大的优势，首先，织物本身有很好的成型性能，能够用一整块织物而不需要剪裁模压成形，形成光滑的三维曲面；其次，织物中的衬纱呈直线状态，它可以充分利用高性能纱线的潜能，对应力响应速度快、模量高。因此，该织物增强防护材料具有极好的抗冲击及耐穿刺性能，该织物现已成功开发应用于空军飞行员的头盔，如图 19 所示。

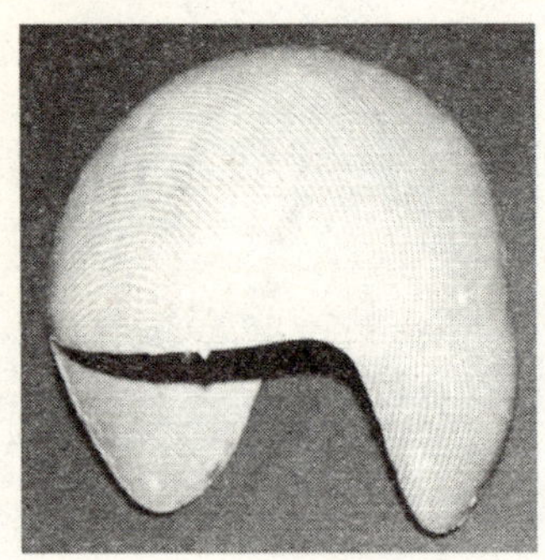

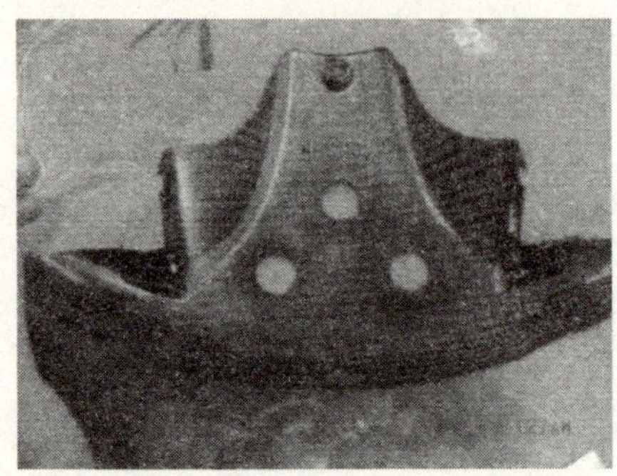

图 19　高性能头盔及夜视镜支架材料

4. 航空航天业的应用

通过对针织轴向织物及其复合材料的特殊化设计，采用耐超高、超低温的高性能材料制作航天飞行器的部件，不但可以减轻重量、提高强度，而且增加了航天飞行器的安全性及使用寿命，有效降低了航空航天事故的发生。图 20 所示为针织轴向织物在飞艇材料上的应用。

5. 医疗卫生业的应用

由于纬编双轴向针织物具有良好的可成形性能，它可以采用玻璃纤维作衬线，甚至捆绑纱线也可以用玻璃纤维，利用这类织物涂上光敏树脂，然后敷于受伤部位，如手臂和脚部。利用织物的可成形性，织物能贴附成与受伤部位同样的形状，在阳光或紫外光下，织物能凝固，起到固定受伤部位的作用。如图 21 所示为该织物与树脂固化成的脚部成形夹板和肘部成形夹板。

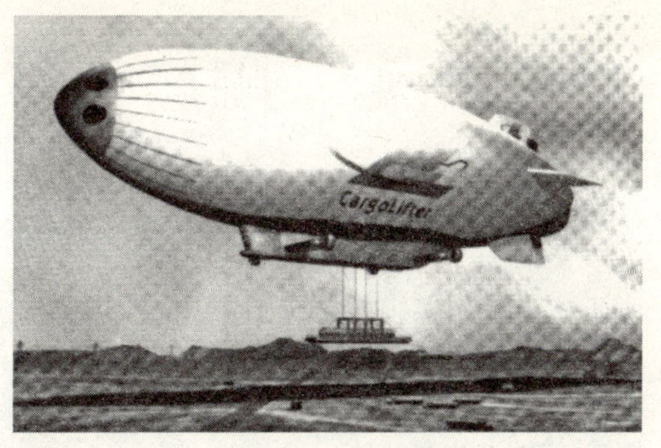

图 20　飞艇材料

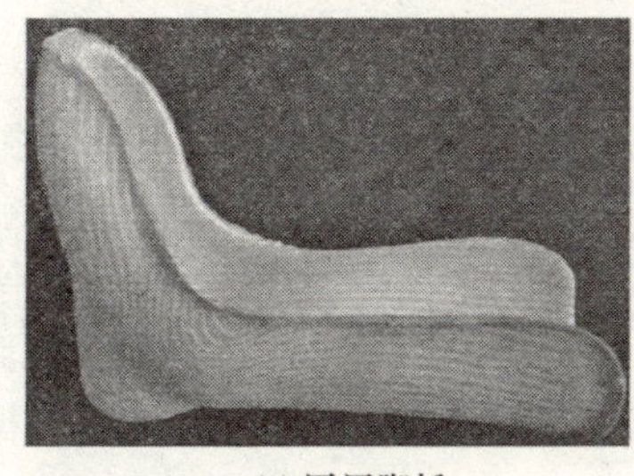

(a) 医用脚托

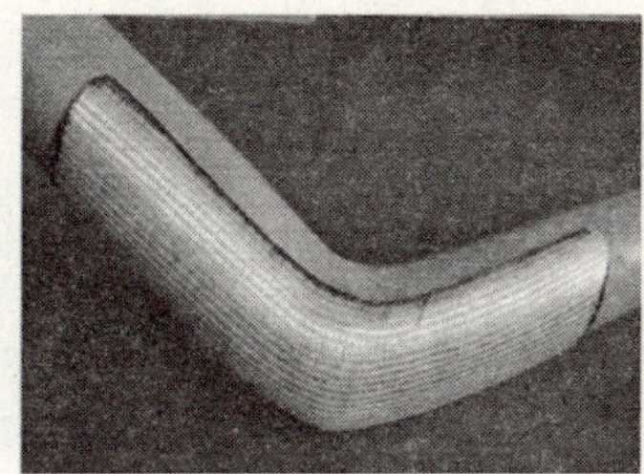

(b) 医用肘托

图 21　针织轴向织物在医疗卫生行业的应用

四、结束语

针织轴向织物是纺织复合材料增强体的一种新结构，由于该结构本身具有优异的力学性能和成形性能，近年来这类织物发展非常迅速。国内外在针织轴向织物及其复合材料方面的研究日益加强，这对于研制和开发满足某种用途的新型纺织复合材料具有理论与实用意义，也有效推动了现代高技术产业用纺织品的市场需求。新型产业用纺织品的开发应用需由不同行业进行合作，纺织科技工作者应承担起开发和应用的重担，勇于开拓，努力创新。

“三枪”崛起

何晋兴

“三枪”诞生于抗日战争年代，发展于20世纪80年代，腾飞于90年代，“三枪”是改革开放的赞歌。

一、逆境受命，负重起航

苏寿南13岁来上海当学徒，1977年任上海针织九厂厂长，在企业的诸多商标中他独具慧眼选择了“三枪”牌，并矢志不渝。

20世纪80年代末，上海针织九厂拥有职工1000多人，年销售近亿元，产品开发、市场拓展走在针织行业前列，在行业一枝独秀。改革开放给我们国家注入了新的活力，国际资本看好中国，世界名牌纷纷抢滩登陆，舶来品长驱直入铺天盖地。保暖、舒适、典雅美观的内衣把传统的棉毛衫裤、汗衫、背心、三角裤逼至墙角，一些国字号纺织企业陷入困境。在一次朱镕基市长召开的探索国企走出困境共商对策的座谈会上，苏寿南受命组建四大企业集团之一——上海针织内衣集团。1990年11月内衣集团宣告成立，十家成员企业，六家亏损，外贸代理亏损2.2亿元。集团财务年报赤字1008万元。

1994年11月18日内衣集团改制，成立上海三枪（集团）有限公司，实现了品牌与字号的统一。

居里夫人说“弱者等待时机，强者创造时机。”面临全新课题，苏寿南审时度势，运筹帷幄，以非凡的改革胆略，依托优势企业——上海针织九厂，依托著名品牌——“三枪”打天下。

他打出了一组组令人眼花缭乱却卓有成效，成为美谈的组合拳。

何晋兴，高级工程师，针织工程专家，上海三枪（集团）有限公司原常务副总经理。

二、品牌战略，异军突起

（一）建立市场为导向的新产品开发快速反应机制

要使企业改变，首先思想变。面对“市场疲软”“纺织是夕阳工业”的错误观点，还有“老公”（国有企业）不如“老乡”（乡镇企业）、“老乡”不如“老外”（外资企业）的悲观论调，苏寿南提出：“市场疲软，疲在品种，软在质量，行业的危机可能孕育着‘三枪’发展的生机”。他拿出绝招，组织集团成员企业的厂长，带领产品开发、技术设计、质量管理、市场营销人员逛淮海路、南京路、四川路，跑遍全市有名的商场，找灵感；他要求出国人员了解欧陆风情、世界新潮内衣的发展趋向，研究日本、意大利、法国的新潮高档内衣样品；他主导建立“三枪”中外内衣精品陈列室，进行交流研究，取其精华为我所用。

国内外市场调研，促进了思想观念三大转变：生产第一线向市场第一线转变，新产品开发填补空白向填饱肚皮转变，新产品由样品、展品向商品转变。看到了差距，明确了“爬坡”目标，苏寿南决心抓住机遇，高屋建瓴地提出了“三枪”品牌发展战略：以发展国货精品，振兴民族工业为出发点，立足主业，振兴针织，开发完整的高档内衣系列，依靠品种、质量、人才，引导“三枪”进入世界名牌行列。并适时建立了以市场为导向，从市场调研、产品设计、原料供应、设备改造、中试生产、市场预测、风险决策、资金到位、批量生产、包装配套、广告宣传、投放市场等生产经营全过程的新产品开发快速反应机制。

经过深入分析和研讨，苏寿南心目中理想的舒适美观、轻、软、保暖性强、复合结构的新产品的研发思路已经成熟。他集中了全厂最优秀的技术人员，仅用5天就在进口大圆机上试制成功，可是，经测算生产需要投入700多万美元引进设备，天文数字，根本没法办到。

穷则思变，苏寿南带领技术人员，改造国产老设备，将进口大圆机的部分功能嫁接到国产机上，每台仅花1.6万元的改造费用。在三个月内改造完成了116台Z211织机，“柔似儿女情，暖若父母心”的“三枪”第一个拳头产品——柔暖棉毛衫裤横空出世，风靡市场，月产量40万件，仍供不应求。这证明了：“一个产品救一家厂”的论断并不离奇，1993年针织九厂实现利润663万元，为1992年的6.2倍。上海市政府将当年的新产品一等奖和排名仅次于南浦大桥的科技成果二等奖给了柔暖棉毛衫裤。

更为可贵的是，这次奋斗实践形成“三枪”新产品开发的全新机制，闯出了“三枪”新产品开发的模式：高科技+大批量+系列化。在这机制下，“三枪”加快了科技创新步伐，1993~1996年的四年中投入8000万元，进行技术改造引进关键设备技术，形成新的生产流水线，许多产品做到当年设计，当年批量生产，当年投放市场。1992年后连续每年推出领导潮流，引起轰动效应的内衣产品：1992年柔暖棉毛衫裤系列，1993年全棉凉爽麻纱系列，1994年高支薄型羊毛内衣系列，1995年牛奶丝内衣系列，1996年少儿内衣系列、T恤衫系列，1997年柔棉莱卡弹性内衣系列、保尔爽抗菌卫生内衣……款款新潮内衣，不论品种、质量、款式、色泽、包装与世界名牌相比都毫不逊色，人们看到的不只是适合男女老少，满足春夏秋冬的内衣时尚潮流，更是行业的希望！

（二）市场营销是赢得人心的工程

“做得出，卖得脱，赚得着”，苏寿南以这九个字作为企业出路。大凡真理，都是简单的，他找到了三句话九个字的结合点——国内市场和国际市场。为实施“立足上海，外延江浙，辐射全国，走向世界”的营销策略步骤，在营销价格上，提出高档产品中档价格，一旦接受则年年涨价。在营销方式上“三枪”更是新招迭出。

1. 国内市场

（1）举办针织名品展：1991年首届名特优产品展一举成功，社会轰动。

1993年高档内衣展，成绩斐然，热闹非凡，被誉为“上海纺织的绿洲”。

1994~1995年两度举办中外针织名品展：主题是“倡国货精品、兴民族工业、展世界名牌、促中外交流”。“三枪”展区盛况空前，销售额占展会总额的30%左右，“鳄鱼”展区门可罗雀，新闻媒体报道的“三枪斗鳄鱼”，不仅轰动而且成为美谈。

（2）一年两次全国订货会：订货会万商云集，新品展示。两件面料、颜色、款式相同的T恤衫，陈列在订货会显要位置吸引人们眼球，一件鳄鱼牌T恤衫760元，一件三枪牌T恤衫63元，强烈对比，顿时轰动，1996年三枪订货会订货高达14.6亿元，超过了三枪的生产能力。

（3）首创针织直销专卖：1994年10月第一家三枪专卖店在石门一路正式开张，至1996年年底，三枪专卖店已开设16家，遍布全市主要商业街，成了三枪新产品窗口、三枪系列产品和三枪形象的总汇。1996年在上海有14个国家20个品牌在上海开设专卖店，三枪专卖店的销售额居于首位。

（4）建立三枪专卖—连锁经营—电子商务：三枪经过三年构筑市场全国拥有16个分公司、80多家三枪专卖店、3000多个直销网点，加上一批资信好的大客商，形成了以直销为主的三枪全国销售网络。在三枪的年销售中，新产品的销售超过总量的60%以上，“穿内衣找三枪”“买三枪就是买放心，买称心”成为社会舆论。

2. 国际市场

1992年“三枪”荣获自营进出口权。1995年在美德法日等14个国家地区注册“三枪”商标，在马来西亚设立海外分公司，用经过内销、质量稳定、成熟工艺的内衣精品占领海外市场，1996年“三枪”高档内衣陆续进入日本、东南亚、中东、中国香港等国家和地区。尤其是“三枪”同韩国纺织产业协会携手在汉城成功举办“三枪”面料展，为拓展海外市场创造了极其有利的条件。1999年外经贸部将“三枪”列为全国首批“重点支持和发展的重点商品”品牌之一，经海关核准，对“三枪”外贸实行A类管理。

市场是企业发展的出发点和归宿。功夫不负有心人，三枪以占领品种和市场的制高点，扩大市场覆盖率，提高市场占有率为目标，从品种、质量、价格、服务的品牌综合优势，赢得了人心，赢得了市场。根据国家商业信息中心发布的资料，“三枪”的市场占有率始终在25%以上，成为国内针织内衣市场的龙头。

三、企业兼并，规模发展

为扩大“三枪”的生产空间，最大限度地发挥“三枪”的名牌效应，苏寿南提出了“兼并亏损企业是一种资产经营”的理念，在1991～1996

年的六年中，针织九厂连续兼并了七家亏损企业，承担了3.58亿元债务，消化了1.5亿元亏损，安置员工5082人，分担了国家困难，促进了社会安定。

苏寿南指挥的“三枪兼并交响乐”，对百达厂针织厂的兼并可谓“华彩乐章”的经典之作，集中体现了他的超前意识、改革胆略。百达是上海有名气的企业，然而由于引进设备不配套和经营不善等原因，十年间累计亏损7145万元。苏寿南制定周密兼并计划，集中全力，加以实施。第一阶段，漂白流水线技术改造，解决瓶颈制约，三个月实现止亏。第二阶段，五个月实现百达厂月销售收入2500万元，月利润100万元，兼并成功，实现了1+（-1）>2，“三枪”实现了量的骤增、质的飞跃。

六年中针织九厂的运行资本规模增大了10倍，销售收入增长了12倍，经济效益增长100倍，1996年国有资产增值率在1995年增长528%的基础上又增长了65.66%。兼并出效益，打出了“三枪”的声威。朱镕基副总理见了报告批示：“兼并出效益，也是组织结构的改革，也是破产机制的运用。”黄菊市长在视察三枪集团谈到兼并出效益时说：“看来运用你们的经验，要具备两个条件，一是要有很强的品牌实力，依靠自己的力量能够消化被兼并企业的亏损和债务，二是要有很高的境界，讲奉献，做好事。”

1997年三枪集团被中宣部列为“深化改革，振兴国企”主题宣传的全国十个重点报道典型经验的企业之一。以“优势产品竞争市场，通过兼并扩大规模，成为中国纺织工业旗帜”的全国性报道极大地提高了“三枪”的知名度和影响力。

四、科学管理，商标驰名

“品种是立足点，质量是生命线”始终是“三枪”的座右铭。“三枪”制定了“优质高品，热忱服务，恪守信誉，领导新潮”的质量方针。确定了“瞄准国际先进水平，赶超世界名牌”的质量目标。从品种设计、功能款式、原料供应、生产制造、监督检验、外观包装、商标管理、一直到销售服务、抓好生产经营全过程的质量管理，形成每年新春第一个会就是质量表彰会的传统。为不断提高“三枪”品牌信誉，苏寿南采取两大举措：全部内销产品，采用高科技防伪标志，实行内销产品全数质量检验。“三枪”自身建立5000平方米内销成衣检品中心，年检3000万件左右，为行业首创。“三枪”引进国际先进测试仪器和设备，建立一流水平的实验室检测中心、毛坯检测中心、光坯检测中心、成品检测中心等四大检测中心，成为消费者“买‘三枪’就是买放心，买称心”的有力保证。

“三枪”内衣风靡市场，社会上出现了制假贩假现象，“三枪”一面建立并全面使用高科技防伪标志，一面建立“打假办”致力于打假。1995年10月至1996年12月先后在北京、上海、苏州、浙江、河北、福建、沈阳、长春等省市采取40多次行动，查获假“三枪”63308套。“三枪”还与各地工商执法部门、社会团体，企事业单位结成打假联盟，净化了市场，保护了消费者的权益，维护了“三枪”的信誉。

“三枪”居安思危，在长期实践中逐步形成了一头抓品种开发，一头抓市场拓展，严、细、精、实的管理模式，1999年1月“三枪”荣获中国驰名商标。

1999年3月22日，国务院副总理吴邦国在“三枪”实施品牌战略，荣获驰名商标的汇报信上批示：“其经验可以借鉴，一手抓纺织压锭，一手抓优势企业发展，纺织业才有希望，希望在纺织结构调整过程中，有一批‘三枪’式的企业能不断发展壮大。”国家纺织工业局召开会议落实邦国同志批示，“三枪”做了专题介绍，《人民日报》《解放日报》中央电视台、东方电视台等新闻媒体都做了专题报道，“三枪”又一次成了国有企业改革成功经验的宣传热点。

五、人才高地，企业之本

企业的竞争，市场的竞争，说到底是人才的竞争。在信息化时代，谁拥有人才，谁就能拥有明天。“三枪”坚持以人为本、效率优先、兼顾公平的原则，用思想的、感情的、经济的、行政的手段调动员工积极性、创造力。从1984年始，“三枪”率先对做出贡献的工程技术人员和经济管理人员实行保健制，享受保健津贴，营造尊重知识，尊重人才的氛围。随后不断发展完善，实行一系列超常规的激励机制：不靠学历靠能力、不凭资格凭贡献的技术职称评聘制，1992年高级职员聘任制，1993年风险抵押承包经营责任制，以及扩大奖金比重、设立单项奖励、疗休养制度等，形成了“三枪”独特的报酬凭贡献的人才激励优势。

苏寿南在致力建设人才高地的同时，不忘普通员工，尤其是那些需要帮扶的普通员工。苏寿南解人之难，浓浓蜜蜜的人情味故事俯首可拾，苏寿南的“人格魅力”像磁铁般凝聚了人心，营造了“不分你我他，共同为‘三枪’的氛围”，成为“发展‘三枪’，永不满足”的不竭动力。

六、移师浦东，二次创业

1999年“三枪”抓住机遇，申报“三废治理，移地生产，建立高档针织面料生产基地”项目，在浦东康桥工业区投资2.7亿元建立占地228亩的“三枪”工业城，发展面料生产经营，开辟“三枪”新的发展空间。经过奋力拼搏，2001年年底，“三枪”工业城全面竣工投产，“三枪”实现了传统针织工业的产业升级，代表了我国针织行业的先进生产力水平，成为上海现代化国际大都市的纺织新形象。“三枪”工业城谱写了一曲二次创业之歌。

“三枪”的崛起，为国际新闻媒体所瞩目。美国、英国、日本、马来西亚等新闻媒体，先后做了多次报道，认为上海三枪集团是拥有中国最大的内衣名牌——“三枪”牌的大型集团公司，“三枪”牌成为中国高档内衣产品的标志，“三枪”希望自已能成为中国为数不多的世界知名品牌之一。

乘改革开放浩荡东风，苏寿南总经理呕心沥血，百折不回，扬名族之魂，攀名品之巅，使“三枪”这一老品牌再铸辉煌。

“三枪”继承了百年来针织工业之精华，时代造就了苏寿南总经理。苏寿南领导“三枪”人创立的品牌战略，建立的企业文化，特别是领导传统企业开发精品引导时尚消费、推进企业改革的成功实践，向世人展示了“三枪”之美。

完善管理是企业发展的保障

张克学

安阳市紫薇花针织有限公司的前身是1992年成立的一个名不见经传的村办企业。2003年成立安阳市紫薇花针织有限公司，使企业逐步走上正轨。特别是2010年以来，紫薇花公司依托中国针织服装名城优势，瞄准更大更强更高的目标，大胆创新，积极进取，先后投入大量资金引进先进的设备，打造中西部一流的针织染整企业。已经拥有漂白、染整、后整理、印花等先进设备60余台套，加工品种由建厂初期的纯棉、涤棉扩展到了棉氨、莫代尔、粘胶、竹纤维等多种新纤维针织产品，以及高档后整理的汗布、棉毛布、网眼布、弹力布、不倒绒布和印花面料等，产品辐射到国内外。目前建筑面积4万平方米，具备年产20000吨针织面料的能力，紫薇花公司已成为国内针织行业龙头企业之一。公司是河南省科技企业、河南省纺织行业协会副会长单位、安阳市政府重点支持单位、安阳市百强企业。

一、建设一支高素质的企业人才队伍

市场的竞争既是产品的竞争，更是人才的竞争，因此企业管理的第一要务就是人力资源管理。紫薇花公司坚持把人才队伍建设放在首位来抓，舍得投入物力和财力，扎实推进企业人力资源工作，其他工作都服从于这一全局性工作。

一是首先加大对公司高层人员的培训，打铁先要自身硬。这几年公司总经理、副总经理等有5人先后被送到清华大学、北京大学和西安交大学习培训，他们不仅增长了见识，而且提高了驾驭市场，带好队伍的能力。二是坚持把有培养前途的愿学、善学、能学、会学的中层干部送到有染整

张克学，高级工程师，针织企业家，安阳市紫薇花针织有限公司董事长。中国针织工业协会第三届专家委员会委员。

专业的学校深造。有10名中层干部被送到郑州、无锡等地的有关院校学习，毕业后都较好地发挥了公司骨干的作用。三是舍得重金从沿海、内地一些发达地区高薪聘请了一批专业技术人才。这些专业人才都在各自的岗位上发挥骨干作用。四是每年有计划、有针对性地对一线技术人员和技术工人，尤其是重点岗位技术骨干进行1～2期的培训。除了本企业的技术人员讲课外，还专门从北京、浙江、山东、广东等地邀请专家学者来公司现场授课。

企业先后从四川、广东、浙江、河北等地高薪聘请10多名专业人员，担任企业的部门负责人和技术顾问。公司员工与聘请人员密切协作，不仅提高广大员工的业务技术水平，而且增加了他们的事业心和责任感。这些措施的实施，提高了公司员工的整体素质，培养了一批能干事、会干事、爱干事、干成事的能人，推动企业经营业绩一年上一个台阶。

二、把节能环保当成企业自身提升的工作来抓

节能减排、环境保护是企业发展的基本原则和必由之路，企业必须坚定不移地把绿色发展的理念贯穿到企业管理的各个环节之中。紫薇花公司严格执行国家标准，始终把绿色发展这一关系民生的大事放在首要的位置来抓。

第一，公司搬迁新址后，投资2000万元建造了占地20亩的污水处理场。在安阳纺织行业第一家实行污水排放在线国家监控，排放达到了国家一级排放标准，对其他企业产生了良好的示范作用。

第二，坚决淘汰高耗能、高排放的落后染整设备50余台（套）。投资2000余万元，先后购置新型小浴比染色机30台，使织物染色的浴比从原来的1∶12降到1∶5、1∶4，甚至达到1∶3，大幅度降低了产品的能耗和水耗。

第三，在安阳市首家使用导热油加热技术。虽然短期投资较大，但是从长远看，仅节能这一项就可节约大量成本。从2007年至今，通过节约水、电、煤，企业大幅度降低了生产成本，提高了生产效率。

第四，不断完善中水回收利用技术，染整环节水的利用率达到30%以上。中水回用不仅减少水的总用量，而且促使企业改进生产工艺，完善工

艺流程，产生良好的经济和社会效益。

企业节能减排的一系列举措，受到了环保部门的高度肯定和表扬，被行业协会评为环境优化节能减排优秀企业。重要的是，节能对企业产品、软实力的提升发挥基础促进作用，增强了企业的市场竞争能力。

三、高度重视新技术新工艺新产品的开发

企业要发展科技创新是关键，因此，以科技推动产品不断创新、不断提升就是企业管理的主线。企业创办初期，在规模小、设备差、技术落后的情况下，就是依靠染整技术优势，依靠新产品开拓市场，站稳了脚跟。后来企业规模逐步扩大，还是把培育技术新优势作为企业发展的基石。

紫薇花公司一直拥有一支由多名技术人员组成的稳定的研发队伍，对企业的研发和生产发挥关键作用。公司的研发水平处于行业领先，2009 年企业技术中心就被认定为安阳市企业技术中心，2010 年公司成为东华大学安阳研发基地。

为了保持技术领先，2007 年紫薇花公司在安阳率先购进香港立信拉幅定型机，开创了拉幅定型针织面料产品市场。2010 年企业完成了棉 + 氨纶高档面料的节能环保工艺，产品在新引进的拉幅定型机上进行处理后，手感柔软光滑、尺寸稳定，产品填补了河南省针织行业的空白。当年产量就达到 3500 吨，占企业总产量的三分之一。公司与东华大学合作完成了功能性针织面料的生产技术。该技术采用节能、减排、环保的新型生产工艺，生产多功能新型针织服装面料，如防辐射、防紫外、防红外、防臭、防蛀、防霉产品。这些产品具有良好的使用性能（如免烫、防缩、超级柔软等），全面提升针织面料的档次和附加值。该类产品符合国际针织面料的发展趋势，满足人们的绿色消费要求，具有广阔的市场前景。2012 年企业引进了活性印花生产线，使安阳在以往传统涂料印花的基础上，增加了活性印花品种，提升了印花产品的档次。购进香港立信气流染色机，填补了全市、乃至全省的空白。公司发挥技术优势，拓展新原料在产品开发中的应用，为安阳的针织品市场增加新的面料，从而全面提升安阳针织服装产品的档次和水平作出了贡献。

四、积极参与产业集群的建设

安阳市是“中国针织服装名城”。发展好行业，产业配套完善是基础，有一个良好的政策环境、正确的发展导向和企业的协作也是关键。作为安阳市针织工业协会、服装协会和针织商会的会长单位，紫薇花公司积极参与安阳针织产业集群的建设。在市政府的支持下，协会、商会主要开展四个方面的工作。一是建立产业集聚区发展联席会议制度。定期召开会议，企业的代表与行业主管部门的代表共同分析行业形势，研讨行业发展之路。二是编制安阳针织服装产业发展规划。近期编制的规划明确了安阳针织服装产业的发展定位、发展目标、战略途径和政策措施，提出了安阳纺织服装产业发展的基本思路。三是参与提出扶持行业发展的政策建议。市政府有关部门出台的“关于促进产业集聚区科学发展的意见”“关于进一步促进产业集聚区发展的指导意见”，具体指导企业经营，为企业发展指明方向。四是开展行业自律。逐步建立行规行约和行业督察机制，完善促进产业集群有序发展的保障机制。在市政府和有关部门的大力支持下，安阳市纺织产业取得良好的发展，已经成为安阳市经济发展的六大产业之一。

紫薇花公司将继续坚定不移地走可持续、高效发展之路，通过不断完善管理，力争在科技创新、提升产品、创立名牌等方面以及在推动集群健康发展的工作中，迈出新的更大步伐。

也谈“技术进步是行业发展的重大课题”

陆汉良　王木生　吴鸿烈　魏子忠　谢海明

1995年秋，一天半的时间里，在山东省济南市。中国针织工业协会第一届理事会最后一次常务理事扩大会议聚集了众多的代表，大家围坐在一起认真研究行业发展大计，暖意融融，讨论热烈。中国纺织总会的马玉良同志到会作重要报告。马玉良同志指出，随着经济体制改革的推进，行业协会将发挥更大的作用，将承担更大的行业责任，将大有可为，将有大的发展。在周鸿武同志的主持下，与会代表做大会交流，钱锋、杨大千、单国斌、李常春、戴义林、陈树海、张少芳等同志做了精彩的发言，主题包括如何开展工作迎接行业协会美好的明天。林光兴同志代表秘书处做关于行业技术进步和协会如何研究行业技术路线图等方面内容的报告，阐述了行业科技发展（战略、技术）规划的制定方法，做了相关部署，同时提出“技术进步是行业发展的重大课题”的鲜明观点，引发了大家的深思。

一、行业发展离不开技术进步

光阴荏苒，时过境迁。追溯行业的发展历程，可以说一直都离不开技术进步这一主线，而技术进步离不开行业顶层设计，离不开科学的步骤与扎实的工作，等等。根据协会秘书处的早期资料和协会专家委员会的早期报告，在我国针织行业起步和提速的阶段，龙头企业的作用十分重要。

纬编方面，上海三枪、济南元首、上海菊花、广州全新等一大批企业开发新品精品，取得显著成效，有效地打开销路，满足市场也壮大了自

陆汉良，高级工程师，针织工程专家，原天津针织集团公司副总经理。中国针织工业协会第一届技术经济委员会委员，第二届专家委员会委员。

吴鸿烈，高级工程师，针织工程专家，原苏州针织总厂总工程师，江苏AB集团有限责任公司原总工程师。中国针织工业协会第二届专家委员会委员。

魏子忠　高级工程师，针织工程专家，原石家庄纺织经编厂副总工程师。中国针织工业协会第二、第三届专家委员会委员。

谢海明，经济师，针织企业家，浙江罗纳服饰有限公司总经理。

我。上海三枪通过改造设备和改进工艺，开发出柔暖棉内衣、T恤衫等，以舒适、美观等诸多优点引领消费，让消费者耳目一新，产生了巨大的轰动效应，铸就了前所未有的国内外影响力，“三枪”成为行业的旗帜。济南元首抓好生产管理的各个环节，把传统内衣做到精致，坚持生产适合各方人群消费的内衣、休闲服饰系列产品，在服饰市场上为针织行业竖起了“金字招牌”。

经编方面，石家庄纺织经编厂、上海针织厂、大连佳地针织厂等企业抓技术创新，结下丰硕成果，引领行业进步。石家庄纺织经编厂坚持引进技术与自主研究相结合，各类别经编产品都有系列推出，赢得了“经编博物馆”的美誉。北京第三针织厂开发的纯棉网眼背心在东欧市场长期供不应求，开发的弹力呢外衣面料、提花面料引领消费，对汽车内饰、衬纬织物等前沿产品的研究和前瞻性开发受到业内外的高度关注，提出的建议得到有关部门的采纳，行业也为此展开了深度交流。

织袜方面，上海艾谷针纺织品有限公司等一批新企业传承老企业的优点，利用新原料，采用新技术，精心开发新产品，袜子行业很快就展现出“品种的海洋”。袜子丰富多彩，国际流行与国内消费形成有机结合。

这些让针织行业明白一个道理：真正把产品做优，就一定有市场。

20世纪80年代开始，技术团队为企业、集群地开展服务长久，创造财富，作用很大。企业团队有许期颐团队，林光兴团队；院校团队如宗平生、蒋高明 、冯勋伟、龙海如、邱冠雄、宋广礼等团队。

无论是传统产品，还是后来的产业用品，都依靠技术的支撑造就了一批企业。内衣、T恤衫、间隔织物、成形服饰、绒类产品、经编花边、窗帘窗纱等领域都有一批龙头企业，产品早已进入国际。

在行业发展中，前瞻性技术的引领至关重要。例如，轴向经编是20世纪90年代初期纺织主管部门和国家科委重点扶持和推进的针织关键技术。1993年技术和产品取得成熟，开始向有关应用领域推广取得成功，国家有关部门因此更加重视经编。当然后来一些跟进的企业技术工艺依然落后，一方面是由于市场对产品中的高端需求不足，另一方面还由于行业技术推广滞后。又如花边产品，在生产工艺与机械的适应性方面，在产品的时尚设计方面，有龙头企业的专家在引导。此外，智能印染技术、智能成衣技术、智能生产管理技术等都起到引导行业发展的作用。

装备是“利器”。在针织行业产销提速时，相关协会和行业主管部门对针织机械发展给予充分的关心和指导，科研人员开展跨行业联合是一大要素。如今，我国已成为能够从事圆机、经编机（包括钩编机、缝编机）、横机、袜机以及配套装置、器材全方位制造，为数不多的国家之一，针织机械产销量早已跃居世界第一。大圆机设计有些部分达到国际高端，经编机制造不少机型达到国际先进，横机自动控制有的也达到国际水平。

丰富的纤维资源，无疑助力针织产品开发。企业利用这些纤维资源，同时做到织物组织结构、花纹图案、染色整理和款式设计的多方面结合，获得新颖面料。企业采用多种纤维混纺、多种纱支交织以及功能性纤维和天然纤维共混等方式，使针织物体现各种纤维的特性。紧密纺、赛络纺、赛络紧密纺等纺纱方式，也为增加优质针织品的开发创造了有利条件。

应用各种纤维纱线开发针织产品已经形成系列。改性天然纤维：各种改性天然纤维较早开始研制，为较高档次针织品的开发提供帮助。功能性纤维：采用这种纤维的织物经过相应的染整，是开发功能性针织品十分有效的方案。差别化化纤：化纤行业长期推动差别化率的提高，这助推了针织产品品种规格更加丰富。生态型纤维：生态是一个综合性的概念，是针织产品开发整体遵循的方向。

广大企业选用实用设备，采用各种原料开发大量产品。各种、各类仿真产品、舒适性产品、抗菌产品、保健产品、防护产品得到较为完整开发，具有综合功能的产品、智能化的产品也得到研制。

二、协会十分重视行业技术进步

中国针织工业协会从筹备开始到成立之后，重视行业的技术进步工作。

协会秘书处工作报告和专家委员会工作报告曾经指出：“行业的发展有其规律，协会要科学引导；针织技术的发展有其规律，针织科技工作要切实遵循。引领针织科技，要符合国际发展规律和我国产业实际；要开展专业高效的组织协调，建立前瞻性的引领机制；要夯实基础，系统研发，重点突破，以点带面，有序推进技术创新；要大力普及先进实用技术，持之以恒，久久为功，以期得到整体提升。这些都是行业协会义不容辞的责任。”

早在1991年，在贵阳召开的全国经编技术年会首次提出设备技术管理措施问题，后来协会推行设备管理、维护检修标准等多项技术文件。1992年，在济南召开的纬编协作会议交流和发布了面料生产信息，这是协会最早系统开展新技术信息推广。1993年，在上海召开的袜子专业会议提出拓展原料开发袜子新品的思路，对企业生产从棉袜向丝袜拓展是个导向。

1995年，协会秘书处专家开始制定行业科技规划和产品设计导向，这是协会针对行业发展的高层设计，协会形成对行业技术、研发等方面的权威引领。1995年开始，协会与有关部门联合开展企业发展模式研讨、绩效评估等工作，开展行业发展与环境保护、企业生产与资源利用等课题研究，协助有关部门引导行业可持续发展。1996年，在杭州召开的全国针织产业集聚区域联谊会提出工艺设计、产品开发及标准检测体系建设（后来被称公共服务平台）与市场建设的建议，在制造业开创了协会为产业集聚地区开展服务和集群工作的先河。1997年，在福建召开的经编技术年会，把协会开展行业调研和产业集聚区技术服务推向深入。1999年，在浙江召开的袜子行业会议提出袜子新品开发导向，对袜子行业发展首次提出专项规划和区域导向，提出产业链协作方法和市场规划措施。

1996年开始，协会秘书处组织企业的项目论证与鉴定，根据国际趋势，找准产品定位，从技术补齐短板、调整结构，以点带面普及先进。专家委员会开展了针织产品应用研究、产品标准研究、染整设计与一次性成功研究等诸多专项，与原料、机械、成衣、装饰等行业合作开发，较早推介针织行业，宣传普及针织产品，都取得十分显著的成绩。

针织设计师早已有之，包括面料和服装两方面。针织设计变化快，也就是说流行周期较短。协会开展设计评审与竞赛（如经编设计大赛），就是培养设计人员。协会开展技能操作培训，就是完善专业技术队伍培养。

针对针织品内销旺盛、外贸畅通，但品牌滞后的状况，协会积极引导企业产品向时尚化、高档化延伸，参与名牌促进，扶持名优产品，实施名牌战略。同时完善针织品标准，规范市场，对功能性、保健型产品的判定以及对智能产品、特别是可穿戴智能服饰的定义与开发给予指导。

连续开展对产业集群的各项服务，对其现状和特点、优势和不足进行分析，明确发展思路，取得良好效果。秘书处与象山、瑞安、诸暨、绍兴、常熟、武进、即墨、晋江、潮州、佛山等许多地区的特色产业基地都开展深层次的合作，地方政府也高度重视扶持集群地区发展。

此外，还有行业技术年会和产品会议、针织产品加工贸易的省市调研、新产品评审、行业标准发布、针织机械调研与信息共享机制的建立，长期构成了行业活动的主要环节，为行业工作建立了示范。

2014 年 5 月 2 日，《中国纺织报》的“针织周刊”报道了针织行业过去十年的状况。其中，过去十年行业的主要事件不少与技术进步有关：

1. 2005 年，经编设计大赛启动，这是酝酿多年、筹备较久的较大规模的全行业竞赛活动。

2. 2006 年，针织服装出口总额占服装 51%，首次超过梭织服装。

3. 2007 年，经编行业发展报告发布，这是具有较大影响力的权威发布，是对以往经编调研工作的总结。

4. 2008 年，行业克服金融危机影响，一批企业“走出去”取得成效。

5. 2011 年，针织行业发布“十二五”规划，科技方面的规划在原有基础上得到了传承。

6. 2011 年，针织行业三大职业“每年举办一个，三年一滚动”的操作技能竞赛启动。

7. 2013 年，行业已经出现数家产品销售额突破一百亿元的企业和一个总产值超过一千亿元的集群。集群的壮大等与布局和行业科技规划有关。

三、今后技术进步的重点

参照“九五”以来协会提出的行业科技规划思路，行业技术进步的要点应当是：以市场为导向，以扩大有效供给为原则，通过细分各类市场，针对有效需求，着力发展高新技术，推出时尚产品，防止雷同化和劣质化竞争。主要从技术进步、绿色发展和智能提升加以促进。

1. 技术进步

技术进步可以说是绿色发展和智能提升的基础。行业的技术进步工作，包括新技术研发和技术推广。技术研发，主要是通过原料选择和设备选用、针织工艺的有效设计、染整技术的深入研究，达到最终产品具有较高的附加值，还要重点解决针织关键技术问题。技术推广则要求建设服务平台和完善成果转化机制，上下游配合，提升整体水平。

行业技术进步与新原料、新技术、新装备、新工艺分不开，还要培育行业创意设计能力，实现对行业的资源整合，适应不断变化的消费时尚。

2. 绿色生产

染整是个关键，但要服从于绿色发展。生产与资源综合利用并不矛盾，可以通过加大生态纺织品开发、建设绿色工厂等措施，做到节能、降耗、低碳。

关键是推广节水、节能技术，推进资源综合利用。技术包括小浴比染色技术、高效连续平幅前处理印染技术、低浴比染色技术、可编程控制染色加工技术、棉织物低温漂白高效短流程技术、针织物冷轧堆技术以及水回用、余热回收技术等。进一步强化新型纤维原料的应用，如非染色纤维、可再生纤维、功性性纤维的应用，结合相关技术，加大高附加值产品的生产。这就是扩大环保针织品生产。

3. 智能提升

随着两化融合逐步深化，数字化、信息化、智能化、网络化是方向。工业机器人技术和相应装备在生产中的应用也会加大。

数字化工厂、智能化工厂建设是行业的重要任务。这方面主要是采用智能化的设备，依靠信息技术，实现生产数据采集和生产的集中控制，改变传统的生产组织方式，优化工艺流程。通过生产运行的自动化、智能化，实现科学决策和规范管理，还可以采取生产过程的远程监控。智能提升，最终要提高生产效率，减少用工。行业推进智能化，要借鉴一些大企业的经验，关键在于从企业实际出发做到集成应用，扩大企业、行业间信息交换、信息共享，实现产销网络高效连接，实现信息的高速运行。

实践证明，技术进步确实对行业进步起到关键作用。这一点也可以从行业进步的路径分析得到答案。当前，针织行业应当梳理技术路线，进一步细化研发重点，重视发挥企业的创新主体作用，坚定不移地鼓励创新，形成行业合力，提高研发的水平与效率。

周总理的嘱托，针织人的担当

钱　锋　李永呈　吴天湘

1972年2月，时任加拿大总理皮埃尔·特鲁多率领政府官员及家人访华，受到毛主席和周总理的亲切会见。40年后，当年年仅4岁随父亲一起访华的贾斯廷·特鲁多率领所在政党赢得加拿大大选，并担任新一届政府总理。2016年9月，贾斯廷·特鲁多总理沿着父亲当年开启的中加友谊之路再度访华，并在杭州出席G20峰会，与习主席亲切交流。随即李克强总理率团访加，并到加总理家中做客，谱写了两国友谊与合作的新篇章。

抚今追昔，我们针织人忘不了1972年皮埃尔·特鲁多总理访华期间的一段情节。当年他与周总理会谈时，在对中国传统纺织品大加赞美和表示要扩大两国双边贸易时，还坦率地向周总理反映了我国生产的棉毛衫穿着洗涤后出现“衣身越穿越短，袖子越穿越长”的质量问题，希望有所改进。对这一问题周总理也有同感，当即指示我国主管部门（当时，针织行业归轻工业部下面成立的专门机构管理）尽快解决问题。

轻工业部指派主管全国针织行业的张福庆同志独自负责（因当时其他有关人员，如刘永和、杨大千等同志已在“文革”中被分配到五七干校去了），来沪在浦江饭店召开全国降低针织内衣缩水率会议。全国各省市针织行业领导和有关企业专家参加了会议，会议传达了周总理的指示。大家一致认为，周总理的嘱托是全心全意为人民服务的教诲，是一项重要的政治任务。必须发动广大职工，依靠专业人员脚踏实地地逐一解决问题。经过讨论一致认定，针织内衣缩水这一“老大难”问题是由工艺、设备、标准和管理等诸多问题造成的。为了针对性解决问题，会议决定组成几个

钱锋，高级工程师，针织企业家，原上海针织（集团）有限公司董事长、总经理。中国针织工业协会第一届技术经济委员会委员。

李永呈，高级工程师，针织工程专家，原上海针织工业公司技术科长。

吴天湘，高级工程师，针织工程专家，原上海针织工业公司经理办公室科员，上海三枪（集团）有限公司原总工程师办公室主任。

专业调研组分赴华东、华北、华中、华南等地的主要针织企业进行工艺和设备等专项调研，然后汇总研究提出相应措施。调查过程也是发动群众的过程，消息传到全国各地针织行业，激起强烈反响。针织行业广大职工心想，周总理日理万机还亲自督办此事，我们针织人应该有所担当，解决好针织内衣缩水率问题，让总理放心。于是在全国针织行业迅速展开了一场降低针织内衣缩水率的攻坚战。各专题调研组调研结果汇总后，迅速制定出一系列技术和管理措施。1974 年轻工业部在上海衡山宾馆召开了第二次降低针织内衣缩水率的全国会议，交流了各地区和企业的改进做法和成绩，以推广好的经验。其中上海针织行业因改进做法比较全面，在会上介绍了经验，经验共分四个方面：

一、针织衫裤缩水率测试方法标准的改进

在首次全国降低针织内衣缩水率会议后，上海针织行业成立了降低针织内衣缩水率测试标准和方法研究攻关小组。经调研后攻关小组认为，生产过程中各道工序的技术、测试方法和标准掌控是稳定和保证织物产品质量的重要前提。纯棉针织内衣产品缩水率原来常采用手工方法测试，即用手工将内衣在搓板上搓洗，再洗清，直向绞干，悬挂晾干后测量。这种方法获取缩水率等数据不太合理，与消费者穿着后的实际情况相差很大。针织物直向缩短，横向阔出的现象不易在生产过程中被发现。经反复摸索，开创了双层坯布机械洗涤方法，坯布测量基准以田字形为主。开创了三线平均的测量方法，这种方法提出了用进口收缩仪辅助测量的思路。还研制出了方形翼轮式缩水试验机，初步解决了针织内衣在坯布状态的缩水率测试方法和标准掌控的关键技术问题。

二、改进针织内衣坯布组织结构的研究探索

针织内衣的坯布一般是在圆纬机上编织的纬编织物，具有一定的弹性和延伸性，容易变形，而纯棉针织物更容易受纱线捻度、编织张力、织物密度以及编织路数和回潮率的影响而变形，尺寸稳定性更差。在调研中对大批量不同的坯布进行了筛选和排列后发现，140g/m^2 的纯棉薄棉毛织物和珠地网眼类织物最容易发生线圈变形而导致尺寸不稳定。由

此，组织工厂开发了一批适当增加密度，改变较松散结构并使纵横向线圈密度配置更为合理的织物。从坯布生产的前道工序——针织加工上，把影响织物尺寸稳定性的因素尽可能降低，为全部加工后的最终产品的尺寸稳定打好基础。

三、织物染整工艺的研究改进

调研中进一步认识到，针织内衣缩水变形问题主要是由染整加工产生的。为此决定组织企业染整技术人员和一线操作骨干，从理论和实践的结合进行攻关。最终达成共识，认定在漂白染整各道工序中，织物受各种外力影响是成品发生缩水变形的主要因素。而管理不健全，生产工艺没能准确执行是另一个不容忽略的因素。在改进中，必须以解决主要矛盾为主，同时带动管理规范化和制度化建设。经过深入分析，找出了关键问题是坯布漂染加工过程中经过几个甚至十几个轧辊导致拉伸大，回复时间短，轧印多，织物变形明显。经过攻关会战和与外省市的交流，提出了坚持走“匀、轻、松、缩、加固”的六字工艺路线，集中力量攻克预缩整理工艺关。当时上海针织行业的染整加工方式，虽经几次技术革命和技术改造，大多还只是采用半机械化或（没有自动化配合的）机械化生产流水线，成本较低，产量满足了当时的人民生活需要。但也存在一些问题，如坯布张力难以控制导致坯布质量难以控制。为了解决装备问题，上海各大针织厂分别研制了简易预缩机、阻尼预缩机、六轮预缩机、四轮扩幅预缩机、超喂轧光预缩机等。经过三次大规模的技术改造（仅对上海针织四厂、九厂、十厂的预缩机技改投资就达 180 万元），到了 1977 年基本上解决了行业的棉针织物缩水率偏大的主要技术问题。

四、针织内衣成衣加工中的防止易缩水变形

为确保坯布成衣后继续维持小缩水率，行业摸索出一套相应的生产管理方法。如提出光坯布要在常态下堆放一定时间以利自然回缩，裁剪要防止纹路歪斜，缝纫要采用与织物相应的缝迹，操作过程中防止过分拉伸等，做到各道加工工序全面改进，控制织物和成衣的最终缩水率，确保成衣总体效果良好。

据统计，从1973年开始，共组织召开了四次全国性的降低针织内衣缩水率的全国会议，重点解决棉毛衫裤的缩水率问题，在当时就收到一定的效果，新工艺迅速普及开来。据不完全统计，1976年经预缩处理的棉毛衫裤已达6000多万件，约占总产量的30%。中央有关部门表示很满意。

改革开放的今天，我国针织内衣的缩水率技术问题已经完全解决。我们针织人完成了周总理的嘱托。可以告慰周总理的是，我国的针织行业欣欣向荣，蒸蒸日上，为全球针织品消费已经、正在，还将继续做出巨大的贡献。

改革开放，使上海针织工业驶入发展快车道

钱　锋　王宝华

上海既是我国针织工业的发源地，又曾经是厂家众多、产品齐全、技术管理比较先进的针织重镇。1956 年经过裁并改组，由 2000 多家大小不一的针织、织袜、手套、漂染厂集中为 100 多家，并在上海市纺织局的规划下，成立了上海市针织工业公司，实行对全市针织企业人、财、物、供、产、销的统一领导和管理。依托上海纺织工业门类齐全、就近配套、各类人才充足的有利条件，上海针织工业发展迅速，上海很快成为全国针织品的主要调配基地和对港、澳、东南亚及苏联出口的基地。

上海针织工业的高速发展，真正意义上来讲，应该是在 1976 年粉碎“四人帮”，特别是党的十一届三中全会召开以后。行业广大员工在“实践是检验真理的唯一标准”大讨论鼓舞下，解放思想，提前谋划，敢于创新，使上海针织工业驶入了发展的快车道。

第一是破除了长期实施的高度计划经济的束缚，紧紧围绕市场，大力开发针织品。在产品发展方向上制定了四个“转”的方针，即在长期因原料单一而单纯生产纯棉产品的基础上，转向与生产混纺、交织、化纤针织品相结合；在主要生产内销产品基础上，转向与生产向欧、美、日等发达国家出口的外销结合；在较多生产量大面广一般产品的基础上，转向与生产更多中高档针织品相结合；在侧重生产内衣产品的基础上，转向与生产针织外衣、功能性产品相结合。产品是企业与消费者接触的媒介，不断生产受消费者青睐的产品，成了企业的追求和发展的动力。长期以来我国化纤工业发展缓慢，制约了下游工业的进步。改革开放后石油工业迅猛发展，化纤原料应运而生，给针织产品的多样化创造了条件。20 世纪 80 年代初，纺织工业部副部长李正光带领一批专家来沪，组织开展分属不同行业、不同公司参与的化纤“一条龙”协作攻关：从上海金山石化总厂的腈

纶原料抓起，到上海十七棉纺厂指定车间专纺，到上海针织五厂、景纶针织厂的织造、染整，到上海针织二十四厂等单位的成衣加工，最后到上海针织品供应站和上海丝绸进出口公司的内外销。并成立了各有关单位合署办公的“腈纶办”，负责组织协调，实现上下游联动。生产技术取得突破，形成较大的规模。琳琅满目的腈纶针织品受到消费者欢迎，热销多年，经久不衰。整个行业化纤混纺产品的销售比重迅速上升到10%以上。纺织系统所有参与“一条龙”协作攻关的单位都受益匪浅，产品提升的同时，企业获得大发展。上海针织五厂一跃成为当年人均创汇一万美元，人均创利一万元的明星企业。朱镕基市长高度赞扬，并率市领导来现场办公。

第二是利用改革开放提供的条件，开展大规模的技术改造，逐步提升了设备和工艺水平。改革开放后，经与国际交流，我们清醒看到，上海针织工业的技术装备水平与发达国家的差距很大。在当时外汇紧缺的现实面前，我们一是发动广大技术人员开展技术革新。如1980年针织机械一厂工人工程师毛显清团队试制成功了高温高压染色机，针织机械二厂团队在针织三厂、十七厂研制的曲线三角基础上开发了大筒径单、双面圆纬机，针织机械三厂开发和大量生产了高速包缝机，手套一厂试制成功了计算机群控手套机，等等。其中手套一厂的群控手套机获上海市大奖，织袜五厂的选针式提花袜机获国家发明奖。二是与上海纺织研究院、中国纺织大学和外地单位联合攻关，研制新设备。如与上海七纺机合作研制了我国第一台30英寸圆纬机，双针筒提花袜机，与浙江海宁机床厂合作研制了呢毯整理机。据不完全统计，当时我们这样的合作单位有四五十家之多，在较短时间内提高了行业装备和工艺水平。三是拾遗补缺，用宝贵的外汇进口德国、英国的大圆机，德国的高速多梳经编机，日本的花式缝纫机，德国、日本、中国香港的染整设备。设备更新大大推动了产品升级换代，如针织二十厂开发的涤盖棉及仿毛产品一度风靡全国，针织五厂等企业生产的腈纶运动便服供不应求，上袜八厂的高档绅士线袜进入了高档商场的专柜。上海针织厂不仅开发了各种经编面料和空调毛毯，而且还为大众汽车配套轿车内饰面料。此外，我们还采用补偿贸易方式，引进先进设备，生产高档产品出口。如针织九厂、一厂引进日本细罗纹机生产高档弹力罗纹衫裤专供日本市场。又如针织十厂80年代初与当时中国香港最先进的裕泰针织厂签订了300万美元的补偿贸易协议，引进先进的大圆机、染整设备和花式缝纫机，按名牌产品工艺要求，生产高档翻领扣子衫出口美国。此前国内这类产品的生产还没有入门，该厂成为这一产品的主要生产基地。在此期间，针织一厂、十四厂、二十厂等也用这种方式，引进日本先进缝纫设备和工艺生产出口产品，一举改变了依靠传统的汗衫背心、棉毛衫裤、绒衫绒裤打天下的状况，使中高档产品的比重、出口产品的比重、外衣产品的比重以数十倍的比例增长。据不完全统计，“八五”期间，行业引进大圆机100多台，袜机200多台，染整设备30多台/套，使上海针织工业如虎添翼，新产品源源不断呈现出来。

第三是改变传统的经营理念和经销方式，使企业更贴近市场。我国很长一段时间纺织品实行统购统销，原料国家按计划调拨，内销由针织品采购站收购，外贸由专业外贸公司下单包销。这种方式脱离市场，压制了企业的积极性。十一届三中全会后，当时上海针织工业公司审时度势，先从内销改革突破，与针织品采购站商议尝试由工厂享有适当比例的自销权。随后在上海繁华地段开设了上海第二家，上海纺织行业第一家名特优产品门市部。开业时，现场人山人海，以致靠警察维持秩序。在以后的二十多年中，该门市部成了市民购买新型、特色针织品的一个窗口。从80年代初开始，公司举全行业之力，在上海当时最大的展览馆——上海展览中心举办一年一度的上海针织品展销会，行业各厂设柜打擂比赛，展现各自风采。展览会热火朝天，顾客络绎不绝，前几届门票难求，有时每周还需加两个夜场或专场。当时的市领导江泽民、朱镕基、汪道涵、吴邦国、孟建柱、陈至立等都曾来参观指导。在当时，上海没有一家工业公司在这么大场馆连续举办十多届展销会，届届参观者爆满，经久不衰。这使企业认识到只要有符合消费者需求的产品，不愁没有市场。公司又在此基础上，每年在全国各中心城市举办一年一度的内贸订货会，引导企业把市场真正抓在自己手中。到90年代初，企业内销中自销已达95%以上。1984年开始，在市领导的关心和支持下，上海针织工业公司拉开了外贸改革的大幕，尝试让工业企业成为外贸的主体，改变计划经济体制下，产销脱节，企业不知外销客户的状况。在市和局的统一部署下，行业外贸由原先外贸下单收购改为工厂直接与外商谈判签约，外贸公司只是代理。为了适应这一历史变化，上海针织工业公司除了吸收外贸专业毕业生外，还特地举办了多期外贸人员培训班，由企业的生产和外贸骨干参加。学员毕业后大都成了企业外销的专门人才。1990 年，经外经贸部批准，上海针织工业公司获得了外贸经营权。当时针织行业快速发展，加上拥有一批外贸人才队伍，上海针织工业公司出口快速增长，业绩十分突出，很快成为上海市出口创汇大户。

改革开放以来，上海针织行业还频借东风，采用“引进来”和“走出去”相结合的方法，组建了不同类型的中外合资企业，逐步走出外向型经济的道路。办合资企业，学习发达国家先进的管理理念和技术，熟悉国际市场变化，这对长期处于闭关锁国政策下的上海针织行业的发展和提升十分有利。十一届三中全会后，上海针织行业成为上海纺织系统兴办合资企业最早、最多，实施“走出去”战略最坚决的行业之一。1984 年，上海针织工业公司与上海外经集团等单位在毛里求斯与华侨合资成立香港上海针织厂有限公司。新成立的公司由上海针织工业公司负责生产、经营和管理，具有针织、染整、成衣全套生产能力。利用该国对欧洲出口不设限和免税的有利条件，将产品主销英、法、德。毛里求斯的香港上海针织厂有限公司在开办 20 年中，年年盈利，一共回收了 20 多倍的投资。期间有 50 多人被派往任职，这也为企业培养了复合人才。他们回国后，有的成为企业外贸的骨干，有的成为其他合资企业的中方负责人。由于该合资企业成绩斐然，党和国家领导人胡锦涛、李鹏、朱镕基、李瑞环、黄菊、陈慕华、钱其琛等访问毛里求斯时都视察了该企业。该企业还多次受外经贸部的嘉奖。此外，上海针织工业公司还先后在加拿大、萨尔瓦多等国成立了中外合资的针织成衣企业，在澳大利亚设立了销售针织坯布的贸易公司。在“走出去”的同时，公司还把“引进来”作为战略来抓。1985 年就在深圳与台商合资成立深沪制袜有限公司，由上海企业派出管理和技术人员运作，生产的高档丝袜很快成为广东省名牌产品，并成为深圳的出口大户，多次受当地省市政府嘉奖。上海五洲针织有限公司和上海华高制袜有限公司则是改革开放后上海最早的工业开发区——闵行开发区最早入驻的两个单位。前者是上海景福针织厂与澳商合资的针织厂，后者是上海织袜九厂与港商合资的袜厂。这两厂在合作期内连年盈利，创汇甚高，成为上海改革开放的窗口单位。由上海针织工业公司本部、针织一厂和日本三菱商事株式会社在江苏省吴江市合资建立的江苏秀明针织有限公司，产品全部销往日本，第一年就获吴江市出口状元称号。很长一段时间是日本三菱商事株式会社在江浙沪一带的最佳企业。更为突出的是由上海针织二十厂联合宁波北仑区政府和澳商在宁波共同投资300万美元兴建的宁波申洲针织有限公司。在著名企业家马宝兴（原上海针织厂副厂长）、马建荣父子20多年艰辛经营下，在上海针织二十厂技术和管理的大力支持下，宁波申洲针织有限公司成为我国针织行业规模最大、设备最先进、工艺最完善、管理最严格、经济效益最佳的现代化企业之一。申洲公司2005年在中国香港上市，随后又在柬埔寨开办大型制衣企业，并在柬埔寨上市，成为该国纺织业的明星企业。改革开放后，上海针织行业共兴办了近50家中外合资企业，是上海纺织系统中拥有合资企业最多的一个行业。这些合资企业为母体企业返利，又为母体企业培养人才，还与母体企业形成既有合作又有竞争的良性互动关系，使企业领导和职工更具国际视野，也加快了企业融入全球经济一体化的进程，进一步促进了上海针织行业的快速发展。

进入21世纪，中央对上海市城市功能重新定位，上海将由原先的国内主要工业基地逐步建设成为全国的经济中心、金融中心、贸易中心和航运中心。上海的工业布局也由原来的以轻纺为主逐步转为以轿车、钢铁、大电气（电站装备等）、电子、医药等行业为主。上海庞大的纺织大军从高峰时的55万人减至18000人左右；550多家工业企业压缩至原有的1/10以下。除保留以棉纺织为主的申达股份公司和龙头股份公司外，上海针织（集团）有限公司也与化纤、丝绸、纺机、纺器、印染、巾被、线带等工业公司一起完成了其历史使命，逐步解体。这些行业为社会进步做出重要功绩是毋庸置疑的。

上海市纺织科学研究院早期针织科技成果

戴淑清

上海纺织科学研究院成立于1956年，当时是为了适应高速发展的纺织工业的新形势。我国纺机、化纤等工业的发展，为针织工业的发展创造了更为有利的条件。为加强针织专业研究，1960年年初上海市纺织科学研究院在国内首先建立针织研究室。1961年高等院校首届针织专业本科毕业生进入研究室，后来研究生、本科生、大专生不断充实科研队伍，针织科技踏上稳步提升之路。

上海市纺织科学研究院针织研究室在引领行业技术创新方面，取得了不少成果。这些成果主要包括新型原料在针织工业中应用、新型针织设备的研制、新型针织产品的开发和新型针织工艺的研究应用等。

一、新型原料在针织中应用开发

新型原料应用是针织工业发展的重要推动力。传统针织原料以天然纤维为主，例如棉、毛、丝、麻等，纺研院在天然纤维开发中开发了兔毛、牦牛毛的纯纺纱及混纺纱的产品，化学纤维发展后，更给针织品带来丰富的原料。对天然纤维和化学纤维进行纯纺、混纺、交织等加工，研制成新型针织品。尤其是由于针织比机织具有工序短、产品试制快、节省原料等优点，纺纱厂研制的新型纺纱都能与针织研究室合作，如自捻纺纱、静电纺纱等很快研制出多种新型纺纱的针织新产品在市场上问世，反过来促进新型纺纱飞快发展。具有高弹性和高延伸性的氨纶、具有卫生保健功能的丙纶以及超细纤维、新型粘胶纤维、远红外纤维、牛奶纤维等。高性能和高新技术的纤维，如玻璃纤维、卡芙拉纤维和碳纤维等在针织上研制产业

戴淑清，教授级高级工程师，针织专家，上海市纺织科学研究院原院长，上海市纺织科学研究院针织研究室原主任。

用品也获得成功，为产业用针织品的发展打下基础。有的产品在纺研院从原料到针织产品一条龙研制成功，例如兔毛、腈纶的纺纱研究直到整个针织厂加工工艺一条龙开发针织产品，研制成功中长兔腈系列针织产品，并进行大批量生产，取得显著的经济效益和社会效益。

二、新型针织设备的研制

上海市纺织科学研究院针织研究室与有关工厂一起研制了填补国内空白的新型针织设备，主要有高机号圆袜机、全自动单程织袜机、滚筒式提花圆纬机、电子提花圆机、新型电脑横机、新型手套机、缝纫自动化设备等。

高机号圆袜机是国内首创，于20世纪60年代为化学纤维在针织产品的推广应用上取得了很大效果。

与上海织袜五厂、织袜一厂共同研制成功的全自动单程织袜机，使袜子的编织由原来三台机器才能完成的，变为直接在一台织袜机上完成，解放了劳动生产力，减轻了织袜工人的劳动强度，减少厂房占地面积。这一项目获得了上海市科学大会奖。

参与上海第二针织机械设计制造的SZ721提花圆纬机的研发工作，为针织品由内衣向外衣发展打下基础，推动提花织物大量上市。此后又开发了细针距双面针织圆纬机，又丰富了针织外衣产品。该项目获上海市经委的消化吸收优秀奖。

新型针织电脑横机是纺织部下达的国家攻关项目，与上海航空发动机厂、纺织工业部纺织科学研究院共同研制，通过攻关，完成了国家规定的各项指标，研制成功我国第一台针织电子提花横机，通过国家级鉴定，获得纺织部攻关奖和上海市纺织工业技术进步一等奖。

三、针织新型工艺与产品研制

传统的针织产品常以“老三衫”为主，即汗衫、棉毛衫和卫生衫。为了满足对新一代、高水平的服饰需求，上海市纺织科学研究院针织研究室在20世纪70年代研制了“涤盖棉”产品，80年代研制了细针距纬编产品，以后又研制成功了系列针织仿毛产品，多层复合针织产品等。这些新产品都投入了生产，工厂批量上市，受到国内外消费者的欢迎。多年来，这些新产品在全国各地针织企业得到广泛应用和发展，极大地满足了人们的消费需求。

1. “涤盖棉” 系列产品

该产品是用多种原料交织而成。如织物表面是涤纶，里面是棉纱，组织结构特殊，俗称“涤盖棉”。属国内首创，并在全国广泛普及。该产品在染色、定型等后整理工艺比较独特，产品具有柔软、吸湿性好、有弹性等优点，是运动衣的优选面料，也是人们用于便装的好面料。适应全民健身运动的需求。由于该产品还具有强度高、耐磨性等优点，也常被学生校服所采用。由于该面料的诸多特点，还曾一度风靡全国。而且针织企业制作该产品可以老机改造，成本低、效益高。

2. 纬编针织仿毛产品

该项目是纺织工业部下达的国家科技攻关项目，完成后获得纺织工业部重大科技进步奖及攻关奖、上海市科技进步奖等。

随着化纤工业的发展，如何“吃”好、用好这批化学纤维，也是纺织工业生产中后道织造工序所面临的重大任务。1987 年，国家经委和纺织工业部共同下达了“针织纬编仿毛产品研究”的攻关项目，由上海纺织科学研究院和针织二十厂共同承担。针织仿毛产品，就是要研制出具有精纺毛织物风格的化学纤维针织物。这种仿毛针织物的风格要由化学纤维本身性能和针织编织工艺及染整工艺共同创造出来。通过大量的原料选择、测试，以及针织编织工艺和染整工艺反复研制、攻关，共研制了四大类二十多个品种，例如有涤/腈自捻纺纱织成的仿法兰绒产品、涤/腈/兔三合一混纺纱的女式呢等，还有用粗梳毛腈混纺纱编织成的仿大衣呢，这是一种厚重型针织物。以上品种都在外观、手感上达到毛机织物效果。用纯涤纶研制的针织罗马呢织物，其主要指标均达到和超过日本帝人公司来样。以上针织仿毛产品投产后，受到消费者欢迎，其产品质量、品种处于国内领先，使上海针织二十厂当年的经济效益就显著增加，是上海针织行业中的纳税大户和创汇大户。

3. 纬编复合针织物

纬编复合针织物是 20 世纪 90 年代在国际上流行的新型服装面料。它是由双层单面平针织物并由集圈牵拉结合而成复合针织物。针织研究室通过工厂老机改造，就可以生产出该种复合针织物，织物既紧密又丰满，工厂批量生产并出口美国、日本、加拿大等国家和地区，深受欢迎。

为了满足新一代高水平服装需求，针织研究室又研制开发了多层复合面料。有三层针织物、四层针织物，并由不同粗细纱支、不同原料织制而成多种多层复合面料，有的多层织物一面具有粗犷的外观效应，与粗羊毛衫外观相似，另一面却具有一般的汗布效应。用该面料制成的服装，贴身穿着时，不仅感觉柔软、滑爽，而且具有良好的吸湿性、排湿性和透气性，非常舒适，织物的外观厚实、蓬松、丰满、挺括，具有独特风格的内外衣面料，因而也被用作保暖内衣、滑雪衫和冬季运动服装的面料。

4. 产业用针织物

研制成功的产业用针织物很多，其中针织音响装饰布1986年获国家经委优秀产品奖（金龙奖）。

音响装饰布几十年来都采用金属丝梭织布，致使音箱造型不美观。随着生活水平的提高和立体声的放音要求的提高，要求音箱装饰布有较好的透声率，对高低音频不造成衰减，外形设计要有立体感。由于市场上找不到符合要求的装饰布，为此，上海市纺织科学研究院接受飞乐电声总厂的委托，经过探索、研究、设计、研制成一种六角网眼外观的集圈组织音响装饰布。这种装饰布的特点是透声率好，对高低音频不造成衰减，并富有立体感，得到飞乐电声总厂的好评，并进入国际市场。推广后国内多家无线厂在视听设备上也于使用，除飞乐外，还有飞利浦、长虹等。

此外，还有不少项目，如针织缝纫工艺、经编工艺、手套工艺开发等多方面都取得不少成就。

五十多年来，上海市纺织科学研究院的针织科技工作者不仅为上海针织工业发展作出多方面的贡献，而且同全国广大科技工作者、生产者一起，在这条战线上一代一代真诚奉献，为今天祖国针织工业的欣欣向荣做出了重大贡献。

针织毛衫加工贸易单耗标准的研究

魏福宝　陆汉良　郎高山

加工贸易单耗标准制定的原则是认真贯彻国家税收政策、产业政策和外贸政策，以国家标准、行业标准和行业加工贸易企业的平均生产水平为制定基础，符合我国加工贸易企业的生产实际，有利于加工贸易企业技术进步和公平竞争，便于海关有效监管和相关单耗数据信息的使用和维护。针织产品品种规格款式繁多，各地生产管理技术水平差异较大，单耗标准制定过程需要深入调研，掌握切合实际的数据，并在长期的实践中不断完善。针织衫包括棉制、毛制、化纤制，加工方法也存在差异。本研究中，针织毛衫采用横机或圆机编织的成型衣片制成，工艺流程较有代表性。

一、开展与标准制定相关的企业或产品调研

针织行业单耗标准调研调研制定开展较早。1996 年开始中国针织工业协会专家组对袜子、内衣、T 恤衫、套装等产品加工贸易生产损耗及一般生产状况进行调研。协会专家组还会同海关总署和地方海关的众多领导、专家，多次针对针织产品的加工贸易原材料单耗情况专项调研，召开专题研讨会，分析掌握单耗的一般规律，使针织产品单耗标准的制定有了雄厚基础。长期的调研得出针织产品单耗标准制定的重点任务和关键环节，为调研工作指明了方法和思路。

1. 标准要符合行业实际水平和发展的需要，以前瞻性为原则

针织品加工方式较多，针对某种产品必须掌握大多数企业的加工工艺流程，兼顾其他加工方式。针织毛衫加工通常采用全成形、普通裁剪、全裁剪等方式。

面料裁剪：根据板型设计，沿着衣片的外廓对面料进行裁剪或分离。

魏福宝，高级工程师，针织工程专家。中国针织工业协会第二、第三届专家委员会委员。
郎高山，经济师，针织品营销专家，天津瑞丰针织品进出口有限公司原总经理。

全成型：指完全采用加减针数（收放针）方法编织缝合成型。

普通裁剪：指除加减针数外，采用局部裁剪的方法获得成型，如裁剪领膛、肩斜等小部位。

全裁剪：指先由大圆机编织成圆筒形坯布或横机编织成长方形坯布后经裁剪成型。

筒色纱：指按一定规格卷绕在木管、纸管、塑料管上的色纱线。

绞色纱：指按一定规格绕成铰的色纱线。

坯纱：指尚未染色的纱线。

原料和成品必须遵循国家标准或行业标准。原料，符合精梳毛针织绒线行业标准、精梳毛针织、绒线行业标准或合同对原料品质的认定。成品，符合毛针织品行业标准 FZ/T 73018—2012 或合同对该成品品质的认定。

羊毛纱、毛衫公定回潮率按纺织材料公定回潮率 GB 9994—2008，规定为 15%。回潮率的大小不仅对毛纱的质量（如毛纱的柔软度、导电性、摩擦性能等）和生产是否能顺利进行等影响很大，而且也是计算进口毛纱公定回潮重量的依据。

2. 单耗标准只设定上限值，规定标准的执行幅度

在调研过程中，需要掌握企业实际加工过程的损耗情况，计算或者核算每一种产品的损耗率。单件净耗以单件成品公定回潮重量为依据，依据现成公式计算。计算涉及产品的实际回潮率、公定回潮率、单件成品实际重量（单位为克）、单件成品公定回潮重量（单位为克）等指标。这些都是基础数据。实际生产单耗差异较大，制定标准时通常设定上限。

3. 单耗制定必须符合使用监管部门的操作要求

各地海关和商务管理部门应在单耗标准的幅度范围内，按加工贸易企业的生产实际审批和核定加工企业生产成品的单耗。

二、梳理与标准制定相关的商品及原料知识

（一）成品和主要原料的商品知识

1. 成品商品知识

针织毛衫包括手编和机制。通常标准涉及的是经针织机编织而成，产品具有较好的保暖性、吸湿性和透气性，符合消费需求。针织机制包括横

机编织和圆机编织。横机编织羊毛衫产品的成型方法有全成型、普通裁剪和全裁剪三种；圆机编织一般先生产圆筒坯布，后经裁剪成为衣片。

2. 产品的款式规格

不同生产加工方式决定不同产品，例如全成型方法省料，但费时，适用于中高档原料，小批量生产；全裁剪省时，但损耗较大，适用于中低档原料大批量生产。羊毛衫款式规格多，款式有男、女、童式的开衫、套衫、背心等。织物组织结构有单面、四平针等。规格有 S（小号）、M（中号）、L（大号）、XL（特大号）等，还有亚码欧码之分。

3. 原料的商品知识

纯毛羊毛衫常用纱线的种类有编结绒线与针织绒线，根据纺纱方法不同又分为精纺绒线和粗纺绒线。编结绒线又称手编绒线或毛线，除用于手编用途外，也可用于粗机号横机编织羊毛衫。编结绒线是指股数为两股或两股以上，但合股线密度在 167tex 以上（6 公支以下）的绒线。而针织绒线股数一般为双股，合股支数在 6 公支以上，这是专供针织用的绒线。精纺绒线是指经精梳毛纺系统加工而成的绒线，纤维平均长度在 75mm 左右，绒线条干均匀、强力高。粗纺绒线指用平均长度为 55mm 或以下的毛型纤维经精绒毛纺系统纺制而成的绒线，条干差异较大强力较低，主要用于横机毛衫产品。

纯羊毛针织毛衫常使用的精梳羊毛纱为 56 ~ 14tex 的纯毛合股纱线。它的基本原料是绵羊毛，纤维细而长，卷曲度高、鳞片较多，具有较高的纤维强度和良好的弹性，热可塑性、缩绒性等，制作的毛衫一般经柔软处理，产品布面平整、挺括、针纹清晰，手感柔软、表面丰满、精纺针织绒线为 125 ~ 35tex（8 ~ 28 公支）。

（二）商品的加工工艺流程核定

一般工艺流程如下：

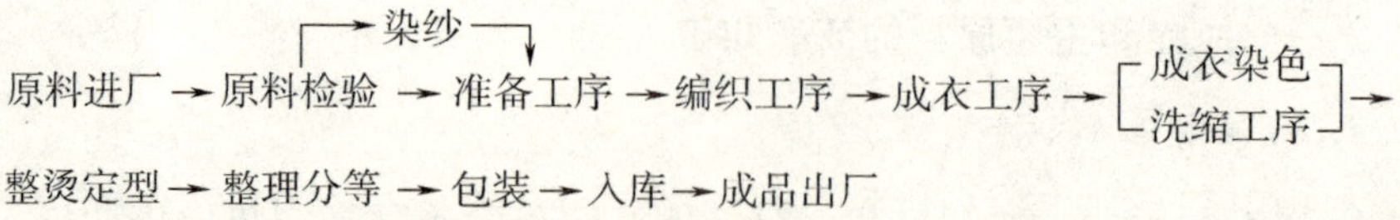

原料进厂 → 原料检验 →（染纱）→ 准备工序 → 编织工序 → 成衣工序 → [成衣染色 / 洗缩工序] → 整烫定型 → 整理分等 → 包装 → 入库 → 成品出厂

原料检验包括线密度偏差、条干均匀度、捻度、回潮率、强力、色差等。

编织工序中采用圆机或横机生产，圆机生产效率高，但需经裁剪，横机生产效率低，但原料节省。

成衣工序中包括机械缝合、手工缝合、修饰工艺、整理工艺等，不同的产品和同一的编织方式有着不同的工艺流程。

洗缩工序是羊毛衫在一定的湿热条件下，浸在中性皂液中，经机械外力的搓揉作用，使织物表面露出一层均匀的绒毛。缩绒是羊毛衫后整理工艺中的一项重要内容。

三、产品细分与标准框架的确定

1. 标准采用的定义

单耗：指加工企业在正常条件下，加工生产单位重量（千克）成品所耗用的原料重量（千克）单耗包括净耗、工艺损耗。

净耗：指加工生产中物化在单位重量（千克）成品中的原料的重量（千克）。

工艺损耗：指因加工生产工艺要求在生产过程中除净耗外所必须耗用且不能物化在毛衫中的粗梳羊毛纱线或精梳羊毛纱线的重量（千克）。

损耗率：指工艺损耗占单耗的百分比。

2. 产品细分的方法

产品细分是制定单耗标准的核心环节，产品细分来源于工艺细分，细分方法的主要依据加工工艺的不同而划分或实际产生的单耗的差异较大而划分。

针织毛衫的加工过程分为全成型、普通裁剪、全裁剪，根据企业实际后处理加工因素，针织毛衫可分为：

（1）全成型针织毛衫。

（2）全成型成衣丝光或防缩处理针织毛衫。

（3）普通裁剪针织毛衫。

（4）普通裁剪成衣丝光或防缩处理针织毛衫。

（5）全裁剪针织毛衫。

（6）全裁剪成衣丝光或防缩处理针织毛衫。

每种加工方式都有可分为精纺针织毛衫、粗纺针织毛衫两个类别。采用纱线包括筒色纱（损耗率小）、绞色纱（损耗率中）、坯纱（损耗率大）。

损耗在实际生产过程中有多方面的因素，主要的损耗产生在络纱倒筒阶段、织片阶段、裁剪缝合阶段、洗缩阶段。

3. 标准框架的确定

纯羊毛针织衫加工贸易单耗标准的确定必须参照经过广泛调研而获取的数据。以下是以采用精梳羊毛纱线为例，几类针织毛衫加工过程损耗率数据：

（1）全成型针织毛衫，根据采用原料的不同，损耗率为 4.91% ~ 6.81%。

（2）全成型成衣丝光或防缩处理针织毛衫，根据采用原料（包括筒色纱、绞色纱）的不同，损耗率为 12.91% ~14.81%。

（3）普通裁剪针织毛衫，根据采用原料的不同，损耗率为 6.83% ~ 8.69%。

（4）全裁剪成衣丝光或防缩处理针织毛衫，根据采用原料的不同，损耗率为 31.16% ~32.70%。

纯羊毛针织毛衫的工艺损耗在实际生产过程中有多种影响因素，主要的损耗产生在络纱倒筒阶段、织片阶段、裁剪缝合阶段、洗缩阶段。

精纺纯羊毛针织毛衫，准备工序 1.0% ~2.0%；编织工序 2.0%；成衣工序 1.0%；洗缩工序 1.0%；染色工序 1.5%。

粗纺纯羊毛针织毛衫，准备工序 1.5% ~2.0%；编织工序 2.5%；成衣工序 1.0%；洗缩工序 2.0%；染色工序 1.5%。

全成型合计损耗 5.87% ~7.30%；普通裁剪合计损耗 7.77% ~ 9.17%；全裁剪合计损耗 23.94% ~25.09%。

针织产品单耗标准的制定历程经历了从繁复到简化（或称为优化）的过程。繁复是因为不同针织产品的加工工艺、裁剪工艺差异较大，而监管部门和针织行业对这种差异经常会认识不足。简化是因为行业协会与监管部门经过长期调研和深入分析，掌握了针织品单耗产生的一般规律，掌握了一套行之有效的单耗标准制定模式。

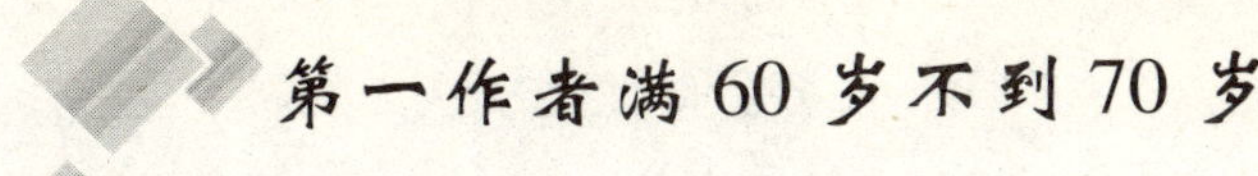

象山针织的发展之路

干国华

象山针织产业从零起步，经过40年发展，由小到大，由弱向强，实现从粗放式增长向集约式增长转变。象山已经拥有“中国针织名城”“国家外贸转型升级专业型示范基地”“国家级出口针织服装质量安全示范区”等荣誉。

一、发展历程

象山针织产业始创于20世纪70年代末，转型于21世纪初，在改革开放春风的沐浴中茁壮成长。可以分为四个阶段：

（一）艰难起步阶段

象山针织的发源地是爵溪镇。20世纪70年代爵溪人将几台在上海企业淘汰的旧棉毛机运回爵溪生产腈纶衫裤，拉开了象山针织工业的序幕。70年代末，象山第一家针织厂——象山针织厂诞生。一石激起千层浪，相继有10多家企业纷纷转产针织服装。到1982年，全县针织企业达到20余家，其中爵溪占总数50%以上，象山针织产业集群特色初见端倪。

（二）快速发展阶段

1982年以后，社队企业开始受到重视，社员家庭厂、联产合资厂大量涌现。1982年，象山针织厂与外贸公司合作做成了第一笔生意，从此踏上了开拓国际市场的征途。县委、县政府提出发展乡镇工业需要“集体、个

干国华，高级经济师，针织企业家，浙江省象山县针织行业协会秘书长，原象山针织厂厂长，象山县经济和信息化局行业管理办公室原主任。中国针织工业协会第二、第三届专家委员会委员。

体一齐上，四个轮子一起转”，针织工业发展的步伐加快。1996 年，县委提出“居安思危、敢创新业”的口号，实现针织工业二次大发展，全县针织企业加快了由低档向中高档产品的转变的步伐。到 1997 年，出口额超 5000 万元的企业达到 11 家，拥有自营出口权的企业达到 31 家。

（三）稳步增长阶段

20 世纪 90 年中后期，象山县委、县政府及时作出做强做大做优针织产业的决策。象山针织业与中国针织工业协会合作，深入开展行业调研，科学分析国内外针织行业的发展与象山针织行业的定位。同时与协会、院校及科研机构合作，筹建宁波针织工程技术研发中心、宁波针织研究院，规划产业技术与产品的发展。1999 年县政府发布《针织工业第一个五年发展规划》，行业合力建设“中高档面料”“染整”“印花”三大生产中心，建设特色针织园区，进一步完善针织产业链。2001 年年底，全县针织服装企业达到 700 余家，其中规模以上企业 128 家，就业 3.5 万余人，针织服装生产能力 3.5 亿件，产品 95% 以上出口，象山针织工业在立足传统东南亚市场的基础上，开始将目光瞄向欧美市场。2003 年开始，巨鹰、富宏、健鹰等针织企业在新疆优质棉产区投资建立棉纺基地，加速了象山针织产业链的向上拓展。

（四）转型升级阶段

2009 年开始与高等院校、科研院所密切合作，打造针纺织产品设计开发与学术交流平台。先后创建象山县针纺织服装创意设计中心、中国服装设计师原创基地·象山时尚基地，推动形成一批以企业为主体，产学研用相结合的产业技术创新联盟。近年来，又明确针织行业发展“六步走”战略：一是科技创新驱动，走好行业发展的“步”，象山县每年安排 3800 万元专项资金支持产业技术创新。二是抓好行业自律，走好节能环保的“步”，对节能新技术、节能改造、清洁生产项目给予补助。三是满足市场需求，走好内外发展的“步”，每年安排 300 万元资金，专项用于执行行业联盟标准的针织服装拓展内销市场的补助。四是鼓励管理出效益，走好内部建设的“步”，帮助企业提升内部管理水平，鼓励企业实施“ERP”“SCM”“CRM”。五是分类指导培养，走好平台开发的“步”，认真落实

"中国制造2025"和"工业强县"的决策部署，每年安排1000万元专项资金予以支持，推动建立行业产业创新联盟平台建设。六是优化企业发展环境，走好精准服务的"步"，利用市场倒逼机制，以企业为主导推动产业转型发展，进一步帮助针织服装企业改善生产经营。

二、主要成就

针织工业是象山工业的摇篮，针织工业为象山工业奠定了基础，是劳动力就业和百姓致富的重要途径。打响"象山品牌"的影响力，象山针织发挥了巨大作用，象山针织的社会贡献功不可没。经过多年的努力，针织工业自身的发展也实现质的飞跃，初步形成主业突出、区域品牌领衔、集群优势明显的基本框架。

（一）产业规模逐步扩大，行业地位日益稳固

近年来，象山针织产业结构有了较大的调整，规模不断扩大。2015年，全县针织企业达到1000余家，其中规模以上169家，年生产针织服装能力4.58亿余件，从业4万多人。2015年，规模以上针织企业实现产值112.37亿元，主营业务收入105.19亿元，利润总额5.52亿元，利税总额8.56亿元。95%以上的产品外销到100多个国家和地区。巨鹰、甬南、东风、宏利、富宏、海达、名佳等企业在21世纪初已进入全国针织行业100强。

（二）产业链日趋完善，集群优势更为明显

巨鹰集团的中高档面料中心、宁波海达针织印染有限公司的染整中心、宁波福甬印花有限公司的印花中心，使针织产业拥有研发、纺织、染整、印花、绣花、制衣、市场为一体的较完整的产业链，为推进产业规模化、高度化、集聚化和国际化起到了积极作用。相继建立宁波针织工程研究院、宁波针织研究院、象山针织服装研究院、象山县针纺织服装创意设计中心等，进一步推动象山传统针织产业自主创新的步伐，植入原创设计元素和理念，实现OEM－ODM－OBM转化。在公共服务平台建设方面，2008年建成针纺织品检验检测中心，为象山针织企业出口产品的质量提供技术保障；2015年成立象山县针织服装电子商务中心，开展网络批发零

售、网上订货等业务。

（三）产品结构逐步优化，国际市场有效拓展

为适应多变的消费需求，增强产品的市场竞争力，象山针织企业一直致力于产品的创新，以面料创新为抓手，加快对功能化、差别化纤维等的研发和应用。象山针织产品结构逐步优化，门类日渐齐全，实现了由单一的纬编针织向经编针织等新型面料转型，推动了纯粹的文化衫向服装、内衣精品化、时尚化发展。作为我国主要的针织品出口生产基地，象山针织企业坚持“稳定低端市场、开拓中端市场、实现高端市场”的思路，加快国际化发展步伐。许多企业直接到境外投资建厂和设立跨国营销点，直接与销售商建立贸易合作关系，减少生产与营销、市场的中间环节。目前，象山县针织服装出口国家和地区达到已经达到113个，在对欧美、日本等市场的出口实现较快增长的基础上，对南非、多哥、智力、巴拿马等非洲和拉丁美洲国家的出口增长速度也在加快。

（四）品牌意识明显增强，自主创新渐成气候

经过多年的市场打拼，象山的针织企业越来越强烈地意识到：企业的发展取决于市场，而市场的拓展离不开有影响力的产品，要创出一流的企业就必须首先创出名牌产品。许多企业纷纷凭借产业和技术优势，走上了自主品牌创建之路。“巨鹰”T恤相继荣膺“国家免检产品”“中国名牌”“中国驰名商标”称号；“伟绅”服饰获得“国家免检产品”“浙江省名牌”称号，“象之恋”品牌被评为省区域名牌。也有部分企业运用联合创牌、与国际闻名品牌合作，一批企业在美国、欧洲等国家和地区注册商标。

三、基本经验

象山的企业始终觉得针织产业是一个永恒的产业，企业家们用近40年跌宕起伏的亲身经历创造了针织业发展的一次又一次辉煌。

（一）创业精神是针织业发展的重要支柱

象山独特的海洋文化孕育了具有“海纳百川、勇立潮头”这种独特个性的企业家。在商业战场的惊涛骇浪之中，企业家们处变不惊，敢拼敢赢。正是这种精神支撑着一代又一代创业者，在成绩面前不骄傲，在困难面前不退缩。在20世纪80年代到90年代初，象山针织工业发展两次面临大的挑战，企业迎难而上，大胆创新，实现了跨越式的发展。进入21世纪，面对国内外复杂多变的经济形势，劳动密集型企业发展遇到挑战，象山针织企业的发展信心没有丝毫动摇。企业坚持着，努力在夹缝中求生存，在困境中抓机遇，不断地苦练内功，增强应对困难的能力。因为有了象山企业家们的这种坚持，这种胆魄，才有了象山针织业的辉煌。

（二）创新引领是针织业发展的不竭动力

创新是一个民族进步的灵魂，是国家兴旺发达的不竭动力，同样，创新也是一个企业进步的灵魂，是企业兴旺发达的不竭动力。从最初的缝纫机到现在的大圆机、筒子染色机、印花、绣花设备的一应俱全，从集体所有制到股份制，从国内市场到国际市场，从贴牌生产到自创品牌，从单一的文化衫到运动休闲装、职业装、袜子等多样化发展，象山针织业发展每前进一步都需要创新的支撑。市场需求千变万化，企业只有紧跟时代潮流，才能最终赢得市场，否则就会被淘汰出局。实践证明，创新是企业在激烈的市场竞争中站稳脚跟的关键，是产业永恒持久的根本。

（三）产业链的完整是针织业发展的坚实基础

象山针织工业拥有今天的成就，离不开一条完整的产业链。分工协作，形成产业链优势是块状经济避免内部恶性竞争，发展壮大的基础。象山针织企业相互协作、相互配合，使针织业形成了从原料配货、产品研发、成衣制作、漂染整理等一条龙的完整产业链。针织企业协作分工使生产成本不断降低，企业的集聚程度越来越高，产品质量、市场竞争力和地区经济的竞争力也相应不断提高，使企业得到了快速发展。同时，完成的产业链组合也让许多投资者看到了象山针织业发展的潜力，纷纷来象山投资办厂，这又加速了象山针织产业集群的发展壮大，集群优势不断明显。

（四）政府扶持是针织业发展的有力保证

如果企业是发展的主体，那么政府就是企业发展的助推器，企业的发展离不开市场，同样也离不开政府。象山针织从零起步、由小到大、由弱到强，政府的作用功不可没。每当针织工业发展陷入困境，是政府的正确决策为企业发展指明方向，并且出台有效的政策措施加大对企业的扶持，帮助企业应对困难。在全球经济一体化的今天，象山政府又树立大市场观念，实行对内对外都开放的政策，坚决打破“部门封锁”“行业垄断”，坚决摒弃“地方保护主义”，支持名牌企业发挥名牌效应，跨部门、跨行业、跨地区、跨国界吸收合作伙伴，以此促进全国范围内的资源优化配置，推动企业的技术进步，降低产品的生产成本，提高产品在国内外市场的竞争能力。当前，为加快针织工业转型提升，县政府又制定出台针织工业专项扶持政策，大力实施引领、育强、品牌、人才四大战略，筛选有发展潜力的企业进行重点培育。并加强对企业技术、品牌、产业、模式、市场、管理等创新问题的研究，努力为企业的转型提升提供有效的指导，坚定企业家创业创新的信心和决定。

四、未来策略

象山针织产业需要把握经济新常态的规律和本质，进一步认清形势、认清自我、找准定位、明确目标，奋力开拓，重点做好六个突破。

（一）推进创新驱动

适应实施创新驱动发展战略的新要求，在科技进步、产品开发、品牌建设、企业管理、公共服务等重点领域大力加强创新投入。着重加强完善创新体制机制，使自主创新能力真正成为产业核心竞争优势，成为驱动行业升级提质新的引擎。在科技创新方面，要加快科技进步的步伐，改进企业的组织方式、生产方式、生产技术、物流技术、网络技术，特别是供应链管理和营销方式的创新与应用。围绕行业未来发展中关键技术和产品，按照市场化原则，发挥好创新联盟作用，全方位推进产业科技创新。在品牌建设方面，进一步推进“质量、创新、服务、责任”四位一体的自主品牌价值体系建设。

（二）加强产业协作

加强企业之间的沟通、分享、合作，有利于实现最大程度的集成创新、产业互补、差异化发展，有利于降低成本、拓展市场、扩大销售，共同提升竞争力。充分发挥针织产业链的产业基础与配套优势，加强不同地区、不同规模、不同特色的纺织产业集群地之间的互联互通，加强产业链上下游配套协作，加强产业与专业市场的互动发展，有效减少和避免同业同质竞争，提高资源利用率。在产业协作中，要以自主创新为核心，开发高科技含量、高附加值、低能耗、低污染的产品，以产品科技、人才、资本、信息等高效运转的产业辅助体系为支撑，提高象山针织产业的整体水平。

（三）强化智能渗透

针织服装产业要在加强两化融合方面，把信息技术渗透到生产经营的全过程，根据产业提升发展的特点和进程，提升行业信息化水平，提高电子商务应用能力和服务水平。智能制造是象山针织产业今后一个时期推进两化深度融合的主攻方向。针织服装产业要抓住新一轮产业革命的新机遇，积极开展“互联网+服装”行动，推进行业数字化、网络化、智能化发展。加快融入“互联网+”行动计划，推动移动互联网、云计算、大数据、物联网等与针织制造业结合，促进电子商务健康发展，引导企业运用互联网进一步拓展市场。

（四）构建新兴市场

围绕市场需求而设定创新目标。新常态倒逼产业经济提升，象山针织行业需围绕终端市场，针对差异化和个性化的消费需求以及不断变化的消费方式和消费需求进行调整和创新。以智能技术提升劳动生产力和实现柔性制造、突破技术资源瓶颈，促进生产型向生产服务型转变。通过技术提升，全方位发挥产业链优势，扩大产品优势，构建象山针织品在国内外市场的新优势。

（五）提升自主品牌

紧紧依靠科技，创出一条产、学、研、用合作一体化的新路子，做强、做精一批企业，培育实力强、产业链配套完善的产业，坚持不懈重点培育针织工业新的增长发力点。着力培育1~2家创意设计驱动型的企业，培育3~5家国际贸易竞争新优势型的企业，培育5~10家新兴发展型的企业，形成具有国际化、时尚化、个性化的服装产业，推进质量品牌标准提升，加快象山针织产业创新步伐。

（六）推动协调发展

行业发展不仅是对经济发展和百姓就业的贡献，而且形成了新的责任倒逼。针织产业是一个实现可持续发展的重要载体，责任发展日益成为企业的常态选择和自觉行动。在人才队伍建设方面，加大多层次创新人才的培养力度，建立健全激励和考核机制，不断提高员工素质，培养国际化人才，切实转变招工难、用工难、留住更难的局面。在节能减排方面，加强资源综合利用与循环再生，推广各种成熟的针织清洁生产技术、低碳节能技术、污染物控制与治理技术以及资源再利用技术。在防止产能过剩方面，发展具有特色化、差异化、个性化的印染产业，严格管控印染新增技改项目，整顿、整合、关停一批落后产能，促进节能减排和资源循环利用水平提高。

在新常态下，象山针织将回到行业坚守、务实和初心，以促进制造业创新发展为主题，以加快新一代信息技术与制造业融合为主线，以推进智能制造为主攻，提升针织服装产业发展新的格局，搭上“中国制造 2025”的快车。

中国第一家针织企业

王宝华　俞光阳

1996年，中国针织工业协会、上海针织（集团）有限公司等单位联合在上海隆重举办了纪念中国针织工业百年诞辰的系列活动。时任中共中央政治局委员、上海市委书记黄菊专门发来贺信，勉励针织行业。时任中国纺织总会副会长杜钰洲、时任上海市人民政府副市长蒋以任等领导亲临现场表示祝贺，并发表了热情洋溢的讲话。来自北京、天津、河北、山西、辽宁、吉林、江苏、浙江、安徽、福建、江西、山东、湖北、湖南、广东、广西、四川、陕西、甘肃、新疆等地的诸多同行参加了系列活动。这次纪念活动深入分析了我国针织行业的发展状况，对未来发展提出导向，对全行业产生积极的影响。

上海景纶针织厂创建于1896年（清光绪二十二年），前身是“云章衫袜厂”，位于虹口区南部，东长治路东堍，周家嘴露西侧，西安路78号。这是我国最早的棉纺针织厂，最早的针织厂。厂主吴季英是一位杭州籍富商，对开办新式工厂有相当丰富的经验。当时从德国进口设备，并聘请德国工程师，主管技术工作，开始生产是汗衫和线袜。于是，国人有幸改变几千年的穿着习惯，有了中国人自己生产的舒适贴身的针织汗衫和袜子。

1902年，吴季英病故，著名实业家徐润（别号愚斋）接办该厂，更名为“景纶衫袜厂”。徐润，号雨之，别号愚斋，生于广东香山。1852年到上海，在英商开办的宝顺洋行当学徒，后任副买办。兼办宝源各货号，经营丝、茶、烟叶及鸦片。捐资得员外郎。1868年（同治七年），自创宝源祥茶栈；先后任上海茶业公所、洋药局和仁济医院董事。1873年受李鸿章所派，任轮船招商局会办。1882年（光绪八年）在上海办同文书局。1902

王宝华，高级工程师，针织企业家，原上海针织（集团）有限公司董事长、总经理，原上海景纶针织厂厂长。

俞光阳，经济师，针织企业家，原上海景纶针织厂厂长。

年在上海开办景纶衫袜厂后，1906 年被袁世凯委任为招商局代理总办。著有《徐愚斋自叙年谱》。

徐润接办该厂后的十年内，景纶厂获得了长足的发展：1908 年，汗衫开始出口南洋，产量陡增；1909 年，产品在全国工展会获奖；1910 年，在全国博览会上获银奖；同年，创制流行了半个多世纪的卫生绒衫；1911 年，向清政府农工商部注册了“金爵”商标，多年来，“金爵”成为国内最负盛名的针织品牌。

该厂从创办初期仅能生产罗宋帽及普通袜子，到后来又添置设备，增设漂染、成衣生产，初步发展为全能型针织厂。1917 年，景纶厂改组为股份有限公司，景纶股票是旧上海股市上著名的“三小龙”之一。到抗战前夕，景纶厂已经在上海拥有两处分厂，在四川成都建有“景纶西南分厂”，在天津、汉口、香港等地设有办事处，是国内著名企业。1930 年停止织袜，专营针织内衣。1936 年有职工 230 人，生产桂地衫（又称景纶衫）、锦地衫、椒地衫，采用蓝鹰牌、金爵牌、狮牌等商标，在渝、汉设立分厂和发行站，在其他主要城市设代销处，产品还远销东南亚一带。1937 年日军侵占上海后，生产日趋衰落，至 1949 年 5 月，全厂仅有职工 78 人。

中华人民共和国成立后，景纶厂生产迅速发展，1956 年公私合营，1958 年华庆等 8 家小厂先后并入，规模逐渐扩大。由于该厂的“金爵”商标声誉卓著，行业内多家企业都以“金爵”作为出口产品的商标。1967 年曾改名为上海针织十五厂。随着化纤工业发展，1972 年开始，在国内较早开发化纤针织服装，努力改变“老三样”内衣衫裤的形象，为针织生产开辟了新路。1978 年恢复上海景纶针织厂名称。1979 年，产品由内销向外销拓展。

20 世纪 80 年代初，当时纺织工业部按照中央的指示，为更好地解决人民的穿衣问题和扩大出口增加创汇，决定在石油化纤的开发利用上探索新路。李正光副部长带领一批专家来沪，组织由龙头企业上海金山石化总厂、中游企业上海十七棉纺厂和几家针织厂、下游企业上海丝绸进出口公司等单位，组成腈纶联合体合署办公，实施上下游紧密合作，共同攻关。经过两年的努力，解决了设备、工艺、管理上的一系列问题，成绩斐然。一大批色泽鲜艳、穿着舒适、易洗快干的棉型、毛型、棉腈混纺的针织运动服和休闲服问世，走向国内外市场，内外销两旺，经久不衰。许多商家经常为取得货源争得不可开交，各针织厂又为多得十七棉的腈棉纱原料而矛盾不断。上海景纶针织厂有幸在此过程中成为腈纶联合体成员之一，参与合作攻关，特别是进行试制，受益匪浅。那一时期经济效益年年大增，成为景纶厂百年发展史上最为辉煌的时期。

1995 年，景纶厂完成了历时六年的厂房改造，在近 8000 平方米的土地上，耸立起十层生产大楼、六层办公大楼以及综合大楼等多幢建筑，拥有职工 800 余人，拥有棉毛机 96 台、台车 32 台及其他印染机械等腈纶针织布和腈纶针织衫裤的整套生产设备。景纶厂技术提升和产品开发的做法在针织行业产生了一定的示范效应。

20 世纪末以后，上海市进行了声势浩大的产业结构调整。第三产业和高新产业比例大幅提升，轻纺等产业除部分向中西部迁移外，大部实施了关停并转。在此期间，曾经辉煌百余年的上海景纶针织厂也完成了它的历史使命。作为中国针织工业的发源地，它在历史上留下的重要一页，留下了宝贵的精神财富，我们将永远铭记在心。

佛山新光紧跟协会步伐近30年

卢明铿　黄伟明

佛山市新光针织有限公司从中国针织工业协会筹备成立开始，就与协会（包括筹备组）保持紧密的联系与合作，并在协会的带领、支持和帮助下成长，由原来的国有走向股份制，沿途走来既共同经历风雨，又共享彩虹。

中国针织工业协会从成立开始，就真正起到政府与企业之间的桥梁和纽带作用。协会协助政府及时制定很多优惠扶持、解困帮难、优胜劣汰、产业升级、维护国内市场正常秩序、抵御国际市场冲击等等的政策和法令、法规，发挥重要作用；同时，更加发挥了企业航海明灯的指引作用，推广最新科技成果，推介行业技术发展趋势，提供最新信息和经验，营造公平、公正、规范竞争有序的市场环境，做了大量工作。我们企业也正是紧跟协会步伐，一步一个脚印走向成熟。

佛山市新光针织有限公司是一家集织造、染整、印花、绣花和制衣一条龙的大型针织企业。企业前身佛山市第一针织厂，成立于1954年，是新中国成立后在广东省佛山地区成立的一家国有针织厂，主要任务是按照国家、省市安排的生产计划生产针织面料和针织服装。中国针织工业协会成立，我们企业自然成为了协会的会员之一，并且一直作为常务理事单位积极参与协会的一切活动。在以下几个方面，我们企业对协会的工作有深刻体会。

一、协会提供技术管理指导

广东省作为国家改革前沿阵地，市场和企业蓬勃发展起来。由于我们

卢明铿，针织企业家，佛山市新光针织有限公司董事长。

黄伟明，高级工程师，针织工程专家，佛山市新光针织有限公司副总经理，产品研发中心主任。

企业有毗邻港澳的地理优势以及生产一条龙、质量稳定等的优越条件，在完成国家分配的任务指标下，从20世纪80年代开始自主地承接一些外单，接受国外品牌客户在产品质量、技术、管理等方面的影响，奠定了企业良好的管理基础。

企业较早得到中国针织工业协会给予国家改革发展方向的方针政策信息，把握经营的方向，坚定发展的信心。随着承接外单的比例逐步增大，企业的生产能力出现了瓶颈，我们及时向中国针织工业协会咨询，得到了中国针织工业协会在技术、工艺、设备以及企业协作等多方面信息的支持。我们企业遇到技术改造、产品提升等诸多问题，协会都不失时机给予帮助。企业从20世纪80年代末到90年代期间，陆续在织造、染色、后整理、印花和成衣等工序进行多层次的技术改造工作：

一是，逐步淘汰技术落后的旧式的台车，投入3000万元，购进了一批先进的针织大圆机。

二是，淘汰一批陈旧落后的连续式流水线染色机，投入3500万元，引进了香港立信高温、常温单管、双管、三管、四管、六管染色机，投入200万元引入立信高温染纱设备。

三是，投入250万元新增加购买了德国产的五烘箱导热油定型机和法国产的K10五烘箱导热油定型机。

四是，淘汰5条手工印花生产台，投入100万元新增加购买全自动平网印花机。

五是，淘汰技术落后的缝纫设备，投入350万元，引入了兄弟、祖奇、飞马、雅门图、关西等国际知名品牌的先进缝纫设备。

通过一系列技术、工艺和设备的改造，企业在产能、技术、管理上有了一个质的飞跃，瓶颈的问题一下子就迎刃而解，企业的产能由原来的针织布坯350吨/年提升到4000吨/年，针织服装由原来的25万件/年提升到400万件/年，并且在佛山市禅城区以外的其他区增设了几个分厂。产品由原来只是按国家计划性配给生产，到销往欧洲、日本、美国、加拿大、中东、中国香港、中国台湾等世界各地的国家和地区，年销售收入由原来的几百万元，扩大到超过1.5亿元。

刚开始时不了解国外产品执行的质量标准，遇到不少挫折和损失。为此公司专门派出多批人员参加各种国际质量标准的培训和学习，先后投入200多万元购买了一批包括纱线强力、捻度、面料摩擦牢度、汗渍牢度、日照牢度、pH、甲醛、起毛球、洗水、尺寸、克重等系列的检测设备。收集各种纺织专业标准、部颁标准、国家标准、区域标准、国际标准，并建立企业内控标准。对国际标准化组织的ISO标准、FCL国际纺织标准、美国纺织AATCC标准和日本JIS标准进行重点深入的探讨和学习，使企业能熟练掌握质量检测监控技术，为产品出口到世界各地把好每一道质量关。我们的检验室多个纺织检测项目每年都经国际中介检测机构审核。企业不断提高质量监控把关的能力，适应市场和客户的新要求。这些成绩的取得都与得到中国针织工业协会的长期帮助和鼓励有关。

二、协会开展行业交流

协会成立后开展大量的行业交流活动，为企业沟通信息、交流经验提供平台和机会。协会秘书长主导的各部门、各分支机构，特别是技术经济委员会（第一届）、专家委员会（第二、第三届）建立了长期的完善而强大的工作体系，特别是高效、专业的服务机制。企业密切关注中国针织工业协会关于推动科技进步、组织新技术交流，推广行业最新成果发布方面信息，参与协会组织系列活动，了解针织行业各方面最新的资讯信息。我们通常都非常喜欢积极主动向协会咨询有关新技术、新原料、新设备、新工艺、新产品的信息，协会有关部门也是知无不言、言无不尽、详尽耐心地讲解传授。

协会还通过定期主办的刊物、通信、汇编和会议等多种形式向会员企业发布行业最新信息，使企业产品开发的能力不断得到增强。我们的面料产品也从单一的传统产品向单面布、双面布、罗纹布、卫衣布、毛巾布、丝光布、珠地布、提花布、印花布等系列以及各种原料混纺交织、多种纤维功能结合等方向发展。

历年来企业都积极组织开发研试新产品参加国家、省、市组织新产品、流行面料的评比等活动，并获得一些奖励、鼓励：

1991年组织设计的“针织绸及套裙”获广东省轻纺工业优秀四新产品奖；1993年组织设计的“弹力丝盖棉布”等新产品获得佛山市科委、科协科技成果奖；1996年组织设计的“多丽绒布”获得佛山市科委科技成果奖；1996年企业获得中国针织工业协会企业排序优势企业，面料被定为重点培育产品；1997年组织设计的“弹力坑条布”获国家纺织产品开发中心97/98中国流行纺织产品称号；1998年组织设计的“圈绒布”获得广东省优秀新产品三等奖；2002年3月组织设计的“提花单面布”被国家纺织产品开发中心评为2003春夏中国流行面料奖；2002年10月组织设计的“仿牛仔布”“双面磨毛人字布”被国家纺织产品开发中心评为2003/2004秋冬中国流行面料奖；2003年、2004年获评中国针织工业协会时尚内衣等产品，得到广泛宣传、对接；2011～2016年每年企业都积极组织设计各种新面料送中国纺织信息中心和纺织产品开发中心评选，并且每年均有1～2个新产品被评为年度春夏和秋冬的中国流行面料入围企业奖。

三、协会提供正确导向

企业较早深入领会中国针织工业协会所贯彻宣传的国家有关方针、政策、法规、法令，积极投入行业改革浪潮中去。协会深入认真解读国家产业政策，积极宣传正确导向，帮助企业分析实际问题，这种服务由来已久，体现了协会对行业很高的把控、引领能力。

为了提升行业操作工技能水平，协会开展技能竞赛活动，举办设计大赛，我们企业踊跃参加，并取得优异成绩。例如1996年和1998年的针织操作比赛、2006年的缝纫工职业技能竞赛、2011年和2014年的大圆机职业技能竞赛，在各级选拔赛和决赛中，协会领导和专家给予细致的指导和培训，我们开展企业岗位练兵、进一步普及行业操作技能标准等响应活动。我们企业积极向协会反馈染色、后整理、缝纫等各工序的技术指标和数据，为协会收集制定行业标准、国家标准提供数据信息。例如在《纺织染整工业水污染排放标准》（GB 4287—2012）制定早期收集意见活动中，我公司就积极向上级部门和协会提供针织布印染用水量以及水污染物排放各项目标准限值的意见，为标准的制定提供基层企业的信息。

20世纪90年代后期，随着国家的改革进一步深入，原有许多传统行业的国有体制也越来越不适应市场竞争的需要，为此国家相继出台一些针对传统行业鼓励转制的政策，协会也不断向我们企业宣传这方面的信息和成功案例。我们企业在当地政府和主管部门的推动下，参考协会提供的信息和案例，在1999年进行了企业的转制工作，国有经济顺利退出，由职工自主参股。企业在转制的同时引入先进的管理模式，一方面大刀阔斧进行精简机构、压缩闲置人员，将原来的2500多人陆续缩减到1200人左右，重新建立精简的管理架构，组建一支高效、快速、强执行力的团队，制定各种激励机制、奖惩机制，调动员工积极性。另一方面，加强营销队伍业务水平和工作能力的培训，在原来只是依靠港澳市场、依靠外贸公司承接外单的单一途径中，逐步提高业务员外语、外贸知识水平，并且能够自主独立地承接国外品牌客商的订单，不断拓宽市场，业务蒸蒸日上。企业转制至今，人员减少一半以上，但产能和销售额仍然保持上升。转制后，我们企业曾获得1994~1996年度广东国税模范纳税户的光荣称号；多次获得佛山市政府和佛山市南海区政府授予的超1000万元纳税大户的光荣称号；连续12年获得广东省工商行政管理局和佛山市工商行政管理局授予的守合同重信用企业的荣誉称号。

中国针织工业协会不断向我们传达环境保护、节能低碳的有关政策，指导我们在技术、工艺、生产流程、厂房设计以及污水、废气和废弃物的排放和处理等，都严格按照环保部门的标准要求执行。我们企业认真分析协会提供的信息和行业发展的趋势，结合当地政府产业转移等政策，及时顺应潮流，主动规划。企业于2008年年底从佛山市禅城区整体搬迁到南海区西樵科技工业园区的新厂区，该厂区共占地面积180亩，厂房建筑面积约6万平方米，整个搬迁工程的投资2亿多元。搬迁后生产流程、工艺技术、环保规划、管网设施等都完全符合环保要求。在搬迁过程中，企业淘汰了一批能耗高、水耗大的陈旧设备，再投资2000多万元增添了一批低浴比、耗能小、效率高的染色、后整理和印花先进设备。南海区西樵科技工业园区是绿色生态示范工业园区，这对于企业的持续发展起到积极的作用。

四、协会协助拓展市场

我们企业不断开拓国内外市场，也得到了中国针织工业协会的长期帮助。我们坚持积极参与由中国针织工业协会主办或协办的展会。从

1997 年开始参加全国针织产品展销会到后来的中国国际针织博览会、新产品发布会和国际针织论坛等活动，以及由协会提供国内、国际展览会信息我们企业都积极参加。我们企业一直参加或参观上海国际面料展、上海纺织机械展、上海染化料展、北京国际面料展、中国香港时装周展、中国香港国际面料展、日本东京服装展、美国纽约服装展、美国拉斯维加斯服装展、德国法兰克福国际面料展等系列展览活动。我们还时刻关注中国针织工业协会自己的网站和会刊，因为网站和会刊为行业提供最新资信，为企业产品做好推广宣传工作，宣传优秀企业、个人，树立标杆和典型，为针织企业提供一个很好的交流学习的平台。在协会提供的信息帮助下，我们一方面适时了解行业发展趋势、设计的风向标，了解到上下游企业的信息、原材料信息、设备信息，另一方面更好地联络了旧客户、开拓新的客户，拓宽市场。我们为 PUMA、REEBOK、DUNLOP、REDWOOD、STUSSY、OBEY、CECEBA、CYBELE、UNDEFEATED、GOTZBURG、安踏、迪莎、科倍、英氏等多个国际和国内名牌加工制造服装产品，年出口创汇都保持 1000 多万美元。

我们见证了中国针织工业的高速发展，经历了针织行业低迷期和兴旺期，感受到中国针织工业协会与广大会员共同创业取得成绩而带来的巨大喜悦。我们坚信只要我们协会各成员互相抱团、互相支持、互相协作，我们的针织工业将不断前进，将更加美好！

织袜行业的现状与前景

孙毅仁

随着中国经济的快速发展，人们消费需求的不断增长，我国织袜行业也取得十足的进步。

一、织袜行业的飞速发展

织袜行业的发展表现在袜业集群快速发展、织物机械的进步和产品的丰富等诸多方面。

（一）袜业集群

袜业集群发展始于20世纪末，当时浙江义乌、诸暨，江苏常熟、南通以及广东佛山等地区以其市场优势和产业链优势，快速形成区域袜业配套的发展模式。在地方政府的大力支持下，在行业协会的正确指导下，袜业集群很快步入较为健康的发展轨道。例如诸暨袜业由政府部门和全国性行业协会共同引领技术与产品的提升，坚持产业导向和产品导向，共同创办袜业博览会，共同培育龙头企业和知名品牌，袜业经济迅速且稳步增长。这是袜业成长，乃至针织行业发展的一个主要模式和成功经验，为后来袜业集群培育和引导提供良好的示范作用。

诸暨袜业在较短的时期实现袜子年产量突破200亿双，国际影响力大。与此同时，由于经济的发展和产业的转移，我国袜业也逐渐淘汰了一些老牌的产业区，比如上海等中心地区的袜业。后来广东袜业也出现产业转移，新集聚区崛起。

传统的织袜集群稳固发展，又出现新兴的织袜集群工业区。其中特别突出的为东北辽源织袜工业区，在短短的五六年间，从一片荒芜之地建设成拥有超过25亿双年产能、近30000台袜机、近400家织袜企业的超大型

孙毅仁，针织企业家，上海艾谷针纺织品有限公司董事长。中国针织工业协会袜子专业委员会主任，第二、第三届专家委员会委员，第二、第三、第四、第五届袜子专业委员会主任。

专业的织袜工业区。建立了从原料到最终销售的完整工业链；进口了大量国际最先进的织袜机械；培养了一支专业的织袜技术人员队伍；解决了当地20000多人的就业问题；为国内消费者提供了较好的袜子产品；更有大量的品牌产品OEM生产后销往国际市场。其他如江苏、新疆、安徽和江西等地也出现了一些新的织袜集群，并正在精心培育和成长。

（二）织袜机械

我国袜业最大亮点就是织袜机械装备生产的水平和规模的迅速提高。织袜工业的快递发展也催生了针织织袜机械的快速崛起。织袜机、缝合机、定型机以及其他的织袜辅助设备的生产规模、生产技术和设备种类都达到了空前的水平。还出现了一些试图赶超国际先进水平的织袜机械，比如360度彩色喷墨打印机、眼对眼自动缝合织袜机等。我国织袜机械的发展打破了国外织袜机械的垄断状态，也极大地降低了进入袜子生产领域的门槛。织袜机械的进步为织袜生产技术和产品的进一步发展创造了不可或缺的条件。

袜业规模的扩大与现代袜机的生产效率和运转速度大幅度提高有关。袜机的进步一方面使企业增加新的先进的产能，另一方面加速了旧设备的淘汰，使整个行业的技术装备水平得到提升。

（三）袜子产品

随着人们生活水平的提高以及生活习惯、消费状态的改变，织袜生产技术和产品的发展也是日新月异。

过去“一招鲜吃遍天”的情况已经不可能再有发生，产品更新换代的速度空前提升；市场细分和适应个性人群的要求不断加剧。其中最突出的是产品的功能性更为显现。抗菌防臭、吸湿快干、保暖凉爽甚至温度调节的功能处理在袜子生产中已经逐渐成为常态。

随着健康成为人们生活的第一要素，运动型产品大受欢迎，运动类的袜子产品已经普及，而且向各运动品类的细分方向发展。健康保健型，甚至治疗型的产品更有发展前途。各种皮肤护理、足部保健、糖尿病特殊需求、抗静脉曲张等产品都应运而生，并日趋成熟和普及。

由于人们生活水平和消费品位的逐步提升，袜子产品日益从普通的日用产品向时尚化演变。袜子生产与国际产品发展的流行趋势更为接近，在与消费者的年龄、阶层，甚至销售季节及区域的结合上更为贴切。织袜技术的发展也进一步催生和促进了时尚产品的发展，其典型的例子包括各种时尚印花产品的蓬勃兴起、新型移圈产品的枯木逢春等，而各类毛圈提花产品等新型产品也跨入了时尚产品的领域。

产品发展引领市场的作用也不断显现，各类针织裤子产品正成为行业产品发展的新亮点。印花裤五彩缤纷，牛仔裤惟妙惟肖，仿皮裤英姿勃勃，移圈网眼裤性感妩媚。这些都是袜子行业产品发展的杰作。

可以说，“袜子”已经不能完全涵盖现有的行业产品，更多的企业把袜子产品延伸或重新定义为“服装配饰（Accessory）”，不仅指传统的袜子，还包括了手套、围巾、帽子、裤子、鞋子甚至装饰包袋和其他的衍生产品。

二、行业发展存在的主要问题

行业在迅速发展，日趋严重的竞争也显露危机。制造业的平均工资水平累计上升，织袜工的平均工资更是年均上升10%以上。与国际上近年来大力发展袜子加工的国家相比，我国袜业劳动力成本早已失去优势。

1. 行业存在恶性竞争

行业产能过剩的趋势还在继续，恶性的价格竞争影响了行业水平的提升。

2. 国内织袜机械快速增长

同时，其中的弊端也开始出现。主要是织袜机械设备在价格方面的过度竞争导致技术的低水平重复和质量水准的良莠不齐。

3. 织袜企业成本的不断提高

袜业成本太高且增长较快，与生产效率提升完全不成比例，产业生产成本优势不复存在。

4. 技术和产品发展仍存在一定缺陷

创新投入明显不够，而知识产权保护意识较弱，进一步制约袜业行业技术与产品的快速提升。

5. 国内外袜业市场竞争加剧

国内袜业竞争激烈，特别是产品雷同和低价竞争较为突出，夸大宣传现象仍未杜绝。国际产业竞争加剧，尤其是来自东南亚等新兴国家的竞争加剧。

大量低价的袜机出口至东南亚国家和其他非发达国家，为中国的织袜工业树立了强劲的竞争对手。

6. 产业集群的建设需要加强引导

一些集群地区也存在着一些不容忽视的问题急待解决，主要体现在，建设的同质化、产能的剩余化以及效能的低下化等，而符合市场规律的产业发展导向明显不足。

三、袜业发展方向与措施

织袜工艺不创新没有出路、更难以发展。袜业必须从产业策略入手，通过科技创新提升产品，同时依靠诚信赢得市场。

（一）产业策略

就产业集聚区域而言，必须总结长期以来培育袜业及产业链协作发展的经验，完善区域产业链，促进和带动传统中小企业、外贸型企业转型，例如带动企业从过去单一式接单贴牌加工中解脱出来，向自主研发方式转变，带动袜业转型升级是方向。

具体实施应当完善和全面推进袜业科技创新服务平台、袜业创新设计中心、新产品发布中心建设；创建袜艺特色小镇、特色小镇、袜业电商园、大学生创业园，使产业集群中科技创新全面驱动。同时推动袜子产品创新，袜业原料创新，袜机创新，完善区域产业链。

在袜艺特色小镇建设中，强化产业发展科技创新平台，通过个性化袜业工场、休闲小镇、袜业风情街的打造，通过“互联网 +”、众创空间、电商园、大数据中心、大学生创业园的有效运行，努力使创意设计较快转化为现实生产力。

（二）科技创新

按照“政产学研用”相结合的原则，坚持科技创新是创新的源头的思想，以科技创新，带动管理创新，推动产品创新的道路，形成了产业链完整、协同发展，进而打造智造硅谷，促进袜业产业的升级。

袜机装备产业迅速崛起。袜机制造和袜机零部件制造企业同样也围绕“全自动智能袜机、多功能运动袜机和普通袜机”研发制造，加快开发生产全自动“织检缝翻”智能一体袜机和多功能袜机研发制造，织、检、缝、翻智能一体袜机具世界先进水平，自动缝制的袜头甚至比手工缝头还要精致。包括智能袜机和全自动包装机研发。电脑袜机装备制造业的迅速崛起，特别是智能一体化高端袜机装备的涌现是保持强大生命力的基础和保障。

袜业原料的丰富是袜业产业链完整的一大亮点。各种新型原料和辅料的开发很重要，也给袜子织造企业快速创新奠定了良好的基础。完善加色母生产有色锦纶长丝的工艺；推进各种改性化纤的开发，进一步提升产品的功能性；进行天然纤维的深度加工，让传统的原料更添时尚元素；发掘各种天然植物的潜在功能，创造新的更适合现代生活需要的针织纤维。

加快创新设计应用，推动传统制造优势向研发设计优势拓展。目前国内织袜行业的短板在于设计队伍的建设与设计能力的提升，更多地处于按来稿设计定制或模仿改动设计生产的阶段。企业应着力培养专业的袜品或服装配饰的设计队伍，护持设计师品牌；或者与国外的设计师合作，走出一条在设计创新上的新路子。

发扬工匠精神，稳定和扩大一线技术工艺人员队伍，并不断提升他们的层级。产品的创新要落实在技术、工艺以及新型产品结构的创新上，而这一切离不开一支具有工匠精神的技术人员队伍。要在知识更新、价值倾向、职称评定甚至企业股权方面为建设队伍奠定基础；在产学研结合、开阔眼界、跨界交流甚至出国深造方面为提升队伍创造条件。

创新还应包括管理的创新。要在创造适合智能化、定制化生产的管理制度上下功夫；要在创造更人性化、能够体现新新人群（90 后）生活工作特征的管理方法上动脑筋；管理的创新要建立在质量充分保证、产品精益求精的前提上；管理的创新要落实到产品层级提升、高效率低成本生产的基础上。

加快推动科技成果转化，更多地在政策上支持科研成果的转化，更多地在经济上体现科研成果的转化，创造出创新、研发、转化、收获的良好氛围和蓬勃生机。

（三）提升产品

袜子不再是单一的、传统的以保暖为主的普通产品，更是时尚品、功能品。产品时尚化和个性化的特点日趋突出，如移圈袜、防脱袜、打底裤袜、跑步袜、足球袜、篮球袜、网球袜、自行车袜、登山袜、海滩袜、户内袜、防水袜、发热袜、保暖袜、保湿袜、抗菌防臭袜、抗静脉曲张袜、整形连裤袜等。

新型原料是产品发展的基础。天然纤维是织袜生产的宠儿，但是已经不是传统意义上的天然了。比如上海艾谷针纺织品有限公司与国际羊毛局、东华大学合作研发数年形成的“清新美丽诺”羊毛，具有美丽诺羊毛固有的特性和优点，但是更柔软、耐用、减少了刺痒感，还增加了抗菌功能，已经常年应用于一些著名的国际品牌产品上。又如艾谷公司与国内纤维生产企业合作开发的黄麻和草珊瑚黏胶产品等，也由于该原料的功能性，超好的手感以及较低的价格获得客户的青睐。

改性化纤由于其具有特定的功能而大行其道。由于中国的棉纱价格不具有国际竞争力，而中国又是全球第一化纤生产大国，因此目前织袜原料，尤其是外销产品的织袜原料已经很大程度地向化纤倾斜。为了提高袜子的功能性和服用性，织袜企业更多采用具有功能性的改性化纤，更多应用新型染整助剂，同时改进生产工艺。

产品结构的创新和改进是提升产品价值的必须途径。毛圈提花是袜子产品结构改进的一个典型范例，其应用于运动类产品上，就能起到良好的气垫作用，可以根据不同运动种类，有效地保护或减缓脚部不同部位的肌肉所的运动冲击力影响；应用于时尚类产品上，就是更立体化地呈现了设计之美。还有就是自动眼对眼缝合结构的发展，既降低了工人的劳动强度，为智能化生产的实现做好铺垫；更是极大地提高袜子产品的外形美观和穿着舒适程度。

产品种类的延伸为行业发展和供给侧改革开辟了捷径。我们立足于袜子行业的特性，要在保持原有行业生产的基本流程、设备和技术的基础上瞩目于袜子种类的延伸，将其发展为“服装配饰”，为供给侧的改革做出贡献。

（四）培育市场

袜子产品市场呈现结构性、阶段性过剩，原因是多方面的，如织袜企业对市场的调研不足，织袜行业的生产能力存在过剩。

从市场发展看，细分市场能为产品创新缔造无穷的创意。通过对细分市场的创新和开发，袜子制造紧跟了市场，不仅满足了市场的不同需求，而且能够不断提高市场的美誉度。一类袜子的消费过程往往就是这一类袜子市场的培育过程，众多袜子的市场都有培育过程。

例如，普通的毛圈袜也可以为北京冬奥会作贡献，那就是生产滑冰用的“冰刀套”；当你在海滩上漫步，如何既惬意地享受海滩的美景，又避免砂砾对趾缝的侵袭和海水的浸泡，织袜企业可以送上“海滩袜”；暖水杯烫手、饮料瓶丑陋，套上袜机生产的时尚水瓶套就正合你意；蹒跚学步前的婴童满地爬，妈妈心疼地思忖着如何保护爱儿的膝盖，织袜企业可以开发出婴童爬地护膝。

无论国际还是国内对普通袜子的消费，对时尚袜子的消费都是动态的，流行的周期可能很短。我们需通过袜子的视觉设计、形态设计、功能设计，引领袜业创意设计新的风向标。织袜企业应当形成良好的管理风格，形成一支成熟忠诚的队伍，为企业的高效发展而努力经营。那就是：创新技术与设计，以优质的创新产品和诚信踏实的经营，获得客户的信赖，从而不断拓展市场，获得良好效益，积极维护行业的可持续发展。

开发优质针织用棉纱的措施

李常春

原料对于针织行业的产品开发十分重要，而棉纱是针织行业最重要的原料之一。可以说，棉纱的品质、规格等对于针织产品，特别是高档针织产品的开发起到不可替代的作用。为此，中国针织工业协会早在1996年就系统提出针织用棉纱标准指标体系的完善、针织用棉纱专业化生产的推进问题。

一、近年来针织用棉纱的状况

棉纱长期作为针织用纱线原料的主体，长期影响着针织品的提升。随着原料选择的拓宽，各种类型、档次的针织品层出不穷，而从某种意义上说，开发高端针织品纱线原料也是瓶颈。

（一）针织对天然纤维原料的选择

针织纱线性质在于满足针织编织和适合针织品使用，天然纤维纤维具有满足这些要求的特质。

棉：吸湿性强，易缩水，易染色，较耐碱耐酸耐热，丝光棉就是经过烧碱处理。棉针织服装穿着舒适，适宜贴身穿；具备一定良好形态的棉针织服装，也适合外穿。

麻：吸湿性强，耐碱不耐酸。麻纤维强度高于棉，较硬，织物透气性好，挺、爽，织物易起皱，面料适宜制作夏季衣料等，服装不十分贴身，有独特的风格。

毛：纤维比棉纤维更粗更长，有卷曲，表面有一层鳞片覆盖。由于鳞片的存在，羊毛具有缩绒等特性。毛针织服装以外穿为主。

选用不同的纱线是改变针织品的手段，针织企业在长期使用棉纱开发

李常春，高级经济师，针织企业家，江西凤竹棉纺有限公司董事长，福建凤竹纺织科技股份有限公司原总经理。中国针织工业协会第三届副理事长。

产品的过程中积累丰富的经验。棉、麻、毛等天然纤维常与化学纤维混纺，混纺纱具有一定的优越性能。天然纤维与化学纤维组合是一种手段，有助于开发更丰富的针织品。例如，涤纶针织面料鲜艳美观，纹路清晰，质地紧密；涤盖棉面料挺括抗皱，坚牢耐磨，吸湿透气，柔软舒适。

（二）针织生产对棉纱的质量要求

编织过程中，纱线以一定的张力输送到针织机的成圈区域，弯曲成圈，而线圈又相互串套而形成针织物。纱线受到复杂多变的拉伸、弯曲、扭转等机械作用，经受一定的摩擦和反复的载荷作用。这就要求棉纱具有相应的品质指标：

一是捻系数不宜过大，纱线具有一定的柔韧性。捻度过大的纱线会增加织造过程中被弯曲扭结造成织疵及对针造成损伤。捻度过大的纱线还可能影响针织物的弹性等。

二是具有一定的强度及断裂伸长率、延伸性，纱线强度均匀性良好。织造过程中，高速运行的纱线受到反复的张力载荷作用，产生弯曲和扭转，纱线具有延伸性便于弯曲成圈，纱线强度均匀可减少断纱，保证织物质量。

三是条干均匀，线密度均匀，纱线光洁，毛羽少，粗细节少，纱疵少。纱线均匀使线圈结构均匀，布面清晰。针织机上有多路成圈系统，每路纱线粗细均匀才不会在布面形成条纹，光滑的纱线还容易损伤机件，且车间里飞花增多。

四是棉结等杂质少，防止异纤，至少不影响编织和印染时造成上色不匀或异色。纱线表面杂质同样影响针织生产率，制约最终产品质量和档次。

对于生产多数织物，针织纱线一般捻度低，纱线柔软，易于弯曲成圈，否则织造花针多，表面不光洁，坏针率较高。针织物追求柔软、弹性和透气性，特别是棉毛布、弹力布，起绒织物用纱要求手感柔软，富有弹性，纱的捻度就应低些。一些特殊要求的面料，例如结构致密、表面平整的织物，纱线捻度则可以高一些。

织物的力学性能，包括厚度、纵密、横密、平方米克重、收缩性、覆盖性、延伸性、弹性、耐磨性、卷边性、脱散性、断裂强度，要使织物具有一定的性能对纱线选择就有一定要求；而实现面料弹性良好、绒毛厚实、保暖性强等特性对纱线又有其他更多的要求。例如，纱线丝光烧毛就是改善表面性能十分有效的方法。

针织纱与梭织纱区别明显，尽管长期以来行业对两者存在的差异和性能细节进行了许多研究，但是近年来标准体系不完善、针织纱生产质量不稳定以及使用者和生产者对针织纱了解不够等问题还是有所显现。

二、开发优质纱线的具体做法

开发优质纱线通常需要开展相关行业调研，尤其是20世纪90年代末以后建设的棉纺企业普遍更加重视可行性研究。

（一）开展相关的行业调研与产品分析

分析行业需求和棉纱质量状况，再确定棉纱的产品开发，使生产的棉纱切实符合针织企业生产的要求。

1. 行业调研的主题

包括纱线原料应用分析；标准与指标体系确立，纱线检测与优质产品生产、使用情况；根据纱线实际存在毛羽、棉结、强力、条干状况提出改进生产技术的措施等主题。重点掌握纱线的强度、光洁度、捻度、密度、吸湿性，还有柔软性、延伸性。

此外，还应了解麻、毛、丝等天然纤维以及涤、锦、腈等化学纤维在针织产品开发中的应用，因为每种原料在针织中的应用都有其优势和特点。

2. 企业的一般做法

通常包括分析产品质量改善管理与工艺流程；企业生产成本与经济效益分析，投入产出比分析，某一品种的盈亏平衡点判定；对市场做出预测，确定亏损品种的市场前景；决定是否继续生产，扩大生产或减少生产等。深入分析内容还包括，一方面是原棉质量，另一方面是棉纺加工本身的质量。

优质棉纱无论是普梳还是精梳在纺纱工序都有特定的质量要求。精梳纱，指以更加优质的棉纤维为原料，纺纱时增加精梳工序而生产的纱线，纺纱工序：配棉→开清棉→梳棉→并条→条卷→精梳→并条→粗纱→细纱→落筒→成品检验。还要配合染整工艺。各个流程都十分关键，配棉是品质保障的前提，细纱是最终纱线均匀一致的把关环节。

纱线检验按照国家标准规定的方法执行。纱线质量判定的依据是，根据品质指标和重量不匀率指标等对棉纱进行评等，按条干均匀度和棉结、杂质粒数对棉纱进行评级。纱线的强度是主要检测指标，但是纱线的粗细差异及外观疵点，都会影响织物外观纹路，对生产时尚针织产品来说，也需要进行重点检测。

（二）开发优质针织用棉纱产品

江西凤竹棉纺有限公司 2009 年以来，采用几种纺纱技术开发了针织纱：纯棉赛络纺、紧密赛络纺、紧密纺光洁纱、赛络纺光洁纱。

赛络纺纱：特点是纱线毛羽少、耐磨性好，实现织物柔软、耐磨、透气等性能，能实现织物轻薄化。

紧密赛络纺纱：利用紧密纺和赛络纺工艺组合的一种纺纱方法，纺制的纱线结合了两种纺纱法的优异特性，与传统环锭纺单纱及赛络纺纱相比，纱线毛羽更少、强力更高，具有赛络纺合股的效果，是生产高档织物的理想原料。

紧密纺光洁纱：在紧密纺技术基础上，通过优化原棉配棉及生产工艺，适当改造相关器材，使纺成的纱线非常紧密、毛羽少、强力高，纱线外观非常光洁，织物表面更加光洁，坯布匀染性佳、手感柔软，这种纱是生产高档织物的理想原料。

三、优质棉针织纱发展前景展望

使用优质针织棉纱是针织产品提升的重要渠道，多行业联合开发优质针织用棉纱意义重大。

（一）优质棉针织纱空间较大

1. 优质棉纱在针织应用中将增长

长期以来棉纱是针织纬编的首要原料，大量纬编机械适应棉纱或者棉型纱线。

棉纱具有天然的优越性，这一回归自然、追求高端的消费理念必将经久不衰。优等棉纱生产的针织品，无可替代。纯棉针织纱是生产针织品，特别是高端内衣产品的关键原料，高端产品开发对优质棉纱需求必将永恒。棉纱生产企业应当重视针织品的创新要求，积极开发符合针织生产要求的优质针织纱。

2. 棉针织纱研发生产的方向

近年来无论是纱线质量还是花色品种，都有了较为明显的改善。棉纺企业开发针织纱特别是高档纱时，还要加强了解下游针织企业的需求，做到有针对性地开发生产。还要借鉴国内外先进水平，不断提高纱线产品的质量，拓展纱线花色、品种和规格。

生产中必须把握关键技术指标和工艺参数，确保产品品质稳定。主要包括做到强力均匀，做好纱线条干 *CV* 值的把控，把控的依据分别是纱支、纱线用途及其他，还有生产成本。棉纱开发还可与针织产品开发相对接。粗支纱主要用于较厚针织品、绒类针织品及其他特种针织品的生产，中支纱主要用于中档针织品、网眼面料等的生产，细支纱主要用于中高档或高档针织品、细密面料的生产。捻度以低为原则，但是制作高档面料及特殊品种可要求适当增加捻度。

棉纱生产过程的智能化对企业生产效率、产品质量影响很大。利用现代化信息技术手段，开发 ERP 系统，实现产供销的信息共享至关重要。开发出供应链系统软件，能使整个产供销严格处于受控状态，避免或减少人为因素带来的资源浪费，实现管理标准化、规范化、制度化、流程化及精细化。

（二）开展产业协作

针织产品生产在纺织行业中有一个较为完整的产业链，从选用纱线原料开始，到针织加工、织物染整、成衣制作都与使用的原料有关。为此优质棉纱的应用必须开展产业协作。

1. 持续开展统计分析

行业在发展变化之中，统计工作必须持续。统计的内容包括：棉针织产品的市场前景；针织用纱的种类、总量；针织纱线存在质量问题。为确保优质针织纱专业生产，协会必须积极推进棉纱与棉针织产品生产的对接工作。

2. 推广优质针织纱线

通过各种纱线展会、面料展会和成衣展会形式，通过产品、品牌推介等多种渠道，推行优质棉纱的产品和消费理念，引导科学的产品开发模式和正确的消费方式。相关行业协会开展合作，开展优质针织纱的推广活动。

3. 加强行业间的协作

完善优质棉纱的行业标准、优势企业标准或者优品标准，与针织环节加强合作，共同完善有关技术，确保产品质量的稳定，纱线产品规格品种适应针织产品开发和追求高档的需要，积极维护棉针织纱产业的可持续发展。

在1996年针织行业产品开发工作年会上，时任中国针织工业协会副秘书长的林光兴同志作主题报告，深入阐述针织用棉纱在开发时尚针织产品中的应用之后，对从事产品设计和产品开发的人员说："不同的针织纱将给你带来更加充分的想象空间。"那么现在可以说，优质针织用棉纱将给高档针织品开发带来更加广阔的可以想象的空间。

创新引领宏达经编实现稳步快速发展

沈国甫

宏达高科控股股份有限公司始创于1985年，其前身是海宁县许村经编厂。宏达从一个校办企业起步，发展成为技术设备和生产规模在经编行业中处于领先地位的企业，是我国经编行业首家上市公司。

近年来，经编行业部分产能出现过剩，许多经编企业开始偏向保守发展，宏达公司依旧高举“强投入”旗帜，持续上马新项目，研发新产品，不断培育新的盈利增长点，年销售额增长稳定在12%以上。正是以创新为核心，以升级为目标的“宏达模式”让企业实现持续发展。

一、宏达的经编发展之路（三个时期、三条道路）

1. 新产品开拓市场

20世纪80年代初，海宁经编业刚开始起步，海宁市只有几家企业拥有少量国产中低档经编机，宏达便是其中一家。当时市场上的蚊帐布大多是机织布，存在明显缺点。宏达公司与许多企业一起分析需求，引入当时国内比较先进的常德经编机生产蚊帐布，产品一上市就受到市场的欢迎。宏达的蚊帐布凭借过硬的产品质量成功打开广州等南方市场。宏达分析国内外经编产业的态势，毅然瞄准这一行业，以先进的技术跟上经编发展的步伐，在当时广东、福建经编企业占主导地位的行业中占有一席之地。

2. 科技带来服饰面料的革新

20世纪90年代，宏达作为当时海宁经编行业的龙头企业之一，加大产品开发力度，引进先进的管理机制，对国际国内经编市场进行深入的调查研究后，果断转向具有广阔市场前景的高档经编面料。依靠政府部门的支持，公司适时地引进先进的经编设备，开辟了提花短毛绒生产、真丝织物生产，生产服装面料，后来扩展到产业用领域。今天不少海宁经编龙头

沈国甫，高级经济师，针织企业家，宏达高科控股股份有限公司董事长。

企业就是当时兴办发展起来的，海宁经编很快在全国初露锋芒，逐步赶上广东、福建的经编产业集聚区域的步伐，引起国内外同行的关注。

宏达把科技视为传统制造型企业提升的推进器。先后开发出高档氨纶弹力织物、仿真皮革高分子纤维面料和各类高档运动装面料，对服装面料进行“革新”。以健身衣为例，随着现代人对健身日益关注，健身衣开始成为市场新宠。这种服装既要有一定的紧身性，又要有吸湿排汗、透气、抗菌、防辐射功能。目前，已成为知名运动品牌阿迪达斯、彪马、迪卡侬等的供货商。此外，宏达的经编面料还广泛应用于医用、军用服装。截至2015年，宏达服装面料新产品总数超140种，畅销海内外。同时，宏达还努力开拓轨道交通、民用航空、军工医用、户外环保健身面料等产品应用新领域。

3. 做汽车内饰面料领域“领头雁”

1993年，国内汽车市场刚刚起步，当时的汽车内饰产品基本上都是国外进口的，北京、上海几家有实力的企业做了大量的基础研究和产品开发。宏达马上意识到汽车内饰是一个巨大的市场，于是开始投入汽车内饰产品的研发。

宏达将汽车内饰面料作为重点研发目标。与上海大众接洽后，立即投资1350万元从德国引进6台先进经编设备，并请来多位专家对汽车内饰面料进行研发。相较于服饰面料，由于汽车内饰面料的使用时间长，一般用十年，所以要求的技术指标更高。当时，上海大众对宏达的要求是：汽车顶棚内饰面料和立柱内饰面料日晒5年无色差。汽车顶棚平时晒不到太阳，立柱却要受到阳光照射，面料的色牢度很难控制。宏达研发团队耗时1年多，先后进行300多次试制，终于研发出具备防油、防水、耐光照、抗老化、阻燃等特性的汽车内饰面料，外观质量和内在技术指标都达到国际先进水平。1994年，宏达的汽车内饰面料通过上海大众的质量验证，并开始批量供货。宏达为“中国制造”赢得了话语权和市场地位。

目前，宏达高科的汽车内饰面料产品市场占有率居同行前列，其中汽车顶棚面料产品市场占有率居全国同行业第一位，已为宝马、上海大众、上海通用、吉利汽车、长城汽车、比亚迪等大型汽车制造企业多款车型配套，并出口美国、德国等国家和地区。2016年上半年，宏达高科又与福建奔驰达成合作意向，公司新研发的高档汽车内饰面料有望“坐”进奔驰车。

二、重视科技是企业赢得市场的关键（三种渠道、三条经验）

企业的发展，还要有强大的技术和生产实力，重视科技是赢得市场的关键。当市场需求趋向优质、创新产品时，标准低、吃老本的企业自然倍感压力。

1. 企业研究院为企业插上腾飞的翅膀

1995 年，宏达成立企业技术中心。技术中心的成立，使得企业步入“生产一代、研制一代、预研一代”的发展模式。为了保证新产品开发，公司按年销售额的 5% 提取科技经费，每年实施技改，至今已投入技改资金 3 亿多元。企业技术中心 2002 年被认定为浙江省级企业技术中心，2004 年被认定为高性能经编材料省级研发中心。企业研究院 2015 年被认定为省级企业研究院。

研究院实行院长负责制，院长由董事长亲自担任，下设产品开发、实验室、知识信息、培训服务、行政财务等机构。研究院取得了一系列的研究成果，包括：汽车内饰材料 VOC 性能优化研究（原材料性能优化和加工过程流程优化）；新材料的开发应用及组织结构、色彩花型设计，开发新材料，并申报专利；功能性汽车内饰材料的研究（高性能原材料性能开发和产品后处理工艺优化）。

企业研究院的建设，为企业的进一步创新提供了强大动力，不仅巩固了公司在汽车用新材料领域的地位，同时对拓展在高铁内饰新材料、飞机内饰新材料领域的业务有了坚实的基础。

公司研究院与浙江大学、浙江理工大学、苏州大学、浙江纤维检验研究所、上海汽车工业研究所等单位建立了长期的技术开发合作关系，共同开展车用新材料的研发，并取得了丰硕的成果。

2. 技术设备先行保持国际水平

为了保持企业高速的发展态势，宏达非常注重设备的投入，先后引进德国高档经编设备，以及高档染整设备及起绒、磨毛、复合等先进后整理设备。同时引进配套的自动化程度较高的中控系统、自动称料系统以及多台自动测配色仪、小样室自动滴配液设备等。

先进的设备使得企业生产各个环节逐步实现自动化，能够做到精准控制工艺，最大限度地减少人为误差，最大限度地节约成本，在品质稳定性、提高生产效率，成本及产能上拥有行业内领先优势。

3. 知识产权与优秀的技术创新团队

宏达一直致力于经编产品的研究，与国内外经编专家长期保持合作，把握经编产品的发展方向。截至2015年，公司共计申报专利55项，其中授权发明专利3项，授权实用新型专利18项，授权外观设计专利24项，已受理发明专利2项，实用新型专利6项，外观专利4项。主要包括环保性新材料技术专利、花型设计技术及功能性汽车内饰生产技术等。近三年来，公司共开发新产品50余项，其中列入国家级项目计划1项，省级重点计划2项，省级新产品21项，均已通过验收。开发的ZHQ汽车绒、通用（别克）汽车内饰面料产品被评为国家重点新产品，被列入国家火炬计划项目。

一般企业偏重新设备的投资，忽视技术开发的投入。在调查的企业当中，只有三分之一的企业有新产品开发费用的投入，只有三分之一的企业安排了专职的研发人员。经编企业经营管理者的经营观念在提高产品质量和引进先进设备等比较低级的层次中，由此引发盲目投资、跟风生产，造成区域竞争严重的状况，设备引进和使用上的重复雷同，实际上反映了不少企业独立思考能力，缺少对未来市场和行情的把握，缺少对科技进步的真实理解。针对海宁经编企业调查统计发现，企业人才构造当中，企业管理人员排在第一位，专业人员和科技人员的不足导致企业管理水平不高，科研开发不足，产业特色不突出，创新能力存在短板，这种状况极大地限制了企业的发展，是企业发展的“瓶颈”所在。

而宏达十分注重创建优秀的研发团队，持续有效推进技术与产品创新。公司现有专职研发人员87人，本科以上学历61人。技术中心项目负责人从事纺织新材料研发30余年，主导开发纺织新材料项目200余个，主导撰写并获授权各类专利45项，其中发明专利3项。技术中心以项目为载体，每年承担了不少于20个新项目的开发，在公司开拓宝马、奔驰等豪华车领域具有非凡的意义。

三、未来企业发展方向

宏达要不断探索通过结构调整与转型升级等方式寻找新增长点，从科技创新、现代管理、品牌、责任、生态环保等方面，发掘新思路，进行新尝试。

1. 创建行业领先的技术创新平台

创新是引领企业转型升级的重要途径，只有企业积极加大科技创新的投入，才能不断提升产品的附加值和核心竞争力。宏达将以现有省级企业研究院、省级技术中心等平台为基础，持续推进研究院建设，提升持续创新能力。2017 年完成企业研究院的功能区扩展建设；2018 年根据规划购置部分新的研发设备，2019 年争取完成省级重点研究院申报工作，同时继续完善 CNAS 实验室管理机制，建成行业领先的技术创新平台。

2. 强化科技人才引进和培养

注重企业内部人才的培训开发，通过开展职业技能竞赛、技术创新活动、完善人才培养模式、健全人才创新激励机制等一系列手段提高员工的业务素质及职业能力，使产品质量、生产效率得到大幅提升，为企业的创新与发展奠定基础。加大专业人才的引进，吸收高学历、有能力的专业人才，扩大企业的影响力和知名度。计划到 2019 年，建设成为一个拥有 100 多名专业技术人才，10 多名核心领军人才的企业。

3. 加强知识产权管理，推动知识产权体系建设

企业已经设立了专门的知识产权管理部门，负责知识产权工作，主要对公司的商标、专利、标准等进行统一管理。计划在未来三年，申报发明专利 2 ~ 3 项，实用新型专利 6 ~ 9 项，外观设计专利 10 ~ 15 项，并主导制定国家标准和行业标准各 1 项。

4. 整合升级信息化管理系统，实现公司全生产过程的实时监控

将原材料、织造、染整、后整理、销售、供应等全部纳入信息化管理。例如整经环节：采用长经轴、大经轴的整经设备，将智能控制、断纱检测、经轴质量保证应用于设备，同时融入互联网技术，实现手机、电脑随时查看整经的数据等；经编环节：使用速度快、产量高、质量稳定、体积小的计算机优化经编机替代传统经编机，提高产品生产效率的同时实现远程控制功能；定型环节：提升定型机自动化水平，设置交流调速系统、拉伸同步控制系统以及在线监控系统，减少摸索工艺特点的代价，同时在定型机上开发一套基于历史数据的神经网络预测系统，稳定定型质量；染整环节：建立染料、助剂自动中央控制系统，通过 ERP 对接中央控制系统对染整环节进行过程管控。建立染色中控系统，对每台染色机的实时在线监控，实现精确的能耗管理和成本核算。

5. 优化产业结构，实现产业链的整合和延伸

现代经济中，技术进步成为产业结构变动的首要决定力量，企业也必须依靠技术进步推动产业结构的调整。经编行业需要调整服用、装饰用、产业用纺织品的产品比重，提高产业用经编产品的比例。作为国家高新技术企业的宏达，更要通过技术改造、调整产品结构，提高产品的附加值，特别是汽车内饰产品的创新，增强新产品开发和提升产品档次的能力。同时，选择适当地延伸产业链，选择国内具备生产特定经编原料化纤能力的企业，与之结成战略合作伙伴，有利于双方长远发展。经编产业通过资源整合最终产品可以获得更高的利润率，对技术、产品信息和销售渠道资源做好必要的准备。

6. 积极推动节能减排，实现绿色与安全生产

继续致力于打造绿色环保企业和清洁生产企业，将通过工艺和设备的持续改进，不断提高生产效率，并降低单位产品能耗；通过对污水处理废气及生产废气处理提升改造工程，提高废气污染物处理效果并避免二次污染的产生；通过将研究开发环保性新产品、新工艺，从源头上减少污染物的产生和挥发，保障周边环境和产品的环境安全；通过污水处理设施，严格按照国家要求排放污水，并致力于提高处理效果；通过职业健康保护机制，防止重大环境和安全事故的发生，打造绿色和安全的制造型企业。

放眼未来，宏达提出三个关键词——强投入、强人才、强科技，作为企业持续发展的永恒主题。宏达将始终坚持自主研发和产学研相结合的模式，不断加大科研和新产品开发经费投入。在“十三五”期间，宏达预计科研总投资将达到 10 亿元以上，凭借我国经编产业的快速发展和产业用纺织品的大力发展这个大背景下，优化企业的产品结构，提高产品的附加值和质量档次，选择适当的战略进行产业链的整合和延伸，同时加强信息、销售、人才和管理的薄弱环节，以此提高企业的综合竞争能力，带动企业更好地发展。

针织横机技术的由来与发展

宋广礼

针织横机作为毛针织行业的重要设备，作为针织机械的一个重要组成部分，从诞生到现在，经历了从手摇到电脑自动控制的改进，成为针织机中机电一体化程度最高，电脑程序控制最完备的设备。横机织物产品也从成型衣片到整体编织“织可穿”产品，乃至一次成形鞋面产品等突飞猛进的发展。

一、横机的起源

针织横机的历史，从某种意义上来说，就是针织机的历史。针织起源于手工编织这句话是针织学课堂上开宗明义的一句话。这里的手工编织现在基本上用横机来代替了，即使这样，在毛针织行业中手工编织仍然占有一席之地。

第一台针织机是由英国人李·威廉先生在1589年发明的，这是机器针织的开始，这也是行业内人人皆知的。李·威廉先生发明的第一台针织机，其实也是一种平型纬编针织机，只是当时还没有舌针，所以它是一种平型钩针机，所编织的是单面纬编针织物。

横机是平型纬编设备的一种，是一种平型的舌针（或复合针）纬编机，是在1847年马赛·汤塞先生发明了舌针之后，1862年由美国人拉姆（Rev Issac Wixom Lamb）发明的并获得了专利，所以以前又叫拉姆机。1867年瑞士杜比德（Henri Edouard Dubied）先生获得了拉姆横机的欧洲制造权，开始制造针织横机。1873年德国斯托尔（Heinrich Stoll）先生也在德国开办公司制造横机。这种拉姆横机的基本结构是双针床的，两个针床呈倒V形配置。1892年斯托尔公司又发明了可以用来编织双反面织物的平板式双头舌针的双针床横机。

宋广礼，教授，针织专家，天津工业大学纺织学院。

1910 年后横机传入我国，1921 年我国开始制造横机。针织横机作为替代手工编织毛衣产品的机械，成为我国毛针织行业的主要编织设备。

在此后的若干年间，虽然出现了半自动和机械全自动横机，但是因为这些横机机构复杂，花型受限，特别是没有能够真正解决自动收放针的问题，都不能够完全取代手摇横机，直到电脑横机问世。

二、电脑横机的发展

计算机的出现，对我们这个世界是一个翻天覆地的革命，它改变了人们生活的方方面面，同样也改变和动摇了传统手摇横机的地位。至于那些半自动和机械全自动横机，不管它们的结构有多么复杂，设计得有多么巧妙，都在电脑横机问世之后销声匿迹了。

1. 电子单针选针横机的问世

1971 年，意大利普罗迪公司在法国巴黎的国际纺机展上首次展出世界上第一台电子单针选针横机 PDE，标志着横机电子选针的开始。从图 1 可以看出，该机是通过一个连续的打孔“黑板”来输入花型的。该机花宽为 96 针，花高为 128 横列，机器宽度为 183cm（72 英寸），机号 7 针/25. 4mm 和 10 针/25. 4mm。

图 1

1975 年，在意大利米兰的国际纺机展上几家主要的横机制造商都推出自己的电子控制单针选针横机，预示着电脑横机时代的到来。

2. 全功能电脑横机的出现

此后，经过了若干年的发展，电脑横机控制功能逐步完善，程序设计系统日趋智能化，在1987年法国巴黎的国际纺机展上，电脑横机的制造水平有了一个新的突破。在这一年，德国斯托尔公司展出了它们的全新产品：CMS系列电脑横机。在这个全新的系列中，首次引入单段选针技术，减少了选针机件的磨损；采用齿形带传动技术，使得机头可以按照编织宽度随时折返，从而减少了不必要的运行空程；采用步进电机密度控制技术，使得密度调节更方便，调节的幅度更精细，并且实现了在机头运行过程中的动态密度调节；采用新型的沉降片技术，使得织物可以在空针上起头，也有利于局部编织和特殊编织的实现；设计新型的三角系统，减少了诸多的三角动作电磁铁，使得机构更加简洁可靠，并可在一个三角系统中实现前后针床的同时翻针，也实现了在一个编织行程中同时进行编织和翻针；采用起底板、辅助牵拉和主牵拉三种牵拉方式的组合，使得设备可以满足自动起头和各种特殊花形编织的需要。在这个系列中，该公司还设计了可分可合双机头的电脑横机。虽然这里的某些技术在以前已经零零散散地出现过，但这样系统完整而且成功地运用在一台机器上，确实开创了电脑横机的新纪元。由于这种系列的电脑横机不仅能由电脑控制单针选针编织各种花色组织，而且能够由程序控制密度调节、针床横移、导纱器选择、牵拉张力调节、机头运行速度和编织动程变化等，所以人们又把这样一类电脑横机称为全功能电脑提花横机。这个全新系列的电脑横机从此成为该公司20多年来不变的型号系列，也预示着全功能电脑提花横机时代的到来。

3. 整体服装编织技术的发展

整体衣服全成形编织的设想是横机制造商长期的追求。全成形编织针织服装早期的编织方法之一是Macqueen法，如图2所示。它是按照编织贝雷帽的方法在横机上生产全编织成型的制品，特别是在压脚技术产生之后，这种编织方法得以顺利实现。然而，这种方法还没有完全解决整体编织的问题，它所编织的产品仍然是整体衣片而不是整体衣服。英国Courtaulds公司从20世纪60年代中叶就开始研制在横机上生产全编织成型制品的方法。根据该公司提出的方法及英国专利介绍，全编织成型制品编织成三只小筒管（大身和袖子），大身的上部通过移圈与挂肩部位形成的外形轮廓相连接，采用这一编织方法时，必须配备具有辅助针床的横机。

因此，后来的很多电脑横机公司都不同程度地开发了三针床和四针床横机，试图用于整体服装编织。各公司开发的多针床横机基本上都是在两个传统针床上加装1个或2个移圈针床，移圈针床上所配置的并不是可以编织的织针，只是类似于袜机哈夫片的移圈针，只能用于存放线圈。只有日本岛精公司开发了真正四针床的电脑横机，如图3所示。该机具有四个可以进行编织和翻针的针床，配置的是复合针，可以在机器上编织“全成衣”或“整体编织”服装，如图4所示。这时从3、5处开始先编织3个圆筒状织物分别为两个袖子和一个大身，再在袖窿处通过移圈的方式将袖管和大身组合在一起，真正达到了一次完成一件完整的服装。为此岛精公司先后研制了SWG－X、MACH2X等系列四针床电脑横机。

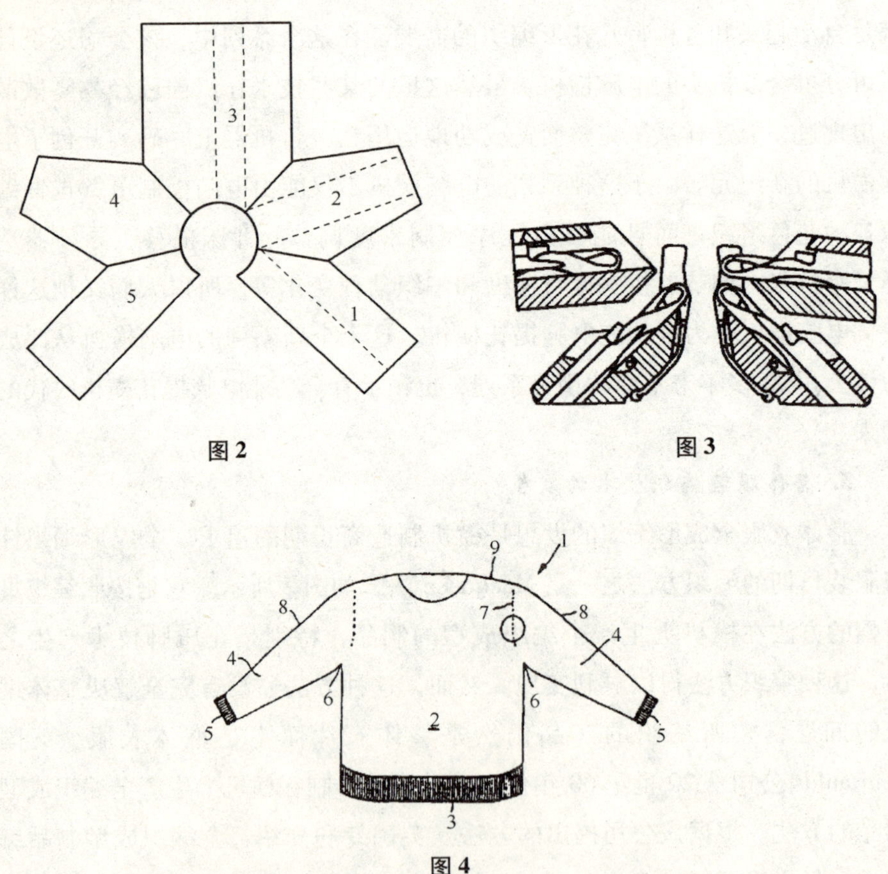

图2　　图3

图4

在发展多针床电脑横机的同时，很多公司也开始开发双针床的整体服装编织电脑横机，1996 年日本岛精公司在北京国际纺机展上展出了 S W G－V 型整体编织电脑横机之后，1998 年斯托尔公司就在北京国际纺机展上展出了双针床“织可穿”（Knit and wear）电脑横机，从此“织可穿”这种形象的称呼就成为整体编织服装的代名词。

4. 嵌花横机的技术进步

嵌花又称单面无虚线提花。在电脑横机的发展过程中，能够编织嵌花产品的电脑横机也是电脑横机制造商一直在研究和开发的专用机型。虽然理论上讲所有的电脑横机都可以生产嵌花产品，特别是在开发了可以摆动和上下移动的嵌花导纱器之后，电脑横机已经可以很方便地生产嵌花产品了，但是对于色纱数较多的嵌花花型，不管是在编织效率和编织的精细程度上，在编织时仍然受到一些限制，所以各厂商都在研制更适合嵌花产品编织的电脑横机。早在 20 世纪 80 年代，一些电脑横机公司就开发了导纱器可以脱离机头程序控制自行移动的电脑横机，以提高嵌花编织的效率。后来最引人注目的成果来源于瑞士斯坦格公司的开放式机头电脑横机。2004 年斯坦格公司首次在北京国际纺机展上展出了它的 aries 系列电脑横机，它的最大特点就是取消了连接前后针床机头的桥臂，实现了纱线的上喂给，导纱器独立于机头由步进电机单独传动，从而在需要时可以根据程序要求自行运动到相应的位置，从而使得嵌花编织效率更高，所能编织的色纱数可达 32 色，如图 5 所示。此后，在历届纺机展中，各电脑横机公司都推出了自己的适合嵌花编织的电脑横机，如 2006 年岛精公司展出的采用弧形导纱器轨道的 SIG 系列电脑横机。在 2011 年上海国际纺机展上，南通天元公司推出的 TY144Y 型电脑嵌花横机是在这一领域的一大突破，该机除了具有普通电脑横机的所有功能外，还采用了前后分离式机头，特殊的嵌花纱嘴，将近几年出现的“弹梭式”半自动嵌花技术和电脑横机技术结合起来，开发了双针床“弹梭式”电脑嵌花横机，该机采用仿手工的嵌花连接方式，通过色纱的绞接完成相邻色块之间的连接，使得连接处更加平整，无孔洞，最多可配 100 把导纱器。斯托尔公司在 2012 年上海国际纺机展上也推出了 CMS530HP－ADF 嵌花机型，该机采用开放式机头，纱线上喂给，扇形无交叉给纱，弧形导纱器轨道，每把导纱器由电机独立驱动，可以任意停放在所需位置，能够编织 32 色的嵌花产品。

图5

5. 多针距概念的推出

多针距（Multigauge）技术是斯托尔公司在1997年9月的TECNO上推出的，在1998年的北京国际纺机展上就展出了。他们和岛精公司的SWG－FIRST电脑横机在展会上用几种不同粗细的纱线在同一块织物通过换线沿纵向或横向形成不同密度的织物外观。这不仅丰富了织物的花色效果，也使得在一定范围内，可以用一台机器编织不同纱线线密度的织物，而无须更换不同机号的机器。这种看似简单的技术后来为各电脑横机制造公司所采用，也被用户广泛接受，拓宽了机器的适用范围。

6. 复合针电脑横机

在1987年法国巴黎国际纺机展上，日本岛精公司展出了世界上第一台复合针电脑横机——SES－12FF，首次采用槽针式复合针，织针动程缩短，机头结构更为轻巧。1997年10月，该公司在日本大阪展出了第一台滑针（Slide Needle）式复合针的电脑横机SWG－FIRST，开启了电脑横机新型织针的时代，这种滑针式复合针的采用不仅更有利于线圈的转移，使机器速度提高到了1.5m/s。

7. 无机头电脑横机

日本津田驹公司在1993年日本大阪纺机博览会上首次展出了一种新型的针织横机。它的外形与普通V床横机相同，但取消了三角装置及相应的机头，在每枚舌针的下面装置了一个线性电机，织针由线性电机驱动往复运动。其电脑系统内可存储 250 种走针轨迹，每枚织针都可以单独控制。不仅可完成成圈、集圈、浮线和移圈等动作，还可进行毛圈、绣花添纱和添纱网眼组织的编织。该机的成圈系统数可达 16 个，共有 80 个预先设定的密度，在同一横列中可任选其中的 30 个密度。机器的沉降片也由线性电机控制，用于协助织针成圈。导纱器由步进电机通过齿形带传动，在导纱器轨道上与走针轨迹同步运行。由于没有机头运动的惯性和机头运动的空程及其他一些优点，据称其产量可达其他先进电脑横机的 1.5～3 倍。然而，由于种种原因，这种全新概念的电脑横机并没有推向市场，也没有被其他电脑横机制造商所仿造，就此止步。但是，这种全新的概念也许有一天在时机成熟的时候会引发一场横机的革命。

三、国产针织横机的技术进步

中华人民共和国成立以后，我国手摇横机的生产逐渐规范化，形成了三个基本的机型：Z651、Z652 和 Z653，不仅横机机械制造厂家生产，很多大的毛衫生产企业也自己生产和改造传统的手摇横机，出现了各种半自动或部分电子控制的横机，但是机器的加工精度和质量还都不高。直到改革开放以后，随着毛针织工业的发展，对高品质横机的需求旺盛，日本和中国台湾的一些手摇横机开始进入中国市场，特别是台湾胜盛美公司的飞虎牌手摇横机，依靠其品质和价格优势，迅速占领了中国市场，成为各大毛衫生产企业的首选。国内的杭州二纺机、张家口燕北机械厂以及福建的野马等比较大型的横机制造企业的手摇横机在质量上也不断提高，在手摇横机市场上也占据了一定的份额。然而，直到21 世纪初，国产横机一直还是在手摇机基础上向半自动和局部自动方面缓慢改进，电脑横机市场依然是国外横机制造商的天下。

我国电脑横机的研发最早应该开始于 20 世纪 80 年代，我国的科技人员通过多部门合作立项进行电脑横机的研制并做出了样机，进行了鉴定，但由于种种原因没有进一步商业化。后来，在 90 年代，张家口燕北机械厂也是在国家的支持下投入资金购买了德国环球公司的技术，在国内组装了该公司的 MC－720 型电脑横机，并推向市场，但是由于后续自主研发的不足，使得工作一直停留在组装阶段，没能实现有效的突破。

中国制造最早的电脑横机是台湾三合益公司的国花牌电脑横机，该公司在世界上首次推出了100英寸机宽的电脑横机，号称电脑横机中的旗舰。在2002年在北京国际纺机展上，江苏宏源纺织机械公司与台湾神维企业公司合作，首次展出了在大陆生产的电脑横机。虽然展出的机器只有一台，但似乎预示着国内制造电脑横机的时代已经到来。此后，在2004年的北京国际纺机展上，参展的国产电脑横机生产商就增加到了四家，分别是常熟金龙、南京天元、江苏雪亮和江苏宏源。后来的事实证明这些民营电脑横机制造企业凭借着企业家们的经济头脑、事业精神和创新能力，推动着我国电脑横机制造业开启了崭新的篇章。在手摇横机逐渐被淘汰的大趋势下，自2007年起，国内电脑横机生产商快速增加，最多时发展到百余家。

国产电脑横机已经基本上能够满足毛针织行业的要求，在基本功能上达到世界先进水平，已经实现了电脑控制的三功位选针、前后针床织针对翻、步进电机控制密度调节、程序控制皮罗拉或主副卷布罗拉牵拉和程序控制针床横移等基本要求。近年来起底板技术、多针距技术、快速折返技术、多密度编织技术、嵌花编织技术等先进技术也逐渐开始使用，使其在功能上已经趋于完善。当然在一些特殊功能和特殊结构横机方面还有需要进一步完善的地方，比如“织可穿”技术、多针床技术、复合针技术和送纱控制技术等方面与世界先进水平还有差异，还有待进一步开发和研究。

总之，针织横机行业经历了从弱小到强大，从手摇到电脑控制的跨越式发展，在针织行业中起着越来越重要的作用。

三种新型纤维原料在针织产品开发中的应用

陈自义

随着人们生活水平的不断提高，服饰的健康、舒适、时尚越来越受到重视。针织服饰的高档化趋势也十分明显，针织物在体型适应性和健康要求等得到了深入研究。深入研究新型纤维原料在针织产品开发中的应用，全面探讨新原料针织品的性能和功能，对于不断拓展针织新产品，满足市场需求具有广十分重要意义。

一、铜离子纤维在针织牛仔面料的应用

该面料的抑菌抗菌除臭功能（具有抑制金黄色葡萄球菌、大肠杆菌、白色念珠菌等功能），应用范围由牛仔面料、服装拓展到医疗领域。

1. 原料规格选择

铜离子纤维针织牛仔面料是采用三种原料生产的色织面料，面纱是29tex（20S/1）OE 纺靛蓝棉纱和 3. 3tex（30 旦）氨纶添纱；里纱选用 14. 5tex（40S/1）铜离子纱线（其铜离子纤维含 14%、涤纶含量 86%），针织牛仔面料分别采用两种平针衬垫组织设计面料。

2. 原料性能分析

铜离子纤维针织牛仔面料的外观风格及特性与传统的针织牛仔面料基本相同，其功能性主要由与人体皮肤接触的具有抗菌杀菌功效的铜离子纤维产生。

铜离子纤维也称卡普龙纤维，是在原浆聚合阶段，运用接枝共聚技术在腈纶大分子侧链上，分别嫁接了有机铜链和高亲水基团，再经湿法纺丝技术而成的新型腈纶。在腈纶纤维的大分子侧链上接枝铜元素，形成一个含有机铜的直链大分子，含有多种亲水高分子基团。其纤维中的铜含量在

陈自义，高级工程师，针织工程专家，广东职业技术学院实训室主任。中国针织工业协会第二、第三届专家委员会委员。

4%以上，回潮率大于8%。能除体味（包括氨气、异戊酸、醋酸等气体或液体产生的味道），具有高效的抗菌效果。当面料中铜离子纱线带有正电荷的微量铜离子接触到微生物带负电的细胞膜时，发生库仑引力作用，金属离子穿透细胞膜，进入细菌体内，与细菌内蛋白质上的巯基氨基发生反应，破坏细胞蛋白质造成微生物死亡或丧失分裂增殖能力。

3. 织物组织设计

（1）四路一循环的衬垫组织功能性针织牛仔面料。

织针排列：A、B

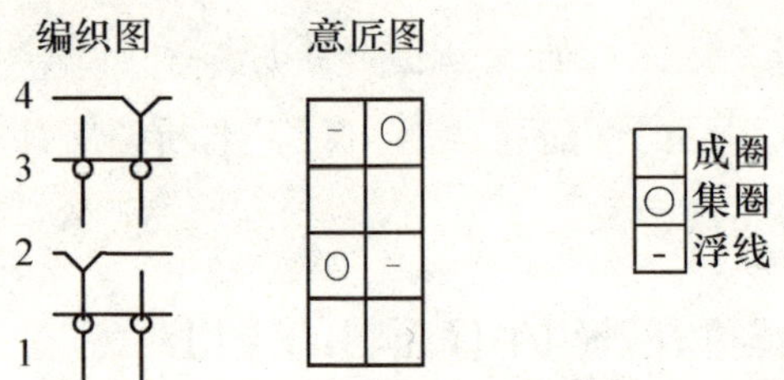

（2）六路一循环的衬垫组织功能性针织牛仔面料（斜纹单卫衣）。

织针排列：A、B、C

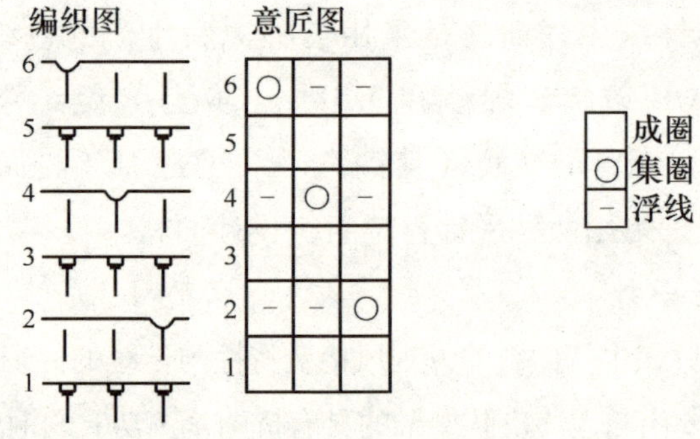

4. 设备、面料参数

机号　24针/25.4mm

筒经　762mm

路数　90F

针数　2256枚

机速　22r/min

100 针纱长	33cm（20S/1 OE 纺靛蓝棉纱）
	10cm（40S/1 铜离子纱线）
克重	290g/m^2
幅宽	180cm
弹子顶破强力	727N
断裂伸长率	286%
缩水率　横向	1.3%
纵向	1.1%
面料横向弹性	31%
面料纵向弹性	42%

5. 铜离子针织牛仔面料性能测试（表1、表2）

表1　产品性能测试表

靛蓝色针织牛仔面料布板					评定
项目		标准（优等、一等品）	实测值	检验及判断依据	合格
耐洗色牢度（级）	变色	≥3-4 级	3-4 级	FZ/T 81006—2007《牛仔服装》	合格
	沾色	≥2-3 级	3 级		
耐摩擦色牢度	干擦	≥3 级	3 级	FZ/T 81006—2007《牛仔服装》	合格
	湿擦	≥2 级	2 级		合格
贴样处：功能性针织牛仔面料布样					

表2　产品抑菌率功能性测试表

铜离子针织牛仔面料里层抑菌率测试				
检测标准：GB/T 20944.3—2008				
测试项目（计量单位）	测试方法	技术要求	测试结果	判定
抑菌率（%）	振荡法	金黄色葡萄球菌（ATCC 6538）≥70	86	合格
		大肠杆菌（ATCC 8099）≥70	89	
		白色念珠菌（ATCC 10231）≥60	78	

6. 总结

（1）由表1铜离子针织牛仔面料性能测试及面料参数可知，其产品风格与特性符合消费需求。表2所测试的产品抑菌率主要针对细菌或真菌新陈代谢产生的腐败气味和体味（包括氨气、异戊酸、醋酸等气体或液体产生的味道），该面料对这两种情况均有消除异味功能，可以通过抑制细菌、真菌增殖来阻止腐败气味。

（2）铜离子针织牛仔面料的原料含纱比为：29tex（20S/1）OE 纺靛蓝棉纱80%，3.3tex（30旦）氨纶4%，14.5tex（40S/1）铜离子纱线为16%。功能性针织牛仔面料的原料生产成本按照目前价格比普通针织牛仔面料高15%左右。

二、吸湿发热纤维原料在针织面料上的应用

吸湿发热纤维针织面料是功能性面料，属于色织类产品，面料里层纱线采用无染纤维，避免了面料中的色纱与人体皮肤接触。

1. 原料规格选择

吸湿发热针织面料采用三种原料色织面料，面纱是29tex（20S/1）OE 靛蓝棉纱和3.3tex（30旦）氨纶添纱，里内纱选用具有促进皮肤血液循环、增强身体抗菌效果的14.5tex（40S/1）功能性吸湿发热纱线，里层纱选用粘胶等。

2. 原料性能分析

面料的外观风格及特性与传统的针织牛仔面料基本相同，吸湿发热纤维为皮肤提供微热，加快人体皮肤毛细血管血液循环功能。

14.5tex（40S/1）吸湿发热纱线（易热宝）学名为改性聚丙烯腈纤维/Mod-acrylic，是一种高回潮的改性腈纶纤维，含有多种亲水高分子基团；其亲水性基团含量超过了任何一种天然纤维，所以它的吸湿性很高，温度20℃和相对湿度65%下，吸湿能力约是棉花的3倍以上，与该纤维按照一定的混纺比例纺成的纱线编织牛仔面料里层，与人体皮肤接触时直接或间接吸纳汗液和湿气（微量水分）而产生热量，促进皮肤毛细血管血液循环，加快平衡皮肤与衣物的温度，缓和调节两者温差，表3为部分纱线回潮率及发热量表。

表 3　部分纱线回潮率及发热量表

纱线材料名称	公定回潮率（%）	发热总量（J/g）
棉	8.5	46
蚕丝	11	50
亚麻	12	55
羊毛	15	113
粘胶	13	106
腈纶	2	7
吸湿发热	28	210

3. 织物组织设计

使用 20 路一个循环的衬垫组织功能性针织牛仔面料（人字纹单卫衣）编织图和意匠图如下所示。

织针排列：A、B、C

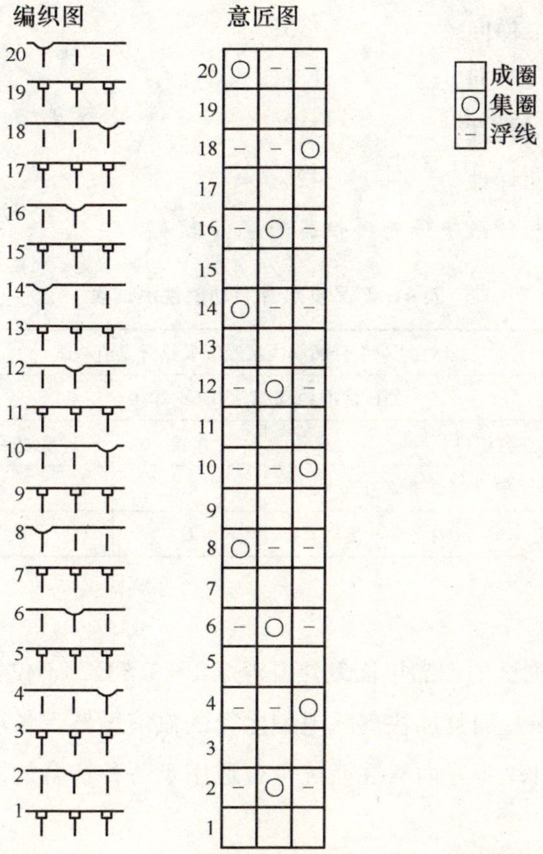

编织图

意匠图

路	A	B	C
20	○	-	-
19			
18	-	-	○
17			
16	-	○	-
15			
14	○	-	-
13			
12	-	○	-
11			
10	-	-	○
9			
8	○	-	-
7			
6	-	○	-
5			
4	-	-	○
3			
2	-	○	-
1			

□ 成圈
○ 集圈
- 浮线

4. 设备、面料参数

机型	四针道单面大圆机
机号	24 针/25.4mm
筒经	762mm
路数	96F
针数	2256 枚
机速	23r/min
100 针纱长	33cm［29tex（20S/1）OE 纺靛蓝棉纱］
	10cm［14.5tex（40S/1）吸湿发热纱线］
克重	295g/m^2
幅宽	180cm
弹子顶破强力	727N
断裂伸长率	286%
缩水率　横向	1.3%
纵向	1.1%
面料横向弹性	31%
面料纵向弹性	42%

5. 吸湿发热针织牛仔面料性能测试（表 4）

表 4　产品发热升温功能性测试表

功能性针织牛仔面料内层吸湿发热升温值测试			
测试标准：FZ/T 73036—2010			
检测项目	单位	标准要求	实测结果
吸湿发热升温值（最高升温值）	℃	…	3.5
吸湿发热升温值（30min 内平均升温值）	℃	…	2.1

6. 总结

（1）表 4 测试的产品里面发热升温 2.1～3.5℃，不仅提高了服装对人体御寒保温效果，而且加快皮肤毛细血管的血液循环。各项性能测试指标反映了功能性针织牛仔面料性能优良，适用于各种场合的高档牛仔服面料用布。

（2）吸湿发热针织牛仔面料是色织产品，两种纱线及 3.3tex（30 旦）氨纶之中，29tex（20S/1）OE 纺靛蓝纯棉纱是色纱其他纱线采用无染纤维，减少了原材料的消耗，降低了染色成本，避免了面料中的色纱与人体皮肤接触。

（3）吸湿发热、铜离子等新型纤维原料在针织牛仔面料上的应用，我国尚有较大的发展空间。随着人们生活需求的不断提高，人们越来越注重服装的舒适性和保健性。对于功能性纺织品而言，其研究和发展的空间较大。

三、珍珠纤维原料在针织功能性面料上的应用

珍珠纤维原料属于中药纤维原料之一，将珍珠粉（微米和纳米尺度）在粘胶纤维纺丝时加入纤维内，使纤维体内和外表均匀分布着珍珠微粒，这些珍珠微粒以服装形式与人体皮肤长期接触，对皮肤起到一定的滋润、保养功能。

1. 珍珠纤维的开发

珍珠是珍珠贝吸收水的精华、毕其一生分泌的珍珠质聚合而成的珍贵中药材。珍珠的成分极为复杂，现代科学分析表明，珍珠含有丰富的钙和镁、磷、锌等多种微量元素，含有多种氨基酸，其中有些是必需氨基酸（即必须从外界摄入，人体不能自行合成的氨基酸），还有多种蛋白质和短肽、生长促进因子等。

珍珠纤维是将纳米级珍珠粉在粘胶纤维纺丝时加入纤维内形成均匀分布的纤维。具体为珍珠蛋白功能母粒和纤维级树脂切片构成，母粒包括：珍珠蛋白超细粉体添加剂 15% ~40%，偶联剂 2.5% ~9%，分散剂15% ~25%，载体树脂 36% ~67%。制造方法是将上述材料在加热过程中进行高速捏合，经双螺杆共混挤出，制成功能母粒；将干燥后的功能母粒加入纤维级树脂切片，通过熔融挤压纺丝，再经后处理，制得纤维。纤维体内和外表均匀分布着纳米珍珠微粒，一根根纤维犹如一串串珍珠项链，异常光亮滑爽，可与各种纤维，如棉、羊绒等纤维混纺。

2. 原料规格选择

珍珠纤维在针织产品开发中的应用，通常要考虑织物的面纱与底纱的

覆盖关系、织物的整体厚度、织物的透气性等诸多因素。其中纱线的细度选择，特别是珍珠纱线的细度选择特别重要，还可以采取特殊的织物组织确保织物的某种特性。例如，作为一个常规品种，可以选用 9.7tex（60S/1）30% 粘胶纤维（含有珍珠粉），70% 长绒棉的紧赛纺纱线与 5.8tex（100S/2）棉纱，以针织纬编添纱组织生产棉盖珍珠针织面料，其中 9.7tex（60S/1）珍珠纱线编织针织面料里层。这一织物面料面纱含量约 60%，面料里层含量约 40%。

3. 织物组织设计与设备参数

针织添纱组织的编织主要需调试好每个导纱器上的面纱与里纱的编织张力，同时考虑这两种不同纱线的送纱比例等因素。纱线张力的准确调节是编织顺利进行的关键。以下是 100S/2 棉纱盖 60S/1 珍珠纱线的添纱组织线圈结构图。

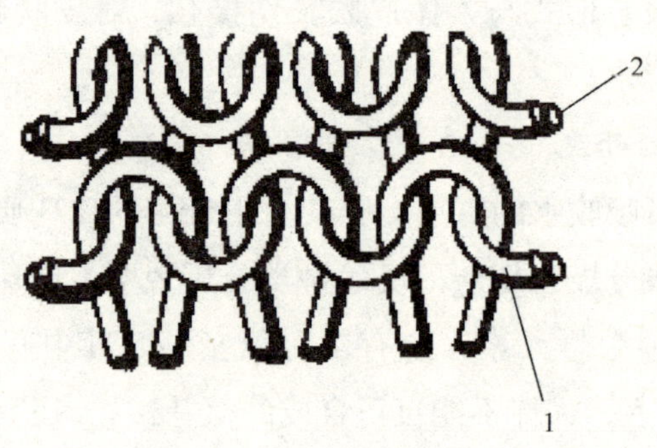

2 表示 100S/2 棉纱，1 表示 60S/1 珍珠纱

添纱组织线圈结构图

机型	四针道单面大圆机
机号	28 针/25.4mm
筒经	762mm
路数	96F
针数	2638 枚
机速	22r/min

4. 珍珠纤维面料参数

克重	145g/ m^2

幅宽		159cm
弹子顶破强力		286N
断裂伸长率		62%
缩水率	横向	1.7%
	纵向	1.3%

5. 珍珠纤维面料特点

（1）养颜护肤：穿着以珍珠纤维纱线为原料的针织内衣，纤维上的珍珠纳米级微粒与肌肤亲密接触，具有一定的抑制黑色素的合成保持皮肤白皙细腻的作用。

（2）防紫外线功能：珍珠中的碳酸钙具有一定的屏蔽和吸收紫外线的能力，经过粉碎过的珍珠微粒（300nm 以下）与紫外线的波长接近，效果更加明显。

（3）保健功能：珍珠纤维中的发热体具有远红外功能，与人体接触可以吸收人体热量辐射出的远红外波，能一定程度上改善人体表面的微循环，扩张表皮毛细血管，增强表皮细胞活力，促进新陈代谢。

以优品打造传统针织品牌

林士昌

我国一些传统针织品牌之所以有长久的生命力，最根本的原因就是坚持优品战略，铜牛品牌便是其中一例。北京铜牛集团有限公司的前身是首都第一家针织厂——北京市人民针织厂，该厂创建于1952年。长期以来，在“品牌为根，文化为魂”的发展观引领下，企业积淀了深厚的文化内涵；在企业整合、再造、转型、提升和持续稳健发展的不同阶段，铜牛文化对企业发展发挥引领和支撑作用。

一、科学管理是基础

（一）管理创新提供了铜牛发展的动力

在机制创新上，重点突破用人机制，通过内部竞聘、外部招聘和“本土”培养，凝聚了一批职业经理人，成就了集团公司业务的快速成长。同时针对三级企业，通过改制、社会招聘、吸引战略投资者的进入，得到了技术、资金和人才资源。

在业务模式创新上，基本形成了技工贸一体的业务模式，注重提升贸易和研发能力，从产业链上保证业务的协调发展，建成了支持铜牛品牌和企业发展的研发、贸易和信息等环节。

在管理模式创新上，推进以董事会为核心的现代企业制度，以及应对市场快速变化的事业部管理模式，使集团公司对各业务的模式有了较为有效的实践。

在管理平台创新上，推进标准化和信息化平台建设是集团发展的助推器。铜牛集团不断深化体系管理，以持续改进为宗旨，提高体系运行的有效性和符合性。

林士昌，高级经济师，针织企业家，北京铜牛集团有限公司原董事长、总经理。中国针织工业协会第四届副理事长，第五届副会长。

（二）高品质是铜牛管理标准化的结果

铜牛集团通过标准化管理手段，在大规模工业生产中有效地提升了产品品质，为铜牛的品质奠定了基础。集团注重应用国际先进标准指导产品生产全过程。企业的产品标准均高于国家标准，出口产品完全执行国际先进标准，质量稳定。作为专业化针织内衣大型企业，铜牛集团多次参与国家及行业针织内衣标准、保暖内衣标准和 T 恤衫等标准的起草、制定和审查。

铜牛集团十分重视信息化建设，并将它作为应对竞争环境变化越来越快速、业务规模发展越来越壮大、产品品质控制越来越难的主要管理平台。通过集团信息中心的努力，在北京市科委和清华大学 CIMS 中心的帮助下，铜牛集团 ERP 管理系统及 MES 制造执行系统被列入“北京市制造业企业信息化示范工程”项目并完成了实施。该项目竣工标志着北京纺织从产业调整到产业提升进入了一个新的发展阶段。从成立铜牛信息中心到铜牛信息科技股份公司的设立、IDC 业务第二机房建成投产。信息化管理手段在经营管理中得到充分实施应用，这些针对企业不同发展阶段的调整，为铜牛产品保持高品质特色构建新的平台。

二、满足市场是导向

（一）传统产品的优秀品质品牌

铜牛品牌自创立之日起，就以振兴民族针织服装业为己任，积极开拓国内外市场，在生产经营上走出了一条品牌创新发展之路。铜牛产品以“厚、细、匀、平”而闻名全国。产品 1957 年就开始远销朝鲜、罗马尼亚、苏联及蒙古等国家及地区。特别是在 20 世纪 90 年代初期，国家不再统购包销，原材料涨价，一些针织企业纷纷停产关闭的严峻形势下，铜牛人坚持市场导向，深化企业改革，转换经营机制，调整产品结构，实施名牌战略。在针织行业中率先冲出低谷。1995 年铜牛产品荣获了“北京名牌产品”和“北京市著名商标”称号。1996 年铜牛品牌被中国针织工业协会确定为重点培养品牌。2004 年获得奥运特许生产商。2005 年进入“北京十大名企”行列。2005～2006 年荣获中国针织内衣“十强品牌”；2006

年被国家质监总局授予“国家免检产品”称号；2007年再次荣获“中国名牌”称号，并蝉联“北京十大时装品牌”；2008年获得中国驰名商标；连续多年获得“北京市十大品牌”营销金奖。

（二）铜牛集团实施名牌兴企战略

铜牛集团自1997年重组成立就以铜牛为名，产品以铜牛为牌，明确提出了“塑造世纪品牌，创建一流企业”的战略愿景。特别是2004年获得“中国名牌”后，集团深入开展了“获得中国名牌的思考”的大讨论，公司决策层于2005年提出“突出品牌、有进有退、资源整合、持续发展”的发展思路，进一步突出了品牌的核心地位。伴随着品牌效应的不断显现和集团实力的增强，铜牛集团与品牌在行业和市场中的地位日益提高，集团公司连续多年入选北京市“百强企业”。

长期以来，铜牛集团外贸出口额平均年递增10%以上，进入北京市行业进出口优势企业行列，进入北京市专业外贸出口企业前列。在北京市服装专业外贸企业收入下滑的情况下，铜牛保持了出口逆势快速增长的态势，出口额超过一亿美元。

（三）高品质树立了铜牛市场拓展的势能

在高品质声誉的支持下，形成了一批稳定的商业战略合作伙伴，发展了一批忠诚而有实力的代理商，建成了一批铜牛专卖店、加盟店和专柜等销售终端。形成客户直销、代理、专卖、加盟、网购等多种营销模式，进入了全国22个省和直辖市，销售网点已达500余家。外贸市场结合国际贸易发展趋势，确定了“稳定日本，拓展欧美，促进产品与市场结构调整”的市场策略，实行针梭织并举的业务方式和欧、美、日多元市场格局。在坚持高端定位，不断筛选客户中，同美国COLUMBIA公司、瑞典H&M公司、日本NISSEN公司等国际知名公司结成战略合作伙伴。

可以说，正是坚持了高品质这一核心文化理念和原则，企业在内外贸市场的拓展上都取得了较大的进展，市场覆盖率和占有率稳步提升。高品质的铜牛产品一方面为铜牛品牌积累了声誉，另一方面也为铜牛品牌的市场开拓积累了势能。

三、技术创新是核心

（一）坚持以科技创新为核心

面对纺织服装产业转型战略的实施，只有通过自主创新，才能够从根本上把握未来发展的主动权。铜牛集团成立以集团公司市级技术中心为核心，信息中心、服装研发中心、针织研发中心等为基础，与社会专业研发资源、大专院校进行合作的三级技术创新及知识产权保护体系，成为支持企业发展的功能中枢。铜牛集团一直从战略高度重视科技创新，采用新原料、新工艺、新技术，重点开发功能性和环保型产品，同时通过信息化、标准化保证产品的质量和效率。例如采用吸湿速干纤维、汗麻纤维、竹纤维等纤维开发大量产品，获得明显的成效。

铜牛品牌早在1996年、1998年就获得中国针织工业协会的重点推荐。弗莱特产品、竹纤维产品早在2004年就荣获中国针织工业协会授予的“中国时尚内衣”称号。后来铜牛内衣和技术项目多次荣获市科技进步奖和中国纺织工业协会科技进步奖、产品开发贡献奖。

（二）高科技铸就产品提升

铜牛集团以研发项目为纽带，通过以项目管理形式进行产品研发管理，使产品的开发更符合市场需求，更具有时效性和可操作性，产业化的转换更为合理和有效，也快速推进了产品结构的提升。自主知识产权使铜牛集团效益有了新的增长点，特别是自主开发并产业化的多类产品，填补了国内针织领域的空白。通过多年的市场推广，成为铜牛的优势产品，获得市场好评。

铜牛集团与总装备部航天医学研究所成功研制出宇航员保暖内衣、生理测试背心等产品成功应用在“神舟五号”、“神舟六号”飞船上，实现了“航天之旅”。2007年11月铜牛集团公司被选定为唯一的科研合作伙伴，与中国航天员科研训练中心签订双方科技合作协议，共同为研制中国航天员中心“航天”内衣（天然纤维为主）及其他高科技产品开展友好战略合作。神舟系列载人航天飞船上，宇航员身上的航天内衣、生理测试衣、防寒服、鞋袜、手套及储物袋等10多个宇航产品，都是铜牛人研发制造的。

"铜牛内衣、航天品质"成为铜牛品牌高端科技产品的最佳诠释，受到广大消费者的青睐。

四、企业文化是动力

（一）坚持顾客的期望永是铜牛追寻的方向

铜牛人始终遵循诚信经营的核心价值观，着力加强品牌文化建设，深入挖掘品牌文化内涵。2006 年集团公司确立了铜牛品牌文化理念："真实为源，品行高远"。"真实为源"："真实"在于诚实做人，真实做事，真诚待客，真情服务。真实既是铜牛品牌提升发展的源头活水，又是铜牛集团立业发展之基。"品行高远"："品"表示品质、品位、品格。其不仅表达了高品质、高品位的品牌诉求和理念，而且表达了铜牛人志存高远，品格高尚，不断迈向世纪品牌的愿景目标。同时，两句话字头相合为"真品"，表达了对品牌追求的高境界。铜牛品牌的文化理念，决定了产品开发设计思想、市场营销理念、制造管理原则和品牌管理的准则等，涵盖了铜牛品牌涉及的各个环节。

（二）坚持以和谐文化氛围凝聚员工

铜牛集团提升坚持每年开展一个主题教育活动，强化员工对企业发展观和核心价值观的认识。自 1997 年以来，每年坚持开展以推进铜牛企业文化建设为主题的全员登山比赛活动。2000 多名统一着装的铜牛员工遍及整个香山，成为了香炉峰一道亮丽的风景线，铜牛的文化力、影响力也因此而得到了广泛的传播。铜牛集团正是通过对企业文化和品牌文化的挖掘，强化了铜牛人的品质文化、质量理念，为企业的稳步发展提供了可靠的保障。一个结构完整、内涵丰富、特色突出、一脉相承的铜牛文化体系，为企业持续发展提供不竭动力。

高品质是品牌连接消费者的纽带和契机，只有抓好品牌的高品质特征，才能实现产品价值到顾客价值的提升。因此，铜牛的品牌战略从一开始就确定了以高品质作为同质化市场的差异化竞争手段，而建立在科技创新基础上的高品质声誉，为铜牛品牌特色的形成奠定了基础。坚持优质产品，推进品牌提升是铜牛发展真实感悟。

一路相携，共同成长

赵林中

1990 年，走出困境不久的国营诸暨针织厂收到了一份邀请入会的通知，发函单位是中国针织工业协会。那时企业规模还小，我们是逢信必拆的。所以一看到中国针织工业协会的来函，对于名不见经传的我们来说着实有些激动，于是毫不犹豫地加入了协会。多年过去了，富润从未中断与协会的联结，从会员单位成为理事单位、常务理事单位，20 年前又从常务理事单位成为副理事长单位。富润的改革和发展一直得到纺织行业的主管部门和中国纺织工业联合会、中国针织工业协会的关心和支持，我们深怀感恩之情。

富润控股集团的前身国营诸暨针织厂，创建于 1982 年，从县手工业局拨款 10 万元和港胞捐赠的一批旧针织设备起家。20 世纪 80 年代中期，针织厂陷入资不抵债、濒临倒闭的境地。穷则思变，通过实施内部承包、中外合资，通过调整产品结构、开发新产品，逐步走出困境，扭亏为盈。在自身实力增强的前提下，按照地方政府的统一部署，1992～2003 年的十多年间 6 次实施对 23 家国有企业和二轻大集体企业的兼并。企业名称由国营诸暨针织厂改为浙江针织厂、浙江富润纺织集团有限责任公司、浙江富润集团有限公司、富润集团有限公司到现在的富润控股集团有限公司。2011 年，根据市委市政府的决策，经国务院国有资产监督管理委员会批准，由国有独资企业改制为国有资本参股企业。核心企业浙江富润股份有限公司于 1997 年 6 月在上海证交所上市。

在 20 世纪 90 年代中后期，针织工业在困难中前行。中国针织工业协会深入开展调研，全面分析形势，挖掘行业潜力，把握发展机遇，工作成效极其显著。协会在维护行业的整体利益和会员的合法权益、发挥政府和

赵林中，高级经济师，针织企业家，富润控股集团董事局主席。中国针织工业协会第二、第三、第四届副理事长，第五届副会长。

会员之间的桥梁和纽带作用以及推动行业健康有序发展方面发挥了巨大作用。在组织新技术交流、推广最新技术成果、为企业技术改造和产品开发提供服务方面，在纺织工业中发挥了示范作用。在实施名牌战略中，中国针织工业协会卓有成效地推荐和宣传针织行业名优品牌和优质产品，帮助企业开拓国内外市场，组织各类针织标准（包括产品标准、技术标准和操作标准等）制定以引导行业自律，营造公平、公正、规范的竞争有序的市场环境，树立了强大的公信力。我们深有感受并积极参与其中。

我们对纺织行业、针织行业，对我国针织行业的主管部门和协会组织有着特殊的感情，不管针织的比重有多大，我们始终是中国针织工业协会的会员企业。1994 年以浙江针织厂为主发起人组建浙江富润股份有限公司的时候，因规模小，鲜有投资入股的问津者。这时中国针织工业协会伸出援手为我们站台。1996 年在争取浙江富润股份有限公司上市时，得到了中国纺织总会和中国针织工业协会的大力支持。时任中国纺织总会会长说，我听到的差不多都是我们纺织企业被人并购，富润却在兼并其他行业的企业，承担了大量的社会责任，也激励了我们纺织行业的斗志，这样的企业我们不支持，还支持谁？1995 年起我们承办了中国针织工业协会会刊《中国针织》杂志，为了表示肯定和鼓励，老部长还为我们题写了刊名。1996 年在诸暨，我们协办了中国针织工业协会二届一次理事会，1997 年协办了协会秘书处会议。在担任全国人大代表期间，每年全国“两会”召开前夕，作者都会通过协会向全行业征集意见建议。2008 年 3 月在中国针织工业协会常务理事扩大会上，作者还应邀向全体代表传达了第十一届全国人民代表大会第一次会议精神。2009 年 3 月在中国针织工业协会常务理事扩大会议上，作者应邀传达了第十一届全国人民代表大会第二次会议精神。

纺织工业是我国国民经济传统支柱产业和重要的民生产业，在繁荣市场、扩大出口、吸纳就业、促进城镇化发展等方面发挥着重要作用。但纺织工业的发展历史决定了其产能的落后现状必须加快转型升级步伐。随着企业体制机制的改革和并购重组，我们的产业由单一的针织向多元化拓展，除了纺织，还涉及商贸、钢材、建材、影视文化创意、金融、创投、进出口等行业领域。按照 1995 年老部长的寄语“立足纺织，超越纺织，发展纺织”，在多元化的过程中，我们没有放弃纺织主业，同时在发展纺织主业的基础上，顺势而为，发挥资源、资金、管理、技术、人才等优势，不断突破自我，转型升级。不久前，富润股份有限公司重大资产重组获得中国证券监督管理委员会上市公司并购重组审核委员会无条件通过。本次以发行股份及支付现金方式，收购杭州泰一指尚科技有限公司100%的股权，进入互联网大数据领域。诸暨市领导肯定我们这次并购是“富润转型发展的一个重要里程碑”。我们认为，并购会产生“1+1>2”的效应。互联网产业可以利用上市公司平台，加大技术研发、人才招聘，从而提高市场占有率和盈利能力；富润通过互联网产业平台，学习新知识，拓展新思维，从而加快传统产业转型步伐。并购完成后，我们将形成“传统产业+新兴产业”的“双主业”格局，从而促进企业获得持续盈利能力。

传统里面有黄金。传统产业不一定是夕阳产业，传统产业中的落后生产方式才是夕阳。在常人的脑子中，传统似乎就是陈旧、落后、低档的代名词。但传统中是有优势、有精华的。传统之所以能够被传承，一定有其理由，有其生命力。至于什么是传统产业，什么是现代产业，也是相对的。传统产业通过转型升级可以成为新兴产业。可以这样说，没有夕阳的产业，只有夕阳的产品、夕阳的管理、夕阳的技术、夕阳的企业。一切与人的内在需求相关的产业，永远都是好产业，永远有生存的土壤。针织业，虽然有时也被有的人视为夕阳产业，但至今仍在发展、提升。所以，对传统产业不是简单地放弃，而是要突破传统思维，用高新技术去改造升级，在创造价值链的高端上做文章，在设计研发和品牌营销两个利润制高点取得突破，拥有自主创新能力和清晰的市场定位、准确的品牌定位，做别人不愿做的产品，做别人不能做的产品，从而获得竞争优势，改变“薄利”地位。我们对纺织工业、针织行业保持信心。

在中国针织工业协会的一路呵护和关心支持下，通过管理团队和全体职工的共同努力，1986年至今，我们富润控股集团的资产由300万元增加到50.5亿元，2015年实现销售30亿元，利税2.5亿元，职工收入保持增长。当初只有2000万股流通A股的“浙江富润”股票自1997年6月上市后，努力创造核心价值，真诚回报投资者，兑现了“今日借你一粒籽，来年还你一担粮”的承诺。在创造经济效益的同时，我们积极承担社会责任，坚持不懈地加强党建和思想政治工作，形成《经常性思想政治工作条例》（《六十条》），在全国纺织行业中进行推介。坚持“两手抓，两手硬”，富润的两个文明建设取得了丰硕成果，集团先后荣获全国“五一”劳动奖状、全国文明单位、全国精神文明建设先进单位、全国纺织行业先进企业、全国纺织工业双文明建设优秀企业、全国纺织精神文明建设示范企业、全国纺织工业思想政治工作优秀企业、全国和谐劳动关系创建模范企业等荣誉。集团党委分别被中共中央组织部、浙江省委命名为全国先进基层党组织、浙江省先进基层党组织，集团工会被命名为全国模范职工之家，集团团委是全国“五四”红旗团委。中国针织工业协会也给了富润不少荣誉，如重点培育产品和品牌、科技贡献奖、全国针织行业最佳效益企业、竞争力十强和环境优化节能减排优秀企业等。

做人做事都是没有最好只有更好，企业工作、协会工作也是如此。在新常态下，我们将不忘初心，继续前进，与中国针织工业协会一路相携，共同成长！

布利杰拓展国际市场的实践

滕伟杰　缪小平

浙江布利杰集团有限公司，最早可追溯到1961年的鄞县石碶圆木社。如今布利杰集团已经成为一家主营针织服装的大型企业，集团下属子公司13家，其中包括外贸公司6家，生产基地4个（内含5家工业企业）。布利杰集团拥有300多名经验丰富的外贸业务人员，组成强大的销售团队为全球主流市场提供服务，产品主销欧美、亚非、澳洲等20多个国家和地区，已经形成较强大的销售网络，并与多个国际知名品牌建立了长期稳定的合作关系。2015年，公司出口创汇达1.14亿美元。

布利杰开展国际贸易较早，很快形成出口产品量大面广的格局，而且以针织服装为主，创立自己的品牌，在国际市场叫响中国的针织品牌。

一、准确定位，凸显个性

从20世纪90年代开始，布利杰与行业组织共同审视国内针织品市场和国际针织品贸易格局时认为，我国针织品具有较大的发展空间，国内的品牌被国外同化的问题不可忽视，国内针织品牌必须有自己的特色和实力。服装生产商必须通过做一个缜密的市场调查和可行性报告研究分析，来做出准确的市场定位，通过定位来传达自身品牌的独特之处，宣扬品牌的独特形象，在一定程度上使自己的品牌熠熠生辉，以此提高品牌的价值。布利杰在针织服装领域应当有所作为。

当时，布利杰T恤衫经营在满足各种群体消费方面做了不懈的能力，布利杰产品质量、款式、品种都在行业处于领先地位。1994年，布利杰T恤衫荣获宁波市名牌产品称号，企业出口创汇2200万美元。根据企业的产

滕伟杰，经济师，针织企业家，浙江布利杰集团有限公司董事长。中国针织工业协会第一届技术经济委员会委员。

缪小平，针织品营销专家，浙江布利杰集团有限公司副总经理，宁波布利杰进出口有限公司总经理。中国针织工业协会第二、第三届专家委员会委员。

品和市场优势，满足中高档时尚消费成了布利杰的定位。1996 年，布利杰 T 恤衫正式进入全国市场，为拓展内销市场，广泛树立企业形象，公司决定建立布利杰品牌专卖店，同年，布利杰 T 恤衫荣获“浙江名牌产品”荣誉称号。

在中高档定位的指引下，布利杰发挥自身营销优势，同时与中国针织工业协会的设计专家及针织行业工艺专家潜心研究产品发展，通过建立研发设计中心、设计工作室的形式不断改进工艺，完善时尚针织服饰产品设计，使产品设计一直保持行业领先。随后的几年，布利杰 T 恤衫被评为“名牌进名店”活动的全国九个品牌之一、浙江省著名商标、中国针织名牌产品等多项荣誉称号。名牌进名店的措施与思路长期得到布利杰公司的高度重视，布利杰与协会专家、产业专家合作为高端优质产品进入高端市场做出不懈的努力。

2001 年，为提高企业国际市场竞争能力，大力推进科技进步，建立布利杰集团科技开发中心项目启动，并筹建宁波布利杰针织工业城。2002 年，集团公司荣获全国针织出口创汇十强和销售收入十强企业荣誉。2007 年，布利杰 T 恤衫成为第一批推荐的“中国出口名牌”产品，2008 年，布利杰商标荣获中国驰名商标称号。布利杰创建品牌表明，有了准确的市场定位就意味着成功了一半。

二、借鉴国外，创新自我

布利杰在创立品牌过程中学习不少国外品牌的成功经验，例如 Kappa 品牌的经验就很值得学习。

Kappa 经营中采用一举多得的方法是值得借鉴的，它在市场运作和品牌经营上有灵活性。Kappa 不单做专业体育，而是专攻运动时尚。Kappa 实力与阿迪达斯、耐克这样顶尖的品牌相比有较大的差距，因此，找准市场中的蓝海，并将品牌准确定位，就成了当务之急。Kappa 定位成一个时尚运动品牌的做法，不仅可以使时尚运动系列得到消费者的认同，还可以避开那些跨国的顶级专业体育品牌，并且开创运动装时尚化的先河。

布利杰提出的“时尚 + 休闲”的品牌内涵，与 Kappa 在推广体育时尚化采取的“时尚 + 运动”的品牌内涵异曲同工。布利杰倡导的走差异化道路，与许多知名服饰品牌不谋而合。一些国际著名的服饰企业，其中不乏生产针织衫产品的企业采取与娱乐、运动和其他相关领域合作等多种方式，走差异化的道路，也值得布利杰学习。

为了真正地传达出“时尚+休闲”的品牌内涵，布利杰确保产品提升的同时，加大各种宣传力度。在发挥生产优势的同时，与国际品牌长期合作，如与Adidas、Disney、C&A、Fox、Bossini、Basefield、Max等都有合作，产品销往中国香港、欧美、亚非、澳洲等地。

早在1996年，布利杰与协会合作推广针织时尚化、优品化的理念，引导消费新趋势，取得丰硕的成果，得到国家有关部门和宁波市有关部门的高度认可。借鉴未必模仿，更多的是相互学习，布利杰也有不少经验被国外品牌借鉴，比如流行款式的提前设计定位的方法，被许多服饰企业学习和借鉴。布利杰致力于建设属于自己的品牌，通过在全国开设连锁专卖店的模式进行品牌推广，经历了自有品牌布利杰T恤衫的辉煌。

三、把握流行，创新设计

设计是品牌的核心，针织服装的设计则可以更加丰富。布利杰在把握流行方面领先一步，取得一些粗浅而有效的经验，也有深刻的体会，可供行业交流。在准确的市场定位基础上，服装设计先行或并行，设计是实现并引领顾客需求的关键。国内服装市场消费者喜好洋品牌，主要原因也是因为洋品牌的设计更胜一筹。服装是一种特殊的商品，它是与流行、与时尚关联非常紧密的一种产品，因此服装设计必须不断满足消费者求新求变的心理，真正把握时尚命脉。

设计师也需要接受市场、营销的训练，从而能够创造性地把握消费者的需求及社会文化的变动趋势，融入服装的创造、设计中。在国内时尚设计交流中，可以考虑将中国元素与国际时尚相结合，将中国流行特色与全球设计风格相结合等。中国的服装品牌并不一定要靠完全洋化的外表博取消费者的喜爱，中国的服装品牌需要在全世界流行的趋势上占有重要地位。

在这个主张个性生活的时代，很多消费者选择品牌其实是在选择一种生活态度、一种自主的生活主张，彰显自我个性，所以没有个性的品牌很难引起消费者的注意，也很难成为消费者的选择对象。凸显出品牌的个性是非常重要的，个性的设计能为品牌增添新优势。

在推行绿色发展的今天，产品设计时必须全方位确保产品是绿色产品，这样才能真正提高产品的价值。对于国际上提出的产品健康性等方面的要求，企业应该积极应对；应该在产品开发和市场推广，特别是消费过程中推行绿色理念，善于发现问题，认识问题，分析问题，并且解决问题。

企业要站在流行的前端。产品首先应当具有自身的定位、自身的特色，其次符合国际流行，这样的产品才有前途。品牌的未来在于产品本身，先进的制造、优秀的产品、现代的营销，都是品牌的根基。为了做到这些，布利杰依靠创新思维去挖掘更大的发展空间，积极寻求合作以确保产品的时尚性、实用性处于同行的前沿。产品领先于行业是优势企业必须坚守的理念，为了先进理念的传承与发展，还应当鼓励年轻一代多思考、多创新、多奋斗，推动企业的持续发展。

布利杰的发展速度较快，品牌的推进速度较稳。布利杰没有出现大起大落的现象，最为关键的经验在于人才的梯度建设、产品的优势保障、管理的科学有序。国际市场的竞争中会出现各种各样的波折和困难，对于我国企业而言，只有不断进行自我创新，不断提升产品，不断开拓新的国际市场空间，自主品牌才会有较好的发展。

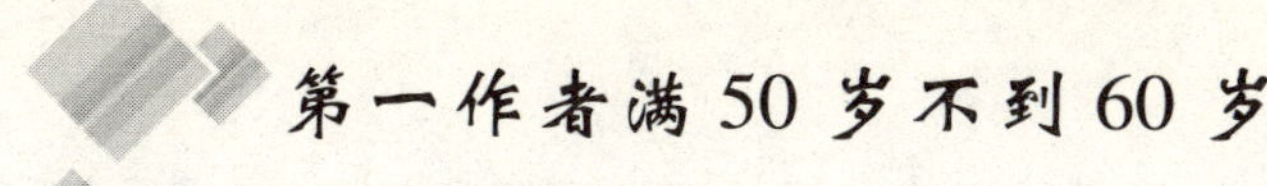

第一作者满50岁不到60岁

智能针织品的研究方向

王 威 徐 磊

随着人工智能技术的迅速发展，智能纺织品因其体积小、功能强、易于穿着等特点被用于医疗、军事、航空和运动等多个领域。如果智能柔性传感器能提供更全面、更真实的信息，有一定的智能算法及自学习功能，并可实现网络化远程控制，未来的智能纺织品有更多的应用空间。而针织物具有其独特的优越性能，智能针织品将成为人们服饰的一部分，融入或隐藏在生活中，它以一种自然的形式存在，让使用者感觉不到技术的束缚感。

一、智能纺织品及其分类

（一）智能纺织品的定义

智能纺织品是模仿生命系统能感知环境变化（如负载、应力、应变等及其变化），并能实时地改变自身的一种或多种性能参数，自身可作出所期望的能与变化后环境相适应的自我调整的复合材料或材料的复合。智能纺织品除普通的服用性能外还至少具有一种实用功能，因此也称为功能织物。

（二）智能纺织品的分类

随着智能材料种类的不断扩大，智能纺织品的分类也只能是粗浅的，分类方法有多种，按照对外界刺激所反应的方式智能纺织品可大体上分为

王威，教授，针织专家，天津工业大学科技处副处长。
徐磊，讲师，天津工业大学纺织学院。

以下三类。

1. 消极智能纺织品

在消极智能纺织品中，传感器只能感知外界的环境和刺激，如所开发的光纤传感技术。光纤具有感知和单向传输功能，主要用于检测应变、温度、位移、压力、电流、磁场等。因此，光导纤维已成为组成感知风格的最有希望的媒介。消极智能纺织品主要有士兵作战服、消极智能衬衫、导电纺织品、压敏纺织品等。

2. 积极智能纺织品

在积极智能纺织品中包含有传感器和制动器，制动器可根据直接检测得到信号或根据从中央控制单元得到的信息，使结构发生变化以适应环境的变化。这类纺织品具有对外界环境和刺激感知且反应的能力。积极智能纺品主要有形状记忆材料、防水织物、储能纤维、变色织物、蓄热织物、新型液晶聚合体、调温纺织品、芳香纺织品等。

3. 高级智能纺织品

高级智能纺织品属于最高水准的智能纺织品，不仅具有对外界环境和刺激感知、反应的能力，还表现出动态的自适应性。高级智能纺织品主要有信息服装、数字服装、智能文胸、保健服装、灭蚊服装、情感服装等。

二、智能纺织品的研究及应用情况

（一）电子电工

在电子电工领域，智能纺织品由于它的柔软性主要用在柔性键盘和软开关上。可以与个人 APP 系统结合，在织物或者服装中封装一个非常小的传感器和芯片，同时织物中优良的传导材料提供所需的电子连接，其应用主要包括个人信息终端、科学探索器材、残障设备等领域。如图 1 所示，英国的 Softswitch 是用于商业生产的服装键盘。

（二）运动器材

Lapland 大学与 Finnish Re-imaTutta 公司及其他一些机构合作开发的一种滑雪运动服，在高性能滑雪服中嵌入电子滑雪通行证、无线电连接、全球定位系统、温度传感器和热敏材料等。提供穿着者的健康信息、位置及

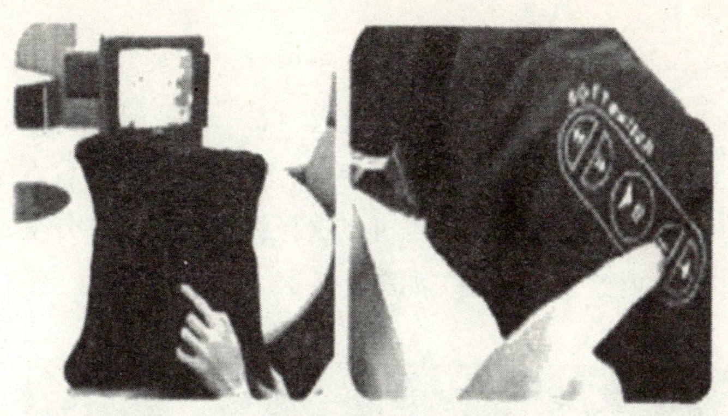

图 1　Softswitch 的应用

运动情况，并通过数据分析建议合理的运动量；同时智能卡记录了穿着者的训练计划，能够感知穿着者的疲劳程度，或建议继续运动，或建议改天再训练。如果穿着者发生事故，它们会发送包含当前位置坐标和生理测量数据的信息，通知紧急情况办公室。

Athos 是一套专业级运动检测服饰，能够感应并追踪到肌肉纤维的内部活动，通过应用程序将用户各个肌肉的运动状态显示出来，而且它最接近人体，能够更加准确地测量人体生理功能，如图 2 所示。

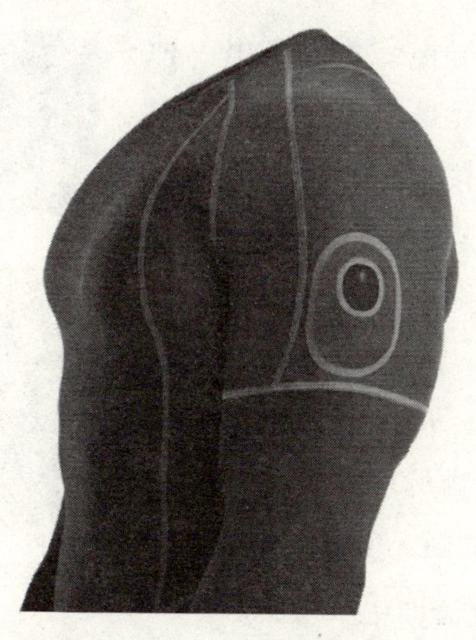

图 2　Athos 嵌入衣物的智能模块

（三）服装

OMsinal 在 2015 年推出了一款可监测穿着者心率、呼吸和活动情况的 T 恤衫，款式就跟健身房里面穿的普通运动衣一样，但上面有很多的感应芯片，可以将收集的数据传送到所绑定的手机 APP 上，穿着者可以看到自己的压力水平和训练状态，用户也可以选择将数据跟好友分享，还能在自己处于不安状态时给自己提醒，如图 3 所示。

图 3　孕妇穿着的智能 T 恤衫

J Wu 等利用一种导电织物研究出一种智能型膝套，这种膝套是由包覆一层薄薄的导电的弹力织物支撑，并能通过释放的音频信号提供反馈，起到保护作用。这是因为膝盖套包含一个动态的电子元件，电子元件内含电子电路，当涂层织物拉伸变化时电阻也随着变化，从而导致输出电信号变化。根据涂层织物的应变，不同的声音就会被自动释放，如图 4 所示。

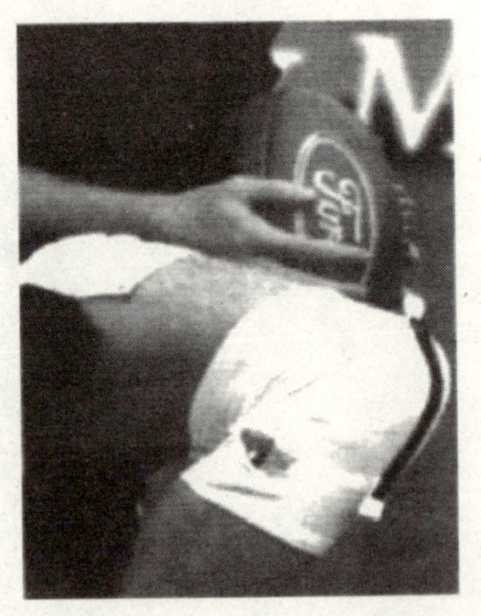

图 4　智能膝套显示图

（四）数字化多媒体娱乐

Philip 公司和 Levi 公司利用导电纤维在织物上刺绣的技术已经开发出了音乐夹克、音乐键盘和运动夹克等系列产品，依靠光纤实现与电子产品的连接，可与外界对话等。实现服装的电子化和数字化。Philip 公司和 Levi's 公司合作生产的音乐夹克，包含了一个简易的网络系统，依靠埋入衣料内的光纤将随身携带的电子产品连接起来，并且通过置入织物的软键盘，实现对手机和播放机的控制；在衣领内有一个微型麦克风和一对可随意调节左右声道的立体声耳机，可以与外界对话和收听广播。

（五）医疗卫生保健

在医疗卫生保健方面，通过在衣服内置入智能柔性传感器，制成保健服装，服装对人体的运动作出分析，就能够感知穿着者的状态。如果遇到穿着者有不适的情况，服装就会通知穿着者的医生。D Della Santa 等使用智能材料使设计和生产的新一代服装具有分布式感应器和电极，可穿着式非侵扰性智能衬衫将允许用户以最少的训练和不适来进行日常活动，同时配置有计算机语言记录器的压阻式织物传感器的智能衬衫可用来监测人体的呼吸情况和心电图变化。

（六）工业工程设施

日本太阳工业公司用碳纤维开发了可用于建筑物、道路、工厂、飞机、烟囱、索道等结构安全诊断的传感器。Paul 和他的合作者设计制作了含有导电纤维的消防服，其中的导电纤维可以将电信号从输入装置传送到适当的输出装置。当消防人员在集中精力对付面前的火焰时，却面临着背后起火的威胁。一个埋在服装后背的传感器通过导电纤维与埋在服装前面的警报器相连，消防员可及时得到信息，避免灾难。

（七）军事安全设施

士兵作战过程中，常会受到生物化学药剂、毒害物质、电磁能量波及神经毒气的影响，可在面料中嵌入 pH 感应传感器对其监测并发出警告，以保护士兵免受伤害。pH 感应传感器是将荧光活性染料掺入光纤中组成的，美国乔治亚技术研究学院研制出的可穿着智能监测服装母板为信号的收集、监测和信息处理设备提供了一个非常灵活的框架。它利用光学纤维检测到打击子弹，然后经特殊传感器连接到身体重要信号的监控装置。

（八）产业用纺织品

陶肖明教授等在光子布方面做了相当多的研究，并取得了一定成果。

光子布是由纤维（纱线、丝、棉线）将塑料光子纤维包缠后织造而成，在光子布的表面涂上不同的图案，图案的色彩由不同颜色的织物或不同颜色的发光染料配色实现。经处理，使光子纤维芯层传输光在侧面泄露，在塑料光子纤维两端用白光发射二极管（LED）获得各种颜色的LED通光，布就可以展示出不同的彩色图案。现正处于研究探索阶段，预计会逐步在实际结构中局部应用。

三、智能纺织品应用过程中存在问题

智能纺织品的柔性传感器能与服装充分结合，具有体积小、柔性大、安全舒适等其他金属传感器所不具备的优良特性。在各个领域都已经取得了一些成果。但要想真正走进智能化时代，仍然面临着很多问题有待科研工作者进一步解决。

（一）智能柔性传感器的灵敏度和稳定性

对传感器最重要的就是高灵敏度、高精度和高稳定性，特别是用在某些精密仪器上时。现有的纺织品智能传感器精度还有待提高，还不能达到某些高精度仪器的要求，因此必须通过提高纺织品基布的性能、工艺条件等来提高其灵敏度、精度和稳定性。

（二）功能的耐久性

智能纺织品中的智能电路系统比较复杂，穿着者使用初期测试效果比较明显，但经过一段时间使用后，纺织品的应力松弛和疲劳可能导致功能明显下降。因此必须开发具有良好形变回复、耐疲劳、耐磨损等优良特性的纺织品原料作为基布，从根本上保证功能的耐久性。

（三）规模化设计生产

服装种类繁多、更换频繁，每件服装上都拥有一个智能传感器势必会导致浪费，而模块化的设计可以很方便地解决服装更换问题。一个可穿戴智能系统可由服装和不同功能的智能模块组成，不同的模块承载不同功能，通过在衣物上设置数据接口，即可在多种服装之间共享使用。

（四）用户的隐私

随着人们安全意识的提高，也越来越对自己的个人信息的安全性更加重视。而可穿戴智能产品可以跟踪人体状况，将它们上传到手机端甚至云端处理器上，进行存储和分析。可穿戴产品收集的这些海量数据，不仅针对用户还同时针对企业，这些大数据背后隐藏着大量的经济、社会甚至政治利益。这就导致了用户的隐私泄露。整体看来这属于个人道德与礼仪问题。人们需要以一种新的道德与礼仪规范它，对待它，并制定相应的使用规则来规范产品市场，同时也要利用社会力量来维护隐私。

四、智能针织品研究方向

综合目前智能纺织品研究状况及存在问题，智能可穿戴针织品的研究，主要结合传统针织技术和新兴的纳米材料技术研制具备能够监控人体多种生理信息（如呼吸频率、心电、脑电、肌电、血糖、汗液成分和呼吸成分）的高精度、低成本柔性传感器，加快智能可穿戴技术的产业化进度。研究方向如下：

（一）可穿戴监护系统研究

主要研究可穿戴人体健康参数监护及预警诊断系统，对人体主要生理参数，包括不限于心电、脑电、呼吸、温度、湿度、血压、血氧饱和度、脂肪含量、电解质含量、肌电等参数，用于疾病监护、预警、辅助诊断、康复、健身、运动、生活娱乐等领域。研究内容包括电极系统、信号处理与采集系统、显示系统、交互式诊断平台等，同时也包括测试方法，测试平台的建立，与医院、远程平台的通信结合等基础问题。

（二）柔性器件与交互式织物设计

该领域的研究基于聚合物和纺织结构的柔性器件，包括柔性信号传输、柔性导线、柔性传感器、柔性电极、柔性电源系统、柔性电路、柔性显示、柔性封装、柔性驱动等技术。主要从材料结构、制备工艺和微结构设计等方面实现柔性电路器件的加工制造，将具有智能交互式的电子装置以薄膜、纤维、织物的方式形成智能柔性结构。

（三）微电极、高精传感器制造

以纳米结构组装、电化学、三维打印、模板压印等技术，将金属或半导体材料按照预设的方式规律性沉积，形成微观上规整的结构，用于电极材料或微传感器，对人体皮肤产生强吸附力，能够精确采集人体表面生物电信号。这种结构体积小，探测点分布密集，传感精度非常高。

（四）智能针织服装应用效果评测

该研究领域主要包括针织物结构、针织服装及其他穿戴系统的基础研究、产品设计与评估。重点为电子设备的可穿戴化研究，包括电子器件、电子产品与针织物结构、针织服装系统的集成、可穿戴电子产品的人机功效评定、安全性舒适性和功能性设计与评定等。

“十三五”期间，我国智能针织品将进入一个系统研发和拓展消费应用的重要时期。智能针织品的研发与智能纺织品服装的研发有着密切的关联性，研发过程及应用研究必须相互借鉴与融合。可以预见智能针织品在可穿戴、运动休闲、卫生保健、预防防护及传感监测、装备辅助等诸多领域将得到全面应用与提升。

时尚针织服装面料的开发方向

王越平

时尚是什么？时尚不是衣着的奢华极致，而是情感内心的悦然自在，并映射出新的生活哲学与人文态度，时尚的意义在于表达生活，呈现生活态度。时尚给当代中国将带来巨大的影响，这些影响直接体现在服装上。

一、时尚带来的影响

时尚给针织服装面料的生产和消费带来的影响是多方面的。时尚拓展了人们对针织服装消费的视野，提升了消费的文化品位，增强了消费的环保意识，等等。同时时尚对针织服装的设计和面料的生产提出新的要求。

1. 安全、绿色、环保的服装消费理念

在当今国际市场上，为消费者提供安全的、有利于生态和环境保护的、低碳的产品已经成为一种世界性的潮流，绿色消费也冲击到服装行业。今天越来越多的消费者会关注到所购买的服装是否绿色环保或生态安全。

绿色、环保是时尚的针织服装及其面料的发展方向，绿色、环保也是时尚的针织服装及其面料发展的前提和有力保证。针织服装面料的时尚化和绿色环保化是捆绑在一起的，在时尚光鲜的背后，绿色、环保、可持续发展成为行业发展的有利支撑。如近年在全球广泛流行的数码喷墨印花技术，它既是满足时尚化、个性化和小批量服饰生产加工的需要，更是符合纺织印染行业节能减排的战略方针，是业界普遍看好的未来纺织品印花的重要发展方向，是全球推崇的印花加工技术。同时，绿色、环保与时尚是相互促进的，从来都不是矛盾的。如果服装面料没有基本的安全保证，无法通过国际上通行的绿色、环保法规的检测指标，就失去了在国际市场上

王越平，教授，服装面料专家，北京服装学院服装艺术与工程学院。

与国际品牌竞争的资格，即使色彩、款式再美观，也无济于事。可以说时尚既是精神层面的更是物质层面的，对服装尤其如此，人们不可能穿着有毒有害的产品大谈精神层面的时尚。因此，时尚带来的首要影响就是对绿色、环保、安全的服装面料的追求。

2. 运动、休闲、健康的生活方式

为了自身的健康，也因为有了更多的闲暇时间，休闲、健身、运动成为中国民众的主流生活方式、生活态度，人们热衷于参加各类运动项目、健身、旅游等。一时间，运动服装、休闲服装、户外服装广泛流行。这不仅影响到服装品类、款式、色彩，更影响到服装加工用面料。颜色鲜艳、图案活泼有趣、高弹便于运动的面料、轻便面料、柔软面料等是必然的发展方向。针织面料在柔软、高弹、轻便、透气等特性上，有着天然的优势。所以运动、休闲、健康的生活方式带动了针织面料的广泛流行。

3. 舒适、功能的着装需求

推崇时尚的服装面料，坚持低碳、环保的发展方向，都需要用创新技术改造传统的纺织服装业，如节能、减排的印染技术，喷墨印花、常温转移印花技术，先进的纺织材料和纺织品再生及循环技术等。只有高技术含量的服装，才能避免被快速抄袭、模仿，外在的东西是很容易抄袭的，而内在技术、质量没有几十年的积累，没有严格的管理、先进的设备、深厚的基础是无法实现的。现代时尚的服装面料，不仅表现在花色纹样上，也表现在内在功能上。吸湿发热、轻便保暖、自清洁、防紫外等功能都是现代人所崇尚的，也是提高生活质量的必要手段。以纺织服装产业链前端纤维的科技含量提升后端产品的附加值已经成为针织面料开发的常用手段。

4. 个性化的着装观念

当今的消费者越来越成熟，与过去几十年相比，对时尚的理解、追求已发生了巨大变化。今天更多的消费者不喜欢人云亦云，不会对某种流行现象趋之若鹜，相反希望有自己的特色、个性，需要独特的、有个性的服装及其面料满足消费需求。具有方便快捷、变化多端、个性鲜明等许多特点的针织面料更易于满足消费者的个性化着装需求。

5. 内涵丰富的着装要求

当代消费者要求服装与面料不仅满足于物质层面的需求，还要求精神层面的愉悦与满足，服装及面料不仅要柔软、舒适、富有功能、美观、个性，而且要有寓意、有内涵、有文化气息。这也是消费者精神层面的需要。未来的针织服装面料，将向着时尚、绿色环保、科技、文化气息等方向发展。

二、时尚引导针织服装面料的开发

传统的针织面料开发多从技术层面着手，如成熟的技术、成熟的材料，考虑产品的实用性较多，面料在审美、视觉上的设计与开发完全依赖于面料的染色、印花等后加工环节。在时尚引导下的针织行业，将找寻新的行业角色，把握最具创新性的产品研发环节。

1. 服装品牌主导的针织面料开发

目前国内有多家服装品牌知名度越来越高，其产品质量好，因为有优质的面料、合理的板型、考究的加工，给予消费者以全方位的呵护。这些企业的面料开发已经形成一套完善的流程。如与国外著名化纤企业密切合作，推出该企业的专用纤维，该纤维及其面料为该企业独家买断，面料加工企业无权销售给其他服装品牌，从而保证了服装企业新产品开发的自主权。这种以服装品牌主导的面料开发，会从服装品牌自身的定位出发，依据品牌的需求开发面料，依据服装的时尚、流行开发面料。

2. 新理念引导的针织面料开发

时代的变迁，带来新的理念，例如环保理念引起全球的关注。环保理念影响了人们的生活，影响了人们的着装，也带动了环保针织面料的开发。随着石油资源的紧缺，以石化原料加工的合成纤维不得不寻找新的替代品，如废弃的瓶片材料、废丝、废旧衣物都可以成为合成纤维的新原料。今天，再生涤纶已经成为一个常规产品，利用再生涤纶开发的运动装面料、外衣面料、冬季棉衣在服装领域也掀起了一股环保浪潮。

3. 生活方式引导的针织面料开发

运动休闲的生活方式深刻影响运动休闲服装面料的开发，如防雨透湿的冲锋衣面料、吸汗快干的凉爽面料、轻便保暖的登山服。特别值得一提的是，运动装时尚化是服装与时尚融合的经典案例。当运动与时尚相遇并完美结合时，呈现出来的是人与人、人与外界无限沟通的力量。从服装穿着的场合、要求出发，到设计面料花色纹样、再到材料的选择，运动的科技功能因素与视觉美感进行有机的融合。吸水快干性、防雨拒水性、弹性延展性不可或缺，但视觉冲击力也带来震撼。时尚为运动服装、运动装面料打开了一片新天地。

高品位的舒适的生活方式需要超舒适的服装面料，而且具备触觉柔滑、细腻，视觉效果精致、精美。近年来非常流行的莫代尔产品，能够在内衣领域、夏装领域占有极大优势，源于其柔滑细腻的手感。纤维推广时，并非注重其结实、高强、吸汗等特性，而是从着装触肤舒适感的优势出发。羽绒服在满足了其基本的保暖功能之后，已经走向时尚化和轻便、柔软的舒适化。超轻超薄羽绒服面料、针织羽绒服面料、弹力羽绒服面料、运动羽绒服面料、高端无胆防绒系列，颠覆了羽绒服的传统，跨入时装行列，羽绒服面料也成为时尚面料。羽绒服的时尚化，带动羽绒服面料的手感、花色、功能的变化。

4. 新技术引发的针织面料开发

数码印花技术是集机械、电子、计算机技术于一体的高新技术，为服装面料的印染加工带来了全新的概念。数码印花技术将高技术手段运用到时尚产品的设计中，并利用高新技术表达出了传统印花技术所无法表现的艺术设计美感。在技术与艺术的融合中，将时尚推向一个更高境界的艺术高度，同时也为技术打开了一片更为广阔的天空。随后，数码印花技术的其他特点也逐渐为人们所认识、了解及运用，它的准确定位特点、超高仿真效果等等，还有待于不断挖掘与运用。在此之后，数码转移印花、低温冷转移印花技术纷至沓来，这些技术的成熟与发展，为针织面料开发提供了更多手段，为服装时尚领域带来新的惊喜。

值得一提的是，更为环保节能的激光雕印技术是替代传统加工工艺的新技术。激光雕刻是用电脑精准控制激光束在织物表面进行高温刻蚀，受刻蚀部位的纱线被烧蚀、染料被分解汽化，从而产生图案或仿旧、泛白的水洗整理效果。当激光束从牛仔裤上走过，一条牛仔裤的后整理加工过程就基本完成了，此后只需要普通的水洗去除表面的浮色即可。利用数字化激光雕刻技术，可以获得精准的定位、个性化图案，激光雕刻还可以获得非常精细的图案等独到之处。

5. 新材料导向的针织面料开发

纤维原料是面料开发的主角，新型纤维原料的运用，带给面料新的外观、新的性能、新的亮点。新材料的运用和推广不应该局限在原料阶段，而是延伸到纺纱、织布以及后整理阶段，全面指导下游企业进行新纱线面料的开发，解决了面料开发阶段出现的各种问题。同时积极引导这种纤维在不同种类面料中的运用，如在服装保形性、面料肌理纹样设计上的作用。传统的材料运用式的面料开发大多追求新功能性原料，事实上，满足时尚流行趋势及现代生活方式的新原料必将引发全方位的面料开发。

6. 时尚影响下的面料开发

面料开发受流行、时尚的影响，将更为直接地显现出来。豹纹的流行、苏格兰格的流行，以流行色、流行花型图案引导的面料开发成为获得时尚面料的方便、快捷的手段，印花技术呈现出前所未有的重要性。

印花图案从来都占据着时尚霸主的地位，从未动摇。Dolce & Gabbana（D&G）推出的蔬菜装系列，将生动鲜活的辣椒、茄子、洋葱、西红柿等水果蔬菜图案印上服装，构建了一个充满情感、传统、文化与地中海风情的时尚世界。常用于文化衫的针织汗布一直很流行，而且在当今有了更多元的演绎。原因之一就是富有个性的、独特的印花图案吸引了年轻的消费者，有夸张的人物头像、有神秘的风景图案、有抽象的几何图案、更有荒诞不稽的语言，这是个性的张扬，散发出青春的活力。此外卷边、破洞营造出的颓废、嬉皮士风格，透露出休闲随意的自然，也是当今所流行的风格。流行元素赋予了传统而古老的汗布以新的生命力。

7. 以文化引领的面料开发

服装及其面料承担着传承文化的重任，因为它是文化传承的有效手段。真丝绸是真正能承载着中国传统文化的对象，它华丽、精致、优美、妩媚、高贵，用最华丽优美的词汇来描述真丝绸都不为过。真丝制品所表现出的风格、性能特点、蛋白质优势，使得它呈现出与现代纤维所不同的社会价值，这种价值特点不仅表现在自然性、友好性、亲肤性等方面，更是在文化承载上表现出了其他纤维所没有的文化价值，因此近年的国内丝绸公司开始尝试开发出传承中国传统文化特征的、沉淀着历史文化的、具有文化价值的丝绸产品。如“云锦”在古代丝织品中代表了最高技术水平，位于中国古代三大名锦之首，于元、明、清三朝均为皇家御用贡品。再如南宋的“缂丝”采用蚕丝“通经断纬”的工艺制织，为我国名贵的高级丝织艺术品。还有中国民间广为流传的传统产品“莨绸”凝结了中国劳动人民的聪明才智。这些中国古代精美的丝织品，因其丰富的文化内涵和科技含量，被公认为“东方瑰宝”“中华一绝”，也是中华民族和全世界最珍贵的历史遗产之一。这些宝贵的资源为针织服装面料的开发也奠定了深厚的基础。

针织面料发展历史较短，无法简单地、直接地学习传统面料。但是，传统面料中的规律、法则、精华都是可以借鉴的，传统面料开发的经验将被借鉴于针织面料的开发中。

三、结束语

越来越多的针织面料生产企业已经意识到，要实现产业的时尚升级，争夺产业链中的时尚话语权，就需要与时尚产业携起手来，实现针织面料的开发与服装设计创意的契合，引领服装的时尚潮流。时尚将给中国针织服装面料开发带来巨大的影响。新技术、新材料以及新理念、新的生活方式等都将对针织面料的设计与开发产生深远的影响，这种影响推动针织面料行业的提升。

创新、转型、升级，传统企业崛起之路

李圣贺

际华三五四三针织服饰有限公司原为中国人民解放军第3543工厂。企业从一个濒临破产传统的制造型小企业成长为一个拥有一个全资子公司，一个控股子公司，全产业链优势互补的高新技术企业，实现了老军工的华丽转型。

工厂原是1968年建设的三线军工企业，位于山西省绛县沸泉沟，1992年进行战略转移，迁到河北省涿州市。由于没有主导产品支撑，企业曾经一度陷入困境，到1998年企业年亏损达830万元。由于历史原因，企业一直处于多行业、无主业维持状态。近年来，企业实施结构调整，实现了由低层次的生产经营，向中高端市场进军的发展格局。“十一五”期间，实现销售收入14.41亿元，是“十五”的2.63倍，实现利润1.5亿元，是“十五”的5.09倍。“十二五”期间，实现销售收入39.13亿元，是“十一五”的2.72倍，实现利润3.07亿元，是“十一五”的2.05倍。企业是“中央企业思想政治工作先进单位”、全国“企业文化建设优秀单位”，步入行业优势企业行列。

企业历了三个跨越阶段：一是培育主业，调整产品结构，重点是围绕技术改造、设备升级展开，实现针织、服饰主业产品已经占到销售收入的96%以上。二是提升核心业务，实现产品升级，在稳固军品市场的同时，快速拓展民品市场。三是完善产业链，产业链前延进入织造环节，产业链后延培育自有品牌。

一、危中求机谋发展，调整结构促转型

为提升企业实力，际华三五四三针织服饰有限公司确立了“打造中国

李圣贺，高级工程师，针织企业家，际华三五四三针织服饰有限公司董事长。中国针织工业协会第三届专家委员会委员。

最精、最强的针织面料和职业服饰研发生产基地”发展战略，抢抓机遇，调整产品结构，整合有效资源，努力培育主导产品。

1. 通过技术改造，快速推进产品结构调整

（1）针织方面：超前谋划，全面完成污水处理技改工程，引进国际上享有盛名且高效低耗的气流染色机、圆网印花机、裁床及国际先进的针织织造设备，为公司进入针织业高端绿色功能性面料奠定了坚实的基础。改造工程完善了针织织造、染整、印花、裁剪、缝制生产一条龙的全产业链。针织产品的销售收入大幅增长，实现了跨越式的发展。

（2）服饰方面：以工艺创新为切入点，紧紧把握军队换装周期机遇，与军队和武警研究机构密切配合，及时了解行业服饰发展趋势，不断提升装备技术水平，巩固服饰产品市场的优势地位。随着企业职业服饰生产线经过技术改造，特别是制作臂章的自动装置、胸标防皱的装置、平板硫化机的自动控制装置、自动翻套的装置、化纤带定型机等多项关键专利设备的研发成功，企业优势地位更加凸显。

2. 通过创新营销理念，推进市场结构的调整

重新划分市场区域，调整营销机构，成立综合管理部和服饰、针织两个专业营销部，确定各部及各区域的工作目标。公司通过考核淘汰、补充调整，营销队伍从数量到质量得到全面加强。创新营销模式，在强化细分内部营销结构的基础上，在一线城市设立运营中心，发挥销售网络辐射作用。2010 年公司在北京举办品牌发布会，“3543”军旅户外品牌建设取得突破性进展，呈现出良好发展态势，有效地拓展了生存和发展空间。大力推进展会营销，每年除参加行业展会外，还要组织两次企业新品推介会，快速拓展民品市场。

经过几年的产品、市场结构调整，主业更加清晰，针织、服饰产品已经占到销售收入的 96% 以上，形成了军品、针织面料、成衣（OEM/ODM）的发展格局，企业踏上了转型升级之路。

二、强化管理控风险，挖掘潜力提效益

管理是企业永恒的主题，公司多管齐下，多策并举，强化管理控风险，有序推进管理创新。

1. 创新体制机制，激发企业内在活力

改革分配制度，建立了岗薪制、全额计件工资制、年薪制、谈判工资制、项目激励制等多种分配体系。自2008年开始，创新运行模式，以产业链为基础，以市场需求为根本，以快速反应、管理扁平化为目标，实行事业部制管理。公司从创新内部管理着手，狠抓精细化管理和成本管理，探索建立起“225”管理创新体系，即“两制”（模拟法人运行机制和产、供、销运用快速联动机制）、“两个中心”（成本中心和利润中心）、“双五体系”（生产经营及党建指标、责任、跟踪、考核、评价五个体系）机制。

2. 开展降本压费活动，提高应对风险能力

推进预算管理方面，坚持两个扎根（扎根市场、扎根基层）；坚持“四个对标”（预算编制在指标上，要与三个月的最好水平进行对标；要与历史上的最好水平对标；要与同行业优秀指标进行对标；要与国际先进水平对标）。在此基础上，做好四个方面的工作。一是消化减利因素，实施大宗物资和原燃料的集中招标采购，强化外购材料质量追溯手段，提高外购材料的质量。二是对标挖潜，降本降耗，通过组织考察和学习，把降本降耗工作当成自觉行动。三是通过技术进步增效，劳动效率年均增长10%以上。四是加强信息化建设，实施了ERP管理。ERP管理系统、金蝶K/3人力资源系统、OA协同办公系统在公司得到推行和应用，进一步理顺业务流程，增强信息的共享和透明度，实现精确核算考核。

3. 实施精品战略，走质量效益之路

坚持“以顾客满意赢得市场，以持续改进创造精品”的质量方针，走质量效益型道路。一是狠抓质量管理基础，做好建章立制。二是加强质量意识教育，每年都投入大量资金加强员工培训，提高职工的技术素质和专业水平，通过举办“不良品展览”等方式，不断强化质量意识。三是严格过程控制、考核，加强质量信息反馈。实施精品战略，不仅使企业信用度大幅提升，也推动了经济效益稳步提高。

三、科技攻关强实力，自主创新增后劲

坚持把提升自主创新能力作为推进企业可持续发展的主要途径。

1. 加大科技投入，有效推动技术提升

结合省级研发中心建设，更新、改造大批研发设施、设备，2006～2015年研发投入6386万元。

公司建立技术管理委员会，重点采取“重奖突出贡献者”、设立“百万元创新激励基金”等激励措施，收到了良好效果。把职工技术竞赛活动与技术创新相互融合，开展“同舟共济保增长，建功立业促发展”竞赛活动，将立足岗位争做“优质高产能手、质量能手、技术创新能手、管理创新能手、节约能手、市场拓展能手”竞赛和小改小革、合理化建议活动常态化，形成完善的考核认定激励机制。近年来，公司取得革新成果150余项，已申报专利137项，获得授权专利100项，新产品研发已形成成果转化99项，销售收入1.31亿元。2007年以来，公司涌现出各类能手430人，形成了多项小改小革成果，有效解决多项生产技术难题。

2. 突出重点，加速基础创新

加快技术进步，这是企业得以持续生存和发展的基础，也是战略转型的关键。在技术创新方面，公司采取差异化策略，以技术中心为主导，充分整合内外部资源，充分利用军工技术优势和系统的研发理念，解决了发展后劲问题。

一是以新型纤维面料为研发重点。以生态环保型产品为研发方向，建立产、学、研针织材料研发体系。公司自主研发的阻燃、防电弧、镀银、吸湿排汗、竹纤维、碳纤维、超细纤维等系列新型功能面料已经步入针织行业绿色环保功能面料尖端领域，研发的单向导湿等功能性面料不仅打入军品市场，在民品领域也成为行业内的金字招牌。二是加强军警产品协作研发。近几年公司研发的新产品90%进入批量生产，实现了成果转化，并且实现了“民用材料军用化”的突破。技术研发巩固了公司军品供应商的地位。

四、招贤纳士留人才，以人为本强根基

人才队伍建设，特别是高端人才的引进确实对企业的快速发展发挥了不可替代的作用。公司把人才队伍建设作为企业发展的一项重大战略任务，专门制定了长期的引进、培养、使用、发展规划。

1. 用“四心”纳贤引智

公司把高端人才队伍建设作为“一把手”工程。大胆推进用人、分配机制改革，用“四心”纳贤引智，即更新观念，主动出击，在人才招聘中体现“诚心”；敢于突破，高薪重责，在待遇上让人才“动心”；筑巢引凤，铺设平台，在干事创业上让人才“称心”；真诚至上，情感留人，在关爱中让人才“安心”。公司领导班子始终把人才当作“心尖子”加以爱护，为他们解决工作、生活中的各种实际问题。2007 年以来，公司累计引进染整工程师、染整打样师、印花工程师、品牌设计师、品牌营销师、面料营销师、服装设计师等具有专业技能的成熟人才 27 名。公司的“四心”引贤取得很大成功，为公司推动三大新业务板块发展发挥了重要作用。

2. 加强人才的引进培养和储备

一是每年从高校招录专、本科学生。近年来，招聘各专业大学生 129 名，有 73 名已走上研发、营销和管理岗位。职工队伍总体呈现出年轻化、知识化、专业化，人才梯队建设初步形成。二是加强在岗各级人才的培训和培养。与专业培训公司、高等院校建立合作，通过外培、内训、代培等多种形式，提高管理人员和操作工人的专业能力。三是建立激励机制。公司不断尝试在重要管理、技术、技能岗位引入竞争机制，2007 年公开招聘了总经理助理，2008 年实行首席工程师制度，2011 年开始实行首席职工制度，搭建人才脱颖而出的平台。四是文化留人。公司将企业文化建设纳入企业的战略规划，围绕“稳定、发展”两条主线，发挥凝聚人心，鼓舞士气，树立形象。经过近几年的努力，打开市场化选人的大门，企业需要的人才陆续到位，使人才队伍的年龄结构、知识结构更趋合理，团队适应能力明显提升。

五、坚持绿色发展，树立良好形象

勇于承担社会责任是企业永恒的信条，公司在节能减排的道理上创造了不凡的业绩。2006 年投资 600 多万元的污水处理技改工程全面完成，实现了高标准排放。2007 年、2008 年投资 100 多万元完成“针织染色冷凝、冷却水及余热回收系统”。2009 年投资 170 万元设计完成“染整高温污水热能回收系统”及脱硫设施改造。2010 年投资 58 万元实施“定型机余热回收和尾气净化系统”、投资38万元实施了电容补偿、滤波等技术改造。依据运行数据统计计算，仅从排放高温污水中回收的热能一项就可使公司年节约能源超过903吨标煤。2013年投资633万元完成了锅炉煤改气工程；煤改气后，每年减少燃煤15600吨以上。

1997年香港回归，1999年国庆50周年大阅兵，2003年抗击“非典”，2007年全军大换装，2008北京奥运会，2009年国庆60周年大阅兵，2015年抗战胜利70周年大阅兵，在中华人民共和国的旗帜上，彰显着“四三人”奋斗的风采，在国家的这些大事记中，谱写着际华三五四三针织服饰有限公司精良产品的印记。公司以“携手庆大典，共同壮国威”等突出贡献，获得了阅兵联合指挥部、总后军需装备研究所、武装总部授予的一项项崇高荣誉。

六、加强企业发展规划，不断创造新辉煌

功崇惟志，业广惟勤。面对经济新常态，公司将坚持变中求新、变中求进、变中突破，走出一条质量更高、效益更好、结构更优、优势充分释放的发展新路。

“十三五”期间，公司将以国家产业政策为导向，抓住京津冀发展一体化的历史机遇，把握针织服饰和针织印染行业的发展趋势，坚持主业发展，优化资产组合，提高核心竞争力。以“产品研发、产业升级、结构优化、品牌带动”为主线，继续推动企业从生产型向研发、销售服务一体化转变，保持和巩固军品市场，不断拓展新的市场。公司着力推进两大战略布局。一是产品结构布局：服饰、针织面料、军旅户外休闲、针织产品（成衣、童装）、新型材料及产品，凸显科技研发、生产、销售纵向一体化全产业链优势，形成涿州、汉川南北优势互补、协调发展的格局。二是品牌塑建布局：稳定现有市场、发展中高端市场，发挥军旅户外休闲辐射效应，实现品牌多元化，大力发展高档针织面料、儿童针织内衣和休闲服装，加快提高自主品牌在国内外市场的影响力和控制力，带动产业升级。

依靠创新驱动，探索发展新方向

杨为东

即发集团有限公司是始建于1955年的“中华老字号”企业。在针织行业的发展进程中，即发集团坚持围绕加快创新发展和转型升级，积极实施“深化结构调整，加快科技创新，实施人才强企，促进转型升级”工作方针，沉着应对严峻复杂的竞争和挑战，着力克服制约发展的瓶颈问题，依靠创新驱动、管理推动和品牌带动，在克难攻坚中进一步奠定了综合优势，在持续创新中实现了稳健发展，主营业务收入连续三年超百亿元。企业辖设30多个分公司和分厂，员工两万多人，带动就业近三万人，综合竞争力连续十余年名列全国同行业前茅，是“中国针织行业领军企业”和山东省重点企业集团。

一、即发的针织产业发展之路

党的十二大召开以后，即发集团深入分析国际国内市场需求形势，紧跟改革开放步伐，根据“国际流行纯棉织品”这一信息，果断决策在继续巩固发展传统产品的基础上，集中力量向针织服装领域迈进。这一历史性的跨越使即发集团实现了由以生产工艺品为主的产品模式向生产纺织品的成功转型，针织产品从此成为即发集团的支柱产业。

历经多年创新发展，即发集团顺利完成了由单纯的发制品加工向纺织服装行业的跨越和转型，并在稳健发展中实现了由小变大，在持续升级中加快了做优做强。

（一）20世纪80年代打破行业界限，上马针织服装

1983年国际发制品市场严重不景气，主导产品劳保手套无配额，企业经营面临严峻挑战，即发集团根据国际市场对纯棉针织内衣的需求形势，

杨为东，高级工程师，针织企业家，即发集团有限公司总经理。中国针织工业协会副会长，第五届副会长。

做出了打破行业界限，创新发展针织品的决策。在此期间，即发集团充分利用“国家财政拨改贷”政策等，自制和引进了织布、漂染、成衣设备，组建了织造、漂染、成衣车间。当时，尽管只有一个针织成衣生产车间，仅有两条生产线，只能生产以三角裤、长裤、汗布衫为主的低档产品出口东欧市场，年生产能力仅有5万打，但是，针织品的上马使即发集团迈出跨行业经营的关键一步，在探索针织服装生产过程中，即发集团通过不断学习积累了宝贵经验。

1987年，纯棉织品在国际市场上的行情进一步向好，市场也从欧洲向日本进一步扩大。即发集团决心抓住这一机遇，投资近千万元引进上千台先进设备创建一流的针织厂，形成了集织布、漂染、成衣于一体的全功能产业链格局。专业化工厂的建立使即发的针织产品结构发生了质的变化，从此，由以前的东欧市场低档货转为日本市场，先后迎来了日棉、伊藤忠、第一纺织等日本大商社与即发集团合作，使企业的综合能力得到提升，提高了集团的知名度，针织生产作为支柱产业的框架已基本形成。

（二）20世纪90年代实施合作创新，确立国际市场地位

经过了20世纪80年代后半期的改革浪潮，中国经济开始了真正意义的腾飞。在这样一种大背景下的即发集团也开始了一次脱胎换骨的变革，开始了“内抓管理夯实基础，外拓市场谋求发展”的二次创业之路。90年代初期，日本制造业初现产业转移的趋势，即发集团敏锐捕捉这一商机，先后与众多国际知名纺织服装公司建立了战略贸易伙伴关系，联手共同拓展国际国内市场，构筑了立足国内、辐射全球的产品营销网络，有力推动了可持续发展。

2000年年初，即发集团步入针织服装产业升级提档的发展道路，建设了具有国际针织生产特点的科技型生产基地，配套完善的针织产业链，推动了即墨市纺织服装服饰产业集群的形成和发展。即发集团从此发展成为现代化的大型企业，并一举成为中国针织服装行业领军企业。

（三）新世纪发展创新驱动，助推集团全面发展

多年来，即发集团始终坚持“创新引领发展，科技赢得未来”思路。在全国同行业内建立了首家国家级企业技术中心，建成了一流的服装材料

检测中心，并获得CNAS认证；每年投入巨资进行科技创新和技术改造，着力提升装备自动化水平，有效促进了综合研发能力的提升；自主研发的“海洋生物甲壳质纤维及针织品”科技成果曾获得国家科技术进步二等奖，并有多项科技成果分别获得国家、省和行业科技进步奖，享有近百项国家专利；集团先后获得“国家创新型企业”“高新技术企业”等称号。

面对复杂严峻的发展环境，即发集团大力实施管理创新，不断加强信息化建设，把促进“两化融合”“智能工厂”建设作为改造提升传统制造业、推动升级转型、提升核心竞争力的有效手段，加快促进了即发集团由规模效益型向质量效益型、由传统制造向“智能制造”和“智能工厂”的转型。近五年来，荣获“中国工业大奖表彰奖”，被工业和信息化部列为“工业信息化运行样本企业”，被青岛市授予“两化融合示范企业”和“制造业信息化科技示范企业”。

即发集团始终坚持实施人才强企战略，着力营造尊重知识、尊重人才、尊重劳动、尊重创造的氛围，不遗余力地把“人才千人计划”落到实处，建立体系完备的战略人才库，完善新形势下的人才培养、引进和使用的激励机制。加强职工的技能培训，深入开展好岗位练兵和技术比武活动，尊重生产过程中的发明，尊重熟练劳动创新，充分发挥广大职工的聪明才智，营造“人人皆可成才、人人尽展其才”的局面。近年来，集团有多名职工获得“全国纺织工业劳动模范”称号，有58名员工获得全国、省、市技术能手和首席技师称号，荣获全国、省、行业和青岛市劳模称号的员工达49名。

即发集团视产品质量为生命，始终坚持“一丝不苟抓质量、精益求精保质量”的传统。以“创造精美产品，提升生活品质”为使命，从长远发展着眼，从实际现状入手，充实专业工作队伍，培养壮大设计师团队。采取多种产学研合作形式，着力提高创意和设计水平，不断丰富品牌的科技化、差异化、时尚化、人性化内涵。通过提高产品的科技含量和附加值，积极满足顾客需求，进一步提升自主品牌的影响力，以对客户和社会负责的态度精心打造诚信品牌。近年来，即发集团荣获“全国纺织行业质量奖”“山东省省长质量奖”和“青岛市市长质量奖”。

（四）发挥龙头企业作用，带动地方经济健康发展

作为行业领军企业，即发集团强力带动了青岛纺织行业的振兴和区域经济的发展，成为“以大带小、以城带乡、以工带农”的典范，并为即墨市赢得了“中国针织名城”“全国纺织行业模范产业集群”等称号。

1. 引领青岛服装服饰产业集群不断发展强大

即发集团自身产业链的持续完善，增强了传统产业的积聚功能，加快了区域针织服装服饰产业集群的兴起，推动了区域投资环境的优化，吸引了一大批内外资服装服饰企业落户即墨。随着产业集群的不断壮大和综合竞争力的持续提升，即墨市成为国内最具综合优势的针织服装服饰业基地。

2. 实施“走下去”战略，带动地方农民增收致富

即发集团实施“走下去”战略，把关注民生、回报社会、反哺农村作为义不容辞的责任，把帮群众解困、替政府分忧作为一种自觉行动。先后在即墨 18 个镇、街道办事处及省级高新区、经济技术开发区建有分厂和加工点，形成生产网点覆盖全域的发展格局，广泛吸纳了厂外加工人员上万人，有力促进了当地农民的增收致富。

3. 加快产业梯次专业，优化国内资源配置

即发集团在推动即墨纺织服装产业集群发展的同时，不断加快向国内中西部地区的建厂步伐。陆续在省内西部县市和安徽、新疆等地开办了分厂，其中设在安徽省阜阳市的分厂用工超过千人，被当地政府授予“返乡农民工再创业基地”。习近平总书记在 2011 年曾视察过该厂，对即发集团优化配置资源、促进农民增收的做法给予了充分肯定。

4. 积极实施“走出去”战略，加快推进转型升级

随着全球经济一体化发展，即发集团积极实施“走出去”战略，先后在越南、柬埔寨建立了成衣工厂，今年又加快了在越南的面料工厂建设。随着海外投资的不断增加，既推动了自身的产业转移和升级转型，也优化了海外市场布局，有效促进了国际市场份额的平稳增长。

二、积极探索针织发展新方向

当前传统针织行业正处在以“速度变化、结构优化、动力转换”为特征的新的历史起点上，面临严峻复杂的市场环境。为了更好适应在经济下

行压力的情况下实现稳增长，即发集团将胸怀全球，放眼世界，牢固树立贯彻创新、协调、绿色、开放、共享的发展理念，以提高发展质量和效益为中心，坚持稳中求进总基调，注重科技引领，强化创新驱动，大力推进智能制造、绿色制造，巩固提升传统优势。加快培育针织工业竞争新优势，努力扮演好中国针织服装新领军者角色，发挥广泛而深远的示范效应和辐射带动功能。即发集团将实现四个方面的转变。

（一）强化科技引领和创新驱动，加速推进新材料研发

针织行业的发展历程已经表明，科技发展对于行业的发展有着巨大引领作用，行业发展和企业发展都必须高度重视。即发集团也是在高度重视科技贡献率、夯实科技工作的前提下，得以快速发展。即发集团将继续创新科技管理模式，着力提高自主企划、自主设计、自主开发能力，不断提高产品的科技含量和附加值；以新型面料为开发重点，利用先进的蓝色硅谷海洋生物新材料研发技术，加快向医疗、科技、航空、航天、军事、国防等领域延伸拓展；全力推动技术创新、产品创新、文化创意、管理创新、营销创新，在创新实践中激发新活力，增添新动能，使“增品种、提品质、创品牌”的实践更加稳妥扎实；继续把提高创意和设计水平、生产灵活性、快速交期对应能力作为出发点，进一步建立和完善“小批量、多品种、短交期、高效率”的生产模式，在提高整体应变能力的基础上更好地快速对应各类客户需求。

（二）持续加快信息化建设，不断推进智能制造

针织行业是较早实施信息化、智能化的行业之一，也取得一些经验，值得全面总结。即发集团将更加注重信息化与工业化的深度融合，以网络化、自动化、数字化和智能化为支撑，全面加快智能工厂建设，着力推进网络化、智能化、绿色化、柔性化和服务化的“新五化”建设，不断提升精益生产和智能制造水平。

在纺纱供需方面，通过利用清梳联、粗细络联等自动化新技术，实现“全流程在线智能化、数字化质量控制”，大幅降低用工数量，提高整体运行效率，并初步将物联网技术应用于各工序；在织布工序建立了全流程应用条码系统；在印染工序方面，引入了印花自动调浆系统、染色自动配料

送料系统、染色机中央控制系统，并建成自动调浆系统生产线，实现高速智能调浆及残浆回用，使调浆效率提高30%、余浆利用率达95%以上。

（三）推进精细化管理，不断提高产品质量和效益

继续聚焦精益生产和清洁生产这个重点，做好“增量、减量、存量、变量”文章，补齐短板，破除瓶颈，不断增强发展后劲。深入开展好“双增双节”活动，重点围绕增品种、增效率、增效益进行谋划，突出抓好节人、节材、节能等关键环节，着力压缩非生产性开支，合理减少非生产性人员，挖掘发展潜力，激发内生动力，增强创新活力，提升工作效率。

过硬的质量是赢得客户和市场的重要因素，也是应对市场竞争的制胜法宝。即发集团将大力弘扬和培育精益求精的工匠精神，树立质量为先的经营理念，全面深化以成本、质量为核心的精细化管理，加强供给侧结构性改革。深入实施质量强企战略，一如既往地抓好质量、控制好质量，对待质量问题不回避，不遮掩，不留任何余地。遵守标准，规范操作，在技术进步、工艺创新、标准严格、控制严谨、装备先进等方面综合施策，持续提升产品质量。

（四）品牌建设强势推进，不断优化市场布局

把创建自主品牌作为竞争制胜的重要手段。坚持品牌培育与诚信文化建设相结合、品牌提升与产品创新相统一、品牌推介与市场拓展相协调。把品牌建设的重点转到为消费者提供优质产品和服务的核心上来。从战略规划、品牌提升、管理重塑、市场拓展入手，不断完善自主品牌建设体系，组建品牌设计、品牌管理及营销的经营团队，构建开发国际服装品牌的经营平台。通过国际化、品牌化战略的有效实施，着力促进即发从服装加工商向国际服装品牌商的战略转型。

优化战略布局，是即发集团适应经济全球化、市场国际化的战略选择。随着国家“一带一路”战略的实施、基础设施互联互通进程的加快，为即发集团“走出去”创造了更好的产业配套条件。即发集团将坚持全球贸易这个战略基点，以超前思维和前瞻眼光，面向全球客户和市场，及时了解客户需求，准确把握市场动态，积极应对市场变化。充分化解和防范生产经营中的困难和奉献，在产品开发上积极作为，在拓展市场上狠下功夫，在服务客户上更加优化。进一步加强国际合作，有序推进产业梯次转移，继续扩大在东南亚国家的投资，建设相关配套针织面料工厂和缝纫工厂，统筹好两种资源、两个市场，使资源的优化配置进入更广范围和更宽领域。

即发集团将继续置身于行业前沿，瞄准国际一流，放眼全球市场。始终坚持全球贸易这个战略基点，按照“稳定传统市场、开发新兴市场、拓展国内市场”的总体思路，大力推动结构调整和转型升级，强化创新驱动，全面深化管理。积极适应经济发展新常态，持续加快两化的深度融合，增强自主品牌建设，加快形成以“技术、质量、服务、品牌”为核心的综合竞争新优势。进一步营造大众创业和万众创新的新局面，以更大的内生动力和更强的创新活力推动集团的稳健发展，努力扮演好中国针织服装新领军者角色，着力发挥广泛而深远的示范效应和辐射带动功能。

针织企业生产管理系统的开发与应用

吴志明

MES 的概念由美国 AMR 公司于 20 世纪 90 年代初提出，MES（Manufacturing Execution System）即生产制造执行系统，是一套面向制造企业车间执行层的生产信息化管理系统，可以为企业提供包括制造数据管理、计划排程管理、生产调度管理、质量管理、员工绩效管理、设备控管及对外部系统的 PDM（Product Data Management，产品数据管理）整合接口与 ERP（Enterprise Resource Planning，企业资源计划）整合接口等模块，是面向车间层的生产管理技术和实时信息系统，它是实施企业敏捷制造战略，实现车间生产敏捷化的基本技术手段，为企业打造一个扎实、可靠、全面、可行的制造协同管理平台。MES 系统已经在钢铁、机械、电子等行业得到了较广泛的应用，但是纺织行业还有不少企业过度依赖人力进行生产，生产数据依据人工收集，MES 系统应当在针织行业得到更广泛的应用。

一、针织企业实施 MES 系统的意义

针织 MES 能自动采集产品生产数据、产品质量，实现产品质量可追溯，可以大大提高企业的信息化管理水平和快速反应能力。

1. 实施企业信息化

随着互联网、计算机技术的飞速发展和我国各级政府对企业信息化建设扶持力度的加大，ERP 系统在针织行业得到了越来越多的应用。但 ERP 数据缺乏时效性，无法在第一时间收集企业生产的第一手信息，管理系统与工控系统存在“断层”问题，生产绩效分析缺乏直观的参考数据，通过 MES 系统恰恰能得到及时生产数据，使企业计划、生产、管理全程实施信息化管理。

吴志明，教授，针织专家，江南大学教育部针织技术工程研究中心。

2. 提高生产效率

MES 系统能提供从生产订单到产品完成的全部生产活动的优化管理，运用及时、准确地采集信息，指导、启动、响应并记录管理工厂的生产活动，从而能够对条件的变化做出迅速的响应、减少非增值活动、提高工厂运作过程的透明度和执行效率，提高生产效率和管理效率。

3. 增强市场竞争

我国针织产业生产成本提高的时代已来临，随着劳动力成本的快速上涨，其价格优势在激烈的市场竞争中已经渐渐失去。传统的生产、管理模式无法适应“小批量、多品种”的市场需求。为了降低成本，必须减少用工数量、对产品生产过程实现精细化管理，针织 MES 系统能满足这一需求。

二、生产管理系统关键技术

针织 MES 系统依靠机器的集成控制系统或各种传感器，实现对机器生产状态的监控和生产数据的采集，将数据临时保存在本地数据库并在工控机上实时显示，同时通过无线网络和有线网络将数据发送到云服务器数据库，对数据进行分析处理。系统涉及实时数据采集、互联网组网、大数据挖掘等关键技术。

1. 实时数据采集技术

数据实时数据采集由数据采集模块、数据存储模块和数据传输模块组成，图 1 为数据采集结构框图。

数据采集模块由 RFID 射频读写器、条码（二维码）读取器、机器传感器、纱线状态采集等模块组成。RFID 射频读写器通过对工人智能 IC 卡的读取实现对员工、机台以及机台产量、质量等数据绑定；条码（二维码）读取器读取生产产品、匹号等信息；传感器采集模块实现对针织机生产数据和能耗等进行实时采集。

数据存储模块由 E2PROM、FLASH、RTC 实时时钟模块等组成，用于存储实时采集到的员工、机器、生产等数据。E2PROM 用于快速保存经常改变的、数据量较小的数据存储与备份，比如当前产品产量、当前操作工人信息等变化的生产数据；FLASH 用于保存较少改变的、数据量较大的生

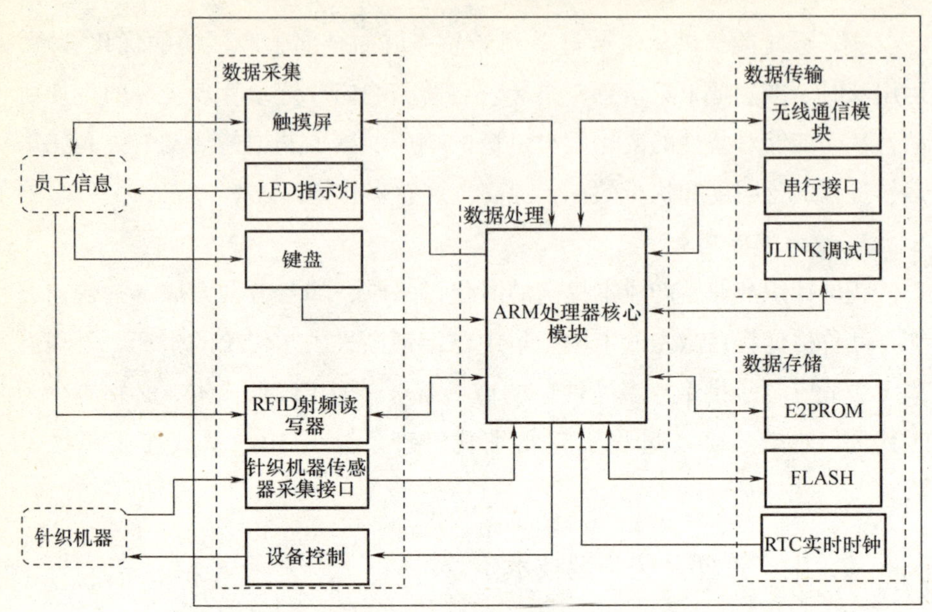

图1　数据采集结构框图

产数据存储与备份，比如机台编号、机器信息、工艺数据、订单信息等数据；RTC 实时时钟模块用于记录终端运行时间，提供时间基准，备份时间数据。

数据传输模块由无线通信模块、串行接口等组成，用于数据的无线或有线传输。无线通信模块采用 ZigBee 无线模块，通过 ZigBee 无线网络，把实时采集的数据传输到上位机；串行接口包括 USART、RS485、USB，通过这些串行接口把数据传输给其他需要采集的数据的设备或者通过串行接口进行数据打印和有线传输到上位机。本模块有因网络故障无法传输数据的应急处理功能，确保数据安全、及时全部传输到上位机。

2. 互联网组网技术

网络由感知层、网络层、应用层构成，图 2 所示为物联网组网技术框架图。

感知层由传感器网络和无线射频识别系统组成，用于完成数据信息的采集和协同处理信息，感知层需要确保数据的准确性和实时性。

网络层是由无线网络、互联网、移动通讯等组成的网络结构，用来实

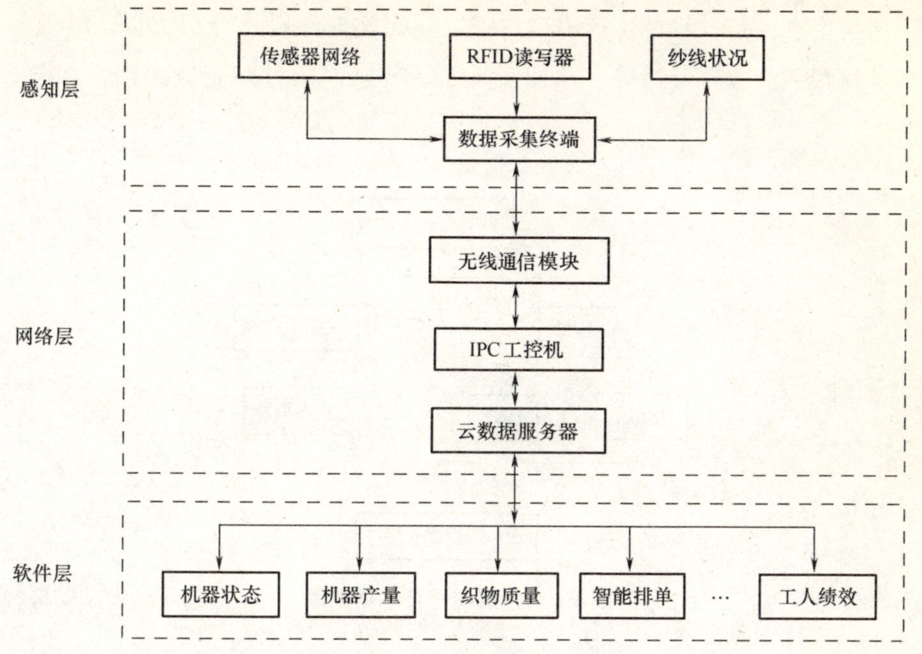

图2 物联网组网技术框架图

现从信息采集到信息传输的功能。网络层需要考虑数据在网络中的安全性，由于停电、断网等不可预测事件造成网络故障时在下位机备份的数据在网络通畅时及时上传到云服务器。由于无线网络并不需要较高的传输带宽，需要较低的传输延时和极低的功率消耗，ZigBee 是一种新兴的短距离、低功率、低速率的无线接入技术，因此无线通信模块采用 ZigBee 技术。

应用层主要体现的是对信息的智能处理能力。通过上位机（PC 机）、手机、智能控制系统等对收集到的、储存于云服务器中的数据信息进行整合、分析、计算和管理，形成与业务需求相适应，并可实时更新的动态数据资源库，为各类业务提供统一的信息资源服务，从而实现物联网在针织行业的应用。

3. 大数据挖掘技术

利用分布式计算框架 MapReduce 以及在 MapReduce 基础上实现的 Hadoop 技术对半结构化、非结构化数据进行处理，利用结构化查询 SQL 技术对结构化数据进行处理，实现生产计划智能排单，生产计划、生产工艺下传至生产设备，订单生产进度、产品质量实时跟踪、分析，员工绩效管理、机台生产效率分析等，从而实现基于物联网的针织企业生产，如图3所示。

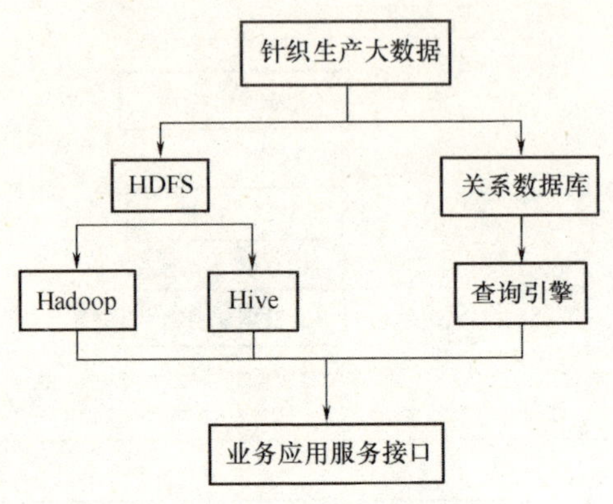

图3 大数据挖掘技术框架图

三、生产管理系统开发与应用

以针织企业生产管理需求为背景，以实时数据采集、针织物联网、大数据挖掘技术为支持，采用功能强大的.NET技术和Web技术，江南大学教育部针织技术工程研究中心开发的针织MES系统iKMS，将针织行业信息化的诉求完整纳入针织MES生产管理系统。

（一）生产管理系统整体架构

系统数据采集终端安装在车间的每台生产设备上，通过终端采集机器上的数据，例如机器速度、停车次数、产品密度、疵点类型等，采集的数据发送到ZigBee协调器最终汇总到PC上，PC上安装有数据采集程序，将采集到的数据发送至云服务器。利用Web技术获取云服务器上的数据并进行数据的处理与分析，最终在网页上显示出来，客户可通过电脑、手机等移动随时随地设备查询与管理生产情况。系统整体结构如图4所示。

（二）生产管理系统主要功能

iKMS系统具有实时采集员工信息、生产数据、质量数据等，实时反映生产计划完成情况，主要模块功能如下：

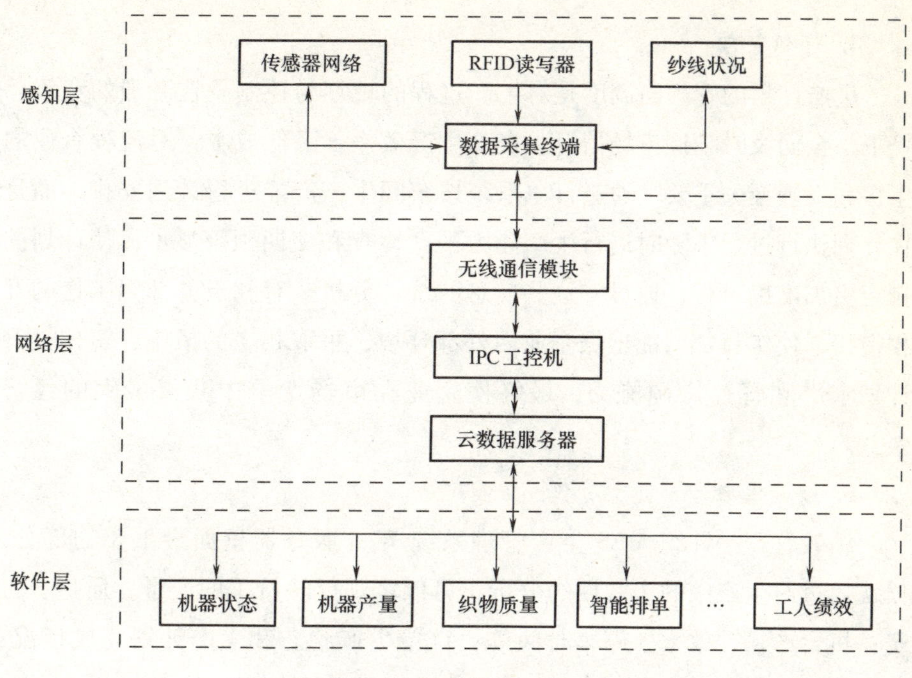

图4 系统整体结构

1. 车间管理

通过数据采集终端，实时显示机台、订单生产情况和机台工作效率，反映操作工的工作状态和操作中可以改进的各个环节以便管理人员或客户及时了解车间生产总体状况，及时处理生产中出现的各种问题。

2. 质量管理

通过数据采集终端、采用人机对话的方式实时反映每匹坯布的疵点种类和疵点情况，以便管理人员及时了解产品质量、分析疵点产生的原因；根据不同坯布的疵点分析方法和考核要求自动完成布匹质量等级评定。

3. 工艺管理

工艺是企业生产优质产品、提高经济效益的基础保证。功能模块便于生产过程中对工艺单实时查看对比，让管理部门和一线员工有据可循；利用工艺库相近工艺再修改的工作模式，减少翻单、相似单的重复工作，提高工作效率；与生产质量反馈、物测信息连贯，可以随时对当前与历史生产产品的质量反馈和物测信息进行汇总分析，有利于工艺人员进行工艺的持续改进。

4. 计划管理

生产计划的管理与调度是对生产过程的规划与控制。在激烈的竞争环境下，全面及时掌握市场信息，提高生产效率，降低成本，对流程企业的生存和发展至关重要。通过订单系统按车间生产产能进行计划安排，而且在计划执行过程中随时进行生产能力平衡检查和交期预警显示，使计划的排定更加准确可行；通过对这些信息的统计分析，有利于各部门工作的互相衔接，使销售部门能根据企业内外部环境，采取相应的措施，整体提升计划水平和管控协调能力，最终使企业在市场竞争中获得最大的经济效益。

5. 绩效管理

绩效管理是针织 MES 生产管理系统 Web 服务器里面最重要的部分，模块通过对生产中的大数据的分析，可以客观反映员工的产量、质量、工资；机台产量、效率、停车时间等；订单生产状态和生产计划完成情况；基于历史数据分析每位客户订单情况等，为企业决策提供依据。

实践表明，针织企业生产管理系统能将生产物料、工艺管理、产能信息进行信息化管理，制订生产计划客观、合理、精准，适应了生产过程的实际需要；对生产过程中需要的人、机、物以及合理的时间计划等资源进行合理利用，摒弃传统的人工经验式的管理，取而代之的则是科学、合理、高效的信息化自动管理；通过数据自动采集技术实现了生产过程可视化生产，生产质量实现可追溯；自动记录生产过程中产生的各种数据，生成报表，为生产企业各种考核提供依据。MES 为针织企业提供了行之有效的新的生产管理方案，有助于促进各类针织企业生产管理水平的提高，MES 的应用推广对于提高针织行业企业管理水平具有现实意义。

绿色理念下的童装色彩设计

沈 雷 熊 瑛

童装的色彩选择相较于成人服装更具有多变性，但它的选择不是随心所欲的，童装的色彩对儿童的身心健康将产生影响。传统童装色彩设计的观念“为了色彩而色彩”已经发生了改变。童装色彩设计逐步从单纯考虑美观性向基于“以人为本”“以人为先”的人性化健康设计转变，即童装色彩设计更趋于绿色理念的运用。童装色彩设计将摒弃盲目追求视觉吸引性和视觉效果性的设计方法，强调服装色彩的适用性和可持续发展。

儿童作为不具备或不完全具备自我保护能力的特殊人群，要求得到更多的保护。童装作为儿童接触最多的事物，肩负着保护儿童、培育儿童、美化儿童的特殊使命。绿色童装的色彩设计要求关注儿童心理、生理、个性的发展需要，针对不同年龄阶段的儿童的个体特性，合理利用色彩保护、美化、引导、教育儿童，对儿童的生理和心理成长起到良性的促进作用。

一、色彩对儿童身心的影响

1. 儿童的视觉发展及对色彩的认知

儿童对于世界的感知是从色彩开始的，而非形状（表1）。相较于形状，色彩给予儿童心理的暗示更为真切直接，冲击力更强烈。色彩专家对3～6岁的儿童做过一个试验：先让儿童看红色圆形，然后再让他们在红色的三角形、四角形、绿或黄的圆形中选出同一形状，这时儿童所选出的形状虽不同，但都会选出红色，可见儿童在视觉上感知世界，最初辨认的是色彩而不是形状。

视觉色彩在儿童视觉发展、认知能力和实践活动中有着举足轻重的作

沈雷，教授，服装设计专家，江南大学服装设计中心主任。
熊瑛，讲师，中原工学院。

用和意义。不同年龄段的儿童在视觉特点和对色彩的认知程度上有所差异，在进行童装色彩设计时，应该基于儿童对色彩的认知度，并分析这些差异以及不同年龄阶段的儿童对色彩的个性倾向，使色彩设计满足儿童的视觉发展及心理需要。0～6 岁儿童对色彩的认知及色彩设计特点研究见表 2。

表 1　色彩与形态在视觉接受过程中所占的比例

视觉接触时间	视觉色彩所占比例	视觉形态所占比例	视觉持续时间
初次色接触	88%	20%	20 秒
接触色 2 分钟后	60%	40%	
接触色 5 分钟后	50%	50%	以后一直维持此状态

表 2　0～6 岁儿童对色彩的认知及色彩设计特点研究

年龄段	视觉特点	对颜色的认知程度	色彩设计特点
婴儿（0～1 岁）	色觉已经发生，具有基本视觉，能看到距眼睛 20cm 内的物体，对在该距离内移动的物品具有视觉反应	对颜色不敏感，但对特别鲜艳亮丽的颜色反应明显，如大红、大绿的被子、服装等，往往表现出烦躁不适	0～2 岁儿童的服装色彩应偏向于粉红、浅蓝、奶黄等柔和、淡雅的色调，太过鲜艳的色彩会对儿童的视觉神经产生刺激，对其眼睛造成伤害，故不宜使用
1～2 岁	视觉神经尚未发育完全	色彩心理不健全	
2～3 岁	刚脱离婴儿期，视觉神经发育到可以分辨颜色，善于捕捉和凝视鲜亮的色彩	这个年龄段的孩子渴望接受视觉、触觉、听觉、嗅觉多方面的信息，对事物充满好奇，渴望丰富的色彩	可使用亮色作为服装色彩的点缀色，但不宜采用大面积激烈的色彩对比组合
3～4 岁	儿童视觉发育的关键时期	已能初步辨认红、橙、黄、绿、蓝等基本色，但在辨认紫色等混合色、蓝与天蓝等近似色时还比较困难，也难以说出颜色的正确名称	在服装色彩的选用上可适当增加混合色和近似色的使用，有助于孩子认识并区分色彩

续表

年龄段	视觉特点	对颜色的认知程度	色彩设计特点
4~6岁	儿童视觉发育的关键时期	认识色彩的能力迅速发展，大多数已能认识基本色，近似色，并能正确地说出黑、白、红、蓝、绿、黄、棕、灰、粉红、紫等颜色的名称。这一年龄段的儿童喜爱鲜明纯净的色彩	鲜亮、活泼的色彩有利于儿童的智力发展。以自然界缤纷的色彩作为童装色彩设计的借鉴，对丰富儿童想象力、培养创造力很有帮助，使儿童通过所穿着的服装更好地获得自然感受

2. 色彩对儿童身心的影响

色彩作用于儿童的影响力是从视觉感知渗透到心理变化的。马克思曾说，色彩的感觉是一般美感中最大众化的形式。儿童通过视觉器官获取色彩明度、纯度、色相、冷暖变化等各种外部色彩美感刺激产生直接视觉映像的同时，在心理上会自动地呈现出基于不同个体倾向的差异性反应，或喜欢或厌恶或低沉或积极。在儿童视觉器官感知事物过程中，色彩作为服装中最具表现力的因素，其信息传递最迅速、情感表达最深刻、视觉感受冲击最强烈，对儿童心理变化及情绪影响最有力。

对于环境中美好的事物，如湛蓝的天空、飘动的白云、鲜红的花朵等，以五彩斑斓的色调直接给予儿童以美的感受，以丰富的色彩牵动着儿童的思维活动，从而使儿童表现出强烈的情感反映。如淡蓝色、黄色、黄绿色、橙色等色彩可以使儿童感到舒适，调节情绪。相反，不适宜的服装色彩对儿童视觉的刺激，往往有害于其良好的视觉感受和身心状况。通过观察不难发现，喜欢穿着紧身的深暗色调服装的小男孩，情绪极其不稳定，脾气倾向于不安、焦躁等，且有以搞破坏为乐的不良倾向。然而若让其换着黄色或绿色等温和色调的较为宽松的服装，小男孩将会处于趋向安静、听话的较平和的心态。

设计童装色彩环境时，要注意色性配置的美感，更重要的是还要着重考虑儿童年龄、视觉特点、心理适应程度和成长需求等诸多因素，有针对性地设计选择具有视觉美感并满足儿童的心理需求的色彩。

二、童装绿色设计的色彩特征

传统童装设计仅注重美观性、舒适性，而绿色童装在重视两种常规属性的同时还有更高的要求和侧重点，即童装的绿色属性：安全性、环保性和功能性。其中，安全性是绿色童装色彩设计中最重要和最基本的属性，也是童装绿色设计的重要内容。如图1所示。

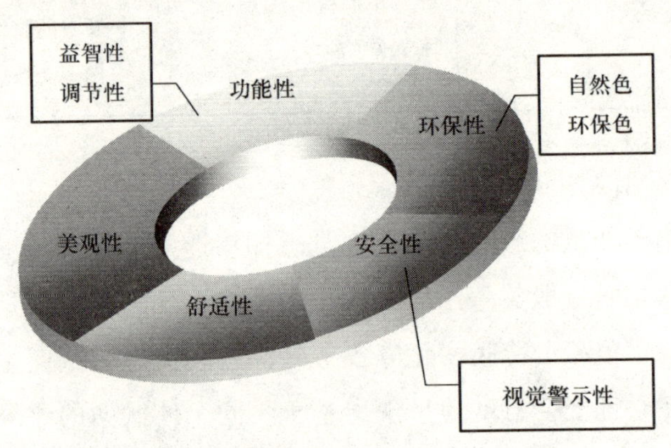

图1　绿色童装色彩设计的五大特点

（一）环保性

1. 自然色、环保色

童装色彩应从根本上回归自然、体现自然、取材自然，通过色彩设计表达出和谐清新的自然气息。自然环境是色彩设计的灵感来源之本，大自然中丰富变化的色彩元素为绿色童装的色彩设计提供了极为众多的素材。在生态时代思想的影响下更倾向于到大自然中寻找、发现、借鉴色彩，以获得贴近自然并富有自然美感的色彩设计灵感，从而设计出人性化、自然性的和谐色彩。儿童服装色彩的流行趋势越来越贴近自然环保的思想主题。

果绿色系带来绿色自然清新的感觉，给人以鲜活、清爽；青绿色系带来夏日自然的茂盛感觉，青翠而成熟；蓝色系带来无限海洋的深邃，宁静而和平；陶土色系充满大地情怀，温柔而包容。这些朴素清爽的色彩一方面容易激发儿童对大自然相关物体的联想，对儿童有很强的吸引力；另一方面，有助于培养孩子的审美情趣，对其认知能力的提高具有极强的促进作用。自然的色彩是一种永久不衰的经典色，它代表着生机、活力、和谐。在回归自然、以自然为本的设计思潮中，绿色童装的色彩设计更趋向于“海洋色”“天空色”“森林色”“大地色”“水果色”等纯净质朴的自然色基调。对于自然色的运用可以使童装带有自然的效果，同时也恰当地体现了“回归自然”的思想，从而创造出一种返璞归真的色彩意境。

2. 和谐性

童装绿色设计的色彩和谐性是指色彩视觉效果和谐性。在童装色彩设计中，常为了追求强烈有吸引力的视觉效果，对色彩进行盲目而错误的运用和搭配，阻碍了儿童审美能力的提升，并对儿童的视觉造成混乱，甚至造成儿童情绪低落、恍惚、不安，从而引起精神疾病。不仅不利于儿童的健康成长，并在一定程度上对儿童形成了无意识的伤害。绿色童装色彩设计不仅是一种色彩的变换组合设计方式，更多的应该是基于儿童成长的需要创造出和谐的色彩氛围的设计，而且这种和谐氛围只有在完全符合了美学形式、人性化思想以及自然风格的情况下才能得以实现。从而设计出美好、人性化和自然性的和谐色彩，使儿童的身心在成长的过程中感受自然和谐，不再因色彩视觉的不良刺激而变得不健康。服装色彩美的核心是要表现人的美，体现穿着者与服装的融合性，色彩只有服务于人，才能真正显示出服装色彩的艺术魅力。在进行色彩设计时，设计师应该在追求服用需求和视觉效果同时，进行有益于儿童情绪调节、情趣培养和智力提高的色彩配置和创造性设计。构建出集美感、人性化、自然环保的和谐化色彩组合，使服装设计成为一种科学的、艺术的设计，一种对未来负责的设计，一种“以自然为本的设计”，一种使人与自然和谐共处的设计。

（二）功能性

儿童服装的功能性是现代设计中最受关注的内容之一。法国美学家P. 苏里奥说过：一种产品只要明显地表现了它的功能就具有美。绿色童装的功能性设计主要分为：必要功能性设计和辅助功能性设计。绿色童装设计一方面在力求满足童装的必要功能性，即满足儿童成长需求的实用功能性。另一方面也致力于设计生产出具有特定辅助功能的儿童服装，如启迪儿童，促进儿童身心健康，对儿童健康成长起到引导、教育功能。

1. 益智性

辅助功能性设计体现在童装的色彩设计上则是通过在童装上运用适宜的色彩元素，激发儿童想象力，开发儿童创造力等的益智类功能性。儿童看到喜欢或是感兴趣的事物时，心情会变得愉悦，这是生理需求得到满足而产生的一种心理反应。丰富的色彩组合给予儿童视觉上的刺激和强烈的感受，视觉感知信息传送到大脑，对大脑的发育形成一种良性刺激，从而促进儿童大脑的成长发育，产生丰富的心理联想，有利于智力的开发。服装色彩对儿童智力发展的影响可分为三种：培养敏锐的观察力、促进记忆力的发展、启发丰富的想象力。在绿色童装色彩设计中采用恰当的色彩，可促使儿童的大脑产生兴奋的反射弧，从而促使神经纤维的增长，在一定程度上对儿童起到引导和启发的作用，激发儿童的好奇心、想象力和求知欲。

2. 调节心理

儿童的视觉器官接受到周围环境的色彩刺激后，会在视觉上立刻反映出一定的映像，从而引发内心深处相应的思维活动，诸如情绪、感情、精神及行为等，即色彩的心理效应。服装色彩具有级强烈的表现力，能够无感觉的引起儿童的情绪及心理变化。将服装色彩的调节功能恰当运用于童装之上，可以起到有效调节儿童心理、培养儿童良好情绪的作用。如穿着暗色调服装的儿童，易产生懦弱、羞怯、孤僻、不合群的心理现象，若换上颜色鲜艳明快的服装（如橘黄、桃红）后，会适当改善其孤僻、懦弱的心理状态，变得开朗、勇敢。色彩对儿童健康的心理环境及良好情绪的建立和培养有着不可估量的影响。儿童服装宜采用明朗、积极、温馨的色调，尽量避免晦暗、消极的色调。

另外，儿童对色彩的喜恶有着自己独特的个性倾向。如儿童玩的24色橡皮泥、36色的绘画笔，总会有一两种颜色早早需要“补仓”，而有的颜色却从未使用。这种色彩潜意识的选择会暴露儿童内心的倾向，同时暴露的是儿童的深层个性和气质特征。儿童如果极端地热爱某一种色彩，那么他的个性往往很突出，这种个性恰恰就是他优点或缺点的“爆发点”。一旦找准“爆发点”，对儿童心理成长的引导就可以有的放矢，积极地运用有效的“色彩引导疗法”来对儿童的某些“极端个性”加以矫正和引导。

3. 安全性

童装的安全性也是绿色童装设计的重要组成部分。在绿色童装色彩设计中色彩的安全性特征即为：在特定的环境中，童装色彩要起到保护儿童的作用，具体表现为视觉识别功能中的色彩警示功能。儿童服装的颜色与儿童交通事故的发生具有相关性。身着色彩鲜艳服装的儿童比身着暗淡色彩或伪装色的儿童发生交通事故的可能性要小很多。因为鲜艳的色彩或与周围物体颜色的区别较大，容易引起行人和车辆的重视和警觉，避免意外情况发生。儿童不宜穿色彩暗淡或伪装色的服装上街，尤其要避免穿着颜色与道路、建筑物的颜色近似的衣物，特别是在视觉能见度比较低的雾天、雨天里，应以穿饱和度比较高的红色、蓝色和黄色等色彩的服装，便于在灰暗的环境里识别辨认。童装色彩中应注意如反光强的银色、白色或加入了反光材料或荧光物质的色彩的合理运用。

三、结束语

传统童装设计不能只注重美观性、舒适性两种常规属性，在人们的生态意识、健康意识、安全意识日益增强的今天，童装设计还应当赋予新的概念——绿色童装设计。除了对两种常规属性有更高的要求之外，还必须考虑到童装的绿色属性。在色彩设计中如何突出诠释这些属性是童装设计思考的新角度和新内容。

童装的绿色设计应该满足安全、健康、舒适的要求，满足适度、自然、节约资源的要求，满足可持续发展的要求，在技术与艺术、功能与形式、环境与经济的联系之中寻求一种适宜的平衡和优化。

基于针织流行预测的毛衫产品与设计之间差异性探析

沈　雷

有效的针织流行预测是针织企业品牌提升、设计师创新设计、推动针织服装产业变革的重要因素。目前国内针织流行预测成果，主要是以发布会、趋势册形式展示。主要内容包括前期国内外市场分析、主题名称确定、主题色彩确定、灵感图修改确定、款式图绘制、效果图绘制、织物组织类型、织片信息汇总、主题版面设计、纱线选择、样衣板单制作、样衣制作、样衣修改、样衣拍照等。在针织流行预测未成熟的阶段，怎样有效地安排各方面参与，提高成衣制作水平，是体现针织流行预测水平的关键。

一、国内外针织流行预测差异

1. 国内针织流行预测状况

国内由于经济、历史、文化等因素的影响，整个流行预测工作起步晚，真正涉及专业针织流行预测的机构更是少之又少。虽然某些类别的针织面料和部分服饰也较早开展发布，但整个服装流行预测没有形成系统化工作，原创性弱，多以点状分布，如在网络上有各色的服饰流行网站，内容包括服装、色彩、美容、配饰等，也会报道国际时装周上各大品牌秀场图片，内容繁杂，没有针对性。若要提取与国内市场相符合的信息，需要花费大量的时间，时效性弱。

2. 国外针织流行预测状况

国外的针织流行预测较成熟。巴黎、纽约、米兰、东京等时尚之都以它们的文化、经济、历史、品牌等背景，引领了世界服装的整体趋势；意大利著名品牌米索尼，被公认为针织品的典范，极富艺术感染力的色彩、良好的针织工艺、流动效果的条纹组成了米索尼经典的风格，这个将针织视为艺术品的家族箴言是："衣橱里有一件米索尼的服装，无论何时何地都可高枕无忧。"国外有系统的针织流行预测机构，许多是以书稿的形式展现的，还可以发布到网络以电子杂志的形式供读者阅读，内容包含流行色彩、流行款式、流行面料、各大发布会服装细节，让读者一目了然。

3. 国内外针织流行预测差异

由于人们对流行的导向作用关注弱等原因，针织流行预测还在探索中。相较于国外的针织流行预测有以下几点差距：

（1）原创性薄弱。国内有效的流行资料来源不少需要依靠国外付费网站，有流行主题、色彩、款式、面料等。将以上内容整理后形成新的主题、色彩、款式，但已经是"二次加工"。应该说，花边、弹力布、绒类织物及一些具有特定性能的针织面料，特别是经编面料早在20世纪90年代就一直进行自主研发和开展趋势发布，不少高端产品的发布是权威发布，具有国际导向作用，但持续性不够。由于资金、技术等原因，国内整个针织流行预测的环境，国内预测人员不会主动也很难有条件获取第一手原创资料。

（2）缺乏系统性。国外的流行预测已经形成固定的系统模式，不仅每年各个时尚之都有服装流行发布，就一个品牌而言，也有自己的文化、风格、流行倾向。品牌的成立过程，就是它纵向的流行系统，每年的流行发布所涉及的面料、款式、色彩等，形成横向的流行系统。

而国内的针织品牌及其环境，是没有连贯性的点，散落在国内的各个角落。要想将点形成线，再形成面，最后形成体，就要建立针织流行预测系统性模型做规范，并不断完善。

（3）流行意识差。长期以来，国内的针织企业主要以中小型的民营企业为主，大多数进行着加工形式运营，从领导者到工人，没有真正体会到流行对服装的导向作用，更不愿意花费更多的财力、物力、人力去创造流行元素。不考虑现有的资源条件，将不适合的流行元素强加于自己制作的服装上，因而造成服装价格的低廉。

（4）原料提供滞后、不全面。国内的针织流行预测工作需要多方面合作，涉及不同的公司，有制作针织机器的、有制作纱线的、有主营针织服装外贸的，每一家公司都是独立的个体，都有自己的任务在进行，当制作样衣的纱线要求确定后，纱线提供方不能完全提供合适的色彩、支数、成分的纱线，也不能在要求的时间里完成，这就给制作样衣带来了阻力。由于缺少各种纱线原料全面有效的支持，成衣效果大相径庭。

二、针织流行预测中毛衫产品制作问题

1. 针织流行预测中，毛衫产品与毛衫设计脱节现象

针织流行预测是一个系统工作，需要多方合作才能完成。其中毛衫设计部门与毛衫制作部门就不属于一个系统管辖，经常出现设计师根据自己的想法、主题设计产品，不了解制作方现有的资源情况与人员配置，外加双方缺乏沟通，制作出的产品与设计风马牛不相及，图 1 为设计稿与成衣对比图，在设计稿中，重点在于明暗两色的交替穿插，还有明显的镂空效果；而在实物中，由于纱线资源的欠缺，实物在色彩上差别不大，工艺师也没有领会设计师的意图，镂空效果不明显。

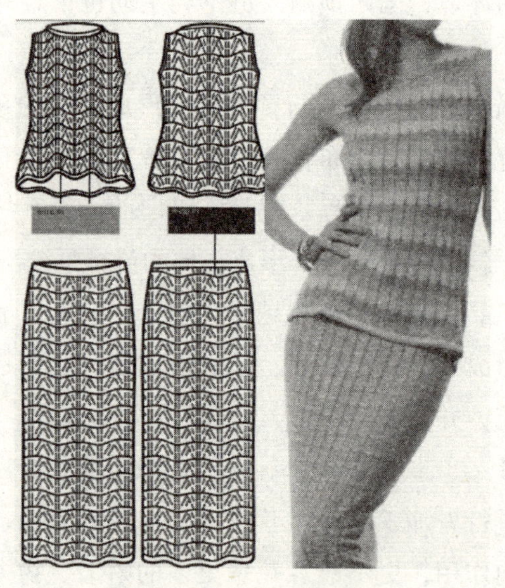

图1　设计稿与成衣对比图

2. 产品制作在针织流行预测中的重要性

就国内针织流行预测情况来看，毛衫产品制作所占比例较大。毛衫产品完成是整个针织流行预测工作成果的展现，里面包括了前期所有准备工作。主题风格、色彩、组织、工艺、后整理效果与水平都在毛衫产品上融

会贯通，体现预测的整体水平。

3. 流行预测中毛衫产品制作前的准备工作

（1）主题名称确定。通常，每一季可分为四个主题，每个主题风格迥异，主题名称确定主题的基调，给读者第一印象。这也就确定了毛衫产品的风格。

（2）主题色彩确定。根据国际羊毛局等国际机构发布的流行色彩，提取每个主题需要的色彩，但要与上季的色彩有连贯、有过渡，形成系列性。色彩确定了毛衫产品的整体基调，让观者对主题有进一步感受。

（3）灵感图确定。所谓灵感是指经过长时间的实践与思考后，思想处于高度集中化，对所考虑的问题已基本成熟而又未最后成熟，一旦受到某种启发所产生的新思想、新方法。所有艺术创作都离不开灵感，而这些灵感来源于生活，来源于对自然、艺术、民族文化、流行资讯等事物的感悟。针织毛衫面料与机织面料不同，针织组织图案可以直接构成面料，花型可以在服装表面形成立体效果，图 2 为设计灵感图与织物组织图。

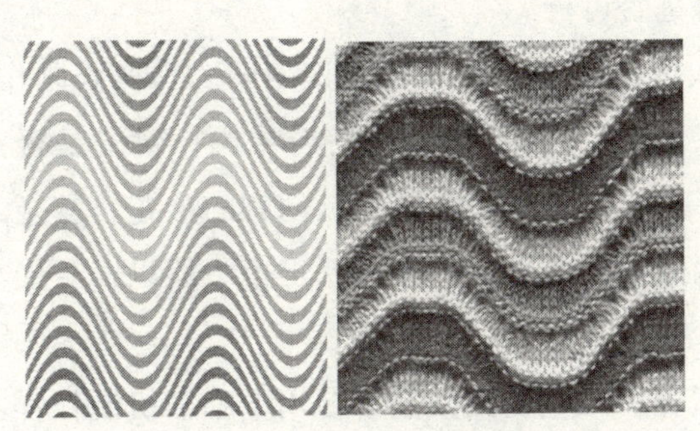

图 2　灵感图与织物组织图

（4）纱线选择。纱线的种类很多，按照原料分有纯纺纱、混纺纱；按纱线粗细分有粗特纱、中特纱、细特纱、特细特纱；按纺纱系统分有精纺纱、粗纺纱及花式纱等，这些纱各有各的特点。在一件毛衫中，如果大量采用不同成分、不同支数的纱线制作，就会耗费很多时间，甚至没有可实现性。所以，在归纳出不同的主题风格、季节、花型后，就要进行精心选纱，这样做出的样衣才会统一、品质好。

（5）款式确定。款式设计要遵循每个主题的风格基调。例如春夏季的主题名称是“果子露的午后”，清新、女性化风格，所以款式不需要太夸张，但在色彩运用、配饰搭配、组织图案运用上要体现女性的柔美和夏天的明媚。

4. 毛衫产品开发中的问题

（1）纱线供应不及时。每季针织流行预测之前，都要按时间详细地制订计划表，每项工作内容都要在计划时间内完成，否则进度就会拖延。而往往纱线提供方由于有自己公司的任务，拖延纱线制作时间，制作样衣、修改样衣的时间就会缩短，影响最终效果。

（2）纱线色彩、成分、支数不匹配。关键是色彩，由于纱线提供方将主要精力放在自己公司的业务上，没有太多时间重新染纱。或者染出的纱线由于成分、支数的不同，不能相互搭配、纱线外观、色彩不符合当季风格。这都给样衣制作带来障碍。

（3）毛衫设计人员对工艺、材料了解甚少。毛衫设计师缺乏实践经验，对毛衫组织花形种类、计算工艺、纱线成分等细节问题不了解，只凭空想象，不考虑是否可行。

（4）工艺人员缺乏沟通，流行意识薄弱。当样衣制作任务布置完毕，每个人都“埋头苦干”，不过问是否符合主题、效果是否完美，将自己的任务完成为目标，人与人之间摩擦不出创意的火花，甚至为了简便，将以前好的创意花型抛弃，增加了样衣的返工率。所以，开展交流、讨论是必要的环节。

（5）制作机器、工艺受到限制。多用电脑横机制作样衣，但国内的机器较国外的机器还有很多限制条件，例如过细的纱线很难从机器上制作成衣；花型较复杂的织片需要的时间会很长；在编织过程中，出现停机、爆孔现象，造成很多烂片，这些都给针织流行预测过程带来不便。

三、针织流行预测中毛衫产品制作水平提升措施

1. 对项目整体规划

在每一季针织流行预测之前，各个合作单位要共同商议整个预测工作的框架和细节。例如第一部分设计部门要用约一个半月的时间搜集流行资料、确定主题风格、色彩、灵感图、款式等设计工作；第二部分是制作部

门根据设计部门确定的主题风格及款式与纱线提供方定制纱线、确定灵感图织片花型、制作样衣，需要 2~3 个月时间；第三部分是将样衣拍照，平面设计师对趋势册进行排版，需要半个月到一个月时间；第四部分是印刷趋势册，需要约 1 个月时间。以上是整个预测的总过程，每个过程里还牵扯到细节问题，这些都要在预测准备工作中考虑到。

及时总结每次预测工作经验，合理调整针织流行预测结构。就目前国内针织流行预测工作环境来看，不可能有专门的公司或机构提供所需原料。为了不造成原料浪费，争取将所提供原料充分利用，针织流行预测工作要提前计划，尽早联系。例如，最初样衣款式与纱线选择、花型沟通是同时进行，出现了纱线色彩、成分、花型组织不符合款式要求，造成了多数纱线的浪费。可以将主题名称、主题色彩、款式图一同交给工艺人员，让他们深入体会主题风格，寻找合适的纱线、花型组织与之匹配。这样，既提高了工作效率，样衣效果也大有进步。

2. 提高各方人员设计水平

（1）提高设计师实际操作素质。有些设计师特别是年轻设计虽然有活力，但是可能存在时机操作经验不足等问题，导致想象的款式工艺师无法实现，绘制的花型有些以目前的技术实现有困难，现有的花型不能充分应用在款式上……这些都表明设计师有待提高操作素质。

（2）提高工艺人员的流行意识。由于工作性质的原因，工艺人员很少关注色彩、搭配、图案对样衣的影响。所以当设计人员将款式图展现给工艺人员时，有些款式很难被接受。针对工艺人员创新意识不足的缺点，要对他们进行流行重要性的普及和艺术审美的熏陶，例如通过观看国际流行发布会等时尚资料，逐步提高审美水平。

3. 加强企业、人员沟通

不少设计师的优点是时尚敏感度强、思维活跃、创造性强，缺点是工艺细节模糊，服装款式有时会脱离实际。工艺人员的优点是踏实勤奋、工艺技术扎实，缺点是难以跳出思维定势，坚持传统。萧伯纳曾说："倘若你我各有一个苹果，彼此交换后，仍各有一个苹果，但倘若你我各有一种思想，彼此交换后，每个人将获得两种思想。"在整个针织流行预测过程中，既离不开设计师敏捷的思维，也离不来工艺师扎实的技术，两者是密不可分的。所以，开展交流、讨论十分必要。通过交流，在阐述自己思路时，发现其中的薄弱点，而在反驳别人提出的诘问时，从对方的思想中受到启发。

善于变通，不过分纠结复杂问题。在整个针织流行预测过程中，会遇到各种各样的问题，有的通过改善是利于生产的，但有些问题经过处理，仍不能提高生产效率，有效地减少生产成本。那么就要换个角度思考问题，不能过分纠结于复杂问题。要经常用美国著名管理学家唐纳德·C. 伯纳姆在现代科学管理制度中提出的著名三问来反省自我——能不能取消？能不能合并？能不能用更简单的东西来取代？

4. 完善技术

在国外的时装秀上，经常会看到色彩缤纷、图案新奇的针织款式，但拿到自己的机器上试织会遇到很多困难。国内普遍使用的机器对针型有限制，不能像国外的机器一样适应各种设计，所以国内的技术还有待提高。

5. 注重“象征性”与“功能性”的并存

针织服装是一种工艺，一种技术秘诀，针织服装设计除了应建立在扎实的工艺基点之上，在设计过程中还需要设计者具有强烈的创造意识，并熟练掌握及善用创造性思维。在应用创造性思维的过程中，要注重针织服装语言、设计元素、文化背景的多重艺术实践的结合，更要注重“象征性”与“功能性”的并存，从而设计出具有个性化时代特征的针织服装。

四、结束语

国内针织流行预测在不断探索、完善中，针织企业已经意识到企业转型的迫切性。在此环境下，不管是设计师，还是工艺人员都要抱有学习的精神，不断提高自身专业水平，弥补不足，积极为国内针织流行预测工作提供自己的绵薄之力，共同推动针织产品的提升。

全面调整，为疏解非首都核心功能作贡献

张为民

北京铜牛集团有限公司经过图强求变、锐意进取的风雨历程，现已发展成为以品牌服装研发、营销贸易为核心业务，同时大力发展都市服务业，具有综合实力的知名企业。集团公司紧紧围绕京津冀协同发展的总体规划，在疏解非首都功能工作中主动担当，努力提高企业经济效益，为北京社会发展作出贡献。

铜牛集团坚持优化结构，优势重组，自2002年开始，引进国内国际先进技术装备，在北京市级开发区（通州、密云）先后建成针织、服装、制线、非织造布、品牌物流等基地，在北京CBD核心区建成支持企业发展的研发、贸易、信息三大中心。铜牛在全国纺织行业率先通过ISO 9001质量管理体系认证、ISO 14001环境管理体系认证、OHSMS18001职业健康安全管理体系认证，蝉联“北京市百强企业”，荣获“中国纺织服装企业竞争力500强”称号。

一、准确定位主动调整

伴随着整个经营环境的变化及首都城市发展定位的确立，2011年，铜牛集团在保持稳定发展的情况下，洞察机遇，开始全力推进产业调整、企业转型升级的工作。特别是习总书记在视察北京工作时指出要明确城市战略定位、要调整疏解非首都核心功能后，铜牛集团主动作为，把产业调整作为企业战略发展的重要抓手，打主动仗。铜牛集团客观分析评估业务现状，认识到有所不为才能大有所为，统筹规划并加快实施企业调整转型升级战略。在操作中，严格按照有关规定和程序，保证资产、资金、资本的

张为民，高级经济师，针织企业家，北京铜牛集团有限公司董事长。中国针织工业协会副会长。

合规操作。切实解决企业调整中员工的实际问题，保证员工队伍的稳定，平稳推动企业转型升级到位。

北京市按照首都功能定位的四个中心（政治中心、文化中心、国际交流中心、科技创新中心）和京津冀一体化（交通一体化、要素市场一体化、公共服务一体化）方向，确定了区域范围内的发展框架，形成继长三角、珠三角之后实现打造新的城市群的目标。这为铜牛集团创造新的产业发展提供了广阔平台，为企业增强了以品牌文化为纽带，促进多业态融合发展，加快新的产业植入，打造综合竞争优势的信心。

企业发展与首都定位相匹配。铜牛集团继续坚持下决心“舍”，淘汰“三高两低一密”的产能。借鉴2012年集团转出劳动密集型制衣公司的产能，在原址改造成集团物流基地所取得的成功经验，处理好“舍”与“得”的关系，克服“舍不得”的思想。一方面对不符合首都城市战略定位要求的产业要下决心予以调整，加快对铜牛股份公司生产结构调整的步伐，把不符合首都发展定位的产业置换出去。另一方面对符合首都城市战略定位、有助于集团长远发展的产业加快引进，更好地转方式、调结构，以提升铜牛集团发展质量和水平。按照开放合作、转型融合、搭建平台、提升发展的原则，朝着与合作方目标同向、措施一体、作用互补、利益相连的路子走下去，努力实现1+1>2的共赢目标。这是铜牛集团调整退出，转型发展的必由之路。

二、抓住时机快速反应

“十二五”以来，随着“国企改革路线图”日渐明晰，“减速”和“调整升级”成为主调。从集团业务所涉及的产业环境来看，服装纺织业务变化最大，面临的考验挑战最多，这就成为铜牛集团改革调整的“重头戏”。

铜牛集团首先转移制衣业务，加快推进品牌和贸易发展，强调市场细分，抓住产业链重要环节，推进服务业与制造业的融合，实现业务结构向研发、品牌、贸易转型，发展方式向注重行业科技、市场地位以及盈利能力提升转变。提升高品质产品的物流管理，优化供应链中的信息流、物流、资金流等，利用原场地建设铜牛高品质物流基地，构建铜牛信息化终端网络，追求品牌运营主流模式，供应链重整已见成效，集团拉开转型、升级、调整的序幕。

制线业务、染整业务相继退出。在退出的同时，以效益为标准，创新机制，整合资源，聚焦战略性客户，加快主业经营的转移，将技术研发及与国际知名品牌和大专院校的合作继续保留在开发区内，并加强了研究成果和相应知识产权的保护，在提升集团技术创新能力的同时，使集团获得无形资产的保值、增值。

铜牛集团相继在山东、河北建设合作生产基地，把部分产能转移到孟加拉、缅甸，抢先构筑铜牛产能支撑。在城市副中心提高承载力和吸引力的过程中，充分发挥地缘优势，积极利用园区有关政策，加快园区规划，探索项目建设和运营的模型。同时按计划完成了现有厂房的项目引进落地，并形成专业的园区服务管理模型。电影产业园、高科技主题产业园应运而生。

在产业调整退出的同时，铜牛集团抓住时机，主动作为，在贸易拓展上，于2014年在上海自贸区成立贸易公司，建设战略贸易平台，做大贸易规模。由此完善产业链的区域布局。

信息科技股份公司获得了中国证监会的审核批准，正式登陆全国中小企业股权转让报价系统“新三板”，成为纺织控股公司旗下首家实现资本证券化、走向公众公司并顺利进入三板创新层的企业，对集团公司转型升级形成有力的支撑。《北京日报》在头版头条报道了“铜牛转型”的经验。王安顺市长到铜牛生产基地调研时对铜牛转型给予了充分肯定。

集团公司在调整中有所弃，有所取，抓住机会，基本完成了初步的调整转型。在当前大的经济背景下，转型只是初级版，还要把创新的思维融入各个业务中，在品牌、服装、贸易的传统业务中转型调整，在客户、市场、产品等各要素中提升竞争力，在信息、文化等新业务中定位拓展融合，创造新的发展优势。在创新上继续有所作为，打造集团转型的升级版。

三、制定规划稳健布局

“十三五”时期，我国经济发展进入深层次结构调整、动力转换的新常态，比较优势、市场竞争格局、资源环境因素等方面呈现出新的阶段性变化。铜牛集团将积极布局，注重提高发展质量和效益，培育发展新动力，拓展发展新空间，加快构建产业新体系，打造时尚产业，加快时尚产业布局，推动企业创新发展，推动产业向中高端水平迈进。

铜牛集团将按照时尚控股公司“以品牌文化为纽带，促进多业态融合发展，打造综合竞争优势”的总体要求，加快推进“一体两翼”创新发展的“十三五”规划：以品牌战略为核心，加快发展产品和业务品牌，打造铜牛企业品牌；以科技时尚为导向，创新发展服装业务，加快发展以信息科技和文化创意为核心的都市服务业；培育创新平台、贸易平台和主题物业平台，打造科技创新、文化创意为方向的主题园区，推进集团公司转型升级创新发展，为打造“根植于服装行业的时尚产业集团、致力于健康消费领域的知名品牌企业”而努力。

（一）服装业

打造健康、时尚的专业品牌，成为功能特色突出、紧追客群时尚的专业品牌服装运营商。

在品牌内衣业务上，定位为具有高品质良好声誉、功能特色突出的针织内衣行业领先品牌。突出科技研发和营销创新，立足效益，提升品牌，稳健发展。加强商业模式创新，实现向品牌运营商的转变。做到市场精准定位，努力培育新增长点。

在服装贸易业务上，定位为技工贸一体的综合性户外功能休闲服装运营商。加强开放合作和科技创新，聚焦供应链，进一步深耕功能休闲服装市场，做强做大，实现贸易提升。进一步提升专业化能力，完善跨区域产业链分工协作机制。贴近客户的出口市场渠道，加速以科技创新为引领的整合提升。

（二）现代服务业

商品贸易要培育新支点，打造产融结合、整合创新的专业化运营商。突出开放合作和团队建设，拓展专业品类市场，提升盈利能力。

IT（信息科技）服务业加快发展定位于高端信息科技服务商，成为数据业务特色突出，资本市场认可，专业的高端信息科技服务商。以数据中心及增值业务为核心，加快项目建设运营，紧抓营销和稳定运营，加强云计算等研发能力提升。充分利用资本市场，开放合作，快速扩展业务规模和市场区域，尽快形成国际化、标准化、网络化的业务和市场格局。加快资本运作，完成资本证券化目标。

园区业务转型发展定位于产业新兴化、功能综合化的科技和文创特色园区。依托区域产业规划，以主题园区为模式，采用合作开发、租赁、项目合作等方式，由工业地产转型，逐步形成医疗科技产业园区、北京铜牛电影产业园区、科技文创产业园区、信息科技产业园区。

铜牛集团走过六十多年的发展历程，始终秉承企业经济责任、政治责任、社会责任，从 1997 年组团 18 家企业合并重组，到四个基地建成，到产业调整及新的产业植入，都做到始终坚持市场导向，突出服务发展大局，紧紧围绕增强国有企业活力，持续攻坚，取得一定成果。在“十三五”期间，铜牛集团将聚焦城市功能定位，以更加强烈的责任感和使命感，进一步解放思想，勇于创新，主动作为，直面矛盾，迎难而上，推动企业实现可持续发展。

竹浆纤维针织物服用性能的研究

张永久　冯爱芬

竹纤维按其加工方法分为竹原纤维和竹浆纤维。竹原纤维是通过物理和机械方法将竹子脱青、反复压轧后，采用部分脱胶工艺进行脱胶得到的纤维。竹浆纤维是采用化学方法，以竹子为原料，经特殊的工艺处理制得的纤维素含量达到93%以上的再生纤维素纤维。目前用于纺织加工的竹纤维一般指竹浆纤维。竹纤维既可以纯纺，也可以与棉、麻、丝、毛、粘胶、莫代尔、天丝及各种合成纤维混纺，可生产针织、机织等各种风格的织物。其织物具有可生物降解、手感柔软爽、悬垂性好、强力高、耐磨性好、吸湿透气、凉爽舒适等特点，因此近年来得到了广泛的应用，竹纤维针织服装也越来越受到人们的青睐。为了全面了解竹浆纤维针织物的性能，从耐用性、舒适性、外观性能、表面摩擦性能、抗紫外线性能等方面对所选的七种纯竹浆纤维及其混纺纬平针组织织物进行研究。

一、试验材料与方法

1. 试验材料

实验选用七种服装生产企业实际生产和应用的各种含竹纤维（竹浆纤维）的纬平针织物，已知纱线的混纺比和线密度，并按照英国标准BS5441：1998《针织物试验方法》测试了织物密度，按照ISO 5084：1996《纺织品和纺织制品的厚度》测定织物厚度，按照测试英国标准BS EN 12127：1998《纺织品—织物平方米重量（克重）》测试织物面密度，结果见表1。

张永久，教授，针织染整专家，河北科技大学纺织服装学院。中国针织工业协会第三届专家委员会委员。

冯爱芬，教授，服装面料专家，河北科技大学纺织服装学院。

表1　织物的基本结构参数

试样号	织物原料（纱线 +3.3tex 氨纶）			密度			面密度/g·m^{-2}	厚度/mm
	纱线纤维及含量/%	线密度/tex	3.3tex 氨纶含量/%	横密/纵行·cm^{-1}	纵密/横列·cm^{-1}	总密度/线圈·cm^{-2}		
1	竹纤维/有机棉：50/50	14.8	5	17.34	34.96	606	235.80	0.768
2	竹炭粘胶/莫代尔/竹纤维：45/45/10	14.8	5	19.42	28.40	552	213.00	0.788
3	PCM 粘胶/竹纤维：80/20	14.8	5	17.32	35.80	620	244.97	0.854
4	竹纤维/棉纤维：70/30	14.8	5	19.42	32.14	624	244.75	0.740
5	竹纤维：100	14.8	5	18.52	34.66	642	267.05	0.870
6	竹纤维/莫代尔：50/50	11.8	5	19.40	28.66	556	182.24	0.722
7	PCM 粘胶/竹纤维：80/20	14.8×2	0	16.12	24.34	392	302.44	0.730

2. 试验方法

（1）耐用性：顶破强力：根据标准 GB/T 19976—2005《纺织品　顶破强力的测定　钢球法》，采用 YG031 型电子织物顶破强力仪检测。

耐磨性：按照标准 ISO 12947 -2：1998《纺织品　马丁代尔法织物耐磨性的测定　第 2 部分：试样磨损》，采用 Nu-Martindale Abrasion and Pilling Tester（James H. Heal &Co. Ltd. Halifax Enfland）检测。

（2）抗起毛起球性：按照 ISO 12945 -2：2000《纺织品　织物表面起毛起球性的测定第 2 部分：修订的马丁代尔法》，采用同耐磨性试验仪进行检测。

（3）舒适性：透气性：根据标准 GB/T 5453—1997《纺织品　织物透气性的测定》，采用 Y461E—Ⅱ型数字式透气量仪进行检测。

透湿性：根据标准 GB/T 12704.1—2009《织物透湿量测定方法　透湿杯法》进行测试。

毛细效应：根据标准 FZ/T 01071—2008《纺织品　毛细效应试验方法》，采用 YG（B）871 型毛细管效应测试仪进行检测。

（4）悬垂性：参考标准 GB/T 23329—2009《纺织品　织物悬垂性的测定》，采用 M506 - Ⅱ织物动态悬垂性风格仪进行检测。

（5）表面摩擦性能：参考标准 FZ/T 01054—2012《织物表面摩擦性能的试验方法》，采用 KES 织物多功能测试仪进行检测。

（6）抗紫外线性能：根据标准 GB/T 18830—2009《纺织品　防紫外线性能的评定》，采用 YG（B）912E 型纺织品防紫外线性能测试仪进行检测。

二、试验结果与分析

1. 耐用性

实验结果如表 2 所示。

表 2　织物顶破强力和耐磨性试验结果

试样号	顶破强力/N	磨损转数/转
1	116	51666.67
2	107	60000
3	125	46666.67
4	137	58333.33
5	110	73000
6	78	31666.67
7	305	90000

（1）织物顶破强力分析：织物的纤维成分、纱线线密度、密度、厚度、面密度等都会影响其顶破强力，从织物服用性能来讲，织物的顶破强力越大，织物的耐用性越好。

织物 7 的顶破强力最大，高达 305N，而且比其他几种面料大很多。主要是因为该面料是双支纱，织物组织较为牢固，是织物中唯一一种不含氨纶的，织物弹性较小，同时织物较为厚重，顶破织物较为困难，所以该织物的顶破强力最大。织物 6 的顶破强力最小，采用的是竹浆纤维/莫代尔（50/50）纱线，纱线最细，厚度和面密度最小。而其他五种织物均采用相同线密度的纱线，织物均含有相同含量的氨纶，但由于纤维成分、密度、厚度和面密度不同，从而造成它们的顶破强力略有所差异。

（2）织物耐磨性分析：织物 7 采用双纱编织，克重最大，耐磨性最好。织物 6 是所有织物中唯一一种用线密度为 11.8tex 纱线编织而成的织物，其厚度最薄、克重最小，织物相对比较稀薄，在摩擦过程中，纱线很容易发生变形，这使得纤维头端很容易露出纱线或者织物表面，从而很容易从纱线中抽出脱落，所以耐磨性最差。织物 5 的耐磨性仅次于织物 7，具有较好的耐磨性。这是因为织物为含氨纶纯竹纤维织物，而竹纤维的强力比较大，纱线强力也大，所以织物的耐磨性较好。织物 1 和织物 3 的耐磨性相近，这两种织物具有相近的线圈密度和平方米重量。织物 1 采用竹纤维与有机棉混纺（50/50），而织物 3 采用 PCM 粘胶与竹纤维混纺（80/20）。织物 3 的竹纤维含量比织物 1 的少，所以造成织物 3 的磨损转数比织物的要少。织物 2 和织物 4 的耐磨性，虽然织物 4 的竹纤维含量、织物密度和平方米重量都大于织物 2，但是织物 2 中含有莫代尔纤维，而莫代尔纤维是一种强力比较大的纤维，所以造成这两种织物具有相似的耐磨性。

（3）织物顶破强力与耐磨性之间的关系分析：为了分析顶破强力与耐磨性之间的关系，采用顶破强力作为自变量，磨损转数作为因变量进行了回归分析，发现他们之间存在一元二次关系：$y = -0.9811x^2 + 594.31x - 372.21$，$R^2 = 0.6669$。基本上，织物的顶破强力较大，织物的耐磨性也好。

2. 抗起毛起球性

试验结果如表 3 所示。

表 3　织物起毛起球评价结果　　单位：级

试样号	125 转	500 转	1000 转	2000 转	5000 转	7000 转
1	4.7500	4.0833	3.8750	3.4167	3.1667	3.2500
2	4.5000	3.5417	3.1250	2.8333	2.6250	2.7917
3	4.3750	3.9167	2.5833	2.9583	2.4583	2.5833
4	4.3750	3.7917	3.4583	2.8750	3.0000	3.1250

续表

试样号	125 转	500 转	1000 转	2000 转	5000 转	7000 转
5	3.9167	2.6667	2.1250	1.8750	1.5833	1.8333
6	4.1250	3.4167	3.1250	2.4167	2.8333	2.7500
7	4.9583	4.4517	4.2500	4.2500	3.7917	3.6667

实验所用的7种针织物所采用的纱线由竹纤维或者竹纤维与其他纤维按照不同的混纺比混纺而成。由于不同的纤维具有不同的性能，使得织物的起毛起球性也有差异。纱线有三种不同的线密度，织物有的含有氨纶，有的不含氨纶。这些因素都会造成织物的起毛起球性有差异。运用 excel 对各织物起毛起球等级与摩擦转数之间进行了回归分析，得出回归方程，如表4所示。

表4　织物起毛起球等级与摩擦转数之间的回归方程

试样号	回归方程
1	$y = 7E^{-08}x^2 - 0.0007x + 4.5724$，$R^2 = 0.9141$
2	$y = 9E^{-08}x^2 - 0.0008x + 4.159$，$R^2 = 0.8219$
3	$y = 9E^{-08}x^2 - 0.0008x + 4.1286$，$R^2 = 0.7251$
4	$y = 8E^{-08}x^2 - 0.0007x + 4.2092$，$R^2 = 0.8469$
5	$y = 1E^{-07}x^2 - 0.001x + 3.4548$，$R^2 = 0.7948$
6	$y = 8E^{-08}x^2 - 0.0007x + 3.8634$，$R^2 = 0.7144$
7	$y = 3E^{-08}x^2 - 0.0004x + 4.7678$，$R^2 = 0.8847$

从表4可以看出，各织物的起毛起球性等级与摩擦转数之间均存在一元二次线性关系。从摩擦开始到5000转结束，所有织物的抗起毛起球性基本上都是随着摩擦次数的增加而降低，也就是起毛起球性在增加；从5000转到7000转，除了织物7之外的织物的抗起毛起球性又在提高，也就是起毛起球性在降低。在所有织物中，织物7的抗起毛起球性最好，而织物5的抗起毛起球性最差。从织物5、4和1的实验结果来看，随着织物中棉纤维混纺比的增加（从0到30%，再到50%），织物的抗起毛起球性在增强，在7000转结束时，分别为1.8333级、3.1250级和3.2500级。织物3和织物7都是采用的PCM粘胶/竹纤维（80/20）纱线，织物3中加入氨

纶，织物 7 中没有加入氨纶，而且是采用双纱编织，但是这两种织物的抗起毛起球性在实验过程中有所不同，织物 7 要明显优于织物 3。也可能氨纶的加入使针织物更容易起毛起球。这和 A. B. Marmarali 的研究结果正好相反。氨纶对针织物起毛起球性的影响目前的研究还非常有限。有研究认为含氨纶针织物出现的布面起毛起球等质量问题与织造工艺参数有密切的关系。编织单面添纱针织物时氨纶线圈长度与主纱线圈长度之比为（1:2.3）～（1:2.6），可较大程度地减少布面毛羽，提高织物抗起毛起球性。但是氨纶在织物起毛起球过程中起到什么作用，有何机理还有待研究。在织物的起毛起球实验过程中，氨纶的加入一方面使织物容易发生变形，同时织物变形后的弹性回复率又高，这样使纤维不易磨断脱落，另一方面由于氨纶的存在使露出织物表面的纤维不容易从织物或者纱线中脱落，这样使含氨纶织物的抗起毛起球性比较差。在竹纤维针织物的耐磨性试验中，就发现含氨纶针织物的磨破是主纱线线圈断裂，而氨纶依然完好的现象。另外，织物的厚度、面密度、密度等都对织物的起毛起球造成一定的影响。如果织物紧密，线圈长度小，那么抗起毛起球性就好。

3. 舒适性

服装的舒适性实际上就是指织物维持人体产热散热平衡和调节微气候区湿度的能力。人体散热，需要蒸发汗液来降低体表温度；人体产热，需要紧缩汗腺停止出汗，全身骨骼肌发生非节律性颤动来提高体温。评价服装材料的舒适性指标有很多，研究选用了透气性、透湿性和毛细效应三个指标，结果如表 5 所示。

表 5　舒适性试验结果

试样号	透气率/mm·s^{-1}	透湿量/g·m^{-2}·d^{-1}	毛细效应	
			纵向芯吸高度/mm	横向芯吸高度/mm
1	883.20	660.38	142	135
2	592.89	634.89	132	145
3	288.44	668.31	144	131
4	334.94	661.79	129	141

续表

试样号	透气率/mm·s^{-1}	透湿量/g·m^{-2}·d^{-1}	毛细效应	
			纵向芯吸高度/mm	横向芯吸高度/mm
5	433.79	646.87	141	140
6	1178.23	678.20	140	142
7	500.91	629.08	178	180

（1）织物透气性分析：织物的透气性由透气率表征，织物的透气性与其纤维种类及含量，织物密度、面密度、厚度、纱线线密度等参数都密切相关。从织物的舒适性能来讲，织物的透气性越好，织物的舒适性也越好。由表5可以看出，织物6的透气性最好，织物4的透气性最差。织物6所采用的竹浆纤维/莫代尔（50/50）纱线，纱线最细，面密度和厚度，织物纱线间空隙较大，所以透气性最好。而织物4采用竹浆纤维/棉纤维（70/30）纱线，织物密度最大，面密度也较大，所以透气性最差。其他织物中，织物1的透气性也比较好，然后是织物2和织物7，而织物4和织物5的透气率也较小。

（2）织物透湿性分析：从表5的透湿量结果来看，这7种织物之间没有明显的差异。因为所有织物的原料都是再生纤维素纤维的纬平针针织物，而针织物有线圈构成，纱线之间存在空隙，所以织物的密度、面密度和厚度的差异对透湿性基本没有影响。

4. 织物毛细效应分析

按照标准GB/T 21655.1—2008《纺织品　吸湿速干性的评定　第1部分：单项组合试验法》，当芯吸高度≥10cm时，织物具有吸湿性。织物7的毛细效应最好，其他6种织物的毛细效应没有显著差异，都纵横向芯吸高度均超过10cm，在14cm左右。织物7的芯吸高度最大是因为其织物密度最小，线圈中圈柱和圈弧相对比较长平直，使得液态水传递速度加快，而其他织物的密度就较大，所以芯吸高度就低。

5. 悬垂性

织物的悬垂性是指织物因自重而下垂的性能，反映织物的悬垂程度和悬垂形态，是决定织物视觉美感的一个重要因素。悬垂性能良好的织物，能够形成光滑流畅的曲面造型，具有良好的贴身性，给人以视觉上的享受。织物静、动态悬垂性测试结果如表6所示。

表6　织物静、动态悬垂性测试结果

试样号	静态				动态			
	投影面积/mm^2	波峰数/个	悬垂度/%	投影轮廓平均半径/mm	投影面积/mm^2	波峰数/个	悬垂度/%	投影轮廓平均半径/mm
1	13865.13	7	92.47	66.27	14026.91	7	91.90	66.64
2	13761.12	8	92.78	65.98	13868.06	9	92.46	66.23
3	15903.44	9	86.46	70.45	15586.59	10	87.39	69.69
4	16034.59	8	86.07	70.88	16064.05	9	85.99	70.98
5	13638.31	7	93.14	65.71	13817.81	8	92.61	66.12
6	13851.36	7	92.51	66.19	14057.88	6	91.99	66.68
7	13592.92	5	93.27	65.57	13740.75	7	92.84	65.95

织物的悬垂性能由织物悬垂时的悬垂系数、悬垂度、波峰数、投影面积、投影轮廓平均半径等指标来表征。织物的悬垂度、投影面积、投影轮廓平均半径越小，波峰数越多，那么织物的悬垂性越好。由表6可以看出，织物7的静态和动态悬垂性从投影面积、悬垂度和投影轮廓平均半径来分析都是最好的，但是其波峰数较少，这样织物虽然悬垂性最好，但是如果制作成大摆裙形成的自然下垂褶会比较少。而织物3和织物4虽然静态和动态波峰数较多，但是它们的悬垂度、投影面积、投影轮廓平均半径均比较大，但是如果制作成大摆裙自然下垂褶会多，并均匀美观。其他织物都有接近织物7的良好悬垂性。

6. 表面摩擦性能

织物的表面摩擦性能决定面料表面的滑爽度和光洁度。织物的表面摩擦性能试验结果如表7所示。

表7　织物表面摩擦系数测试结果

试样号	平均摩擦系数（MIU）	摩擦系数不匀率（MMD）	表面不平度（SMD）
1	0.218	0.85	1.78
2	0.213	0.85	2.52
3	0.210	1.20	3.97
4	0.204	1.60	3.82
5	0.220	0.73	1.90
6	0.203	0.80	2.19
7	0.186	0.96	2.50

织物的表面摩擦系数，摩擦系数不匀率和表面不平度与其基本结构参数密切相关。纱线越粗，沿着摩擦方向的纱线浮长越大，摩擦系数就越大；织物结构越紧，织物表面单位面积的突出点数增多，摩擦织物时的实际接触面积增加，所以表面平均摩擦系数增大。织物表面浮长越长，纱线越细、织物越紧密，那么织物表面摩擦系数不匀率值就越小。织物越紧密平整光洁，纱线越细，纱线表面光洁，那么织物的表面不平度就越小。

试验所选用的7种针织物都是采用纬平针组织，其中织物1~6全含氨纶，而只有织物7不含氨纶。织物7虽然采用的纱线最粗，织物密度最小，但是织物面密度最大，结构紧密，尺寸稳定性好，不像含有氨纶的织物在很小力的作用下容易发生变形，所以其表面平均摩擦系数最小，但是摩擦系数不匀率较大，而表面不平度居中。含有氨纶的6种织物的表面摩擦系数都超过了0.2，均比织物7大。这是因为含有氨纶的织物在摩擦力的作用下，容易发生变形，从而产生更大的摩擦阻力。织物5是添加氨纶的纯竹浆纤维，织物密度最大，虽然表面的摩擦系数最大，但摩擦系数不匀率最小，表面平整，表面不平度值仅高于织物1。织物3和织物4的表面不平度较大，所以造成它们的摩擦系数不匀率也较大。通过分析发现，织物表面不平度对织物表面摩擦系数不匀率有显著的影响，织物表面不平度越大，那么织物表面摩擦系数不匀率就越大，两者成正相关关系（$y=0.3028x+0.1906$，$R^2=0.7666$，x为不平度，y为摩擦系数不匀率），而表面摩擦系数与表面不平度无关。

7. 抗紫外线性能

人们日常穿着的服装都具有吸收或反射部分紫外线的能力，从而在一定程度上能够保护皮肤。织物对紫外线的防护能力常用紫外线防护系数UPF（Ultraviolet Protection Factor）表征。该数值越大，表明织物的紫外线防护能力越好。国标规定只有UPF值大于40，且长波紫外线（400～320nm）UVA（Ultraviolet A）透过率小于5%的纺织品才可称为“防紫外线产品”，且两者缺一不可。织物的抗紫外线性能测试结果如表8所示。

表8　织物抗紫外线性能测试结果

试样号	UVA透过率/%	UPF
1	0.025	18828.84
2	3.964	78.72
3	1.589	215.28
4	0.427	950.91
5	0.368	573.47
6	13.483	10.87
7	5.278	41.58

根据国家标准，除了织物6和织物7之外，其他织物都有优良的抗紫外线性能。织物的抗紫外线性能受到各种因素的影响，如纤维种类、织物厚度、密度、颜色、后整理、面密度等。织物6采用的纱线最细，面密度和厚度最小，所以织物中的纱线之间空隙较大，所以抗紫外线效果最差，但透气性最好。虽然织物7的UFP值大于40，但是其UVA值大于5%，所以长波紫外线的通过率不符合标准要求。而织物1的UPF值最大，UVA的透过率最小。织物6没有抗紫外线效果，因为采用的纱线比较细，织物面密度、密度和厚度最小。织物的抗紫外线试验忽略了织物颜色（7种织物颜色不同）的影响，所以单从织物的基本参数分析织物的抗紫外线性能不够全面。总体来说，含有氨纶的竹浆纤维纬平针织物，只要采用的纱线线密度不低于14.8tex，不论是何种颜色，都具有优异的抗紫外线功能，非常适合制作夏季户外服装。

三、结束语

（1）竹纤维针织物具有较好的耐用性能。采用线密度为14.8tex×2的

PCM 粘胶/竹纤维（80/20）纱线、不含氨纶的织物耐用性最好，而采用线密度为 11. 8tex 的竹纤维/莫代尔（50/50）纱线，并含有氨纶的织物的耐用性最差。

（2）织物的起毛起球性是一个复杂的过程，受到各种因素的影响。所研究的竹纤维针织物中，14. 8tex × 2 PCM（相变材料）粘胶纤维/竹纤维（80/20）混纺、不含氨纶针织物的抗起毛起球性最好，14. 8tex100% 竹纤维氨纶针织物的抗起毛起球性最差；竹纤维和棉纤维混纺可以提高针织物的抗起毛起球性，竹纤维和 30% 或以上的棉纤维混纺，其含氨纶针织物的抗起毛起球性可以得到大幅度提高，从 1. 58 级提高到 3 级及以上。

（3）竹纤维针织物具有很好的舒适性。透气性、透湿性和毛细效应均较好，适合制作内衣和夏季服装。

（4）竹纤维针织物具有很好的悬垂性。

（5）不含氨纶的竹浆纤维针织物表面摩擦系数小于含有氨纶的针织物的表面摩擦系数。

（6）纱线线密度为 14. 8tex，含有氨纶的竹浆纤维针织物，不论何种颜色，都具有优异的抗紫外线功能，非常适合制作夏季户外服装。

各种原料在针织产品开发中的应用

张佩华

针织产品对原料的适用性广，目前各种天然纤维、化学纤维均可以在针织产品开发中得到应用。随着服用针织面料向舒适、功能、时尚、智能和多样性发展，各种天然纤维向深加工方向拓展，纤维素纤维、弹性纤维广泛应用，差别化功能性能纤维应用比例增加，生态环保纤维成为未来发展趋势。除此以外，智能纤维及智能可穿戴针织产品、高性能纤维复合材料等的应用，也都是研究的热点。

一、天然纤维及其纱线与针织产品

1. 棉

（1）利用捻度变化形成不同手感针织品，如超低捻度棉纱，织物具有羊绒般的超柔软手感；超高捻度棉纱，织物挺爽具有仿麻效果。

（2）通过丝光处理形成光洁织物。

（3）混纺/交织形成多样化风格，如棉与毛、羊绒等天然纤维混纺，具有品质感和温暖感；棉与有光纤维锦纶、粘胶、醋酸等混纺，具有变化丰富的光泽感；棉与弹性纤维交织，具有良好弹性。

（4）天然彩色棉，利用现代生物工程技术选育出的一种吐絮时纤维具有色彩的棉花，产品无须染色，可用于生产内衣等贴身穿着的针织产品。

2. 羊毛

羊毛、羊绒、真丝等是高品质针织产品首选，羊毛/羊绒针织产品发展方向是轻薄化、功能化、舒适化。运用羊毛细化改性工艺、羊毛防缩可机洗整理技术提高产品档次；通过对普通羊毛进行拉伸和定形，使其蛋白质大分子重新排列，使羊毛纤维变细变长，经拉伸细化后的羊毛某些性能与羊绒接近，可以纯纺或与羊绒、真丝等混纺，生产轻薄型内衣等产品。

张佩华，教授，针织专家，东华大学纺织学院针织系系主任。

3. 丝与针织产品

真丝可与棉、毛、麻、粘胶、Tencel、Modal、锦纶、醋酸纤维、玉石纤维、新型涤纶、弹性纤维等多种纤维交织或混纺，结合弹性纤维的选用，形成柔软的手感和良好的悬垂性。

4. 麻与针织产品

亚麻、苎麻纯纺纱用于针织面料。常用亚麻、苎麻纤维与棉混纺，或与Tencel、Modal、Lyocell、竹纤维、粘胶纤维、弹性纤维混纺或交织。为改善麻类产品手感，一般选用生物脱胶、生物酶等方法进行处理。

二、新型纤维素纤维及其纱线与针织产品

1. Modal 纤维

原料采用欧洲的榉木，先将其制成木浆，再纺丝加工成纤维。产品具有柔软、舒适、真丝般的光泽、滑爽、吸湿透气等特点，适宜制作针织内衣、外衣和家纺产品等。Modal 纤维又开发出新型功能性产品，如 Modal 抗菌纤维、Modal 抗紫外线、彩色 Modal 纤维和超细 Modal 纤维等。

2. Tencel 纤维

原料来自于天然木材，将木材制成木浆，采用 NMMO 纺丝工艺，将木浆溶解在氧化胺溶剂直接纺丝，氧化胺溶剂循环使用，回收率达 99% 以上。该产品具有高的干、湿强力，较高的溶胀性和独特的原纤化特性，并具有良好的可纺性，可以与各种天然纤维、纤维素纤维、功能性纤维混纺，适用于生产毛衫、内衣、T 恤、袜品、休闲产品等。

3. 圣麻纤维

以天然麻材为原料，通过蒸煮、漂白、制胶、纺丝、后处理等工艺路线，把麻材中的纤维素提取出来，并保留麻材中的天然抑菌物质。该纤维特点为：截面似梅花型和星型，不规则；吸湿性、透气性好；具有天然抑菌防霉性；染色均匀。适用于生产内衣、装饰和床上用品等。

4. 竹纤维

目前的竹纤维有两种，原竹纤维和竹浆纤维。原竹纤维的纤维素含量在 60% 以上，通过浸、煮、软化、漂白等加工工艺制成，纤维特点为表面有竹节，织物凉爽、吸湿、透气、抗菌，手感光泽接近麻。其规格一般为

单纤线密度4.4dtex，长度51～140mm。竹浆纤维的生产工艺路线是浆粕浸渍→压榨→粉碎→老化→黄化→溶解→过滤→熟成→脱泡→纺丝→凝固→切断→后处理。该原料具有抗菌、透气、悬垂、吸湿、耐磨、染色性好、光泽亮丽等特性，市场应用的竹纤维主要指竹浆纤维类，可应用于内衣和袜子等产品。

5. 竹炭纤维

采用生长在南方五年以上的毛竹，经过土窑烧制成竹炭，将纳米级竹香炭微粉经过表面处理，分散均匀，经特殊工艺将其浆乳添加纺丝溶液中，再制备出纤维。纤维特点：吸附和除臭功能、调湿、抗菌防霉、吸湿快干。适于制作内衣、运动休闲产品、袜子、毛巾、床上用品等。

6 丽赛纤维

这种纤维又称改性粘胶纤维。纤维特点：湿态模量高，断裂强力高，断裂伸长小，吸水率低，耐碱。产品特点：导湿、透气、手感柔软、滑爽、悬垂性好、染色鲜艳、有光泽。适于制作内衣、毛衫、T恤衫等。

7. VILOFT 纤维

VILOFT 纤维又有植物羊绒之称。主要原料从人工种植林区树木中的木浆中提炼出，截面呈扁平形状，含细微沟槽和孔洞的纤维。产品特点：手感柔软、透气，有丝绸质感。VILOFT 纤维产品有多个系列，有的适用于内衣和家居服饰，有的适用于运动休闲服饰，有的适用于时装。

三、新型蛋白质纤维及其纱线与针织产品

1. 大豆蛋白纤维

大豆蛋白纤维从大豆粕中提取蛋白质聚合物，配制成一定浓度的纺丝液，湿法纺丝并经醛化处理生产各种规格的纤维。纤维和产品特性：单丝线密度细，密度小，强伸度高，吸湿导湿性好，手感柔软，光泽柔和，保暖性好。适于制作内衣、T恤衫、袜子和毛衫等。

2. 牛奶蛋白纤维

将液态牛奶经脱脂、脱水、提纯后，制成牛奶浆，与其他高分子化合物共混或共聚，采用湿法纺丝工艺制成牛奶蛋白纤维。目前可商业化生产的牛奶蛋白纤维有腈纶基和维纶基两种。产品特点是柔软舒适，具有丝质

感，适于贴身穿着的内衣、T恤衫、夏季毛衫和袜类产品的开发。

3. 珍珠纤维

在纤维素纤维纺丝时将超细级珍珠粉加入纤维内，使纤维体内和外表均匀分布着珍珠微粒。纤维特点：富含多种氨基酸和微量元素、吸湿透气、光滑凉爽、外观亮丽。该纤维可以纯纺或与Modal、Tencel、羊绒、羊毛等原料混纺，适于制作高档针织内衣、文胸、T恤衫、睡衣、运动衣和床上用品等。

4. 蛹蛋白粘胶长丝

蛹蛋白粘胶长丝又称波特丝、蛹蛋白丝。将干蚕蛹制成蛹酪素，再制成蛹蛋白纺丝液，与粘胶原液共混，经湿法纺丝和醛化处理，制成具有皮芯结构复合长丝。该产品兼具粘胶长丝和蚕丝的特点。

四、弹性类纤维及其纱线与针织产品

1. 弹性纤维

莱卡是杜邦公司弹性纤维注册品牌，有五种包纱工艺：单层包覆、双层包覆、包芯纱、包缠纱和包捻纱。织物弹性大小与弹性类纱线在织物中的含量和织入织物的方式有关。弹性纤维有多个品种：柔软舒适型，在保持良好弹性的同时减小服装对人体的压力，使得紧身和柔软舒适两方面的矛盾达到最佳结合，弹性纤维可以与棉、超细纤维、天丝等原料交织生产纬编面料；易定型，可以在较低的温度下进行定型（比常规弹力织物低15~20℃）或在相同温度下以较快的速度定型（效率提高25%~75%），从而增加产量，降低能耗，且织物白度和色彩好，弹性纤维可以与热敏感纤维，如锦纶、棉、粘胶、天丝、羊毛、真丝等一起使用生产纬编成衣；运动型，可使人体运动自如，弹性纤维可以与涤纶等纤维交织生产运动健身服，并已经用于田径、游泳、健美、足球、网球等项运动与比赛服装；清新系列，含有各种清香味道的莱卡产品，分别适用于不同生活、工作环境下所需服饰产品的开发。

2. 新型聚酯PTT

PTT纤维具有良好的回弹性、蓬松性、抗污性、化学稳定性，湿态下尺寸稳定性好，玻璃化温度高于室温，常温常压下染色等优良特性。PTT

短纤维适于开发女式紧身衣、女式睡衣、休闲服、泳衣、运动装、外套、袜类等产品。PTT长丝可与与其收缩率不同的化纤长丝合股交织生产仿毛针织产品，织物经过后整理会产生不等的缩率，呈现出各种凹凸立体花纹，也适宜开发各种经编仿桃皮绒、仿麂皮等产品。新一代的PTT纤维有弹性聚酯纤维T400等。T400是PTT纤维与聚酯纤维共轭纺丝，产品具有良好的弹性和回复性、洗可穿、光洁、柔软等特点，可以与其他天然纤维和化学纤维交织，经砂洗、仿旧、磨砂等后处理，生产轻薄针织面料。

3. 新型锦纶Tactel

具有柔软舒适、光泽好、回弹性佳、色牢度好、可机洗等特点。Tactel纤维有多个系列，如Tactel Micro（超细纤维），手感柔软，质轻；Tactel Strata，具有深浅不同的双色的层次变化；Tactel Aquator，透湿透气性能好；Tactel Multisoft，手感柔软，有不同光泽效应；Tactel Diabolo，具有特殊光泽和悬垂性。这些锦纶适宜制作内衣、袜子、时装、运动休闲服饰等。

4. 新型锦纶Supplex

这是一种新型锦纶66，有标准型、轻巧型、超细型、丝光型、软黑型、抗紫外线型。产品特性是柔韧、质轻、比标准锦纶软26%~36%、吸湿、弹性、易护理。适宜开发T恤衫、衬衣、女上装、运动服、休闲服、内衣裤、短袜等针织产品。这种新型锦纶可以加工成空气变形丝或加弹丝，生产各种纬编面料与服装。

五、差别化功能性纤维及其纱线与针织产品

差别化功能性纤维主要指单纤细度小于1dtex的细旦纤维、截面为非圆形的异形纤维、加入色母粒的有色纤维、改性纤维以及添加特定功能母粒的功能性纤维五大类。

单丝纤度小于0.1dtex的纤维称为超细旦纤维。细旦和超细旦纤维产品手感柔软，具有毛细效应，适宜开发针织内衣和运动休闲服饰。

异形纤维的不同截面形状赋予纤维及面料不同的特性，如三角形截面具有优雅的光泽和绢丝的触感；三叶、五叶、八叶等多叶形截面具有闪光性、蓬松性，织物挺括、手感好、耐污和抗起毛起球；多于三角的多角形截面能改进纤维的闪光现象，使织物典雅、优美；十字形截面有光泽柔

和、刚性好、结节强度高（瘦型的光泽差但蓬松性好）；扁平形截面具有优良的抗起毛起球性和闪光性，可制成纬编起绒织物；L 形截面具有纤维集束后沿轴向形成毛细效应，织物具有吸汗性好、硬挺、拒水等特性。

除上述差别化纤维外，其他功能性纤维有：

1. 保暖纤维

（1）远红外纤维。远红外纤维具有优良的保暖和保健功能，已广泛用于保暖内衣、羽绒服、登山服、袜品、棉被及床上用品等。新一代的远红外纤维可与抗菌、抗静电相结合，制成具有复合型功能的纤维。储热保温聚酯纤维通常在后加工过程中将远红外吸收物质均匀地渗透到纤维分子的内部结构，以提高对阳光等外界红外线的吸收率，同时具有储热保温效果。

（2）发热纤维 EKS。亚烯酸盐系纤维，产品干爽保暖、吸湿性好、无闷热感，又称发热除湿消臭 EKS。适用于普通内衣、保暖内衣和保暖袜品生产。

（3）发热纤维 Thermogear。由铜铵丝和超细抗起球腈纶组合而成，产品特点：舒适，穿着时发热，驱除闷热，感觉清爽。适用于普通内衣、保暖内衣和保暖袜品生产。

（4）保暖透气排汗聚酯纤维 Thermolite。中空聚酯纤维，该中空纤维的壁上有许多微孔，具有保暖与排汗功能、轻柔、易洗易干的特点，可以纯纺或与其他短纤维混纺生产纬编针织面料。适于保暖内衣、运动服装、衬衣、袜子、帽子、手套、防寒服里料、睡袋里料等。

（5）中空保暖纤维 Sunlite。纤维中含有规则的高密度中空结构，高中空结构减少了纤维 20% 的重量，可包含大量的静止空气，产品丰满柔软，干爽透湿，保暖性好，适用于开发保暖内衣、运动休闲服饰。

（6）环形聚丙烯纤维 COMTEX。该纤维具有排汗功能、拒湿功能：湿气可从面料表面挥发；隔热功能：传热能力几乎为零；抗菌功能：纤维的成分阻止了微生物和霉菌的形成和异味的出现；耐久功能：抗物理和机械磨损性能。适用于开发运动休闲类产品和袜品。

（7）微孔纤维 MICROFIB。一种空心双股连体聚丙烯纤维，可在非常低的温度下提供温度保护和舒适，拒湿微孔纤维可以把水汽从其表面传输出去并形成理想的温度，通过合成聚丙酸和微孔纤维，保证舒适温暖。适用于开发运动休闲类产品和袜品。

（8）保莱绒。中空结构聚酯纤维。产品特点：质轻蓬松、柔软、保暖、持久弹性、易干燥、易起毛起球。适用于蓬松起绒布、保暖服饰的生产。

（9）储能纤维。羊毛溶解制得羊毛角蛋白原液与纤维素纤维湿法纺丝纺制而成，不仅含多种氨基酸及蛋白质，与腈纶等纤维混纺具有良好的保暖性能。

2. 抗菌纤维

（1）甲壳素纤维。纤维素和甲壳素的复合纤维，具有抑菌性、生态环保、保健功能。可制成色纺纱、色纺丝、与彩棉等混纺，适用于开发针织内衣、T恤衫、袜品、睡衣、床上用品、室内装饰等。

（2）Amicor抗菌纤维。抗菌剂安全性高，耐洗性好，抗菌效果针对性强（针对人体皮肤的有害菌种），适宜产品：家纺、内衣、运动服饰、婴幼儿服饰等。

（3）纳米银抗菌纤维。在纺丝过程中添加抗菌剂，具有抗菌除臭、吸湿排汗、调节体温、促进脚部血液循环等功能，特别适于生产抗菌保健袜，这种袜子具有杀死细菌而又不引起细菌病原体病变的功能，很适合脚气患者的穿着。

其他抗菌纤维还有铜离子抗菌纤维、二氧化硅抗菌纤维等。

3. 吸湿排汗纤维

（1）吸湿排汗纤维。目前商业化应用的吸湿排汗纤维，大都是异形截面纤维，如杜邦公司Coolmax纤维、仪征化纤Cooldry纤维，其截面均呈十字形。日本东洋纺Triactor纤维呈Y形，Topcool纤维带四沟槽十字截面，Coolking纤维带四沟槽王字形截面，方圆化纤Finecool纤维则是吸湿排汗PTT纤维，有四叶、五叶形截面结构。所有这些异截面纤维均适于开发针织内衣、袜品和运动休闲服饰开发。

（2）抗紫外线吸湿排湿复合锦纶Bodyshellair。该纤维为皮芯结构，其芯部含可遮挡可视光线及紫外线的尼龙聚合物，呈八角形分布，外层是透明且排湿性良好的尼龙聚合物。制成的针织面料具有良好的防紫外线以及吸湿排湿性能，改善了以前防紫外线面料不透气的弊端。

4. 凉爽纤维

凉爽纤维又称玉石纤维，是运用萃取和纳米技术，使玉石和其他有益矿物质材料达到亚纳米级粒晶，熔融纺丝而成。该产品具有保健、降温凉爽、抗菌功能。适宜产品：T 恤衫、贴身内衣等。国内已开发出每根纤维呈内外贯穿的蜂窝状微孔结构，除具有玉石纤维功能外，还具有吸湿快干和抗起毛起球功能。

5. 聚酯仿棉

外观上仿棉——改变纤维截面形状；性能上仿棉——可染、吸湿排湿、外观、手感接近棉；功能上超棉——吸水透气、抗静电性、洗可穿。目前国内聚酯仿棉产品有长丝和短纤维两类。

6. 生物可降解纤维

美国 NatureWork 公司开发了可生物降解玉米纤维，该纤维以淀粉制得乳酸为原料。产品特点：悬垂性、滑爽性、吸湿透气性、耐热性及回弹性良好，色泽艳丽。适用于内衣、女装生产。

7. 阻燃纤维

阻燃纤维多是合成纤维，在其纺丝的过程中加入阻燃剂，通过共聚或共混改性的方法而制得。如阻燃纤维采用溶胶凝胶技术，使无机高分子阻燃剂在粘胶中以纳米状或网络状存在。产品吸湿透气、永久阻燃、燃烧时不熔融滴落，具有自熄效果，燃烧时形成致密炭化层，具有隔热效果。阻燃纤维可用于家纺产品、婴幼儿和青少年服装生产。

8. 芳香纤维

芳香纤维的制备方法有两种：一种是用皮芯复合的方法，在芯层加入由特殊塑料为载体的香料，由于芯层以较低的温度进行纺丝，香味在纺丝过程中的挥发降到了最低限度，纤维成型后香味沿纤维轴向切断的横截面逐渐逸出，达到持久芳香的效果；另一种是采用共混法，把不同类型的香料和纺丝原料共混熔融纺丝，将香料分子熔化在超细的纤维内部，使纤维具有久洗不褪的天然芬芳。

9. 防辐射纤维

这是一种受高能辐射后不发生降解或交联并能保持一定力学性能的纤维。由于射线分中子射线、α/β/γ 射线、紫外线、红外线、电磁波、宇宙射线、激光和微波等，因此有抗紫外线纤维、防微波辐射纤维、防X射线纤维、防中子辐射纤维等。

10. 负离子纤维

通过添加一种具有负离子释放功能的纳米级电气石粉末等，形成具有负离子释放功能的纤维，具有净化空气、杀菌、除臭等功能。产品品种有粘胶、涤纶、丙纶、腈纶、锦纶负离子纤维等，如一种负离子锦纶，其负离子发射率>2000个/cm^3。

六、智能纤维及其针织产品

智能纤维具有感知、处理各种信息和状态的一体化功能，有智能变色、智能光纤、智能调温、自修复和形状记忆等类型。

1. 智能变色

智能变色纤维能够随着外界温度的持续变化而自动发生可逆型的颜色变化。美国CYNAMDE公司，早在20世纪70年代的越战中，就为美国军队研发和制造了吸收光线后服装颜色发生变化的织物，从而满足高性能战服的需要。此后研发出多种具有变色功能的复合纤维，在纺织服装以及服饰领域获得了普遍运用。当前，研究人员主要精力放在转变变色纤维的全部光谱上，进一步提升其智能化程度。

2. 智能调温

智能调温纺织品可对织物的温度进行智能控制，以增强产品的舒适性能。调温纺织品拥有双向的适应性，可进行温度调节，用来开发消防服、滑雪服、帽子、内衣、袜子、手套、床垫、毛毯、枕头等。调温纺织品主要采用了复合纺丝涂层整理以及微胶囊纺丝，发展程度日益成熟。

此外，还有生态环保纤维、高性能纤维等。纤维的不同决定针织品的不同，各种原料在针织产品开发中的应用，决定了针织品必然是丰富多彩的。

梅李经编产业的现状分析与发展思路

陈 俊

梅李经编产业以绒类经编产品为特色，目前双针床经编绒类产品在国内市场占70%以上的份额，产品远销东南亚、欧美及非洲几十个国家和地区。

一、行业发展的历程

根据中国针织工业协会1999年相关资料，我国经编产业规模化发展始于20世纪80年代末，可分为北方片区和南方片区。北方地区主要是一些重点企业，从事经编产品的研究和开发，进行规模化生产。而南方地区主要是扩大产品使用与市场建设，并很快形成产业集群。随着企业交流的开展，经编企业在产品开发的互动与促进不断深化，特别是消费领域的拓展，各主要地区相应市场的兴起，经编行业很快进入快速发展的通道。

目前经编企业主要集中在东南沿海地区，包括广东、福建、浙江、江苏、山东等省市。江苏省发展经编产业较早，也是经编行业发达地区之一。长期以来，江苏省经编行业具有技术和设备开发的优势，有力地推动经编生产，进而推动经编市场的形成。江苏省经编行业已经形成常熟地区、苏锡常地区、苏北地区、吴江地区的发展格局，与毗邻的浙江长兴地区、海宁地区、绍兴地区、义乌地区等形成联动区域，同时与福建、广东等省市的经编产业形成产品和市场的互补。这些区域发展共同构成推动我国经编产业发展的主导力量。

梅李经编产业起步于20世纪90年代初，与我国经编产业发展的大环境密切相关。当时国内福建、广东经编已经开始规模化发展，江苏在设备

陈俊，常熟市梅李镇经编印染协会名誉会长。

和技术优势的推动下，从小企业入手加速集聚推进，而梅李镇大力发展个体经营企业，经编产业脱颖而出。

目前梅李镇拥有各类经编企业700多家，规模以上企业近100家，个体经编户近千家。拥有各类经编机4400多台套，从业人员3万多人。生产的长毛绒、珊瑚线、缤花绒等绒类以及网眼布等产品30多个系列，为家纺、家居、服饰、装饰等行业提供面料，产品远销欧美、中东等几十个国家和地区。梅李镇及周边地区绒类面料年产能已超40万吨，在全球的市场份额逐步扩大，产品更是引领行业与市场。

从1996年开始，梅李经编深入开展与国内经编行业的交流。与行业主管部门和相关行业协会，特别是与中国针织工业协会开展行业调研和产业引导等多项工作，为梅李经编行业的发展注入了新的活力。中国针织工业协会领导还对绒类产品的分类、定名和定义给予指导。2007年8月，梅李镇被江苏省纺织工业协会授予“江苏省经编纺织名镇荣誉称号”。2008年1月，梅李镇被中国纺织工业协会授予“中国经编名镇”荣誉称号，同时被中国纺织工业协会确定为纺织产业集群试点单位。

二、行业现状及分析

积极推进梅李经编区域品牌战略，取得成效。

（一）梅李经编现状

1. 产业产品特色鲜明

梅李经编产业一直保持平稳的发展态势，而良好的发展态势又进一步激发了梅李企业发展经编的热情，梅李经编为梅李镇经济整体发展作出了突出的贡献。

梅李经编产业已经形成了自己的鲜明特色和一定的综合优势，在双针床绒类织物工艺设计、花型设计的一些领域达到国内领先水平，产品品种丰富、规格齐全，梅李已经成为服用和装饰用经编面料重要的生产基地，为相应的市场源源不断地提供大量绒类产品。一些企业市场营销、技改工艺等创新能力处于国内同行先进地位，为绒类特色产品的提升与推广打下基础。

规模以上企业数量呈现增加趋势，占梅李及周边地区经编企业的比例越来越高。

2. 行业交流较为活跃

早期与中国针织工业协会的知名专家合作建立的研发中心和工作室，开展产品研发与市场对接等工作长期进行。在中国针织工业协会的积极倡导与组织下，梅李多家企业已经连续9年参加中国国际针织博览会。永新印染、群英针织、昌盛经纬编等企业连续10次参加江苏国际服装节博览会。参加国内外重要展会，成为企业拓展市场的重要举措。梅李镇政府与行业协会共同开展企业交流互动、企业调查问卷填报活动，掌握企业经营状况，为行业发展决策提供依据。

梅李经编行业与浙江海宁经编行业等进行对口交流，实行优势互补。广泛与经编机械企业如常德纺机、常州五洋、常州润源等沟通互访，从产品开发的源头上进行合作，与广东汕头、福建长乐等产业集群相互沟通学习，取长补短。与江南大学、江苏工程职业技术学校、东华大学进行交流互动，做到产、学、研联合，为梅李经编提供科技支撑。

3. 协会作用充分发挥

梅李镇经编印染协会积极开展行业交流活动，为企业提供市场、技术、专业人才等方面的信息服务，多年来做大量工作。积极联系会员单位，组织企业参加国内外大型订货会、展览会，参加经编行业的各项活动，并组织协会会员赴家纺家居专业销售市场进行考察，随时掌握市场发展和需求动态，为市场源源不断地提供优秀新品。协会副会长单位每季度活动一次，全体会员单位每年开展多种活动。根据实际情况随时进行沟通，处理好政府与企业、企业与企业、企业与各主管部门的关系，真正把协会建成了政府与企业沟通的桥梁。

（二）行业现状分析

1. 国内经编

经编业是纺织业最具活力和发展潜力的产业之一，针织行业从“九五”规划到“十二五”规划都把经编业作为重点发展的产业，前瞻性提出了经编业调整和提升方向。中国针织工业协会2007年编制的经编行业发展报告又进一步明确了经编行业发展方向。

产业集群快速发展。我国几大经编产业集群地产品特色明显，设备先进性持续较快提升，产品更加广泛，市场竞争力逐步增强。集群呈现出效益突出与发展前景好等优点。集群地区的行业管理部门积极推动园区的建设，完善产业链配套，引导总部经济健康发展，为集群的高效发展奠定基础。

经编机械制造进步明显。经编机制造的许多关键技术被突破，科技含量、自动化程度较高的经编机械产品已成为我国经编机械行业的主流产品。设备进步极大促进了国内经编企业向高质量、品牌化发展。

经编技术实现新的进展。经编新技术、原料应用技术、织物整理技术等都得到持续推进，并且得到广泛应用。新技术有力地推动经编织物向厚、薄、重、轻、宽、窄、单层、双层等方向拓展，使织物具有良好的风格和诸多特性。

2. 梅李经编

统计数据显示，梅李及周边地区经编产业工业总产值、销售产值、利润稳步增长。2010 年梅李经编是个发展高峰，工业总产值同比增长 39.28%，销售收入同比增长 38.87%，出口交货值增长 46.49%。近年来，梅李经编在调整中也保持较快发展，带动周边地区经编企业的较快发展，规模以上企业实现的工业总产值、销售收入、利润及出口的增长。规模企业增长幅度高于梅李及周边地区经编企业的整体增长水平。

行业发展也存在一些问题。梅李经编行业产品雷同与同质化竞争现象一直存在，有待于通过研发提升等措施继续克服。企业高层管理人才、技术设计人才与技能人才不适应行业发展的需要。从行业总体看，产业发展导向、市场拓展导向不足，局部处于无序状态，需要不断改善。

三、发展措施与思路

根据我国经编行业发展方向，针对梅李经编行业现状，需要制定和完善各类促进经编产业发展的政策措施，扶持行业有序发展。

（一）发展目标

经编行业产值和出口保持稳步增长。稳定国内市场，巩固国际市场的同时，拓展高端市场，大力培育新的市场优势。在专业设备与产品提升的同时，经编织物与化纤协调发展。产品结构优化，高附加值产品有所增长。

弘扬工匠精神，引领人才培育。造就一批行业的研发人才、一批技能人才，为行业发展注入新的活力。

发挥优势企业引领作用，培育名牌产品。形成销售收入10亿元的经编企业1家、销售收入超5亿元的企业5家，优势企业具有明显较强的市场拓展能力。

（二）发展思路

优化经编特色产业发展环境。规划启动集生产制造、市场、物流于一体的梅李国际经编城，着力打造经编产业基地，有效提升梅李经编特色产业。

1. 产业提升

以骨干企业带动小企业和个体工商户的发展，引导产品开发从相对单一分散向产品群、产业链配套发展，继续形成专业特色和规模优势。重点扶持对产品提升发挥重要作用的研发中心、工作室，特别是有实力的研发中心和传统工作室，进一步发挥产品和品牌的引领作用。通过联合、资产重组、市场细分及分工合作等措施，促进重点企业和重点项目做大做强做优，建立更强的技术优势和市场优势。

产业提升的关键在于产品提升，而产品提升的关键在于设计提升。针对梅李经编企业普遍存在设计人员不足、企业设计水平不高的问题，应当加大对绒类产品设计的研究与总结的力度，普及先进的产品设计方案。扶持优势企业的优秀设计人员，带动全行业设计人员设计水平的提升。

2. 技术提升

坚持以“三品”战略为导向，在做大做强的同时，注重工艺改进，做优做精。通过拓展原料和完善产品设计，增加终端产品的花色品种。通过后整理的技术改造将常规产品进行创新，做出高附加值产品。引进先进的无水印染设备，既提升产品档次，又达到节能减排的功效。完善行业标准，并鼓励企业制定优品标准，发挥技术优势，提升产品的质量档次，发挥引领和示范作用，带动整个中小企业群体的技术提升。引导和支持有优势的经编企业拓展产业链。

拓展各种原料在经编产品开发中的应用，以此增加产品类别。积极拓展功能性、差别化涤纶、锦纶、腈纶、氨纶等合成纤维的应用，积极探索天然纤维、人造纤维及混纺纱的应用，扩大生产品种，完善产品体系，形成新优势。

3. 品牌提升

加速区域品牌建设。通过各种渠道在国内外市场上打响梅李经编这一独特的区域品牌，加快企业创名牌的步伐。对创省、市级以上品牌的企业给予重奖，提高企业创立名牌的积极性，提升梅李经编产业的层次。推行运作区域商标，鼓励企业参与经编绒类产品国家标准、行业标准和团体标准的制定。

继续培育重点企业。目前在经编（含印染）产业中，已涌现出群英针织、夏弘针织、昌盛织造、通惠江印染、永新印染、华达印染、新宏业纺织、燕来盛织造、荣齐织造、大发经编等优势企业。鼓励梅李的优势企业在国内经编行业发挥引领作用，争取国际市场的知名度、影响力有所提升。

4. 市场拓展

发挥绒类产品市场优势。梅李经编产品有较强的辐射力，但是一些大类产品品种老化、规格单一现象突出。有必要认真研究市场，加强与终端客户的御接。

与常州、无锡、张家港和常熟一带的各种绒类织物、网格织物、毛巾等经编面料的生产企业加强合作，形成产品互补的联动机制和措施。借鉴广东、福建、浙江等发达地区的经验，推进生产与销售联动，鼓励企业开发新产品，提高产品档次的同时，完善产品的规格。与广东中大、虎门，浙江柯桥、义乌，山东青岛等专业市场加强联系沟通，把梅李的经编优质新产品源源不断地提供给市场。组织企业积极参加各类国际性展览会，使梅李更多的经编产品进入国际市场。

5. 操作工队伍建设

人力资源与经营效益将呈现正相关。经编机正在不断朝着生产高速化、控制智能化、功能多样化、操作简便化、设计电脑化和管理网络化等方向发展。计算机技术已被广泛应用于经编机各机构控制中，如电子送经、电子梳栉横移、电子牵拉卷取、电子贾卡提花和电子铺纬等。这些成果提高了经编机的工艺性能，简化了机台操作，但对操作工的专业素养和综合技能要求较高。

为此，要大力培养现代产业工人，造就一批既有较高操作技能又有一定专业知识的技能人才。积极参加中国针织工业协会组织的全行业经编工职业技能竞赛，包括年度比赛和三年一轮回的大赛。在梅李镇选拔的环节中，请行业的专家指导企业工人，传授较先进的操作规程，把选拔当成培训的过程。进一步普及行业操作标准，结合绒类生产的特点，完善各个工序的操作。同时，开展企业间的技术交流，相互促进，共同提高。

梅李经编将在各级党委、政府的正确领导下，在相关部门的大力支持下，在行业协会的指导下，在全体梅李经编人的共同努力下，在新的历史时期再创辉煌。

产业用针织品研发的新进展

陈南梁

针织物品种繁多，性能各异，在许多方面具有广泛的应用。对于产业用纺织品，应用要求更加特殊，针织物具有独特的优点，必须加大开发力度。产业用针织品开发的关键在于技术创新。

一、航天器用玻璃纤维经编网格半刚性电池帆板材料

半刚性电池阵是国际空间站及航天器电源系统的发展趋势。我国前期航天器都采用刚性电池基板，这种电池基板不能适应低轨道飞行和长寿命等要求。我国航天部门提出采用半刚性电池阵作为新一代航天器电源系统。半刚性电池阵的关键机构是一个可以承受空间环境介质侵蚀且重量极轻的载体。国际上先进国家采用玻璃纤维原料、经编工艺生产。东华大学围绕玻璃纤维与经编技术展开，突破了专用柔性高强玻璃纤维纱的制备技术；研制了专用增强型浸润剂；首创了玻纤纱可编织性能的表征、测试方法并创新设计制作了专用测试装置；研制了专用整经机磁粉张力罗拉、大张力液态阻尼张力器，突破了高强玻璃纤维整经技术难题；系统研究了玻纤纱的经编工艺及设备，采用全新成圈机构设计，攻克了高强玻纤纱高密度编织技术难题；开发了专用树脂体系以及张紧技术和装置；开展了半刚性基板网格织物的力学建模和响应分析，解决了玻璃纤维网格织物性能模拟的难题。图 1 所示为玻璃纤维经编网格基板编织过程。项目产品通过了材料级、组件级与整板级静动态力学、耐空间环境等测试，各种性能完全符合空间技术的要求。研制的玻璃纤维经编网格材料作为半刚性电池帆板的关键材料已成功应用于我国“天宫一号”“天宫二号”航天器，该技术不仅极大地提高了太阳能电池的发电量，而且大幅度降低了

陈南梁，教授，针织专家，东华大学纺织学院院长。中国针织工业协会经编分会会长。

电池翼重量。图2所示为航天器半刚性电池帆板装配及“天宫一号”应用。产品将进一步应用到我国大型空间飞行器中，具有很大的经济和社会效益。

图1　玻璃纤维经编网格基板编织过程

图2　航天器半刚性电池帆板装配及“天宫一号”应用

二、高性能卫星星载天线金属网格材料

这些天线一般要求其口面直径从几米到一百多米，并且具有能满足高频段工作的高精度反射器表面。目前能够适应这种重量很轻、体积收缩比很大、展开可靠性很高要求的天线反射面类型有两种，即网状反射体天线和膜面反射体天线。网状天线由于具有曲面成型精度高、性能稳定等特点，在现有的空间在轨卫星型号或正在研制开发的空间大型可展开天线项目中，其技术使用最为普遍和成熟。

柔性经编金属网就是采用超细金属丝和经编技术生产的经编柔性网格材料，这种材料具有重量轻、纵横向具有一定延展性、网格尺寸具有可设计等特点。随着经编技术发展，产品应用领域不断拓展。柔性经编金属网广泛用作屏蔽网、催化网、过滤网等，甚至在国防军工和航空航天领域也得到了广泛应用。现代卫星天线的尺寸要求越来越大，以提高其信号传输能力，减小地面接收装置。由于受到航天运载工具运载能力的限制，一般将天线折叠起来固定在运载工具内，待航天器进入轨道后，再展开成工作状态。美、俄、日等国已将经编金属网广泛应用于网状可展开天线，口径也从几米到百米不等。

用于制作天线反射面的超细金属丝经编网是研制星载大型可展开天线的关键基础材料之一。图 3 所示为星载大型可展开天线金属网的应用。东华大学通过研究超细金属丝可编织性的基础理论，建立纱线损伤过程的机理及可编织性的表征手段，分析金属丝断裂机理及编织困难的原因，确立了超细金属丝可编织性表征手段及可编织性的测试方法，同时提出改善金属丝可编织性的方法；基于织物的编织损伤因素和编织张力控制，建立了金属丝损伤与编织工艺控制理论模型，探索提高纱线可编织性与网结构性能的有效途径，为可编织性及编织成形过程控制提供理论依据；基于线圈结构参数与模型理论，研究经编织物线圈结构及织物参数与力学性能的关联机理，为超细金属丝可编织性理论及编织技术的应用提供新的方法和理论依据。项目产品于 2015 年首次应用在我国北斗导航卫星，并在 2016 年应用于高性能“天通一号”卫星，极大地提高了卫星的通信能力。航天部

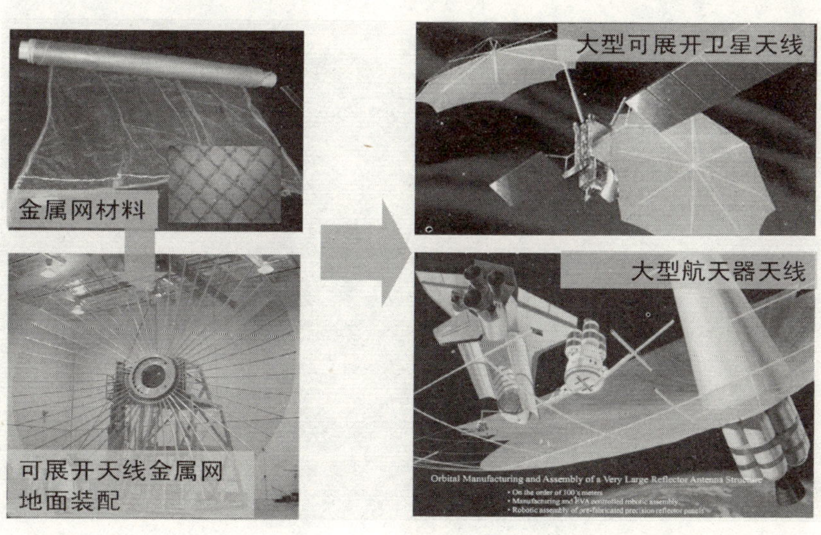

图 3　星载大型可展开天线金属网的应用

门给予了高度评价：“为柔性天线关键产品的国产化进程确立了里程碑的作用，为国产金属网在轨顺利应用奠定了坚实的基础，具有很好的应用前景。”

三、多轴向经编增强材料

新材料是战略性新兴产业的重要领域，先进纺织结构复合材料作为新材料的重要组成部分。目前各国为抢占未来科技制高点，都在积极寻求突破一批满足国家经济社会发展需要，并引领未来发展的纺织结构复合材料关键共性技术。先进纺织结构复合材料及复杂结构一体成型材料的创新发展是我国社会经济发展的重要战略需求。美国 NASA 通过多年研究，在其 ACT 计划中指出，纺织结构复合材料是唯一可作为大型主结构构件的复合材料。

由于多轴向经编织物具有高强度、高模量等特点，这类织物普遍被用作产业用纺织品及复合材料的增强体。图 4 所示为多轴向经编增强材料结构。以高性能纤维为原料的多轴向经编针织物与树脂复合后可以作为骨架材料，其性能好于传统的机织物，甚至在一定程度上比金属具有更好的性

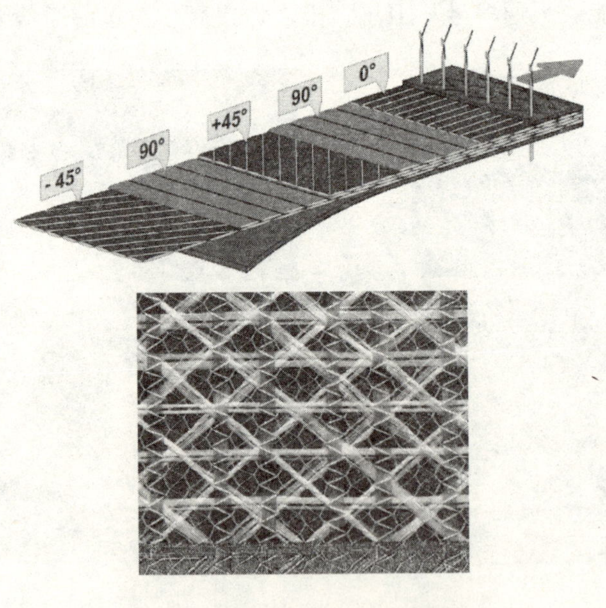

图4　多轴向经编增强材料结构

能。例如使用碳纤维为原料的经编复合材料就比金属材料更加坚固，更加耐高温、耐腐蚀，而且重量大为减轻。因此，多轴向经编织物可作为造船业、航天航空、风力发电、交通运输等许多领域刚性复合材料的增强体，图5所示为多轴向增强复合材料的典型应用。

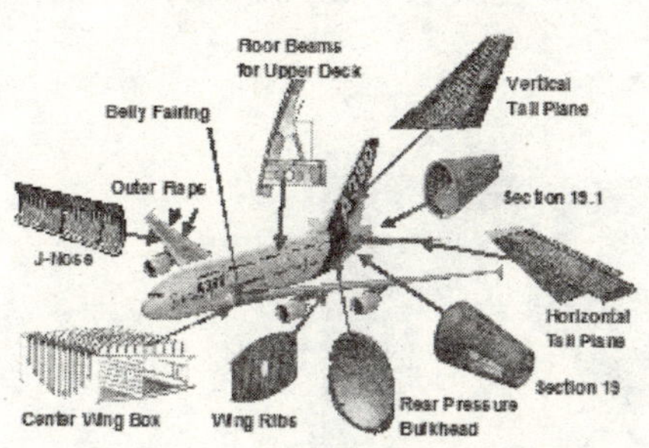

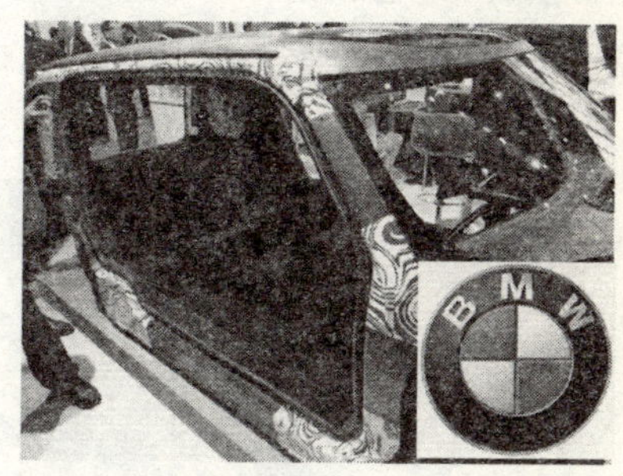

图5 多轴向增强复合材料应用

高性能柔性纤维多轴向经编增强材料中，纱线在斜向或纵向互相交织，形成整体结构。这种高性能材料生产要求专用经编设备，碳纤维多轴向经编专用设备的国产化，进一步扩大了多轴向经编织物复合材料的应用领域。产品使用的原料从玻璃纤维到碳纤维、芳纶、高强高模聚乙烯。产品已经应用于风电叶片和国产大飞机中，发挥出巨大的经济和社会效益。

我国对先进复杂结构一体成型复合材料战略需求总体上将呈现如下几个重要趋势：一是先进纺织结构复合材料数量和种类的需求在相当长时间内将持续增加；二是将更加重视先进纺织结构复合材料的轻便、可靠性和成本；三是对纺织结构复合材料成形技术、成形体缝合技术、纺织结构特种编织技术、复杂结构三维编织技术、低成本纺织结构复合材料制备技术等需求越来越迫切。

四、高性能柔性纤维轴向经编增强骨架材料

高性能柔性纤维多轴向经编增强复合材料是由纺织增强材料经涂层等后整理工艺制成的具有高强、高模、高断裂伸长、质地柔软的一种高档增强复合材料。产品已经被广泛应用于工农业、土木建筑、航空航天、医疗产业等国民经济的许多领域。图6所示为高性能柔性纤维多轴向经编增强

材料的应用。目前我国柔性复合材料增强织物的销量每年约为10亿平方米，高档增强织物如果占市场份额的10%，约为1亿平方米，如果高性能经编增强骨架材料符合使用领域对相关性能的要求，就具有非常大的市场前景。柔性复合结构材料较有应用潜力的领域包括航空航天、能源、建筑、通信、交通运输等。这些应用领域的快速发展，必将促进作为他们配套设施的柔性结构复合材料的快速增长。

图6 高性能柔性纤维多轴向经编增强材料的应用

五、生物医用人造血管及各种导管

生物医用纺织品包括移植用和腔内隔绝术用人造血管等，研发过程包括原料筛选、制品结构与外形设计、制备技术以及制品性能评价方面。这类产品的开发与使用部门合作，能提升使用效果。目前许多用于临床治疗的商用输尿管支架管是不可降解的，而且会引起一系列并发症，需要二次手术取出。采用可降解纤维材料PGA/PLGA为原料，使用二维编织方法和复合成形方法制成的支架管避免了二次手术取出之虞，减少由输尿管支架管引起的并发症。制得的支架管的管壁较薄，能够提供更好的引流作用；并且能够从下端逐渐往上端梯度降解，从而减少了降解碎片堵塞管道的可能性。研究机构充分利用经编的独特结构，在缝制型、直管型、分叉型超薄超密高强人造血管研制方面取得了丰硕的成果，产品已经成功应用于人造血管、各种神经导管、输尿管支架管等，图 7 所示为人造血管及各种导管的应用。

随着经编技术的不断的改进，所制得的经编人造血管能综合机织和纬编人造血管的优点，成为目前临床中应用最多的一种置换型血管，经编人造血管大部分采用经平绒组织，由双针床多梳栉经编而成。与纬编人造血管相比，这种结构尺寸稳定性好，长期植入后不会发生过度扩张，不易发生假性动脉瘤等并发症；不会发生纵向脱丝、卷边和脱散，易于手术处理和缝合。与机织人造血管相比，它的顺应性较高，且不易散边，有利于提高植入后的长期通畅性。

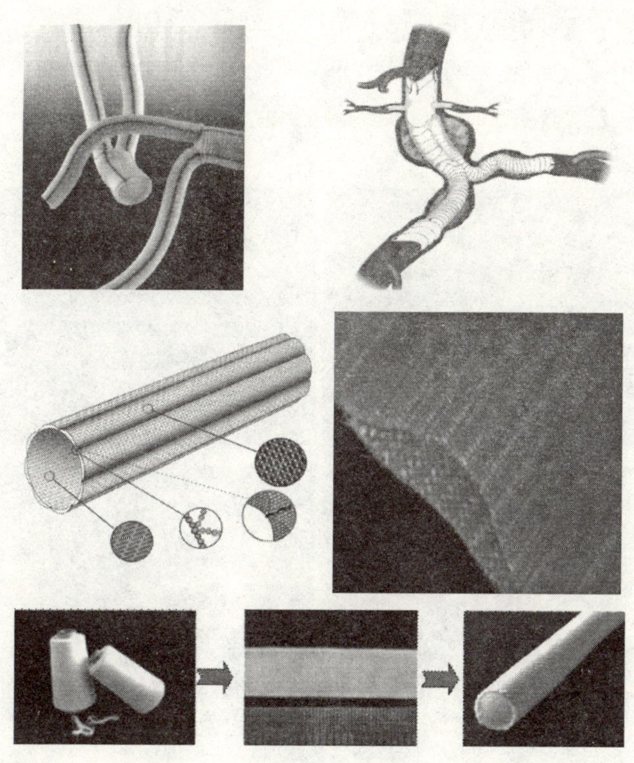

图 7　人造血管及各种导管应用

六、医用复合疝修补片

疝是临床常见病和多发病，包括腹股沟疝、股疝、脐疝和腹壁切口疝等。目前每年全球疝修补手术有2000万~2500万例。全球疝修补术中采用疝修补材料的比例约为42%，西欧和北美约为70%，并呈增长趋势。我国在外科疝手术中的瓶颈之一是疝修补材料缺乏。我国正在进入老龄化社会，疝病发生的比例正逐年增加。我国医院中使用的各类人体内高端修补材料全部依赖进口，价格非常昂贵，导致手术的成本大幅度提升。因此开发生产具有自主知识产权的人体内补片材料具有非常好的社会效益和市场应用前景。

理想的外科手术用疝修补材料的生物性要求是：理化性质长期保持稳定，不引起炎症和异物反应，安全无毒无致癌性，并且组织相容性好，利于组织再生、抗老化。这种材料物理性能要求为：耐张力优于腹壁组织，能抵抗人体腹压及缺损体压，弹性略小于腹壁，耐机械疲劳，能按需要进行裁剪，使用方便。经编网眼织物非常适合最终产品的要求。图8所示为复合疝修补片结构。

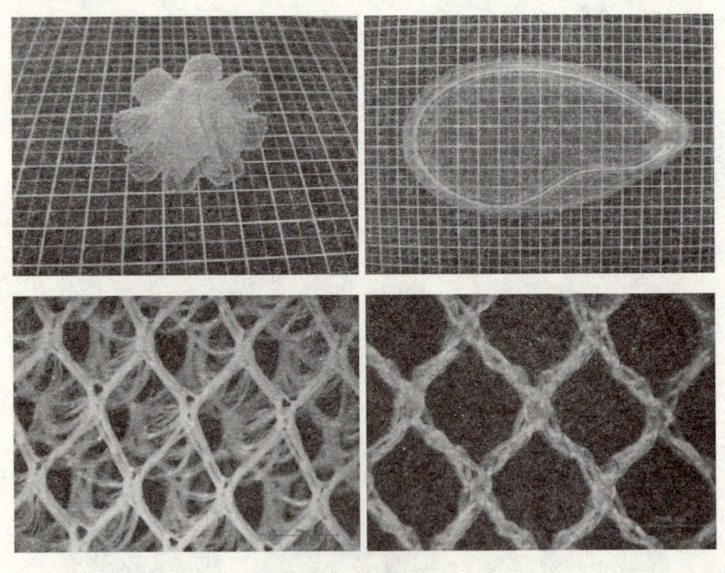

图8 复合疝修补片结构

复合修补片可以采用经编编织，常用的胶原/聚丙烯/聚四氟乙烯复合补片通常采用复合纳米技术，在张力良好的聚丙烯补片上两面覆膜。在保证复合补片张力良好、稳定性好的同时，胶原层能够促进细胞的长入，使组织生长良好。聚四氟乙烯层能够有效地防止补片与内脏器官粘连，达到既能使组织生长良好又能防止粘连的效果，可有效防止补片因与内脏粘连以及稳定性不好而实施二次手术取出。其中，胶原蛋白具有良好的生物相容性、可生物降解性以及生物活性、低抗原性，在体内易被吸收、能促进细胞成活与生长、促进血小板凝结等。而且采用静电纺技术制成的薄膜是纳米级别，具有大比表面积、高孔隙率等特点，很好地满足理想补片的要求。

七、三维经编间隔织物应用

经编间隔织物是在双针床拉舍尔经编机上编织而成的三维立体织物。这类织物通常由三部分组成：上、下两表层和中间的间隔层。中间间隔丝将上、下两个表层连接起来，同时分隔后具有一定的间隔距离。在双针床经编机上，主要由机前和机后两部分梳栉分别在前后两个针床上编织分离的两片单面织物，再通过中间一把或两把梳栉在前后两个针床上轮流成圈，形成间隔层而使上述编织的上、下两表层连接起来，起到一定的支撑作用。

经编间隔织物具有独特的三维立体结构，织物在使用方面的突出性能也逐渐被人们发掘。随着国外研究的进展，国内相关领域也对其有了足够的重视，进行了相关的探索和研究。这为进一步扩大经编间隔织物的应用领域，使这种结构的特性得到充分发挥做出了贡献。经编间隔织物以其质轻、透气、导湿、高产等优点，逐步取代传统的海绵或其他增强体材料，其本身具有的各向异性和良好的稳定性也使其成为很多应用领域的选择。经编间隔织物现已涵盖运动用、安全防护用、汽车用、医疗卫生用、建筑结构用、过滤用、土工材料用及工具内衬等领域。图9所示为间隔防护材料及舒适坐垫材料应用。

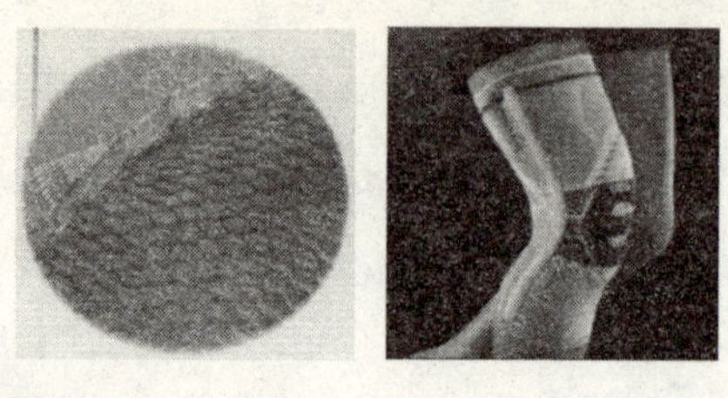

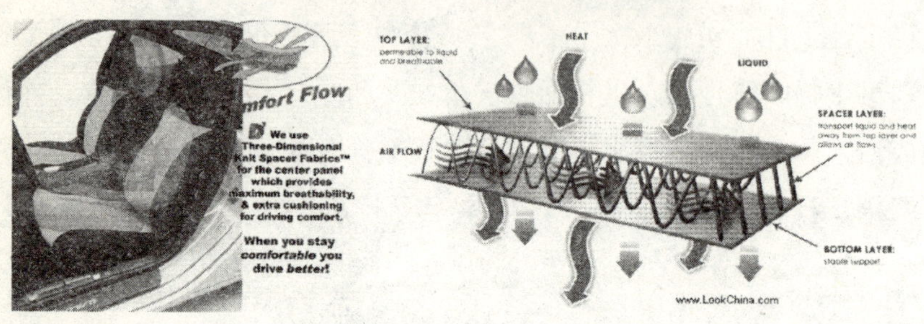

图9　间隔防护材料及舒适坐垫材料应用

八、结束语

针织结构具有其他编织技术无法达到的特性，这就使产业用针织品具有广泛的开发领域。从事产业用针织品开发，必须从原料选用、针织工艺和设备调整等方面进行创新，推出结构优化、性能优异的新产品，从而不断开拓新的应用领域。

经编面料市场发展的分析

陈勤根　孙嘉良

行业发展与市场发展息息相关，经编面料市场的形成速度很快，而发展过程也波动较大。经编面料市场有其鲜明特点。

一、市场的形成无不占有区位优势

国内较早的经编面料专业市场都形成于20世纪80年代末之后，商品十分丰富，市场很快繁荣，显示出先发优势与区位优势。

1. 市场位于纺织行业发达地区

生产与市场对接是经编面料市场的特色和优势。中国针织工业协会早期调研时提出，最大的经编布匹市场为什么是在广州而不在长乐的问题。

纺织服装市场具有产品丰富、价格便宜、销售集中、购销便利等诸多优点，例如杭州、广州、武汉，可以有大量批发和零售，包括专业性批发市场和零售市场。后来由于需求很大，有的市场就以批发为主甚至合二为一（批发与零售合并为批发），极少零售或者准批发，形成市场选择商品的格局。经编专业市场作为特色产品市场具备了纺织服装市场的形成条件，同时具有自身的优势，应运而生。

经编市场主要位于广东、浙江、江苏等地，都是经编行业发达地区。绍兴柯桥轻纺市场、广州中大布匹市场以及叠石桥市场、义乌市场等，对应经编的几大产业集群：长乐集群、潮汕集群、广佛集群、杨汛桥集群、海宁集群、梅李集群、苏南集群。例如，绍兴市场与绍兴及周边地区经编业的发展紧密相连，也与邻省的经编生产紧密相连。其中，绍兴的杨汛桥地区提供大量装饰面料，浙江其他地区提供常规涤纶面料，而福建长乐的

陈勤根，针织企业家，佛山市广诚经编针织品织造有限公司总经理。

孙嘉良，高级工程师，针织机械工程专家，常州市中迈源纺织机械有限公司董事长。中国针织工业协会第三届专家委员会委员。

网布和花边面料源源不断地提供给这些市场。经编市场与经编行业都获得了空前的发展机遇。

2. 销售增长很快但后来波动较大

很多市场都是开始时供给量逐步增大，后来也有所减少，市场产品变化快、销售的波动大也是一大特点。有的经编市场出现一线市场、二线市场。

经编专业市场是在纺织专业市场的基础上成长起来的。不少早期的纺织市场主要经营国内外各种内衣面料、外衣面料、装饰面料、家纺面料及辅料等。早期市场并没有明确的分类，经编面料的特殊性吸引大批顾客，很快销售达到一定的量，于是在这一市场基础上逐步形成了经编面料市场或经编市场。经编市场发展很快，摊位出租率一度接近或达到100%。

我国经编市场与国际交流密切，与国际上服饰等领域的需求有关，我国的经编面料具有一定的国际影响力，紧跟国际新潮流，产品销售持续旺盛。但是市场产品供给也出现过过剩的时候，主要表现在某些大类产品、雷同产品大量出现。销售市场的波动，常反映或体现经编生产的波动、行业发展的波动。

二、市场的发展无不凭借产品推动

经编产品用途得到较大拓展，装饰用、服装用、产业用三大领域齐头并进，顺应了市场的需求和纺织行业结构调整的发展。

1. 经编产品优点突出

20世纪90年代，随着国际经编产业结构转移加快，先进的装备逐渐进入国内。在这种有利环境下，经编产品彰显织物的特殊风格和无可替代的使用性能。经编行业提供大量新品，花色品种丰富，产品高、中、低档次俱全，在一定程度上替代某些纺织面料。特别是与纬编面料相比，经编面料在产品用途方面具有互补性。经编行业推出的各种新型面料、新型材料，都有很大的市场影响力。

长乐的经编布料（后来还有大量的花边面料）、潮汕的内衣面料、广州的经编布料、东莞的经编布料、温州的经编布料、常熟的绒类面料都曾经在不同区域占有销售优势。长乐的产品能够在中大发扬光大，与产品规格品种十分丰富以及产品差异化有关，例如长乐生产的花边产品常常就是中大市场的风向标。常熟的绒类面料生产从量的增长到品种的优化过程中，引导下游的家用纺织品等领域的产品开发，从而推动周边纺织服装市场的繁荣。轴向经编布在广东、浙江开发后引发区域市场的快速繁荣。经编平布、绒布、花边、网布、弹力布得到服饰企业（包括设计型企业）的认可，一直在市场上有较大的需求空间。

2. 市场波动倒逼产品提升

经编面料行业长期存在产品（主要是设计雷同的产品）阶段性过剩问题，常在某一时期相当严重，造成某些产品的大量库存。

市场的波动对经编行业提出改进、优化产品的迫切要求。于是经编行业提出以市场为导向，以客户需求为目标，坚持以新品引领市场，培育自主品牌的发展措施。企业加强市场形势和生产经营状况的分析，实行精细化管理、精细化制造，创新设计思路与技术方案，推出款式新颖的产品，丰富产品的类别，追求卓越。产品开发出现了四大特点，一是功能性，二是美观时尚，三是易打理保养，四是低碳环保。例如舒适美观时尚的产品、形态稳定和形态多样的产品、无毒无味可回收的产品在较长时期层出不穷。

三、市场的完善无不依靠共同培育

产业与市场相辅相成，经编企业和市场建设者在经编市场的完善过程中都发挥同等重要的作用。

1. 完善产业格局

从生产消费看，布料是服装的导向，而经编面料又是布料的一个导向。30 多年来经编行业不断捕捉市场信息，研发新品，赢得了市场。经编行业坚持加大科技攻关，推出新品精品战略，不断拓展消费领域，提升品牌影响力，推动经编面料市场不断发展的同时，推进经编行业自身的可持续发展。

我国经编行业有了长足的进步，已经成为具有一定特色的现代产业。性能优良的设备达到一个前所未有的水平，不少装备已处于国际先进或领先水平。但是产品也存在阶段性产能过剩的问题，特别是低端产品这种过剩较为明显。因此，适应市场、研究消费结构等工作，就摆在经编行业的面前。

经编行业应当发挥经编面料推广导向作用，必须依靠核心技术、精美产品维护市场的繁荣。在当前可以在市场上推出经编功能性面料、低碳环保型面料等符合面料发展趋势，又具备经编特色的面料。

2. 推动市场升级

市场建设者因势利导，积极完善硬件设施和软件配套，成功把握经编面料市场的发展机遇。国内的消费格局将会发生新的变化，中低端品牌市场会逐渐萎缩，而中高端产品市场会逐步扩大。国内的消费升级一定会以中高端产品为主。产品的升级带动市场的升级，经编新产品开发对经编市场升级具有推动作用。产品升级包括传统面料和功能性面料两个方面。传统面料包括：平纹类、网眼类、提花类、弹力类、绒布类、间隔类；功能性面料包括：吸湿排汗类、抗菌防臭类、防水透气类、抗紫外线类、抗静电类、阻燃类等。这些面料已经开始发挥较大的市场导向作用。

市场的硬件与服务必须同步升级。市场不能仅仅提供基本的场地需要，同时还需完善写字楼等配套功能，也就是在基础设施建设上采取强有力的措施促进市场升级。市场还必须完善相关配套，集商贸、物流、会展、信息、培训等综合配套功能于一体的面料、辅料一站式采购交易中心依然是市场建设的方向。同时还要求经编面料市场强化各种软件服务功能，具备较大规模服务高端客户的能力，还可与总部经济建立配套设施，这些都是为经编面料市场持续稳步发展营造新的基础。

经编产业快速发展的同时，也面临国际市场需求减弱、国内市场需求增长趋缓等困境。经编市场的繁荣需要生产与销售两个环节共同维护，需要依靠加强产业协作和深化行业管理加以推进。

关于推进经编技能人才培育的思考

林光兴

经编行业的规模化发展始于20世纪80年代末，对于经编操作的系统研究和推行行业的操作技能职业标准始于90年代。经编行业中的操作工，即经编工是一个较为庞大的群体，这个群体的技能水平、职业能力关乎行业的高效发展。

一、经编工操作技能的推进历程

按照起始时间的顺序，经编行业技能推进经历了三个主要阶段：主要企业的探索、区域性行业培训和全国性行业培训。

1. 主要企业的探索

上海、北京、天津、河北、广东等地早期建立的经编企业积极探索经编操作，针对各自的机器形成较为可行的操作方法。企业借鉴针织操作、纺织操作的基本方法，开始了针对多种机型经编机操作基本方法的探索，形成行业相对统一的操作模式。福建、江苏、浙江等经编行业发展较快的地区，山西、辽宁、吉林、黑龙江等经编行业发展相对较早的地区，新疆等把经编产品作为特色产品补充的地区，也对经编操作的完善做了许多工作。

企业对经编操作的探索与对操作工岗位培训同步进行是经编行业技能推进的特色。经编企业在引进设备就及时组织岗位培训，有的企业还开展操作比武、技能竞赛活动，推动岗位培训取得实效。可以说，主要经编企业，对于某一类机型技能培训的起点并不低，对后来的经编企业起到帮助作用。经编行业通过技术交流和企业自身实践，形成基本的操作规程。

林光兴，教授级高级工程师，针织专家，中国针织工业协会副会长。中国针织工业协会第一、第二、第三、第四届副秘书长、秘书长，第二、第三届专家委员会主任，第三届法定代表人，第五届副会长。

上海中华第一棉纺针织厂、上海针织厂、石家庄纺织经编厂、北京针织总厂、大连佳地针织厂、天津针织厂、广西柳州经编厂等一批经编企业在20世纪80年代（或更早）、90年代初就陆续达到一定的水平。

2. 区域性行业培训

20世纪80年代末，在行业主管部门的支持下，经编行业发展较快的地区开展了多种形式的经编工培训工作。1995年开始，在全国性行业协会的推动下，区域性培训突出了操作法和标准讲授，涉及经编行业的主要工种和主要操作环节。有的地区还开展经编操作的技术交流活动，引导企业重视操作工队伍的培养，为操作工技能提升进一步指明方向。一些企业的专家、院校的专家还以设立服务机构等多种方式，长期为经编产业集群地区提供技术服务，成为支撑经编产业集群快速发展的重要力量。长乐、佛山、绍兴、泉州、常熟、海宁等地均开展过经编工操作技能培训。

20世纪80年代，福建省长乐市经编行业逐步实现规模化发展，而且很快成为我国纺织行业中发展最快的产业聚集区之一。长乐市采取技术协作形式培训培养大批经编工，以适应经编产能扩张的需要。长乐的企业与北京、天津、江苏、湖北等地的企业和技术人员合作进行机台调试、产品设计，还与行业组织和专家共同开展操作培训。后来这些技术资源得到整合，长乐市经编行业实现大批技能人才的长期储备。

值得一提的是，近年来浙江省海宁市持续开展经编擂台赛，2016年又承办浙江省经编工职业技能竞赛，在推动技能人才成长方面成效显著。海宁市每年结合当地实际确定比赛项目，通过企业预赛选拔出优秀选手参加决赛，竞赛过程中对选手进行理论培训，组织专家为一线操作工进行现场答疑和技术点评。在2013年、2016年全国纺织行业经编工职业技能竞赛中，来自海宁市的选手成绩优异。海宁市的经编竞赛也为区域性行业技能人才的培养发挥示范作用。

3. 全国性行业培训

20世纪90年代初期开始，纺织行业主管部门、中国针织工业协会就安排经编行业岗位培训、技术交流活动。北京市和河北省石家庄市等地作为开展全国培训的首选，并在1991~2006年组织多种形式的培训。例如，1991年、1992年和1996年，中国针织工业协会经编专业委员会在北京举办了规模较大的培训活动。活动以培训班、研讨班的形式，讲授多种机型高速经编机的操作知识与操作方法，内容涉及经编工和经编保全工等多个工种。此外，经编专业委员会在石家庄举办了数期双针床、高速等机型的操作培训。

90年代初期，中国针织工业协会组织了经编技术标准等技术材料的编写。例如组织编写经编三大机型的技术标准，其中高速经编机部分由北京第三针织厂（中国针织工业协会经编专业委员会副主任委员单位）完成，双针床经编机部分由石家庄纺织经编厂（中国针织工业协会经编专业委员会副主任委员单位）完成，多梳栉经编机部分由大连佳地针织厂（中国针织工业协会经编专业委员会主任委员单位）完成。随即，一些经编企业进行经编企业运转工人劳动规范、经编企业折标准品可比用工（含计算方法）和经编设备安装标准等技术文件的编制。

江南大学的团队，从宗平生教授团队到蒋高明教授团队，长期持续开展经编技术的培训、交流等工作，为众多成长和发展中的经编企业培养大批理论和实践结合型人才，取得巨大成绩，为行业发展作出十分突出的贡献。其他高等院校、职业院校和技工学校及一些培训机构也为经编人才培养做出不懈的努力。

二、经编行业操作工队伍的技能现状

近30年来，经编行业操作工技能推进工作是行业工作的主线之一，这项工作持之以恒，取得显著成绩，为行业发展提供坚实保障。

1. 经编行业职业技能基础较好

经编行业较早形成技能培训体系。经编行业规模化发展初期，就对一些操作的技术体系进行归纳、总结和完善，推行先进操作方法和普及行业技能标准。在早期的企业中形成师傅带徒弟的传统，这种教练员制度是在经编行业有一定的根基。经编行业较早拥有一套人才队伍培训体系，特别是拥有一套技能人才培训体系，行业在职业技能培训方面有着良好的底蕴。

各主要机型的操作方法逐步推出。经编行业在高速、多梳栉、双针床、贾卡及轴向等机型，针对粗细针距和不同的穿纱线路、调节方式，针对天然纤维与化学纤维以及不同规格、性能、形态的纱线原料，都较早总结推出操作体系、技能标准和基本的用工标准体系。一些优势企业重视依靠先进操作理念，采取岗位练兵等多种形式提高操作工技能水平，使企业操作工的操作质量努力跟上生产技术进步的步伐。行业一直拥有一批单项操作和综合操作的技能人才。2013 年、2016 年全国纺织行业经编工职业技能竞赛，发动数千家企业开展岗位练兵，带动了广大企业对操作工开展多种形式的培训，激发了行业练技术的热潮，关键是形成行业联动。这些都是企业、院校、协会和行业管理部门共同努力的结果。

2. 存在不适应行业发展的问题

经编行业操作工队伍也存在明显不足。主要表现在，不少企业熟练掌握各主要工序操作的操作工的比重不高；熟悉各主要机型操作法、能从事教练工作的操作工明显不足；了解理论知识，熟练掌握多种机型操作的高技能操作工更加匮乏；技能人才的流失，人才未能合理使用而造成人才浪费。

近年来的调研表明，经编工的操作存在“三不”现象：不正确、不规范、不科学。不正确的操作不能保证操作的质量，不规范的操作不能保证操作的速度，只有科学的操作才能保证操作质量和速度。“三不”问题提出已经多年，需要抓紧解决。

操作工水平不高制约企业的发展，高技能人才不足制约行业的发展。总体来看，技能人才的培养不能完全适应行业高效发展的要求。

三、经编工技能提升的一般规律

经编行业是技术含量较高的行业，经编生产要求操作工具备较熟练的技术，具有较丰富的处理质量问题等方面的经验。

1. 经编操作技能有着较鲜明的特征

经编操作通常可归纳出多种特性。经编操作属于纺织操作体系范畴，也有一些较为突出的特性：科学性、熟练性、复杂性、关联性等多方面。具体来说，经编操作必须以理论为指导，遵守生产工艺流程，把握重点工艺参数，才能正确掌握操作程序；经编操作必须以操作规范为前提，达到一定的操作技巧，才能提高技术熟练程度，也就是提高操作的速度，从而提高工作效率；经编操作必须经过耐心持续的实践才能确保在操作正确的前提下完成较为复杂的操作，避免操作无效或操作错误；经编操作各工种和各工段都是围绕同一个目标，完成各种类型的操作，体现互相协作，确保稳定生产。

不同机型的经编机操作方法不尽相同。机型多，机器结构及控制系统等存在差异，操作中针对不同原料、使用的工具、操作的方法和达到的效果也存在一些差异，或者侧重点不同。经编生产过程还包括整经、上轴、穿纱、保全、电气等环节，某些环节还可以设立各自的工段。经编企业由于工段划分以及岗位设置等原因，体现操作的特点可以不同，由此而导致工种的划分不尽相同。此外，操作还可分为单项操作和复合操作。一方面是为了操作体系划分的需要，另一方面也是为了不同岗位、工种划分的需要。

经编操作随着技术进步而发展。随着行业技术进步的推进，特别是信息技术、智能技术的深入应用，对经编工技能的要求不仅是体现在常规的操作方面，而且体现在工艺知识、产品知识、设备技术、电子电气知识的掌握等方面，也就是要求经编工掌握更多相关的新知识。还要求经编工具备一定的从外界获取信息，并对信息进行分析、判断的能力，具备基本的语言、文字表达能力和初级计算能力，具备动作的重复和模仿能力。经编操作逐步形成一个完整的体系，这一体系逐步得到完善。在操作体系的完善过程中，对操作工的要求也在逐步提高。

2. 经编操作技能培养有一定的周期

经编操作技能培养通常需要明确目标。根据行业经验，经编技能培养需要明确目标、制订计划、掌握方法、把握重点、加强总结，针对当前的突出问题和共性问题有步骤地推进。目标可分为近期目标和远期目标，近期目标主要针对某一机型的操作、某一项生产任务的完成或某一时期的专项培训等；远期目标则主要针对企业较长时期的生产任务和经编工培训、培养计划等，必须与企业发展规划相契合。

经编工操作培训必须分级别进行。初级技能（初级工）：重点在于操作的规范；中级技能（中级工、高级工）：重点在于操作的熟练程度；高级技能（技师、高级技师）：重点在于操作的综合技能，操作多种机型的技能。随着经编技术的发展，要求操作工在掌握常规操作的同时，需要具备更多的工艺设计知识、设备保全知识，以便掌握自动化程度较高的经编机的操作。掌握这些知识是当代高技能经编工的显著特征。

优秀经编工的成长周期较长。经编生产实践表明，单一机型熟练工人的成长需要1～3年的时间，而复合型技术工人的成长需要更长时间，熟练掌握经编操作一般规律的能手可能需要10年或更长的成长期。企业对操作工的培养要有一个长远的规划。培养的主要方式包括培训。通过操作技能培训提高操作工的技能水平，只是培训的一方面。通过普及先进的操作知识、专业知识，提高企业员工的专业水平是培训的另一个方面。加强培训，不断培养和选拔一批技术骨干，增加操作的质量意识，完善车间操作流程和生产流程，从而引导企业操作工技能的全面提升，这是培训的更高境界。

四、经编技能人才培育的主要措施

技能人才培育的主线是弘扬工匠精神，造就新时期产业工人队伍。在培养方式上，传承行业好的做法，突出体现各机型、各工序的特点，推行行业操作技能标准，体现各级别操作工培训的循序渐进。

1. 加强企业操作工队伍的培育

企业应当从完善培养制度和培养模式等方面入手，为经编工的成长创造有利条件。

建立企业操作工培养制度。制定中级工、高级工、技师和高级技师的培养计划，分层次培养操作工。鼓励操作工在实践中勤学苦练，掌握常规技能的同时探索先进的操作方法。积极开展岗位练兵、操作比武和技术交流活动，定期组织多种形式的有针对性的技能培训。

完善企业自身的操作方法。总结企业内部的操作方法，搜集行业的技术信息，形成企业特色的操作体系。及时普及行业先进的专业知识，推行先进实用的操作方法，力争操作技能处于行业先进水平。根据企业新技术、新设备、新产品发展的要求，改进生产工艺流程和技术路线，完善操作流程。

强化传帮带与师傅带徒弟模式。根据企业的内部工种划分，采取师傅带徒弟的传统办法或建立教练员制度，帮助新入职工人、初级操作工或某些方面操作技能较弱的操作工提高技能水平。选拔和培育各岗位、各工段熟练掌握关键操作方法的技术骨干，充分发挥骨干和能手的示范作用。

2. 加速行业技能人才队伍建设

经编行业技能人才的培育要从行业整体提升和培育技术骨干两方面入手。

完善各种技能人才教育方法。关键在于完善职业教育、继续教育和院校教育，拓宽行业技能人才培养的途径，提高培养质量。例如，行业长期呼吁的纺织高等教育与企业实际有效衔接，培养有较强工程实践能力的专业人才问题；建立高等工程教育校企联合、定向合作模式，培养新型高层次职业技能人才问题；扩大高等专科学校、职业教育规模，培养定位企业、专业对口、偏重实践、服务生产一线的专业人才问题等，都要切实有效解决。

开展行业职业技能竞赛。持续开展区域性、全行业经编工职业技能竞赛和针对经编各工种的操作竞赛，推动全行业岗位练兵、技术比武、技术创新活动的蓬勃发展。通过技能竞赛，更加广泛、深入地调动行业职工学知识、学技术的热情，推动行业操作工队伍素质提升，同时选拔一批高技能人才。

加强职业培训和职业鉴定工作。建立、规范和完善行业职业培训机构和职业鉴定机构。优化掌握技能人才培养规律的师资队伍、行业教练员队伍。完善行业技能人才库、技能培训鉴定专家库。建立行业各类技能人才信息系统，开展人才调剂和协作工作。实施行业技师培育工程、首席技师制度，带动职工队伍素质的提高。

人才队伍建设是经编行业持续高速发展、快速发展中面临的重大课题。经编行业迫切需要造就一批既了解现代知识，又熟练掌握先进操作方法的高技能人才。只有采取多种方式、多种渠道，以先进的知识和操作持续培训经编工队伍，持续培育能引领行业操作工技能提升的技能人才队伍，经编行业才有可靠的人力资源保障。

关于针织大圆机制造提升的思考

林光兴

大圆机是针织行业的主要设备，机台数量多，总体产能大。加速提升大圆机的研发制造水平，事关针织行业的高效发展。

一、我国针织大圆机运转与制造概况

（一）针织行业大圆机的运转概况

针织行业拥有大圆机数量及生产能力增长迅速，这是由针织品的市场需求增长决定的。

1. 拥有量攀升

1999～2000年，中国针织工业协会会同中国纺织机械器材工业协会等单位开展针织设备状况调研，对大圆机国内拥有量和国有、私营、合资纬编机制造企业的情况进行全面的了解。

这次调研对针织行业拥有大圆机数量、国内大圆机年产量做了系统的分析，使针织行业和针织机械行业有了较为清醒的认识。调研表明，国产大圆机的技术进步助推针织行业技术进步，为针织行业扩大生产带来诸多便利。针织行业正常运转，包括历年进口和国产的大圆机突破16万台，而小圆机和未投入正常生产的大圆机数量也较大。后来行业协会和相关单位开展的一些调研认为，我国大圆机保有量已超过30万台。针织行业拥有大圆机数量很大，这是不争的事实。

2. 运转率波动

近五年来，由于针织生产增速趋缓而大圆机总量增长较快，针织行业设备运转率波动较大，大圆机的销售也有较大波动。2013年以来，有的地区针织大圆机总体运转率只有50%～60%，有的地区只有50%～80%，这些数据并非都出现在生产淡季。

设备运转率不高与针织品市场需求不旺有关。运转效率低还有一个主要原因，就是设备的稳定性、适应性、可靠性不能完全满足优质针织生产的要求。有的设备生产的面料外观质量差异较大，有的设备只能适应低速运转，有的设备对纱线原料的适应性较弱，甚至有的设备的维修率较高，并不在合理的区间范围之内。由于各种因素存在，大圆机运转率波动较大，这也是不争的事实。

为此不难判断，拥有大圆机数量国际领先的我国针织行业呼唤优质大圆机。

（二）针织机械行业大圆机制造概况

国产大圆机的产量总体呈现较快增长之势，这是由针织生产对大圆机的需求决定的。

1. 产量持续增长

我国标准大圆机年制造能力超过 3 万台。多年来针织机械的常规机型设计制造水平稳步提高，设备的智能化应用水平也在稳步提高，这就造就了常规机型的性价比高的优势。但是国产提花及高端机型、特种机型整体上与国际先进水平差距依然明显。当然，大圆机制造的新工艺、新技术得到广泛应用，也有部分关键技术居国际先进水平，部分机型也步入国际高端领域。

2. 增长呈现波动

国产大圆机数量的增长呈现波浪式递进态势。原因在于针织生产存在一定的波动，而针织行业对大圆机的需求不仅与产量有关，还与大圆机的质量、规格等因素有关。从质量看，质量稳定性一直是行业关注的话题，一些国产大圆机存在设计不完善、应用材料质量不高以及加工制造精度不够等问题，导致最终大圆机产品质量的低下，不符合针织企业要求。针织企业将更加重视大圆机故障率偏高、维护影响生产时间过长和生产坯布局限性较大等制约生产效率提高的现象，进一步重视或意识到必须以质量作为购置大圆机的依据。

二、国际针织大圆机制造趋势分析

国内高端大圆机与欧洲名牌大圆机，在研发方面存在许多共性。

（一）大圆机研发制造的一般规律

管理科学、标准科学、营销科学，使大圆机制造科学，这才是一条大圆机提升的科学之路。针织大圆机制造不能完全简单沿用其他机械制造的老路。

1. 完善管理促进技术革新

管理是一门科学，这在高端针织大圆机的研发中，在一些国际品牌的实践中体现得淋漓尽致。大圆机制造企业的内部管理，包括造就专业人才队伍、发挥研发中心的导向作用和完善企业生产流程等方面。优秀制造企业总是应用先进的科技管理、营销管理，集中力量在某一领域取得成效，取得领先。国际知名纬编机械制造企业都只注重在某一领域达到国际领先。国内针织机械开展国际合作的最早形式就是共同开展某一机型的研究工作。

2. 强化标准促进产品改进

从机械制造业看，专业机械制造行业未必都有同行普遍认可的所谓国际标准，而优势企业自身的企业标准从不缺失。企业标准包括制造环节的标准、检测环节的标准和最终大圆机产品的标准等。优势企业的标准体必须符合国际通行惯例、标准体系及相应的检测体系，达到行业领先水平。零部件也有企业标准，对于标准件、通用件及专用件，无论是本企业加工还是外协加工，都必须通过本企业标准加以规范。外加工的零部件必须符合圆机企业的标准，在此基础上上升为商业渠道的合作。

3. 适应市场促进品牌提升

市场是培育出来的，不是靠占领而拥有的；培育才能长久，占领可能只是暂时的。这是1996年全国针织技术年会针对针织机械制造企业提出的鲜明观点。国际大圆机制造通常是，从设计开始就找准市场定位，从针织行业对大圆机的品种、质量需求出发，推广大圆机和配套服务，重视渠道平台选择、售后服务等问题。龙头企业在努力扩大市场影响力的过程中，还对关键零部件的加工企业进行整合。一些国际知名大圆机品牌就是浓缩的品牌，就是集合许多制造商的智慧和经验的浓缩品牌。

（二）大圆机市场需求趋势分析

大圆机国内需求与国际需求已逐步融为一体，各种类型大圆机将趋于均衡增长，所谓的性价比更多体现在质量优越、操作便捷和智能化等方面。大圆机需求趋势至少有以下两点：

1. 总体需求增长趋于平稳（制造成本上升的同时需求趋于平稳）

无论是国际还是国内，大圆机制造成本上升，加上市场销售不稳定，不少品牌盈利水平下降。有的大圆机制造企业研发投入较大，生产成本较高，竞争力反而减弱。这些都不利于行业发展。

十多年来，我国制造的常规型号大圆机有一定的销售优势，这种状况将会得到一定程度的持续。部分高端机型和优质大圆机，将随着针织行业技术进步的加速而逐步扩大销售，明显增加市场份额。而部分劣质机器，将随着营销成本的上升和经营压力的加大减少市场份额，甚至淡出市场。国际上针织机械设计与制造的知名企业、国内近几年崛起的自主研发能力领先的企业，将显著地发挥产业引领和市场导向的作用。

2. 市场全球化趋势加速（性能稳定的优质大圆机需求增长较快）

大圆机制造分工协作更加明显，专业化更加突出。设计与制造联动，机械制造企业与针织企业联动，相关产业的协作将推动大圆机制造的全球协作，可以说全球资源配置渐入佳境。国际市场大圆机品牌集中度很高，几个品牌长期垄断高端市场。国内大圆机品牌众多，产品同质化严重、低价竞争激烈，能够长久占领国内多数市场份额的企业不多。先进的制造实力是一种资源，完善的销售渠道也是一种资源，部分大圆机知名品牌（主要是达到国际先进水平或深入开展国际合作的）依靠这两种优质资源，有望长久占有较大的市场空间，而具备一定研发优势的大圆机制造企业也将占有一定的市场空间。

三、我国针织大圆机制造提升策略

一方面，针织行业的快速发展为针织机械行业提供了有利的市场环境，针织行业需求的不断变化推动针织机械行业持续进行技术创新。另一方面，针织机械行业为针织行业提供先进装备，从而提高针织生产效率及产品质量。

（一）原则

大圆机制造必须强化以下两点。

1. 顺应服装、家纺、产业用等相关产业发展

针织生产采用的原料更加丰富，产品结构更加多样化，而且针织服装外衣化趋势明显，针织物的应用领域不断拓展，产业用针织品、家用针织品保持稳步增长。这些都对大圆机品种、规格提出更高要求。为此，应当快速加强大圆机制造与使用的信息反馈与联合研发机制，加强制造的有效性。

2. 围绕高效、智能、环保等一系列热点问题

大圆机必须符合针织行业节能要求，有助于降低针织生产单位产值的能耗。大圆机必须符合针织行业智能化发展的要求，推出智能化设备的同时对现有设备进行智能化改造。大圆机必须符合针织行业高效发展的要求，适应针织行业设备先行的理念。为此，应当加速整合大圆机研发资源，提高制造的综合水平。

（二）技术与产品导向

大圆机制造关键环节是设计，这是机械制造的规律。而在设计过程中，要做好三个方面的工作：大圆机制造必须与大圆机使用相结合，使用大圆机的企业拥有最终话语权；大圆机制造必须与机械制造的相关领域相融通，材料、配件（特别是标准件）、电气都在制约着大圆机制造；大圆机制造必须与国际大圆机的先进制造相沟通，国际先进才是最具导向性的。

1. 从大圆机的最终性能看

高效、节能、智能、稳定（可靠）是大圆机的使用要求。高效就是指设备运转效率高、产品质量高，节能就是通过优化设计降低运转的能耗，智能就是实现机器运转、编织、提花等环节的智能化控制与管理，稳定就是设备运转稳定性、可靠性有所提高。大圆机具有更加广泛的适应性，生产流程得到优化，生产的面料质量优越，同时充分应用互联网、物联网技术，实现生产、工艺远程控制与管理的智能化等化，便于生产与市场高效对接。推动数字化、智能化监控技术贯穿于产品的生产过程，使企业向少人化延伸。今后发展和提升的技术包括立体成型编织技术、细针距技术、提花新技术、衬纬调线技术和提花组合技术等，设备型号、规格、功能、用途得到扩展，适应市场对各种针织产品的需求。

2. 从大圆机的制造过程看

需要提升的环节很多，包括纱线张力自调与均衡技术、沉降片改进技术的完善、大卷装与开幅新技术、主传动的三轴联动技术等。为此，必须提高产品设计、生产过程的自动化和智能化水平，拓展信息化技术应用范围。加强生产流程及管理信息化，逐步推出个性化制造模式。开展生态产品研究，构建绿色制造体系，推进清洁生产，节能低碳。根据国际大圆机优质标准、高端产品的发展规律，大力完善各类产品的标准，完善大圆机制造与检测标准体系。以自主研发为前提，开展产业链的协作，充分整合和利用大圆机制造已经形成的无形资源，完善供应链内合作开发。如加强与针织等相关行业合作，开发先进实用、性价比更高的大圆机产品；加强与针织机械制造相关的电气元件、控制部件、机件加工、铸造等行业协作，提高大圆机整机制造水平。

3. 从大圆机的营销策略看

提高品牌意识，找准市场定位，实施差异化产品、差异化市场、差异化品牌的差异化战略。通过有效的营销手段，依靠优质高性能大圆机产品赢得市场的认可。建立研发、设计、生产、销售、物流、服务等多方位需求的快速反应体系，提高企业整体快速反应能力，从而提高市场拓展实力。加强大圆机市场、针织行业运行相关数据的搜集，深入分析针织品的产量和主要纬编机制造企业的产量，为企业和行业决策提供参考。树立全球化发展理念，开展国际交流协作，掌握并分析大圆机制造信息、销售信息、库存信息、物流信息，完善行业引导，共同维护大圆机行业的健康发展。

工欲善其事必先利其器。针织行业的发展离不开优质高效的大圆机，大圆机的制造提升依然是一个重要课题。

新疆针织工业发展浅析

侍世钢

新疆具有适合棉花生长的良好自然条件，主要有光热资源丰富、日照时间长、温差大、干燥少雨、病虫害轻。新疆棉花以色泽洁白、品质稳定以及纤维长、单纤强力高、马克隆值适中、可纺性强、适纺支数广而著称。中华人民共和国成立后，特别是改革开放以来，在党和政府的大力引导、支持下，新疆棉花产量逐年增加。国家统计局 2015 年 12 月 18 日公布：2015 年新疆棉花产量在比上年减少 17.4 万吨的情况下，仍然达到 350.3 万吨，约占全国棉花产量 560.5 万吨的 62.5%，棉花资源优势为新疆纺织工业的长足发展奠定了坚实的基础。

新疆纺织工业的发展经历了从无到有、从小到大的过程。由于历史原因，截至 1949 年全疆仅有棉纺手工工厂 15 家，所需棉布绝大部分从内地调入或从苏联进口。1949 年 10 月，王震将军率领大军挺进新疆，遵照毛主席“你们进新疆以后，要多给各族人民办好事”的指示，决定在新疆建立一座拥有 3 万枚纱锭、1200 台织布机的纺织厂。依据中央指示，坚持“节衣缩食”和“国家帮助、新疆各族人民支持”的原则，积极筹措资金，以参加建设的驻疆部队为基础主力，从全国各地抽调大批工程技术人员支援，启动了棉纺厂建设。工程于 1951 年 6 月 1 日破土动工，1952 年“五一”试车，“七一”投产。为纪念党的生日，王震将军亲自将棉纺厂定名为“七一棉纺织厂”，这标志着新疆有史以来第一座现代化棉纺织厂投产。

七一棉纺织厂的建成，开辟了新疆纺织工业大发展的先河，后来为新疆纺织向天山南北辐射，培养和输送了大批优秀人才。自 20 世纪 50 年代中后期开始至 60～70 年代，新疆纺织工业蓬勃发展，不但先后建立了石河

侍世钢，高级工程师，针织企业家，新疆石河子银河纺织有限责任公司总经理，原新疆蝶王针织有限公司总经理。中国针织工业协会第二届专家委员会委员。

子八一棉纺织厂、喀什棉纺织厂、和田棉纺织厂、乌鲁木齐天山染织厂等一大批集纺纱、织布、染色为一体的大型综合性棉纺织厂，还先后建立起一批有一定规模的毛纺、针织、服装企业。到改革开放之前，新疆的纺织工业已基本门类齐全，且有一定规模，为带动新疆少数民族地区的就业和社会发展做出了巨大的贡献。

新疆针织工业就是在这一波新疆纺织工业的发展大潮中应运而生的。20世纪60年代前后，为多、快、好、省地发展边疆经济，完善新疆纺织门类，丰富边疆人民生活，新疆各地区以上海、江苏支边青年为骨干先后筹建了许多针织服装企业，如新疆奎屯针织厂、乌鲁木齐市永红针织厂、新疆湖光纺织针织厂、乌鲁木齐市织袜厂等。这些企业按照当时的建设理念都是集织、染、制衣于一体的全能型针织企业，属于典型的“小而全”，但是能够灵活地适应市场，满足消费需求。在计划经济年代，这些企业因为产、供、销都是由政府计划调配，企业只需抓好内部管理，抓好技术，抓好生产。在企业发展过程中，培养了一大批工程技术人员和熟练的挡车工，为新疆针织工业的发展打下了坚实的基础。

改革开放后，特别是20世纪80年代初开始，新疆的针织工业和全国一样迎来了新一轮大发展的机遇。全疆改造、扩建和新上了一批棉纺、毛纺、化纤和针织项目，且经编、纬编、织袜、毛衫、织布、印染、服装、装饰等门类齐全。

在上量的同时，各企业也十分注重人才引进和技术进步。高考制度的恢复为新疆纺织行业的发展，培养和输送了一大批有知识、有理想、踏实肯干的年轻技术人员。这批人经过多年的锻炼、摔打已成长为新疆纺织的中坚力量。改革开放使企业开阔了视野，为了拓展国内外市场，各企业不同程度地引进了国际先进的针织大圆机以及短流程喷射溢流染色机、拉幅定型机、高速缝纫机等设备。在市场短缺的时代，掀起了一轮大干、快上的高潮。整个80年代可以说是新疆针织行业辉煌的黄金十年。

这一时期新疆针织行业产生了一批有代表性的企业。

首先是新疆天山毛纺有限公司，成立于1980年，生产羊毛衫、羊绒衫，是我国首批中外合资企业，1998年在深交所上市。早期年产羊绒纱及混纺纱700吨、羊绒衫及混纺衫200万件，曾经连续多年获得全国合资企业和羊毛衫行业的最佳效益企业荣誉。

其次是新疆针织厂、奎屯针织厂、永红针织厂、湖光纺织针织厂、呼图壁针织厂，这些针织企业均发展成为可容纳上千人就业，年产值过亿元的大中型企业。

1982 年成立的新疆针织厂于 1985 年通过引进国际先进的针织大圆机、染色机、筒子染纱机、高速缝纫机及西德生产的双针床经编机等先进设备，不到十年时间就后来居上，发展成为西北最大的经、纬编针织厂之一。

进入 20 世纪 90 年代以后，随着改革开放的深入和国内外市场环境的变化，新疆针织行业经历了产品滞销、效益下滑的强烈冲击。经过 80 年代的高速发展，短缺经济的时代已经过去。由于新疆针织行业国有成分比重较高，面对激烈的市场竞争，各企业只能一方面眼睛向内、苦练内功；另一方面积极争取国家减员增效、破产兼并的政策支持，走改革、改组、改造相结合的道路。在经历了几年痛苦之后，以新疆针织厂为代表的针织企业通过走“名牌之路”，开辟了一片新天地。

1995 年前后，新疆针织厂抓住市场转型、产品升级的机遇，利用自身人才、装备、地理位置的优势，率先开发新产品、开拓新市场，下大力气坚持走拥有自主知识产权的品牌之路。通过几年的努力，自有品牌产品“蝶王”内衣在疆内家喻户晓，并且走出新疆，走向全国。保暖内衣、彩棉内衣、羊毛内衣因其款式新颖、质地优良一度出现供不应求的局面。一时间，利用新疆优质棉花生产的“蝶王”内衣，被广大消费者当作礼品和“新疆特产”而走进千家万户。

“蝶王”内衣取得成功的示范效应带动了同行业企业，兄弟厂家迅速跟进，永红针织厂的“芳婷”内衣、奎屯针织厂的“好猫”内衣、湖光纺织针织厂的“阿尔金山”内衣、呼图壁针织厂的“卡拉斯汀”针织品等品牌产品纷纷亮相，走向市场。新疆棉针织行业在整个 90 年代中后期到 21 世纪初呈现一派百花齐放、欣欣向荣的景象。

然而，进入 21 世纪以后，新疆针织行业在几十年的建设和发展过程中长期积聚的一些固有问题和矛盾逐渐呈现出来。主要有：一是各企业的资产负债比重普遍较高，过高的财务成本和融资难等问题，使得企业难以继续发展；二是针织行业发展过快，疆内市场容量有限，走出去运输成本和市场开拓成本过高；三是企业各自为阵，单打独斗，不能有效整合资源。至2005年前后，新疆几家大型针织企业除“芳婷”内衣在兵团十二师的大力支持下仍坚持生产外，其余几家均退出市场。

新疆地处边疆，远离市场、人才匮乏、工业基础薄弱、配套设施不齐全、产业集中度不高、专业分工不发达的特点，决定了新疆发展市场化程度极高的针织服装产业仅靠单个企业的打拼是远远不够的，政府的引导、支持、培育至关重要。近年来，为了加快新疆社会经济发展，加快棉花资源转化，国家实施“振兴新疆纺织，带动百万人就业”工程，出台了支持新疆纺织发展十大优惠政策，大力推动新疆纺织的发展和振兴。短短两年多的时间，新疆纺织就迎来了空前的大发展，原定到2020年实现纺锭2000万锭的目标，预计至2017年提前三年就能完成。新疆已成为在国内外纺织最具竞争力的地区之一。

按照自治区纺织行业“三城、七园、一中心”（“三城”即阿克苏纺织工业城、石河子纺织工业城、库尔勒纺织工业城；“七园”即哈密、巴楚、阿拉尔、沙雅、玛纳斯、奎屯、霍尔果斯；“一中心”即乌鲁木齐纺织品国际商贸中心）的布局，积极推进纺织深加工，延伸产业链，加快资源转换，提高产品附加值显得非常迫切，而优先发展投入小、产出快、市场份额大的针织工业显得尤为必要，新疆针织业面临发展机遇。一是有国家“一带一路”政策的牵引，新疆将会变成向西出口的门户。二是新疆针织工业经过几十年的发展积淀了一批专业化人才。三是由于政策规定为了充分保护环境，印染工业只能在石河子、库尔勒、阿克苏三个地区发展，这有利于在这几个地区迅速形成针织、印染、制衣配套的产业集聚，而乌鲁木齐将培育总部基地和营销中心、研发中心，这种格局有利于针织工业的发展。

针织服装行业发展的趋势是小批量、多品种、短交期。近几十年来，针织工业在国内外得到了迅速发展，针织服装的产出已经超过了整个服装产出的一半。行业的特点决定了其应该在交通运输相对比较迅捷、人力资源比较丰富、主辅料供应比较方便、信息通信比较发达的地区优先发展。政府应该充分利用新疆优质棉花资源优势和上游棉纺织产业迅速发展的契机，引导下游企业在条件比较成熟的地区，优先发展针织坯布、印染等项目，丰富针织面料供应；同时引进有自主品牌和稳定出口渠道的针织服装企业进驻园区，逐步带动各种辅料、机物料、印花、绣花等配套产业发展，以形成完善的产业链。相信经过五到十年的努力，一定能将新疆的棉花优势打造成经济优势，为发展新疆经济和带动就业做出巨大贡献，新疆针织工业不久将会迎来新的辉煌。

特里科经编机的发展

周孝文　黄朝林

特里科经编机在经编机总量中占有相当大的比重，国内特里科经编机数量占经编机总量比重达到80%以上。相对于梭织和纬编而言，经编发展相对较晚，但近30年来特里科经编机有了巨大的发展，无论在机器高速、机号高密、电子控制、功能多样、操作便利、节能减排等方面都有了长足的进步。

一、国产特里科经编机与国际先进水平比较

近20年来，国产高速特里科经编机有不小的进步。但总体来说，国产高速特里科经编机的编织速度、机电一体化程度与国际先进水平相比尚有差距，主要体现在以下几个方面：

1. 编织速度

国外中动程高速特里科经编机，以HKS3M－218型为代表，采用碳纤维复合材料针床，采用分段摆轴结构，编织时机器运转速度最高达2800r/min，国内同类型经编机E2528/3A－218型，编织时机器运转速度最高达2500r/min。国外短动程速度高速经编机，以HKS2－3E型为代表，编织时机器运转速度高达4000r/min，国内同类型经编机E2518/2T型，编织时机器运转速度最高达3300r/min。目前在短动程高速经编机市场，国外公司形成垄断局面。

2. 机号

机号越高的高速特里科经编机生产的织物手感越细腻，有的细腻面料光滑如丝。国外已生产销售E50高速经编机，限于加工制造水平，国内高

周孝文，高级工程师，针织机械工程专家，常德纺织机械有限公司副总经理、总工程师。中国针织工业协会第三届专家委员会委员。

黄朝林，工程师，常德纺织机械有限公司。

速经编机的机号目前以 E28、E32 为主。

3. 智能控制

国外的 KAMCOS 控制系统，终端触摸屏控制操作界面，单速运动控制系统用于控制基本功能，以太网接口可实现机器的联网工作，并连接到 MDE 系统、花型设计系统和网络远程服务。国内目前以集成控制、触摸屏操作基本功能为主。

4. 可靠性

可靠性高低直接决定用户对机器的满意度，可靠性包括织造可靠性、零部件可靠性以及电控可靠性。可靠性高低由设计、加工、装配以及配套外购件决定，目前高速经编机的可靠性方面，国外知名生产商远超国内制造企业，高端面料经编机市场也基本由国外生产商垄断。

5. 新材料

为了提高高速经编机的机械性能，国外经编制造企业不遗余力地研究应用新材料、新工艺。以针床材料为例，国外高速经编机于 2010 年已开始批量应用碳纤维复合材料针床，碳纤维复合材料有极好的热稳定性，有利于设备长期高速稳定运行。经编机的改进需要一个过程，国内目前经编机针床还是以铝镁合金针床为主，常德纺机的碳纤维复合材料针床也还在小批量生产阶段。

二、特里科经编机主要机构的发展方向

1. 经轴架

经轴架用于承载经轴盘头、张力控制部件及牵拉装置，现代特里科经编机普遍采用分离式经轴架，这有利于减少机器运行振动对编织的不良影响。为了减少更换盘头频率，提高生产效率，经轴架承载盘头规格向 40 英寸甚至更大的方向发展。

2. 床身

床身是承载传动机件的平台，由于特里科经编机逐渐向大幅宽方向发展，设备对床身刚性有更高的要求，同时需要减小机器运行振动，因此床身向大截面、高强度、低振动的方向发展。

3. 传动箱体

传动箱体分送经传动和牵拉传动，送经传动分为消极送经和积极送经，积极送经分为机械送经和电子送经。随着电子控制技术发展，机械送经因其结构复杂，操作维护不便已经逐渐淘汰。现代特里科经编机普遍采用电子送经和电子牵拉传动。送经、牵拉的传动向高效、节能、精准的方向发展。

4. 曲轴传动系统

如图 1 所示，采用偏心连杆作为动力传送机构，通过模拟成圈动画分析，在达到一定速度后，偏心连杆传动就体现出了局限性：转动惯量大、运动加速度大、运动元件受力不均衡，在机器的使用中相应带来振动大、因摩擦生热导致的功率损失大以及零件易损等问题。如果进一步提速，其所受制约会呈几何级数增长，所以高效率低能耗的曲轴传动机构的采用已成为发展需要。曲轴连杆传动决定成圈编织元件的运动曲线，故曲轴传动系统的设计既要满足编织需要，又要有良好的动力特性。随着伺服电机及电子控制技术的发展，用伺服电机直接控制针床摆轴的运转也成为可能，并且可以根据编织需要通过软件控制、调整成圈运动曲线。

图 1　曲轴传动系统

5. 成圈机件

如图 2 所示，成圈机件由安装在针床上的织针元件组成，织针元件包括槽针、针芯、沉降片和导纱针。成圈过程是由槽针、针芯、沉降片和导纱针相互作用的结果，经过脱圈、牵拉线圈、导纱针摆动、针前垫纱、纱线垫入针口、封闭针口、开始脱圈的过程。由于织针直接与纱线接触，织针的质量直接决定编织效果。目前高质量的织针仍需进口，国内经编制造企业几乎不会根据编织的需要去设计最合适的织针。由于特里科经编机向高机号、高速度方向发展，用于固定织针元件的针床材料十分重要。成圈过程纱线与织针元件高速摩擦产生热量，热量传导到针床，针床的热膨胀影响织针元件的隔距。最新的应用是使用热膨胀系数较小的碳纤维复合材料针床，国内经编制造企业已经在积极研究应用，常德纺机已实现小批量生产。

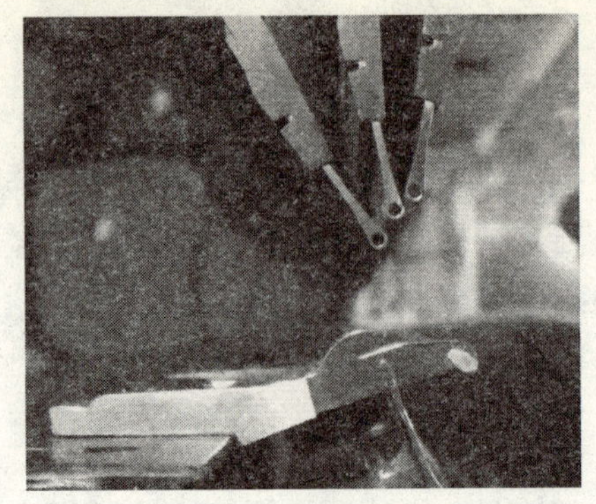

图2 成圈机件

6. 横移控制部件

经编机梳栉横移机构用于控制导纱针的横移，经历了花板链条、凸轮、电子凸轮的发展。花板链条横移机构的优点是能生产完全组织较大的组织，但是花板链条横移机构由于移动时间的限制，将引起很大的惯量载荷，不利于机器高速运转。所以在编织完全组织小的简单组织时，在较长时期内无须改换品种的情况下，采用动力学性质较好花盘凸轮横移机构更合适，目前特里科经编机大多采用花盘凸轮横移机构。电子凸轮是利用伺服电机控制梳栉横移，优点是更换花型方便，且更换花型成本基本为零，但制造成本较高，且限于目前的电机电子控制技术，反应速度有一定的局限性，一般用于机速2000r/min以下的四梳特里科经编机。随着电机电子控制技术的发展，电子凸轮横移机构速度适应性提高，未来使用范围将逐步扩大。

7. 张力部件

纱线张力对坯布密度影响很大。新线圈形成时，其所需纱线一方面从导纱针方向拉过来，另一方面也可能从前已成圈时刚脱下的旧线圈拉过来，纱线张力较大时，使织物密度增加。纱线张力值既不是常量也不是一个简单的值，在每次成圈循环中，纱线一般经受两次张力峰值。最大的张力峰值发生在成圈时，这时需要的纱线量最大，另一张力峰值是产生在针做垫纱运动时。所以为了较少断纱，应尽可能保持纱线的张力恒定。特里科经编机一般采用张力弹簧或张力板簧来调节纱线张力变化，良好的纱线张力控制对特里科经编机高速编织极其重要。

8. 自动恒温控制装置

特里科经编机由于织针隔距很小，而机器高速运转摩擦会产生很大的热量，为了保证正常编织，机器温度控制很有必要。经过试验证明，机器运转一般保证温度在38～40℃最经济，温度过高或过低，织针隔距就很难控制。所以特里科经编机一般设有低于38℃的加热装置，高于40℃的散热冷却装置。不同机器根据使用材料和发热量的不同，温度控制范围也有差异。

9. 电子控制装置

现代特里科经编机主要机构都已电子化，如主电机变频调速，送经电机、牵拉电机伺服控制，所有操作都由触摸屏集成控制，极其便利。EL电子梳栉横移机构用线性电动机控制，花型变换快速方便。它主要包括一个伺服电机，通过丝杆使旋转运动变为直线运动，然后直接控制导纱梳栉，伺服电机转速由计算机控制。随着网络技术的普及，设备运行、故障等信息通过网络集中管理，便于生产管理，同时也降低成本。电子控制技术的发展使得特里科经编机结构更简单，操作更便利，维护更及时。

三、特里科经编机发展分析

1. 发展趋势

特里科经编机经过两个多世纪的发展已经成为一种完全现代化的机器。目前特里科经编机正在朝着生产高速化、控制智能化、操作便利化、能耗低碳化、管理网络化以及高机号、大幅宽的方向发展。

（1）高速：由于采用了短动程槽针，特里科经编机的转速已突破4000r/min，中动程特里科经编机转速已将突破3000r/min。

（2）智能：随着人工成本比例逐步上升，日常操作、生产记录、产品检测、维护保养、故障排除等实现智能化极为迫切，能大幅降低生产成本，提高生产效率。

（3）便利：经编机机电一体化和电脑应用已有很大的发展，电子送经、电子牵拉、触摸屏操作的应用极大地提高了操作的便利性，未来售后服务的便利也日益重要。

（4）低碳：高效率、低能耗的曲轴传动机构已普遍应用于特里科高速经编机，具有良好编织特性和动力特性的成圈配合是特里科高速经编机的不懈追求。

（5）大幅宽：机器的门幅，除生产 1.5m 门幅的弹性泳衣织物所需的 130 英寸机器以外，已广泛使用 186 英寸、218 英寸甚至更宽的机器，常德纺机 238 英寸幅宽的机器也已出现。

（6）高机号：传统使用的 E28、E32，有向 E36 发展的趋势，以得到更细腻、精致的织物，E40 甚至 E50 的机器也开始在一些方面得到应用。

2. 提升措施

提升经编机的措施在于创新。

（1）树立创新意识：首先要树立规模以上经编机制造企业的研发信心，加大研发投入，加强新材料、新工艺研究，使之产生龙头效应。其次加强知识产权保护的宣传，强化企业的知识产权保护意识，切实保护企业技术创新、产品创新的利益，从而构建良好的创新环境。

（2）加强行业交流：参加交流的对象主要是经编机制造企业和经编织物生产企业，交流能使市场信息传递更加顺畅，使经编机制造企业发展有更好的目的性。

（3）提高产品竞争力：加大品牌建设，在企业形象、产品质量、产品标准、企业文化、售后服务等方面下功夫，创造企业自己的品牌特色，加大下游客户的认可度。

传统经编企业在创新中谋发展、求提升

郑锦华

福建永丰针纺有限公司成立于1984年，位于经编名城福建省长乐市，是从事经编面料生产、印染加工和服装制造的综合型企业。产品定位于国内、国际中高端服饰品牌市场。

企业主要生产设备全部从德国、中国台湾购进，其先进程度、多样性及整体生产能力位居国际经编行业前列。企业是高新技术企业，拥有多项发明专利、实用新型专利和花边产品设计专利。产品被认定为“福建省名牌产品”。

一、管理：用数据说话

企业创建之初，就走上了与当时其他企业不同的发展之路：跨越了“家庭作坊”的初级经营模式。企业直接引进同行业外资企业较为先进的内部管理模式：兼具流程管理、生产监控、绩效考核等措施。

每个环节的管理人员，每星期授课一次，持续半年，传授同行业和相关行业的管理理念和管理方法。管理人员工作半年后回头看进步、看改变，经过考核、评定，如果达不到业绩数据，将再次接受一段时间规定内容的继续培训。后来的企业管理人员都要进行半年先进管理理论与企业实际相结合的专项培训。经过培训后工作和工作中培训，中层管理人员的生产运行管理和质量控制水平得到明显提高，高层管理人员的创新意识和管理素质得到良好的锤炼，中高层管理人员在自身实践中获得管理经验。这种培训中“用数据说话”的做法，后来成为企业内部管理的基石。

郑锦华，针织企业家，福建永丰针纺有限公司董事长。中国针织工业协会第二、第三届专家委员会委员。

薪酬制也借鉴“数据说话”方式，逐步建立并不断完善。管理人员在经营过程中，完成的生产指标、销售指标都是考核的内容。管理人员的绩效考核和激励机制从“人情”过渡到“数据说话”，绩效考核依据主要来自于生产经营中的数据。员工的薪酬透明发放，能经得起员工的质疑，加薪的诉求要有业绩的支持。这种方法让空谈的不作为的人无话可说；让不用心、不思考的人无话可说。让有真才实学的人能够大显身手，让平庸者无处藏身。

生产管理也用“数据说话”。经编产品、花边产品品种多，生产工艺较为复杂。企业生产中必须及时掌握一系列真实地反映生产现状的统计数据，例如产品质量数据、生产数据。通过有效分析，客观地认识生产中的问题，提出解决问题的方法。

针对花边产品的生产与销售，永丰与业内专家合作，建立了一套基于使用原料、采用机型、工艺配置、花纹图案以及不同规格产品售价、成本与利润分析模型。这套模型提出了生产各环节对成本的关联情况，提出了最终产品售价与产品工艺的关系，为企业采取倒逼法完善管理提供依据。这套系统长期发挥作用，随着企业发展还需不断改进和完善。

经过几十年来的积淀，“用数据说话”已成为永丰内部管理的一个基调和特色，并以此为导向，形成了敬业守则、勤奋进取的企业文化。以“用数据说话”为核心，逐步形成了一套充分体现劳有所得，事有所值的企业价值观。

二、产品：人无我有，人有我优

永丰公司通过引进国际领先的生产设备和生产技术，长期致力于产品品质的提升和新产品的开发。在新产品的开发上，着眼于新材料的环保性、穿着的舒适性、塑身的功能性、益肤的保健性，努力突破传统的织造技术和染整工艺。

从20世纪80年代末开始，永丰就与国内经编行业大企业的设计研发专家和行业知名专家，合作组建以专家名字命名的工作室，主要有林光兴工作室等。工作室不仅对传统的经编设计进行优化和工艺组合，而且对多梳栉花边的机械和电子设计进行探索和完善，特别是较早提出花型效果时尚化的问题。通过长时期合作，永丰自身实力得到增强，这种行业协作给企业带来技术创新的底气。最早的设计工作室沿用至今，依然发挥产品设计导向的作用，已是经编行业延续时间最长的设计工作室之一。建立设计工作室不仅使永丰产品一直走在行业前列，而且深刻地影响着周边企业的产品发展。

2002 年，德国卡尔·迈耶公司为研发 RSJ 型高档贾卡提花经编机做技术准备，来到永丰开展技术合作，永丰的联合研发团队凭借多年来对经编机械设备技术深入研究和对花边前沿市场的深入了解，提出了七项技术措施和功能设置，后被卡尔·迈耶公司全部采纳。世界上第一台 RSJ 高档贾卡提花经编机，就落户永丰公司的车间。为此，公司成立了专门的研发团队，针对新样机，开始了长达两年之久的专项新产品研发和推广。功夫不负有心人，持续的投入和艰辛的研发，终于迎来了回报。大提花变形网眼等系列产品，终于在 2005 年被市场认可，成为引领经编面料市场的热销产品。

2006 年，企业部分承接面料染整对外加工业务。由于对外加工业务的质量要求低，与本公司产品的质量要求相去甚远，在生产质量控制中出现了不同的标准，有的要求高，有的要求低，致使生产管理出现混乱。一些生产管理人员产生了质量意识上的动摇，甚至认为永丰对产品质量的要求太挑剔。针对这一状况，公司果断决定：停止低质量要求的对外加工业务，潜心提升品质。通过长期的实践，生产废品率显著下降，返修率远远低于行业平均水平，产品品质明显提高。产品设计工艺在生产环节执行力度大，保证生产顺利进行，特别是高端产品的生产，能做到质量有保障。以前不可逾越的技术难关，现在已成为普通的工艺；以前认为是客户的苛求，现在已是常规的标准。

产业链协作创新也是永丰提升产品的重大措施。永丰为了适应新产品的开发，联合相关单位在传统经编织造设备上的进行技术改造，硕果累累，例如实施经编机电子横移技术改造、对进口经编机配件进行国产化改良等。先后联合上海特种纱线厂、力恒科技、闽江学院，共同研发了多款用于经编新产品开发的新型纱线。这一技术研发并不把花型的变化作为重点，而是着眼于难度更大的织造技术的升级，着力于染整技术的突破。为此，技术创新延伸到了设备技术改造领域，跨越到原材料纱线、染料助剂技术项目，不遗余力地求变、求异、求新。

“人无我有，人有我优”，是企业在产品研发和产品品质上的一贯追求。永丰累计开发3700多个适销对路的产品（以销售清单、销售合同为准，并且达到一定的销售量），是同行业同类企业产品开发最多的企业之一，也是产品品质最好的企业之一。

三、市场：走近顶级服装

永丰十分重视研究和拓展经编产品的应用领域，特别是服饰方面的应用，为此，永丰把大量的精力花在产品的市场调研上。当时行业主管部门和行业组织提供了花边、经编面料的用途信息，为经编企业产品开发指供坚定明确的方向。永丰善于掌握行业信息，始终保持产品与时代的节拍同步，与国际市场的流行时尚接轨，企业的产品多样性与创新能力，在同行业中居领先地位。

20世纪90年代中期，企业与纺织行业主管部门合作，参与花边产业调研，提出行业发展导向的建议。这对于引领周边地区的产品发展起到良好的推进作用，得到行业主管部门的高度肯定。永丰的产品讲求品质和工艺，量的增长也能控制在一定的水平。

永丰尤其关注经编面料的多种用途，在市场需求中选择自身产品的定位。经过几年的探索，企业把产品类别定位在服饰面料，产品档次定位在中档，后来又定位在中高档，逐步走近顶级服装，走近国际顶级服装品牌。把进入国际市场、与国际上的一线服饰终端产品品牌合作，作为奋斗目标之一。

永丰清醒地认识到，产品的快速提升是关键。在行业组织的鼓励和帮助下，永丰较早建立的研发设计中心，就是以国际服饰市场为导向，坚持产品提升的原则，不断推出符合服饰升级要求的各种面料。企业的产品设计很快达到国内先进，在一段时期引领行业的产品开发，这在国内的纺织面料展会中得到可以充分体现。在国际交流中，永丰产品展示出较高的水平，获得国际一些服饰品牌的高度认可。企业较早通过欧洲绿色环保认证、质量管理体系认证、环境管理体系认证。特别是在夯实内部管理、提升产品品质及稳定性、加大创新力度的基础上，成功成为美国维多利亚、美国魏斯曼、香港维珍妮等国际一线品牌的供应商，并且与一些国际知名企业建立长期合作关系。

永丰成为国际性制造商，是在产品不断提升的基础上取得的。而国际知名服饰品牌对面料质量档次要求高，又检验了永丰产品的水平。国际上一线品牌客户的成功开发，不仅使企业获得了稳定的订单量，降低了市场风险，同时带动了企业产品品质的进步。客户的产品理念，给永丰的研发团队提供了风向标。

永丰已经与国际国内知名品牌服装、装饰、制鞋企业建立了稳定的合作关系，还被国内外一线服饰品牌商指定为合作开发伙伴。产品在广东、上海、浙江、江苏、福建、北京、辽宁等 12 个省市稳定销售，还销往英国、法国、美国、加拿大、俄罗斯、越南、韩国、日本、菲律宾、泰国、叙利亚等 19 个国家和地区。

四、合作：谋求共同发展

永丰的发展都是在合作共赢中取得的，与员工是合作，与客户也是合作。永丰伴随员工成长而成长，伴随客户壮大而壮大。在永丰工作十年以上的员工，占员工总人数的 30% 以上。与永丰合作 20 年以上的客户有 17 家，十年以上的客户有 38 家。

永丰广聚优秀人才，为他们提供施展才华的平台，使他们的创造力得到充分发挥。例如，为了提高染整水平，企业邀请国内外的染整专家解决技术难题。派遣技术管理人员走出去学习先进技术和管理，及时提高企业管理水平。现任织造厂长是原国企台布厂厂长，享受政府津贴，充分发挥专业特长。现任技术总监是原国企陕西第一针织厂的技术科长，从建厂初始就一直在永丰。现任执行副总、财务总监和一批技术、营销骨干也在永丰工作 10 多年，甚至 20 年以上。

从 80 年代末开始，纺织行业、针织行业的一批知名老专家许期颐、林光兴、陆汉良等，以及院校的大批专家如蒋高明等，都曾经到企业从事生产管理、技术进步和产品开发工作。至今，永丰的样品库、工艺库里还保存着从 80 年代末开始，企业历年与专家开发的部分品种的设计过程和工艺参数。这些产品包括多梳栉花边类和少梳栉类品种，从小类看，有几千个品种。大量的工艺设计还指导了长乐及周边地区许多花边企业、经编企业的产品开发，对国内经编面料市场发挥长期的导向作用。永丰是经编专家们开发产品最早、最多的基地之一。

共同发展，始终是永丰与客户往来的基调。双方的研发团队、管理团队、营销团队的交流，从来没有间断，做到互帮互助，真诚沟通。为了贴近客户提供便利的产品服务，公司先后在广州、东莞、深圳、汕头、上海设立了5个办事处。客户的一个创意，会及时得到共鸣；客户的一个需求，会及时得到满足；客户的一个建议，会及时得到处理。与使用永丰面料的服饰企业开展合作，包括面料开发方面的合作，永丰会提供多种面料的选择方案、面料的性能特点，还会根据面料的最终用途，根据面料的档次为采购方提供产品设计建议。

从20世纪90年代开始，永丰就与中国针织工业协会、中国针织工业协会经编专业委员会、中国纺织工程学会针织专业委员会等行业组织，与江南大学、闽江学院等一批知名院校以及国内外设计、研发机构开展深度合作。可以说，是合作选择了企业的产品定位，合作确定了企业的市场目标。创新的合作理念是永丰得以发展的关键因素。

永丰是一家老企业，但在管理、技术、产品方面却不断创新，不断充实新生事物，不断学习新的理念，使得花样繁多的经编产品不断翻新，不断通过丰富多彩的新产品去拓展市场，拓展消费。创新是企业成长的源泉和动力，创新涉及的面很广，企业不可能每个环节都做到不断创新，但是必须及时发现制约企业发展的每个环节，通过创新的思路、方法去解决问题，这样一定能够获得良好的发展机遇，同时能够得到不断提升。

横机针织新产品开发方法漫谈

孟家光

进入21世纪，横机针织产品的花色品种越来越多，系列化、时装化、个性化、舒适化、功能化、智能化、绿色化、品牌化已成为新的发展趋势。

一、采用新原料开发横机针织新产品

（一）化纤新原料、新技术的应用

国际上出现了一系列的新型纤维原料，可用于横机针织产品开发，特别应关注的是功能性和智能性化纤新原料的应用。

1. 采用超细和差别化纤维开发横机针织新产品

超细和差别化纤维因具有天然纤维所没有的卓越手感而被誉为新合纤发展的先锋，因其能快速吸收皮肤上的汗水，并将其传送至皮肤表面，可制作运动服装、内衣、医患人员卫生用品等。2000年以来，这类产品发展很快，在化学纤维和纱线中所占的比重越来越大。品种有涤纶、丙纶、粘胶、锦纶和腈纶等，有纯纺的长丝和短纤维以及两种以上原料的复合丝与混纺纱，用其可开发出仿真丝织物、桃皮绒类织物、仿麂皮织物、仿毛织物、高导湿运动服产品等。

2. 采用竹纤维开发横机针织新产品

竹纤维是从自然生长的竹子中提取出的纤维素纤维，继棉、麻、毛、丝后的第五大天然纤维。分为竹原纤维、竹浆纤维、竹炭纤维三种。竹原纤维是采用物理、化学相结合的方法制取的天然竹纤维，其具有良好的透气性、瞬间吸水性、较强的耐磨性和良好的染色性等特性，具有天然抗菌、抑菌、除螨、防臭和抗紫外线功能，但其刚度较大，编织出的针织物

孟家光，教授，针织专家，西安工程大学科技处处长。中国针织工业协会第三届专家委员会委员。

的柔软度和织成率较低。竹浆纤维是一种将竹片做成浆，然后将浆做成浆粕再湿法纺丝制成的纤维，其制作加工过程基本与粘胶相似。竹炭纤维是选用纳米级竹香炭微粉，经过特殊工艺加入粘胶纺丝液中再经近似常规纺丝工艺纺制出的纤维产品，其具有吸湿透气、抑菌抗菌、冬暖夏凉、绿色环保等特点，其织物的手感与竹浆纤维的织物相似。

由于竹纤维是一种会“呼吸”的天然超中空纤维，使该类产品具有吸湿、透气、凉爽等极佳的穿着性能，同时竹纤维系列面料具有天然的防臭、抗菌功能，是新型天然保健面料。对人体健康有益，非常适合制作夏季针织时装产品。竹纤维可与各种纤维混纺制作针织内衣、T 恤衫、运动装等。

3. 采用聚乳酸纤维开发横机针织新产品

聚乳酸纤维（PLA）是一种新型的环保型纤维，又称玉米纤维，其在纤维形态上有单丝、复丝、切短纤维等。其是用玉米、小麦等淀粉原料经发酵、聚合、抽丝而制成。PLA 可生物降解，使用后的废弃物埋在土中或水中，可被微生物分解成二氧化碳和水，在光合作用下，生成原料淀粉，所以又称为新世纪的环保型纤维。其透明性、强度、弹性和耐热性方面性能优良，并具有形态稳定性、疏水性、干燥性和抗皱性。这种纤维能与棉、羊毛、蚕丝、粘胶等原料混纺生产出具有丝感般的针织产品。适宜于制作针织运动装、T 恤衫等。

4. 采用特种功能性与智能性化纤开发横机针织新产品

功能纤维是指除一般纤维所具有的力学性能以外，还具有某种特殊功能的新型纤维。目前可用的功能性纤维主要有抗静电、导电、电磁波屏蔽、信息记忆、耐高温、绝热、阻燃、热敏、蓄热、耐低温、光导、光折射、耐光、光吸收、凉爽、发热、吸湿、放湿、抗菌、除异味、防螨、防蚊、防辐射、远红外、抗紫外、香味、负离子等纤维，这些功能性纤维可以直接采用长丝，也可纯纺或与其他纤维进行混纺或交织来进行横机针织产品的开发，开发出具有各类单一或复合功能的横机针织新产品。

智能纤维是指能够感知外界环境（机械、热、化学、光、湿度、电磁等）或内部状态所发生的变化，并能做出响应的纤维。近些年来，随着纳米技术、微胶囊技术、电子信息技术等在内的一些前沿技术的发展及运用，智能纤维的开发得到了迅速发展，并且催生了一系列新兴智能纺织品的出现，从而满足了人们的某些特定需求。可用的智能性纤维主要有相变纤维（如调温纤维）、形状记忆纤维（如形状记忆合金纤维、形状记忆聚合物纤维和经整理剂加工的形状记忆功能纤维等）、智能凝胶纤维（如温敏纤维、光敏纤维和电敏纤维等）、光导纤维和电子智能纤维。这些智能纤维可以直接采用长丝，也可用短纤纯纺或与其他纤维进行混纺或交织来进行横机针织产品的开发，开发出各类智能横机针织新产品。

（二）采用改性处理后的天然纤维开发横机针织新产品

近年来，国际流行的高档针织产品并非由单一天然纤维制成，而是通过精选多种物理化学变性整理的天然纤维再经过特殊工艺整理而成，是当前针织产品开发的一个新潮流和提高档次的新途径，成为针织生产中升级换代的新产品。

1. 变性棉针织品

国际流行采用纯棉产品进行变性处理，使其既具有棉制品的特点，又具有另一种纤维制品的性能。如烧毛、丝光棉纱生产的针织物，仿羊绒超柔软棉纱生产的针织品等。

2. 变性羊毛、羊绒针织品

世界上流行的高档凉爽羊毛内衣属高档羊毛产品，这类产品是采用特殊精纺毛纱（毛纱捻度比常规精纺同类产品捻度高，使纱具有麻纱感），再经过特殊的织造和后整理制成产品，因此具有麻的滑爽感而又有保暖滑糯的感觉，适宜制作针织高档内衣和高级休闲服。

3. 变性真丝针织品

（1）弹力真丝针织品：日本东洋纺将收缩处理过的生丝和从生丝中提取的胶原蛋白质相结合制成弹性永久保持的弹性真丝。用这种原料生产高弹力真丝针织品具有似氨纶弹力织物的效果，其手感具有麻的滑爽性，丝的悬垂性，可制作横机针织内衣和休闲服。

（2）真丝绒类针织品：它是采用特殊的真丝绢纺纱织成的起绒织物，经特殊整理后比桃皮绒更细腻，绒毛更浓，是手感柔软丰满的真丝绒类针织产品。

（3）真丝棉化针织品：真丝经化学蓬松剂处理后织成合适的织物组

织，然后织物经再次膨化后就具有松弛柔软似棉的效果，是一种良好的针织内衣产品。

二、采用新工艺、新技术开发横机针织新产品

在横机针织产品工艺设计与计算中可采用“变换分配法”和“程式分配法”来进行快速有效的工艺分配，在横机针织产品生产中可采用“变针距技术”生产出在同一件横机针织衫上呈现不同疏密的织物效果，采用“衬垫技术”开发出横向保形性高的横机针织产品，采用“补条工艺”快速生产出不易勾丝的各种提花织物，采用“三维间隔织物生产技术”开发出各类三维间隔织物的横机针织产品，采用“3D 编织技术”开发出各类 3D 状态的横机针织产品，采用“超粗织物生产技术”开发出各类粗犷的横机针织产品，采用“超细织物生产技术”开发出各类细腻的横机针织产品。

三、积极采用计算机控制技术，提高横机针织产品生产设备的智能化水平

技术进步是横机针织产业发展的不竭动力。目前，国外横机针织设备的特点是电脑化、自动化、智能化，微电子技术应用较普遍，为扩大花色品种，提高机器效率，采用全功能控制、整体编织和电子提花选针技术，机电一体化水平高，体现了当今国际上横机针织设备的发展趋势。

国内的横机编织设备从手摇横机起步，到 21 世纪初国产电脑全自动横机达到较高水平，使横机针织产品生产企业的生产工艺、生产能力、产品质量和花色品种等得到了较大提高。电脑全自动横机正向“立体成型编织”“多针床编织”“五功位编织”方向发展；横机针织产品的生产，还需突破横机针织产品缝合机的智能化控制，进而大大减少缝合车间的劳动力消耗并提高产品的缝合质量。

四、积极采用生态环保加工技术开发横机针织新产品

生态环保加工在横机针织品上的体现及对针织染整加工的要求，代表了全球消费和生产的潮流。生态环保加工将是扩大市场份额的有效途

径之一。

生态针织品有四个层面的含义：

（1）针织品的原料（纤维）生产（种植）是生态环保的，未受到过杀虫剂、化肥、除草剂等化学物的污染，也未受到严重的大气污染、土壤污染等干扰，或者生产过程未造成环境污染。

（2）针织品生产过程中各类处理是生态环保的，尽可能减少染料助剂以及能源、水资源的耗用，最大限度地限制污水排放，织物（面料、服装）不含有害、有毒物质，推崇清洁生产。

（3）针织成品有害物质含量极低，对消费者无害、无刺激。由于针织品比一般纺织品更多地接触人体皮肤，所以，生态环保要求更高。

（4）针织物废弃物处理要符合环保要求，即对使用后的针织物回收利用，再循环利用，或者采用有利于生态环境的新纤维做纺织原料。

我国横机针织行业应投入大量的人力、物力和财力从事生态针织品的开发和生产。

五、采用流行色、新组织、新款式来开发横机针织新产品

在横机针织新产品开发中，需要有效地采用流行色，在横机针织产品的高、中、低三个档次中，应多在中、低档横机针织产品中大量采用流行配色，在高档横机针织产品中适度采用流行配色，这样便能被消费者所喜爱。

在横机针织新产品开发中，还应进行织物新组织的开发，在新组织开发时，应积极采用各类纱线的变换、组织单元（包括成圈、集圈、浮线）的不同组合、针床的横移、同针床和前后针床的线圈转移、弯纱深度的变化等来有效完成新组织的开发。

在横机针织新产品开发中，还应进行款式的开发，应采用横机针织产品的领部、挂肩、袖型、袖口、衫身、下摆等处的有效创新来进行横机针织产品的款式创新开发。

横机针织新产品开发需将流行色、新组织和新款式协同起来进行创新，才能开发出受国内外消费者广泛欢迎的产品。

六、实施品牌战略，开拓国内外横机针织新产品市场

一些横机针织产品生产企业实施品牌战略取得较大成效。但国内横机针织服装品牌在国际市场总体影响力还不大，横机针织产品生产行业必须重新细分市场，重新审视产品定位。

在国际上针织品需求增长速度总体高于梭织物及梭织服装，这给针织行业，特别是横机针织行业提供了一个发展机遇。我国横机针织行业对国际市场依存度很大，应以品牌为龙头，全面提高出口产品的质量、科技含量和附加值，走集约化发展道路。有条件的横机针织企业可以组建境外公司，参与国际协作。横机针织行业面临着巩固国内市场、走向国际市场，培育名牌的艰巨任务。

七、结束语

横机针织行业是针织工业中最具活力和发展潜力的行业之一。当前，横机针织行业处于全面调整、产业升级时期，面对挑战，更是面对机遇。横机针织产品生产要以提高产品质量和附加值为目标，争取在国际横机针织产品的中、高端市场上占有越来越大的比例。要达到此目标，需紧跟国际横机针织产品生产行业的发展趋势，采用新原料、新工艺、新技术、新设备，开发出新花色品种，特别要开发绿色产品、时尚产品并加大品牌宣传力度，实施品牌战略。随着人民生活水平的提高，横机针织品市场需求必将稳步增长，横机针织行业将把握机遇，发挥优势，在优化结构中步入健康可持续发展的轨道。

阻燃粘胶针织产品的设计与阻燃性能分析

秦志刚

预防火灾一直受到各界的高度重视。广泛使用的纺织材料大多是易燃性或可燃性材料，而纺织品常是造成火灾的最初着火物。因此，开发具有阻燃功能的纺织品，特别是开发具有一定阻燃功能的能贴身使用的针织品，对于减少火灾危害、保障人们生命财产安全具有重要意义。

阻燃功能织物具有以下优点：难点燃、易自熄、燃烧速度慢、损毁面积小，允许有更长的逃逸时间；燃烧释放的热量只有非阻燃织物的25%，燃烧释放的有毒气体与非阻燃织物相比，只有后者的1/3（用 *CO* 值即一氧化碳释放量表示），并且不产生剧烈浓烟。阻燃功能织物常用的生产方法有两种，即采用阻燃纤维和织物阻燃后整理，两种方法各有优势而且都在市场中占有一定的份额。对织物进行阻燃后整理成本较低，适用面广，但可能对织物的强力、手感和色光等方面有一定的影响，织物的阻燃性随使用时间和洗涤次数的增加而逐渐降低或消失。阻燃纤维织物虽然在成本上处于劣势，但其阻燃的耐久性方面占据优势。本研究采用阻燃粘胶纤维作为主要原料，根据织物的最终用途，设计并织造出两种组织结构共九种织物，对其阻燃及基本性能进行测试与分析，以期对开发具有阻燃功能的纺织品提供参考。

一、阻燃粘胶纤维针织产品设计与织造

国内外常用的阻燃纤维主要分为两大类：一是通过纤维改性加工的阻燃纤维，如阻燃粘胶、阻燃涤纶、阻燃腈纶、阻燃维纶、阻燃丙纶、阻燃锦纶等；二是本身具备耐高温阻燃性能的纤维，如芳纶、聚苯硫醚、聚酰

秦志刚，教授，针织专家，河北科技大学纺织服装学院院长。

亚胺、酚醛纤维等。其中阻燃粘胶纤维具有良好的物理机械性能，其织物的服用性能、染色性、悬垂性和手感均佳。

本研究设计的织物组织结构有两种，分别是针织乔其纱和双面纬编提花织物。乔其纱属于绉类面料，在单面多跑道圆纬机上编织，起绉效果和机织乔其纱极为相似，而且还具有针织物所特有的手感柔软和良好的透气性、弹性等，适宜制作女性夏季裤子、裙子、休闲装等，穿着舒适凉爽、贴体美观。双面纬编提花织物，由于浮线的存在，横向延伸性较小，脱散性较小，平方米重量较大，可用于制作T恤衫、女装、羊毛衫等外穿服装，可用于沙发布等室内装饰，可用作汽车的座椅外套等。

1. 阻燃粘胶纯纺针织乔其纱

原料采用18.5tex阻燃粘胶100%纯纺纱线，织造设备选用XL－J32单面圆机，筒径26″，机号E28，路数60，总针数2256。织物结构设计为单面集圈组织，在单面平针基础上，利用集圈无规律分布，形成凸起的组织点，其效应类似于机织物的乔其纱外观。织物的意匠图如图1所示。为了考察织物参数对织物性能的影响，编织了三种密度不同的织物，密度的改变是通过改变弯纱三角的压针深度和送纱速度来实现的。工艺参数如表1所示。

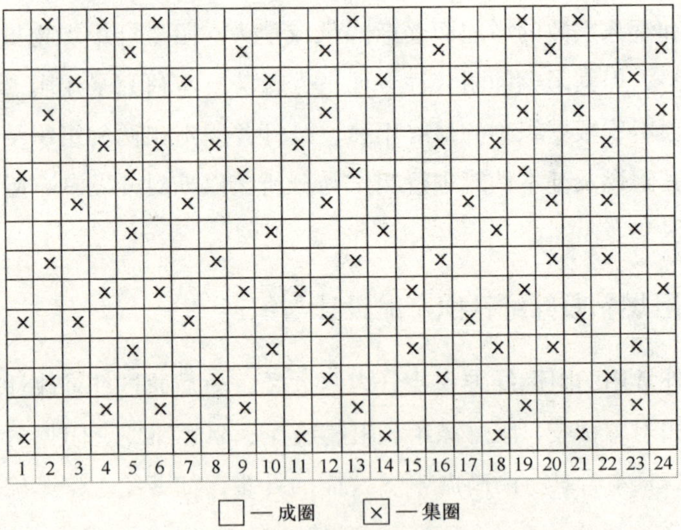

□—成圈　☒—集圈

图1　针织乔其纱织物编织图

表1　针织乔其纱织物的工艺参数

编号	横密/纵行·5cm^{-1}	纵密/横列·5cm^{-1}	面密度/g·m^{-2}	厚度/mm
1#	50	54	97.66	0.517
2#	51	60	103.14	0.537
3#	52	73	128.72	0.616

由表1可以看出，1#～3#织物随着织物纵密的增加，织物厚度、面密度增加，织物横密变化不大。该类织物手感柔爽富有弹性，质地轻薄透明，具有良好的透气性和悬垂性，吸湿性好、柔软舒适，适合作夏季衣料和垂直类装饰织物，如窗帘、幕帘等。

2. 混纺提花织物

为降低产品成本，以及考察阻燃粘胶纤维含量对织物阻燃性能的影响，采用将阻燃粘胶纤维与其他纤维配伍的方式，制备了6种混纺纱线，分别是阻燃粘胶/莫代尔50/50、70/30、80/20，阻燃粘胶/涤纶50/50、70/30、80/20，均为18.5tex。工艺如表2所示。

设备选用双面提花圆机，筒径30″，机号E24，总针数2232针，路数36路。6种织物组织结构相同，编织图如图2所示。喂纱速度：第1，第3，第4，第5，第7，第8路……用同一速度，第2，第6路……用同一喂纱速度，喂纱速度比为0.54。织物参数如表2所示。

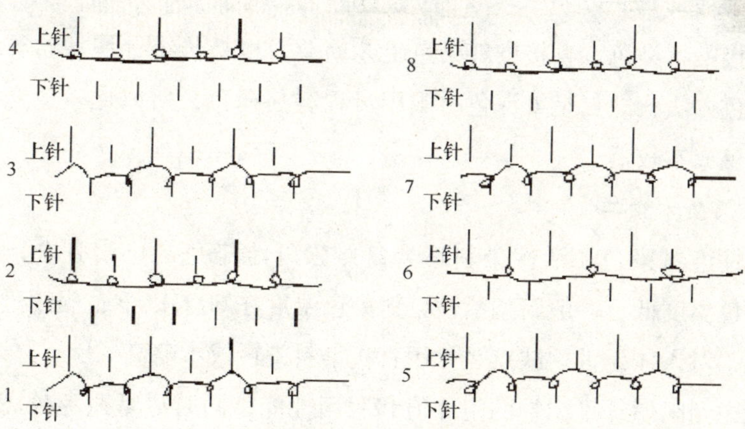

图2　提花组织编织图

表2 提花织物的工艺参数

编号	原料及混纺比	横密/纵行·5cm^{-1}	纵密/横列·5cm^{-1}	面密度/g·m^{-2}	厚度/mm
4#	FRVC/M 50/50	51	50	194.46	0.874
5#	FRVC/M 70/30	51	52	190.26	0.832
6#	FRVC/M 80/20	52	52	204.02	0.922
7#	FRVC/T 50/50	55	54	216.86	1.023
8#	FRVC/T 70/30	54	57	210.62	0.94
9#	FRVC/T 80/20	57	54	218.78	0.952

注 表中FRVC代表阻燃粘胶纤维，M代表莫代尔，T代表涤纶，以下表示相同。

由于阻燃粘胶的强力较低、染色性能好、悬垂性好，而涤纶、莫代尔的强力较高，将它们混纺成纱织制成织物，以便生产价格适宜、强力高、悬垂性好、耐磨性好、阻燃性好的装饰织物。这类织物结构选择纬编提花组织，产品表面平整、厚实，具有较好的弹性、优良的抗皱性和丰满的手感，吸湿性好，色泽鲜艳，具有类似蜂巢状的网眼外观，可用作床罩、汽车座套等。

二、阻燃织物的染整

阻燃粘胶纤维由粘胶纤维和其他阻燃纤维混纺而成，其基本染色结构构成纤维素纤维。考虑到染色成本、附加值、染色性能、染色品质及染色后对服用性能的影响等，主要考虑了以下两种方案。

1. 染整方案一

直接染料染色。直接染料染色工艺简单，也是传统针织汗布等织物常用的染色方法，缺点是染深色时服用过程容易褪色，所以比较适合浅色染色。染色成本较低。

2. 染整方案二

活性染料染色。活性染料适合纤维素纤维染色，色谱齐全，色泽鲜艳，染色温度低，一般新型活性染料染色温度在60℃以下，服用过程水洗不褪色，对人体无害。缺点是比用直接染料染色成本略高。

考虑到阻燃纤维织物的附加值和服用性能，同时尽量避免较高温度染色，以减少对粘胶纤维的强力损伤，尽量多地提高织物的附加值，最后确定采用活性染料染色工艺。

其染整流程如下：

坯布→热洗去油→水洗→染色→水洗→酸洗→水洗→皂煮→水洗→脱水→烘干→定型

（1）去油。加入1%的去油剂后在100℃下热洗30分钟。

（2）染色。加入的染料用量如下：

活性黄 B—4RFN	0.31%
活性蓝 B—2GCN	0.073%
活性红 B—2BF	0.115%
元明粉	20g/L
纯碱	10g/L

（3）皂煮。加入1%的皂洗剂后在98℃下皂洗15分钟。

（4）定型。在100℃下用呢毯预缩机进行热定型。

染色工艺如下所示。

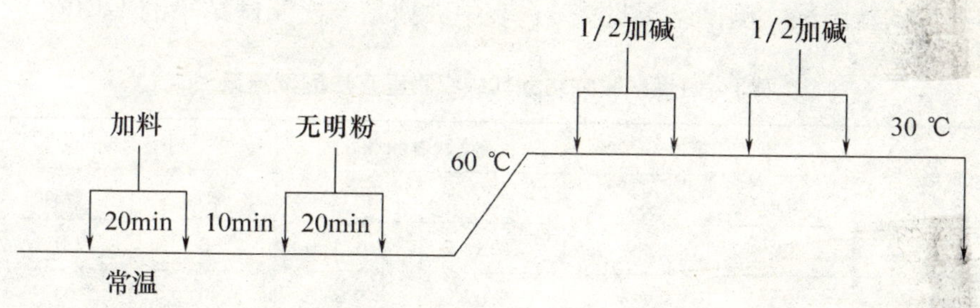

在染整过程中应注意要严格控制各工序的时间与温度。针织物经过染整后，由于不同品种之间的原料配比不同，采用的是常温染色方法，只对阻燃粘胶纤维和莫代尔纤维染色，涤纶不染色，故颜色有明显不同。织物经染整后手感柔软、厚实，尺寸稳定。

三、阻燃性能测试

目前，我国纺织品阻燃性能测试方法最主要的为 GB/T 5454—1997《纺织品 燃烧性能试验 氧指数法》和 GB/T 5455—1997《纺织品 燃烧性能试验 垂直法》。这两种测试结果为纺织品阻燃评级的直接判据。极限氧指数法是在极限氧指数测定仪上进行，是将一定尺寸的试样置于燃烧筒中的试样夹上，调节氧气和氮气比例，用特定的点火器点燃试样，使之燃烧一定时间自熄或损毁长度为一定值时自熄，由此时的氧、氮流量从表中查出极限氧指数值，即为该试样的极限氧指数。极限氧指数法广泛适用于针织、机织、非织造、涂层和层压等各类交通领域用纺织品的阻燃性能测试。垂直燃烧试验法主要用于测定材料的燃烧广度（炭化面积和损毁长度）、续燃时间、阴燃时间等。主要使用于防护服、窗帘和帷幕等对阻燃性要求较高的织物。作为纺织品的阻燃性能测定，GB/T 14644—2014《纺织织物 燃烧性能 45°方向 燃烧速率测定》、GB/T 14645—2014《纺织织物 燃烧性能 45°方向损毁面积和接焰次数测定》和 FZ/T 01028—1993《纺织织物 燃烧性能测定 水平法》也是常用的标准。

1. 纯纺针织乔其纱织物

参照 GB/T 17596—1998《纺织品　织物燃烧试验前的商业洗涤程序》对试样进行洗涤处理，按照 GB/T 5455—1997《纺织品 燃烧性能试验 垂直法》来加工试样，采用 YG（B）815D－I 型垂直法织物阻燃性能测定仪对其进行试验测试。测试结果见表 3，表中数据是 5 次测试结果的平均值。

表 3　阻燃粘胶纯纺乔其纱织物垂直法测试结果

试样编号	损毁长度/mm		续燃时间/s		阴燃时间/s	
	横向	纵向	横向	纵向	横向	纵向
1#	98	89	8.5	6.4	0	0
2#	90	80	5.0	5.7	0	0
3#	82	70	4.6	4.7	0	0

按照公安部 GA 504—2004《阻燃装饰织物》标准要求，阻燃装饰织物分为 B_1 和 B_2 两个级别，B_1 级要求损毁长度≤150mm，续燃时间≤5s，阴燃时间≤5s；B_2 级要求损毁长度≤200mm，续燃时间≤15s，阴燃时间≤10s。由表 3 可以看出，1#、2#织物的阻燃性能达到了 B_2 级要求，3#织物的阻燃性能达到了 B_1 级要求；织物的纵向阻燃性能均大于横向；1#～3#织物随着织物密度的增大，阻燃性能越好。

2. 混纺提花织物

参照 GB/T 5454—1997《纺织品 燃烧性能试验 氧指数法》测试了 6 种混纺提花织物的阻燃性能，结果如表 4 所示。

表4　混纺提花织物阻燃性能测试结果

编号	原料及混纺比	限氧指数/%	
		横向	纵向
4#	FRVC/M 50/50	25.2	25.4
5#	FRVC/M 70/30	26.5	26.7
6#	FRVC/M 80/20	27.8	27.7
7#	FRVC/T 50/50	24.2	24.8
8#	FRVC/T 70/30	26.0	25.8
9#	FRVC/T 80/20	26.3	26.4

按照 GA 504—2004 标准要求，B_1级阻燃装饰织物要求极限氧指数≥32%，B_2级阻燃装饰织物要求极限氧指数≥26%。由表4可以看出，随着阻燃纤维混纺比的增加，织物的极限氧指数增大；在混纺比相同时，莫代尔混纺织物的阻燃性能高于涤纶混纺织物；织物纵横向极限氧指数有微小差异，纵向普遍大于横向；对于阻燃粘胶/莫代尔织物来说，当阻燃粘胶混纺比大于70%时，阻燃性能可达到B_2级要求（5#和6#织物），当阻燃粘胶混纺比为50%时，阻燃性能未达到B_2级要求（4#织物）；对于阻燃粘胶/涤纶织物来说，当阻燃粘胶混纺比为80%时，阻燃性能可达到B_2级要求（9#织物），阻燃粘胶混纺比为70%时，纵向阻燃性能未达到B_2级要求（8#织物），混纺比为50%时，阻燃性能未达到B_2级要求（7#织物）。由表2可知，阻燃粘胶/涤纶织物的纵密和横密均大于阻燃粘胶/涤纶织物，但前者的阻燃性能较差，说明原料对极限氧指数的影响大于织物密度的影响。

四、阻燃针织产品的发展方向

1. 合理设计针织物结构与原料配伍，开发服用性能良好的阻燃产品

本研究根据阻燃粘胶纤维及其纱线特性，通过织物结构设计，开发了两种组织的九种织物，通过对织物的阻燃性能进行测试，发现织物中阻燃粘胶纤维的含量越高，织物的阻燃性能越好；织物的阻燃性能与织物密度关系密切，织物的密度越大，织物的阻燃性能越好；混纺原料的配伍对织物的阻燃性能有较大影响；开发的阻燃粘胶纯纺乔其纱织物轻薄，悬垂性

好，适合服用和窗帘、幕布等垂直类装饰织物。阻燃粘胶混纺织物较厚实，耐磨性好，适用于床罩、家具包覆、汽车座套等产品。以上研究说明，只要合理设计针织物的组织结构、工艺参数和原料配伍，就能够开发出既具有阻燃功能，服用性能又良好的针织产品。

2. 拓宽阻燃针织产品的应用领域

随着社会经济的发展，纺织品阻燃性能越来越受到重视，阻燃纺织品主要应用领域包括工业防护服、执法服和消防服，交通运输用织物，家庭和公共场所用装饰布等。尤其是在交通运输领域，由于汽车、飞机和火车行业发展迅猛，阻燃织物的需求量日益增加。阻燃针织物除在服装领域应用外，在交通运输、家用和装饰等方面具有广阔的应用前景。

3. 加强阻燃法规和标准的建设

现行的纺织品产品标准和测试方法标准已较齐全，但是我国纺织品阻燃标准起步较晚，范围较小，性能要求单一，分类等级不明确，在实际执行中争议较多。生产、研发、使用等环节对纺织品的阻燃检测也越来越频繁，对测试结果的要求也越来越严格。先进的标准尤其是先进的产品标准，不仅可以使阻燃纺织品及其制品的生产更合理、更规范化，产品质量更全面、统一，而且可以促进生产过程的技术改造和新产品的开发。新的、先进的纺织品阻燃标准的制订与执行，必将推动我国阻燃技术水平的迅速提高。

4. 开发新型无毒低烟、绿色的阻燃剂

阻燃剂多为卤系、锑系、磷系阻燃剂，但都存在着一定的毒性或环境污染等问题，因此开发更高效、更安全、更环保的阻燃剂是当务之急，无毒或低毒、高温下无污染、对环境友好的无机阻燃剂及纳米无机阻燃剂是粘胶纤维阻燃改性的发展方向。

5. 开发新型阻燃纤维和具有复合功能的针织产品

大多数阻燃纤维仅具有单方面的阻燃功能，为满足市场的多元化需求，在研发阻燃纤维时，不仅要考虑其阻燃效果，还要兼顾其可纺性和舒适性，从绿色环保、健康舒适和耐高温的角度出发，开发低烟、无毒、无卤、耐久、高效环保的阻燃纤维。为满足市场的多元化需求，开发复合功能阻燃产品是未来发展的趋势，如兼有阻燃、抗菌防臭、耐热（耐高温）、抗静电、抗紫外线、芳香、防蚀、防水、防污等功能，以适应特殊领域的需要。

以五大发展理念推进企业转型升级

莫炳荣

浙江嘉名控股有限公司是一家集高档面料织造、染色、印花、后整理、科技研发于一体的集团型高新技术企业。20年来，嘉名公司从小到大，从弱到强，稳步壮大，成为针织印染行业具有影响力的企业之一。

近年来，企业面临经济下行压力和原材料涨价、市场形势严峻等多种挑战。劳动密集型传统企业面临人力成本持续较大幅度上升，特别是“招工难、招工贵”和人员流动性较大的现实给企业生产经营管理带来不小压力。在这样的背景下，以低端产品、低生产效率和低经济效益的经营模式必将被市场淘汰。企业必须认清形势，把握趋势，顺势而为，以“创新、协调、绿色、开放、共享”的五大发展理念，着力推进企业转型升级，才能有所建树。为此，嘉名公司加大完善企业管理、强化人才建设创新、加速自主创新等方面的工作力度，增强企业竞争力，促进企业持续健康发展。

一、完善企业管理制度，建设精细化管理企业

嘉名公司以全面质量管理为重点，以打造品牌、提高效率和效益为立足点，以“6S”管理为突破口，把“精、细、实、严”落实到质量管理、标准化管理和现场管理的每个环节，实现企业管理从粗放型到精细化的转变，成为“嘉兴市精细化管理示范企业”。

1. 健全完善管理制度，夯实管理基础

公司制定形成了包括员工行为规范、计划管理、营销管理、人力资源管理等各类规章制度60多个。制定涵盖从生产操作岗位到公司总经理的232个所有岗位，形成了人人明确自己职责的局面。制定产品质量事故、设备制度执行检查、安全生产事故、违反现场管理和劳动纪律等检查考核

莫炳荣，高级经济师，针织企业家，浙江嘉名控股有限公司董事长。

制度。公司还制定了部门领导绩效考核办法和生产员工绩效考核办法，每月进行业绩考核，促进企业管理规范化、常态化。

2. 加强企业文化建设，打造和谐企业

公司把企业文化建设与企业管理有机结合起来。以党建引领企业文化建设，发展先进的企业文化，为员工营造“诚实做人，用心做事，快乐工作，健康生活”的氛围。举办“怎样做人，怎样做事”主题培训会，开展“企业关爱员工，员工热爱企业”主题活动，构建和谐的劳动关系。通过厂报、快报、厂歌、网站、微博、形象短片宣传企业形象，发布社会责任报告提升企业的美誉度。

3. 实施管理标准创新，规范工作流程

公司扎实开展企业内部管理标准化创新工作。坚持以提高管理水平和产品质量为立足点，以完善企业标准化管理体系为重点，形成厂级、部门、车间、班组标准化工作网络。根据客观环境的变化，围绕企业生产经营过程，不断完善标准体系，适时地对标准进行审查、修订，保持标准的先进性，有效地促进各项管理标准的实施。

4. 加强产品质量监管，提高产品品质

公司强化成品的内在质量指标的检测和外在指标的检验。配备了分光光度仪、pH 计、汗渍牢度仪等 30 多种检测设备。一是建立首席质量官制度，公司检测产品内在指标的检测人员均经过浙江省纺织测试中心培训合格后持证上岗。二是对过程质量进行严格的控制，加强对染色后的半成品的控制，确保不合格产品不流入下道工序。三是制定“产品售后服务（投诉处理）管理制度”，不定期进行客户满意度调查，分析调查结果。

二、强化人才培育工作，建设适应企业发展的人才队伍

嘉名公司十分注重人才建设，建立起适应企业发展的人才引进、培养、使用的激励机制，为各类人才发展创造良好环境，为企业持续健康发展提供人才保障，增添企业发展的活力。

1. 建立人才保障机制

坚持以人为本的理念，尊重知识、尊重人才、尊重创造，努力营造关心爱护人才的良好氛围。从政治上、工作上、生活上关心人才。制定“技

术创新和管理创新成果的奖励办法”，开展群众性创新活动和各类 QC 小组活动，充分调动各类人才的积极性和创新性。

2. 开展企业人才培养

公司持续开展各级人员的培训和人才评价工作。早在2009 年，公司与浙江工业职业技术学院联合开办的首届“双元制”大专班，通过三年的努力，52 名公司生产管理骨干获得了大专学历。公司还通过走出走和请进来，有近百名生产业务骨干通过培训，获得了技术职称或技师、高级工。2015 年实施财务绩效管理咨询项目、生产管理辅导项目，实施对营销、管理岗位胜任度测试评价项目。

3. 引进企业发展急需人才

公司引进急需人才并充分发挥作用。本着“专业优先，用其所愿，不求所有，但求所用”的引人原则，近年来从省内外引进和招聘了十多名技术和管理人才，让他们担任公司各主要部门的技术和管理工作，发挥其积极作用。

三、加大自主创新工作力度，推进创新型企业的建设

嘉名公司以科技为依托，以浙江省级企业研究院和省级企业技术中心为平台，加大产品研发力度，促进品牌建设。以“安全、环保、健康、舒适”为目标，开发“发挥功能、优势互补；提高档次，增加卖点；降低成本，适应需求；幻彩组织，创造流行”的与众不同的产品，重点开发中高档产品，把嘉名的产品定位为“时尚针织”，共分五大系列。近五年，开发并列入省级新产品达 103 项，先后获得 3 项国家火炬计划项目和 10 项嘉兴市、桐乡市科技进步奖。申报并授权 42 项发明和实用新型专利，拥有核心技术的知识产权。特别是通过技术创新，实施“蛋白纤维混纺针织物的一浴染整工艺”和“腈纶涤纶混纺织物一浴法染色工艺”，并获得了国家发明专利。主导产品“含蛋白纤维系列产品”“生态纤维系列产品”“多纤混纺系列产品”“功能性系列产品”及生产技术均处于国内领先水平。先后开发的真丝针织面料、亚麻针织面料、丝光面料、纤维素纤维印花面料、童装面料、保暖功能面料等全部实现产业化。公司实施名牌战略，提升企业形象，取得了积极成果，先后获得“浙江名牌产品”“浙江省著名

商标”“浙江省知名商号”等荣誉称号，“嘉名”已成为纺织印染行业的著名品牌。

四、加大节能减排力度，确保绿色发展行业领先

随着全社会环保意识的不断增强，嘉名公司不断加大环境治理力度，着力推进节能减排工作，确立了“守法规、节资源、兴科技、降能耗、控污染、减排放，打造织、染、印、整和谐产业链绿色企业”的环境方针。2011年投入171万元对中水回用项目进行深度改造，对污水站集水池、调节池、水解酸化池和污泥浓缩池均加盖密封。改造污水冷却系统；改造空气泵房降温降噪声等。2014～2015年投入资金700多万元，改造疏水器和管道，实现每天100多吨冷凝水的保温回用；建设“给水系统排污及反冲洗水收集回用”工程项目，实现日节水300吨；在4台高温定型机废气出口处安装余热回收装置，回收定型机废气中的余热，新鲜空气经换热后通过定型机负压吸入定型机烘箱内散热器继续加热，从而实现余热回收利用；对定型机废气处理装置进行技改，由水喷淋+静电处理工艺改为水喷淋+催化氧化法处理工艺等。2014年始实施1800千瓦的分布光伏发电项目建设，在8个车间约20000m^2的屋顶放置光伏板，投运后每年可发电200×10^4kW·h，为此公司每年减少年电费支出约30万元。2015年公司建立了环境水质检测室，配备专职人员每天对三级排放废水进行检测，对染色用水、锅炉用水的水质进行抽检，随时掌握水质情况。公司先后获得浙江省绿色企业、浙江省节能先进单位、嘉兴市“节能之星”、嘉兴市最具社会责任感环保企业等荣誉称号。

五、加大“两化”融合工作力度，推进信息化建设

嘉名公司于1999年自主开发了企业内部信息系统，用于统计出入库及员工工资计算系统等，架设公司局域网，实施以ERP管理系统为主要内容的信息化管理工程。近年来，以“两化”融合为主线，运用互联网+，分步实施信息化建设，建立信息化管理系统。第一步，建立以财务为核心的财务信息化管理系统，把财务管理信息化作为公司信息化管理的切入点。第二步，建立以存货管理为中心的进、销、存供应链管理系统，实现供应

链的信息化管理。第三步，建立以生产控制为核心的生产、计划、成本管理系统。第四步，建立以工艺技术为中心的科研开发系统，实现生产管理自动化，为工艺流程的改进，生产高质量、高品质的产品提供了强有力的基础。第五步，建立生产过程和污水排放在线监测和监控系统。第六步，建立电子商务网络系统，利用互联网平台拓展市场。第七步，建立网络安全建设系统，有效地保障了公司信息系统的安全、稳定、快速运行。第八步，开发运行信息移动查询系统，制作“嘉名掌中宝”，使企业经营管理者能及时掌握企业生产经营运行状况。2016 年的“两化”融合，重点实施了淘汰落后产能实施智能化生产技改项目。项目总投资预算为 2000 多万元，通过引进国际最新研发成功的超低浴比溢流多功能生态匀染染色机，配合自动节能水洗系统，实现智能化生产，起到节能减排，减员增效的目的。

浙江嘉名控股有限公司以“五大发展理念”推进企业转型升级，取得初步成效，有效提升企业核心竞争力，增强了企业发展信心。在经济发展新常态中，企业将积极挖掘潜力，乘势而上，实现持续健康发展。

新型经编装备技术的进展

夏风林

经编以其生产效率卓越、产品性能独特、品种花色多样和应用领域广泛等优势在纺织工业中占据了重要的地位，经编面料是高端服装、家纺产品和高技术领域基础材料的重要来源。

我国经编产业规模增长较快，产品应用领域不断拓宽。随之经编装备也得到了快速发展，特别是随着精密加工技术、伺服控制技术、压电陶瓷贾卡提花技术和计算机信息技术等在经编装备上的广泛应用，经编装备在机械设计与加工、电子控制和网络管理等方面有了很大的提高。

一、新型经编装备技术

（一）交流伺服驱动技术

在经编生产过程中，经编机在经纱送经、梳栉横移、织物牵拉卷取等方面要求高响应、高精度，因此对机械结构、电气控制和各功能模块间协调配合的要求也很高，以保证经编成圈过程的顺利进行。传统的经编机采用机械式横移、送经和牵拉卷取已难以适应经编生产要求，特别是高速、精细、高效的生产要求。采用伺服驱动的电子送经、电子牵拉和卷取等在经编装备上已得到普及应用，电子横移也越来越广泛地得到应用。

通过采用电子齿轮作为经编机电子送经和电子牵拉的核心控制技术，并以具备闭环控制功能的数字伺服驱动技术为控制平台，不但实现了对经纱送经量和织物牵拉密度的精确控制，而且可实现不同组织结构切换的变速送经和不同线圈密度的变速牵拉，从而对编织过程中的经纱送经张力和织物牵拉张力进行有效控制，提高织物的品质。

（二）集成控制技术

基于现场总线的经编控制系统在各类经编机上得到了应用，这种系统

夏风林，教授，针织专家，江南大学教育部针织技术工程研究中心。

综合运用微处理器技术、网络通信技术和自动控制技术，使经编装备具有强大的数字计算和通信能力，同时也便于生产过程的集成控制。

技术要领是：应用现代控制技术中的可编程逻辑计算机技术、新型驱动技术中的伺服电动机和变频调速电动机技术、工业网络通信技术中的现场总线技术，集电子送经、电子牵拉/卷取、电子梳栉横移、电子贾卡提花、断纱自停和疵点在线检测等多个模块控制于一体。这种技术全面实现经编机的机、电一体化控制，组成一个开放的、模块化、易于维护和重新配置的柔性经编机控制系统。

（三）织物疵点在线检测技术

随着织物品质要求的提高和劳动力资源的减少，经编生产对织物疵点在线检测的需要越来越广泛。织物疵点在线检测技术是通过高分辨摄影技术和快速计算机图像处理技术形成机器视觉，实现织物图像的高速扫描与图像数据的在线识别。采集与识别工作均实时完成，缩短了图像数据的传输距离和传输延时，紧凑的一体化设计技术提供了可靠的在线监测硬件保证。

织物疵点在线检测系统可通过获取织物特征的纹理拟合，分析织物疵点特征，建立实时更新的动态织物疵点图像库，从而提高疵点识别速度和精度。在此基础上，织物疵点在线检测系统还可用于自动统计疵点并协助分析产生原因，为生产工艺数据的优化提供依据。

（四）生产管理网络技术

随着物联网技术的发展和企业生产管理水平的提高，新型经编机开始采用在线实时数据采集技术，将经编机作为网络终端，在经编生产过程中实时掌握机台、订单及工作人员的生产状况，实现业务数据与资源共享。同时建立快速反应机制，掌控生产异常情况，及时进行调整、调配，提高接单能力，对生产人员的产量及效率进行统计分析，最大限度地调动员工的生产积极性。另外，还可建立企业生产数据库，积累生产管理经验数据。

经编生产管理系统可实现远程联网操作查询，方便异地管理，不受地区限制。将 ZigBee 嵌入数据采集终端装置安装在经编机上，再将多个

ZigBee 终端采集到的数据传输到 ZigBee 协调器中，并传输至工控机上，实现生产一线的机器、员工、订单等生产信息采集终端灵活组网，还可实现经编企业生产现场数据在线自动采集与传输，免除手工记录。或者在工控机上安装无线网卡，通过显示器实现采集数据的即时传输与显示；通过连接工控机的 Wi－Fi，移动终端设备也可查看实时生产数据。将工控机上数据采集程序获取的数据传输到云数据库，实现生产数据的远程传输，方便后期对数据的提取与处理。

（五）低能耗绿色生产技术

随着环境与资源的日益严峻，各行业越来越重视对绿色生产技术的研究与应用，经编的低能耗绿色生产技术也不例外。新型的经编机的制造越来越多地采用碳纤维增强复合材料（CFRP）制作针床、导纱梳栉等长向件。由于 CFRP 具有轻质高强、热膨胀系数小等特点，作为针床、导纱梳栉等经编机长向件，可使高机号的少梳栉经编机生产运转更稳定，适应温度变化范围大。据测算，采用 CFRP 材料长向件的经编机可适应环境温度范围为 24℃ ±7℃，明显优于采用强度较低、温度变形性较大的空心镁铝合金材料的经编机适应的 24℃ ±2℃范围，从而降低能源消耗。

同时与 CFRP 材料制作的长向件相配合，在一些经编机上还可以采用分段摆轴技术。这种技术以每组连杆架为单位将摆轴分为若干段，可最大限度地减少经编机在高速运转时产生的热量传递，降低温度变化对成圈机件的影响，在实现经编机高速稳定运行的同时，也有利于节能减排。

二、新型经编装备的发展

（一）少梳栉经编机

少梳栉经编机由于梳栉数较少（多为 2 ~6 把梳栉）、机号高、生产速度高，一般用于生产经编平纹、网眼或弹力织物，这类产品多为平纹或简单花纹织物，要求速度高以提高织物的生产效率。

1. 优质高效生产技术

为了实现优质高效的生产，少梳栉经编机的槽针、针芯、沉降片和导纱针等成圈机件的动程已尽可能地加以减小，成圈运动曲线也不断优化。

同时，随着织物精细化要求的提高，E36及以上的高机号越来越普及，这导致导纱针与槽针之间的容纱间隙很小，为保证导纱针准确垫纱并摆过针间，导纱针与槽针之间需要精密配合。为此，卡尔·迈耶公司的新型少梳经编机的成圈机件长向件（针床、针芯床、沉降片床和梳栉等）材质现已普遍采用CFRP材料，并采用分段摆轴设计，以提高机速，且减少对温度变化的敏感性。

2016年ITMA纺机展上，卡尔·迈耶公司展出的HKS2－SE低能耗型高速特里科经编机（130″/E36），其成圈机件均采用CFRP材料，由曲柄轴连杆机构传动，采用花盘横移、电子送经和电子牵拉，在展馆温湿度调节不良的条件下能始终以4400r/min的高速正常运行。

2. 高速电子横移技术

经编机电子横移技术出现于20世纪80年代初。高速经编机由于机号高、生产速度快，其梳栉横移运动具有横移时间短、定位精度高、动作频率快、“停止→运动→停止”间歇式运动等特点，使其控制难度大、要求高。

高速经编机采用EL横移技术一直是经编业界技术研究与开发的重点，卡尔·迈耶公司更是技术领先。早在20世纪90年代初，卡尔·迈耶公司就成功开发出了基于圆筒形直线伺服驱动梳栉的EL系统，并经不断地性能优化，配用EL系统的RSE5－EL型拉舍尔经编机生产运转速度达到1650r/min。并于2005年研发了基于旋转型伺服驱动梳栉的EL系统，配用该EL系统的RSE6－EL型拉舍尔经编机生产速度达到1400r/min。目前，卡尔·迈耶公司又将CFRP技术与EL技术相结合，在EL经编机成圈机件的制造中采用CFRP材料的针床、梳栉等，大幅度提高成圈机件结构刚度和大幅度降低梳栉的质量，并减少温差对机器稳定性的影响，提高了机器的性能。运用CFRP的HKS4－M EL型经编机最高速度提升到2100r/min。

（二）双针床经编机

双针床经编机有两个针床、两个栅状脱圈板、两个沉降片床和一组梳栉，一般用于生产双面平纹类、间隔类、剖绒类或筒状织物。近年来，新型双针床经编产品的不断涌现，带动双针床经编机的不断发展。

1. 偏心连杆传动技术

传统的双针床经编机机速在500～700r/min，由于生产速度较低，针床、沉降片床和导纱梳栉等成圈机件一般采用油浴式共轭凸轮机构驱动。随着双针床经编机生产速度的提高和设计加工水平的进步，现在越来越多的双针床经编机改用偏心连杆机构传动针床、沉降片床和导纱梳栉等成圈机件，以提高机器的运行稳定性、减小运行噪声。

早于2009年卡尔·迈耶公司就推出了采用偏心连杆机构传动的RD4型双针床经编机，机速可达到900r/min。近年来常德纺机推出了E2296系列经编间隔类双针床经编机、常州五洋纺机推出了GE2886经编绒类双针床经编机和GE2396经编无缝内衣双针床经编机等，也均采用偏心连杆机构传动，使机器转速和运转平稳性均有了较明显的进步。

2. 压电陶瓷贾卡提花技术

经编压电陶瓷贾卡提花技术通过对每枚贾卡导纱针的独立控制，实现了整个织物幅宽范围内花型和花纹尺寸无限变化的可能，从而引发了经编织物花纹提花的革命性变化。随着双针床无缝内衣和双针床经编鞋材等产品的流行，双针床经编贾卡提花技术不断进步。与传统技术相比，可实现贾卡导纱针在前后针床的针背、针前分别进行偏移控制，从而使双针床经编贾卡产品更加丰富。

由于双针床经编间隔织物制作的运动休闲鞋穿着舒适、轻便，近年来需求量激增，这进一步促进了经编鞋材面料的开发与生产。在双针床贾卡提花经编机上，可根据鞋子尺寸、花纹等要求直接设计并编织出定位花纹，并可织出鞋材面轮廓线供裁剪用，在双针床经编机上编织时，整个幅宽上可同时编织多个鞋面，且可成对设计，避免左、右鞋材的数量产生差异。如常州八纺机的DRJ6/1型双针床提花间隔经编机、常德纺机的E2296－J5/1型双针床提花间隔经编机和常州中迈源的ZMY5/2JFC型压纱双贾卡经编机均主要针对经编鞋材面料这一领域。近年来更是出现了双针床双色提花间隔型经编机，将提花间隔和双色提花相结合，相信会在经编鞋材生产方面成为一个新的亮点。

双针床无缝成形编织技术在编织门幅的可变性、组织结构的多样化和防脱性以及生产高效等方面具有明显的优越性。带有贾卡提花花纹的经编无缝成形产品正在受到越来越多消费者的欢迎，其产品已在服用、产业用等领域得到越来越广泛的应用。特别是在服用方面，如无缝紧身提花内衣、连裤袜、手套、背心等方面应用广泛。双针床经编无缝成形服装的流行也推动了双针床经编无缝成形编织机向高速度、细机号的方向发展，以使产品质地更轻薄、花色更精细、加工更快速。

3. 超大隔距经编间隔织物编织技术

一般将成品厚度在150mm以上的经编间隔织物称为超大隔距经编间隔织物，其隔距与传统经编间隔织物（隔距一般在1.5～65mm）存在一定的差别。超大隔距经编间隔织物的隔距是在织造完成后进行充气，间隔纱被撑开后形成的，其隔距能在150～650mm变化，可在更大范围内满足不同织物的厚度要求。而传统经编间隔织物的隔距是在织造过程中因单丝的支撑作用而直接形成的。因此超大隔距经编间隔织物在传统经编间隔织物的性能基础上，强化了回弹性、抗压性、抗震性、吸声隔声性、保暖性、透气透湿性及过滤性，因此，对加长的间隔丝材料的抗倒伏性提出了更高的要求。超大隔距经编间隔织物具有极好的物理性能，其在农用、防护用、医用等领域有着极广泛的应用。它还是制备军用浮桥、气垫船、无支架帐篷等的理想材料。

超大隔距经编间隔织物的编织成形技术主要包括上下表面层织物的结构、间隔纱的排列形式，以及表面层和间隔纱的原料选择等。其中上下表面层织物的结构可以完全相同，也可完全不同。常用的表面层结构具有鱼鳞效应的结构、条纹结构、网眼结构等。超大隔距双针床经编机是通过对普通的双针床间隔经编机的成圈、横移、送经和牵拉等机构进行特殊而全面的技术改造，加大双针床经编机的栅状脱圈板间距，同时使得导纱梳栉的摆动摆幅、送经装置的送经量以及牵拉机构的牵拉辊排列及其表面结构等与超大隔距的经编间隔织物结构相适应。

（三）多梳栉经编机

多梳栉经编机一般梳栉数较多、产品花型复杂，一般用于生产服装用、装饰用等花边织物。多梳栉经编机正朝着高速宽幅、梳栉数增多和配置差异化等方向发展。

1. 高速宽幅化

随着经编花边产能的急剧增大，经编花边产品的市场竞争越来越激烈。为了应对市场需要，提高经编花边生产企业的竞争力，近年来，多梳栉经编机的工作幅宽先是由传统的编织双幅的134″增加到编织3幅的201″，现在更是开始广泛采用可编织4幅的268″。同时通过对花梳集聚的调整，由传统的4～6把花梳一条集聚线发展到6～8把花梳一条集聚线，甚至出现10～12把花梳一条集聚线的机型，集聚花梳数量的增多，有效地减少了横移工作线数，从而有利于提高多梳栉经编机的生产运转速度。

2. 梳栉数增多

多梳栉经编机梳栉数的增多主要体现在花梳数的增多，而目前采用的钢丝花梳结构由于空间小、质量轻，易于实现多梳栉经编机梳栉数的增多。多梳栉经编机采用质量轻盈、受环境温度变化影响很小的碳纤维增强材料做成圈机件床体，能有效地减轻成圈基座长向件的运动惯量和动力负荷。同时在梳栉配置方面，一般可以将每10把花梳集聚在一条工作线上，在有限的成圈机件安装空间内最大化地增加花梳，以减小针床的摆动动程，可用于高速生产花纹更为丰富而复杂的多梳栉经编产品。

3. 配置差别化

为了应对日益剧烈的市场竞争，部分优质蕾丝生产企业寻求新的适应方式。根据对自身客户的需求和对市场流行产品的预测分析，开始与经编机制造商联手，定制一些特殊梳栉配置的多梳栉经编机。

三、结束语

新型经编装备正朝着高效优质化、控制智能化、产品差异化和管理网络化等方向发展，少梳栉经编机、双针床经编机和多梳栉经编机等在新技术的应用下都有显著的进步。新技术的应用促进了新型经编装备的发展。纵观经编机的发展历史，其装备的发展趋势主要表现为：少梳机不断追求的速度，双针床追求产品多样化，多梳机不断强化的起花性能以及速度与提花性能不断深入的相互复合，轴向经编机向多轴向、产业用方向发展。

针织行业智能化的发展趋势

蒋高明

我国针织行业正处于转型升级调整期，在这个时期，提高自主创新能力，以数字化为核心，融入“互联网+”，进一步加强工业化与信息化融合，加快针织装备智能化技术研究与推广，促进针织生产管理模式的转型升级已成为行业发展的必然趋势。

一、针织装备智能化

针织产品性能的完善及其结构的复杂与精细化，促使产品设计信息和工艺信息量猛增，针织装备正在由原先的能量驱动型转变为信息驱动型。这就要求针织装备不但要具备柔性，而且可表现智能，来处理大量而复杂的信息。瞬息万变的市场需求和复杂的市场环境，也要求针织装备表现出更高的灵活性、敏捷性和智能性。智能化是针织生产自动化的发展方向，针织装备智能化即采用“人工智能”的理论、方法和技术处理信息与问题，使针织装备具有“拟人智能”的特性或功能。这种动能包括可进行自适应、自学习、自校正、自协调、自组织、自诊断和自修复等。智能化针织装备是具有感知、决策、执行功能的生产装备。智能化经编装备，作为高端经编装备行业的重点发展方向，是信息化与工业化深度融合的重要体现，相较于经编装备数字化的特点，智能化要求经编装备朝着人类智慧的方向发展。智能化技术将大幅度改善操作者的作业环境，减轻工作强度，提高作业质量和工作效率，降低生产操作的难度。智能化经编装备的应用，将减少60%以上的用工量，智能化经编装备最终实现无人化生产过程，即所有设备的故障处理、产品检测等都能通过经编系统完成，且可实现远程监控。针织装备智能化主要从针织机构的智能控制、织物疵点的在

蒋高明，教授，针织专家，江南大学教育部针织技术工程研究中心主任。中国纺织工程学会针织专业委员会主任。

线检测、花型数据的智能准备等方面来实现。

（一）针织机构的智能控制

针织机中的送纱机构、成圈机构、提花机构、牵拉卷取机构运动的精确控制是保证产品质量的前提，也是智能化的核心内容。

1. 送纱机构的智能化

经编生产中送经机构经纱张力的控制决定了产品的质量，在编织过程中，要生产出高品质的产品，需保持经纱的张力恒定。采用神经网络系统对经纱进行恒张力控制，神经网络具有大规模并行处理，信息分布存储，连续时间的非线性动力学特征，高度的容错性，自组织、自学习和实时处理的特点，采用神经网络系统对经纱进行恒张力控制来实现经纱张力的智能化控制。

电脑横机编织过程中，纱线的张力直接影响针织物的重量，稳定的纱线张力能保证织物尺寸的一致性及布面的平整，横机纱线张力智能控制系统能使送纱量及纱线张力得到很好的控制。为实现纱线张力的智能控制，日本岛精横机配备纱线输入控制系统 i - DSCS + DTC，即智能型数控纱环系统 + 能动张力控制装置，斯托尔公司在其高机号的电脑横机上配置了美名格 MSF3 型电子匀张力单纱送纱器，其他机型使用的是带有监测装置的 ASCON 自动控制装置。斯托尔公司和岛精公司的给纱装置都与其工艺及打版系统软件紧密结合在一起，共同实现最好的织造效果。

2. 成圈机构的智能化

成圈运动是针织机械的核心运动，由织针、针芯、沉降片、导纱针各成圈机件运动的配合组成，当系统在检测出某机构配合出现问题时，能进行自动调整。实现成圈机件的自动调整，就是系统在检测出某机构配合出现问题时，可进行方便快捷的调试。

在双针床的织物编织过程中，双针床的间隔决定了毛绒的高度和间隔织物的厚度，是一个重要的控制指标。双针床间隔距离的智能化调整，就是根据产品的需求无级连续地进行调整，达到高效、简单和精确的调整。

3. 提花机构的智能化

横移提花为经编机形成提花织物的重要方式，梳栉智能对位与大针距横移自动补偿的实现可使横移更加精确，运转速度大幅度提高。梳栉对位智能校正技术是经编装备中技术含量高、实现难度大的技术。采用高速摄影技术对梳栉位置进行图像采集，然后利用图像处理技术对所采集的图像进行处理，得到针距偏移数据，最后将这一数据通过控制系统进行校正。梳栉在进行大针距横移时，会因纱线张力、累积误差等因素，使梳栉横移针距出现误差，这将导致机器运转速度很难提高。如果横移机构可进行自动补偿功能，就能提高大针距横移的精度，实现横移的智能化控制，这有利于机器运转速度的提高。

4. 牵拉卷取机构的智能化

在氨纶织物的牵拉卷取的过程中，如果张力不恒定，氨纶织物的门幅和织物密度等都会出现变化。因此，对氨纶织物卷取过程的连续性和恒张力控制的智能化研究是很有必要的，这也是智能化牵拉卷取机构研究的重要部分。

（二）花型数据的智能准备

当今的针织生产要求产品设计与更迭的快速响应。高效的花型数据准备和上机织造，是企业丰富产品类型、满足多元化市场要求、提升产品竞争力的关键。花型数据的智能准备在现有的针织物 CAD 系统的基础上具备智能化的人机界面、智能化的专家系统、智能化的设计系统等，能快速准确得到需要的花型数据。智能化的人机界面具备知识和推理能力，使系统自动匹配，而且使原先很多要由用户来做的事情改由系统来做。智能化的专家系统将设计人员从繁琐的设计工作中解脱出来，使之有更多的时间从事高层次的创造性工作，并可以将设计者的创新知识、实践经验保存起来再利用。智能化的设计系统使用 3D 扫描获得人体尺寸，系统自动推理计算设计服装款式，根据服装款式得到衣片尺寸及工艺单，大幅度减少工艺计算时间，加快整个设计进程。

（三）织物疵点的在线检测

基于机器视觉的在线监测系统，也是针织织造智能化的重要体现。为提高生产效率和产品质量，越来越多的企业着眼于在线疵点检测，以及时发现产品质量问题，避免大批量次品的产生，降低企业能源消耗，减少损失。疵点在线检测分析包括断纱自停与布面疵点检测分析。针织装备要实现智能化疵点在线检测，可采用光电扫描与分析技术。光电扫描与分析技术是通过红外线扫描布面和纱线，如果出现破洞或断纱，光电扫描设备将信号反馈至主控制程序中，进行破洞或断纱原因分析，确定断纱位置，同时实现自动修复或自动接头。

针织装备智能化是信息化与工业化深度融合的重要体现，将会进一步提高针织技术含金量，提高生产效率、技术水平和产品质量，降低能源资源消耗，促使针织装备制造业迈进先进制造行列。

二、针织生产管理网络化

互联网针织技术是近几年兴起的基于互联网的针织 IT 提供全面解决方案，其以固网或移动互联网为信息传递媒介，通过 WEB 应用终端发送请求，对针织设计、生产管理、集成控制系统完成指定操作。作为针织智能化织造和智能化管理的重要技术内容，互联网针织技术主要由互联网远程监控、MES 智能生产管理和互联网针织 CAD 技术、针织 CAM 技术几部分组成，该技术实现了系统与移动终端或固网终端间的实时交互。针织装备网络化即以针织装备数字化为核心，建立在物联网的基础之上，将互联网与针织装备相结合实现网络化。针织装备网络化现主要体现在远程监控与故障诊断、织造执行系统、基于 Internet 的 CAD/CAM 系统以及针织物联网等方面。

（一）远程监控与故障诊断

远程监控与故障诊断是以“维护于千里之外，检测于斗室之内，发现于故障之先，完善于损失之前，抢修于分秒之间，保障于无形之中”为理念，通过建立现场诊断与维护系统、区域监控与管理系统、调度指挥系统三层结构，对远程监控、故障诊断两个方向展开的研发。

远程监控与故障诊断系统可方便地实现对各生产线自控系统的异地监控与维护，更合理地利用车间和班组的技术资源，实现各车间和各班组技术资源的共享，对迅速提高整体维护水平、降低故障率及保障生产线的正常运行具有极为重要的战略意义和极高的实际应用价值。

（二）织造执行系统（MES 系统）

MES 系统是一套面向织造企业车间执行层的生产信息化管理系统，能利用实时的车间织造信息来向企业的上层决策者提供其决策支持，为管理者提供参考。MES 系统为企业提供包括织造数据管理、计划排程管理、生产调度管理、库存管理、质量管理、人力资源管理、工作中心/设备管理、工具工装管理、采购管理、成本管理、项目管理、生产过程控制、底层数据集成分析、上层数据集成分解等管理模块。

系统能够有效地将车间现场与企业管理层连接起来，顺利完成生产指令的及时下达和生产数据的实时反馈，并根据反馈的生产数据做出统计分析，方便企业及时做出生产调整。为针织企业提供快速反应的、有弹性的生产管理环境，协助针织企业保证其织造产品的质量、提高劳动力的利用率、减少废品，次品、降低物料资源能源消耗，实现先进的织造管理，适应当前的竞争环境。

（三）网络化的 CAD/CAM 系统

网络化的 CAD/CAM 系统由因特网、局域网、计算机辅助设计与控制系统及针织机械等组成。CAD/CAM 及针织机械与各自的局域网相连，然后通过 Internet 把整个系统连接在一起。设计者利用 CAD/CAM 可完成设计工作。设计中，可通过 Internet 与异地的设计者交换设计思想、讨论设计方案、实现资源共享，还可与异地设计者进行合作设计。可把设计结果转换成数控代码，通过 Internet 发送给远程的控制系统，实现异地加工。还可通过 Internet 接收生产现场发来的加工信息，对加工过程进行远程监控，及时解决加工中出现的问题。基于 Internet 的 CAD/CAM 系统既能接受 Internet 送来的控制指令，又能通过 Internet 向异地的用户发送加工状态信息。

基于网络的设计与织造技术不仅可显现包括设计与织造在内的整个生产过程，达到降低成本、缩短设计与织造周期、快速响应市场的目的，而且可实现故障的异地诊断和产品的异地设计与织造。由于 Internct 覆盖了世界的各个角落，因此系统中的 CAD/CAM、数控针织机械可位于不同国家或地区。设计与生产的全球化是现代制造业的发展趋势，也是社会和科技发展的必然。

（四）针织物联网

针织物联网是在互联网的基础上，将用户端延伸和扩展到针织企业任何装备与装备之间、装备与人之间、人与人之间，进行信息交换和通信的一种网络概念。针织物联网基于 RFID 技术、传感检测技术、ZigBee 技术、Wifi 技术、Web 技术和大数据技术，实现企业对各种物品（包括人）进行智能化识别、定位、跟踪、监控和管理。借助针织物联网，企业管理层可实时获取生产、经营、营销的关键数据信息，为企业决策提供支持。

针织企业面临的市场环境复杂，数据信息海量，客户需求日趋个性化，应用互联网、大数据、云计算这样的信息技术，改造工业体系，建造一个智能工业体系和结构，是适应未来市场竞争的必由之路。随着我国工业化和信息化融合进程的不断推进，针织企业必须积极探索建设针织产品示范生产线，做到生产、仓储和电子商务的物联网集成。

互联网与针织技术融合，是针织行业的发展方向。互联网针织 CAD、互联网针织 CAM、互联网针织 MES 和针织物联网的应用不仅能大幅降低生产过程的人工成本，同时流通环节也能得到大幅度精简，用户的个性化需求也能得到更大程度的满足。

三、结束语

未来针织行业智能化要注重“点、群、线”的创新与发展，“点”——单台装备智能控制，“群”——多台装备网络化进行群控，“线”——多道针织工序串联成智能化生产线。智能化网络化将全面提升针织行业产品设计、织造和管理水平，从根本上提高产品功能、性能和市场竞争力，促进针织行业的转型升级，使我国由针织生产大国向技术强国转变。

高端经编连裤袜的研发方向

储国平

20世纪90年代开始，经编成形产品逐步在国际上受到推崇。业内开始研究针织成形和经编成形原理，提出双针床经编工艺及与贾卡技术结合等方式设计成形产品的基本原理、机械调试方法。经编成形类产品（包括袜类、内衣、塑身服饰等）曾被列入"九五""十五"针织行业重点扶持产品。近年来，随着先进技术的普及，经编袜类产品快速提升，高端连裤袜更是受到行业的关注，市场的期待。

一、高端经编连裤袜的需求趋势

服饰是生活的必备物品，而且随着生活水平的提高，时尚服饰处于越来越重要的地位。质量优、款式新、规格全的时尚连裤袜，特别是风格独特的经编连裤袜一经推向市场，就受到消费者的青睐。经编高端连裤袜以无缝、提花、塑身，还有优质、典雅、美观、耐穿等诸多特性能够较好顺应时尚需求趋势。

1. 装饰性、时尚性是趋势

连裤袜作为女性的主要服饰之一，能呈现丰富的个性，展示独特的魅力，适宜女性在工作、生活、娱乐、交际等不同场合穿用，已经从一般服饰向职业装、时尚装、运动装等拓展。

经编提花种类多，图案和色彩搭配丰富，面料薄厚选择自如，还可以通过无缝对接方式实现连裤袜完美的成形效果。高端经编连裤袜体现时尚方法很多。织物轻薄与透明，提花细腻与粗犷是基本设计方法，根据不同体型塑造不同风格的成形效果更是经编的特色。连裤袜的颜色搭配有助于塑造腿部的良好形态和外观：深色连裤袜穿着时能使腿部看起来苗条，浅色连裤袜使腿部显得淡雅，与肤色接近的连裤袜给腿部一个匀称视觉效

储国平，工程师，针织企业家，宜兴市艺蝶针织有限公司总经理。

果，黑色等颜色连裤袜则产生一定的视觉冲击。透明薄连裤袜能够增强腿部的观感还能对腿部有修饰作用，改变腿部的视觉效果，与服饰搭配展现人体美。意大利、法国一些本土的高档产品价格折合人民币平均在200元左右（有的品牌的产品在千元以上），主要原料为化纤和一些天然纤维，成品时尚美观，款式变化快，色彩则十分丰富。

2. 舒适性、功能型是基础

连裤袜作为一种纺织服饰产品，除了常规服用外，还具备防风、防污、吸汗快干、耐磨、易打理等特点。

纬编连裤袜曾经快速增长，原因在于产品舒适美观得到普遍认可，后来作为一种消费品占有一定的份额。经编连裤袜必须在美观的前提下，确保舒适健康。连裤袜常具有促进腿部血液循环，具有收腹、提臀和防护作用。夏季节穿着能吸收阻挡大部分紫外线具有放热的效果，对腿部肌肤起到保护作用。连裤袜在秋冬季节具有腿部保暖作用，防止疾病隐患的产生。连裤袜解决了丝袜（包括长筒袜）容易向下卷边滑脱的现象，穿着过程较为舒适。多种纤维制成的连裤袜作为一种服装量不大但品种丰富，经编类厚实连裤袜产品也有一定的增长。欧美日市场连裤袜在舒适性方面十分突出，无论是薄型还是厚型连裤袜，都具有弹力适中、手感丰满等优点。

国际市场连裤袜的需求与内衣等相关配套产品的需求息息相关，在纺织服装许多品类销售低迷时，成型产品，特别是高端无缝提花连裤袜类产品依然趋旺。

二、高端经编连裤袜的研发方向

连裤袜生产企业对产品的认识和生产工艺水平差异较大，高端连裤袜设计生产技术是一个行业性的难题，从优势企业的经验看，应当把握三个方面。

1. 设计体现科技和时尚结合

连裤袜设计采用传统的双针床工艺，结合贾卡提花、梳栉提花等方式。通常配以网孔组织和平实地组织，通过织物密度和弹性的变化，确保成品的时尚、美观。必须借助连裤袜专用计算机辅助设计系统进行花纹设计，模拟织物花纹效应和最终连裤袜成品的成形效果。常用的多梳提花、双色提花、常规提花、隐形提花、渔网提花、无编链提花等织法都以最终产品的艺术效果为准，搭配使用。经编设计的一大优势在于能够大面积提花和一次成型，产品无需缝合。各种提花袜、厚型袜、薄透袜、网袜等在工艺设计方面十分容易实现，一种组织就可能形成一个流行。

在设计过程中，可以不断修改组织结构和工艺参数，使织物的花纹、成品的成型达到良好的艺术效果。还可以根据需求的变化快速变换花纹，适应多品种的生产，使产品应用领域不断拓宽。科技和时尚结合是企业，乃至行业培育连裤袜高端产品与国际品牌的起点。

2. 生产达到高效与优质兼备

高端连裤袜首先是时尚产品，流行周期可能较短。这要求生产在保证质量的前提下达到快节奏，确保高效。产品必须具备一定的使用性能，具备一定的质量，例如不脱散、防勾丝，还要布面平整等。这就要求生产过程控制从纱线筛选、工艺优化、染整加工等方面进行，例如各把梳栉的送经控制和张力系统，染整中根据不同织物总结出合理的张力曲线等。生产流程必须适应快节奏，这就要求企业有一套适合自身特点的生产自动控制系统确保工艺参数的执行，例如针对不同特性的原料、不同品种的生产工艺软件和生产管理系统。

事实上，经编连裤袜在变换品种、规格，完善提花工艺方面同样具有特殊优势，加强工艺管理是做到生产的高效、产品的优质的开端。

3. 标准检测做到引导生产与消费

连裤袜检测指标体系有待完善，需完善生产流程标准和产品检测标准。优势企业应当根据国际服饰企业对产品的一般要求，从外观指标和内在指标两个方面，从原料检测开始涵盖生产全流程，制定相应的检测方法和内控标准。标准检测指标体系能及时指导生产，对生产工艺进行检验，必要时修正生产工艺。标准检测指标体系还能引领消费潮流，每种新产品、新款式、新板型的推出都有相应的标准配套，促使企业在与国内外用户的互动中改进生产，得到提升。

对影响织物生产工艺的指标进行试验研究与分析，通过对织物的编织、染色和服用性能测试分析，优化工艺确定最优编织、染色及后整理工艺。

三、高端经编连裤袜的生产创新

高端连裤袜生产涵盖一个完整的连续高效链条。从原料的筛选、组织结构选定、设备的调试、成形产品的整理等技术，借助计算机软件和经编机械及控制技术，使工艺流程不断完善。

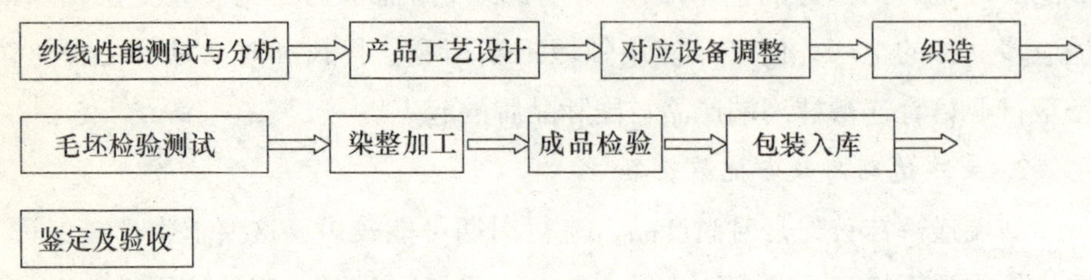

1. 原料应用多样化

通常经编连裤袜采用锦纶、氨纶、涤纶等多种原料，规格从5～200旦范围广泛选用，实现产品品种的多样化。高端经编连裤袜必须尝试新的原料，主要从功能型纤维、差别化纤维入手，同时拓展棉、毛等天然纤维的应用，采用多种原料的组合是一种选择。采用天然纤维能生产出更加丰富的连裤袜品种，这类产品的舒适性难以替代，可以大幅度提高产品的档次，天然纤维连裤袜在编织和后整理中都有特殊技术要求。关键是天然纤维纱线满足编织要求，例如具有一定强力，表面光洁、无毛羽，开发最优化的编织工艺，可以做到基本消除等疵点。还可以结合单色提花、双色提花、混色提花、无底提花等多种方式开发大量产品。天然纤维等多种纤维连裤袜的舒适性必然作为引领消费的一种有效手段。

2. 工艺设计新颖化

经编袜和纬编袜相比，优点是不易脱散，结构牢固、耐穿；缺点是经编袜的编链太粗，不舒适。通过改变组织，如采用无缝无底提花织物的贾卡垫纱方式，可以解决经编袜编链太粗织物局部太硬的问题。与普通的无缝织物一样，无缝无底提花连裤袜的设计包括两个方面，即前片贾卡（第一贾卡）设计和后片贾卡（第二贾卡）设计。贾卡针在缺垫处织一针重经组织，使缺垫处的舌针勾到一根相邻针的纱线，采用这种做法生产的产品既平整又舒适。连裤袜的组织设计通常根据流行的款式、面料的质地进行，设计变化比纬编连裤袜更加丰富，选择面更宽，例如利用组织针距等的变化，设计不同网眼的大小、形状。生产大网眼袜、多形状网眼袜、变化密度网眼袜等多种网袜就是经编的一大优势。

3. 生产流程精细化

采用电子控制双针床经编机进行生产有助于流程精细化。可以根据成型要求，结合人体穿着要求，对整经张力、送经张力、织物张力根据不同产品和规格、原料进行合理调节，掌握一套科学的整体张力调节措施和送经量的控制办法确保织物成型效果，同时还要考虑连裤袜使用时具有防止脱散、预防勾丝等效果。产品前处理的目的是改善织物的吸水性、渗透性，并提高织物的白度，利于染料的吸附、扩散、呈色，以便达到优异的染色效果。处理各工序对织物的染色、尺寸稳定及手感的影响很大，必须选择好工艺流程并严格掌握好工艺条件。后整理技术关键在于符合环保清洁要求，并且达到最优化。

4. 生产管理智能化

经编连裤袜设计采用CAD系统，改善设计工作模式，做到人机对话。通过CAD系统进行梳栉分配及原料选择，自动确定各把梳栉的垫纱运动，从而确定各把梳栉的花型数据，最终还可以记录各项数据，并把这些数据保存到软盘上，直接用于对机台的控制，方便快捷。生产管理的软件系统结合自身实际改造，具备ERP管理和QC管理体系，确保生产过程严格符合工艺设计要求。在智能管理的基础上开展生产全过程技术与产品的分析研究；纤维相关性能的研究分析；面料热、湿舒适性，接触舒适性及运动适应性研究与分析；经编无缝提花连裤袜组织结构设计与织造工艺开发；功能性纤维连裤袜的染色后整理工艺研究与开发；高端经编无缝提花连裤袜性能分析，功能性纤维连裤袜的功能测试。

经编连裤袜是经编服饰的一个标志性的产品，属于一次成型产品。终端产品可以实现无缝提花，而且生产工序短，产品品种丰富、规格齐全，这类产品的开发有着广阔的前景。充分利用经编无缝编织的优势，完善连裤袜产品的时尚设计对于引导消费将有重要意义。

加快转型升级是国企做优做强的出路

温增利

当前我国纺织服装产业正处在深化调整提升之中，既充满良好的机遇，也面临诸多困难和挑战，发展的路径增多，但是难度也相应加大。在这样的大环境下，如何把握市场，做优做强，是企业共同面临的问题。立足自身实际，加快升级步伐，推动产业优化，成为应对当前形势、实现稳健发展的关键。从济南元首集团有限公司发展经验看，主要有以下几点：

一、立足主业精耕细作是企业发展的基石

纺织服装产业是一个永恒不衰的产业，只要人类社会存在，这个行业就会不断向前发展。纺织行业既是我国的传统支柱产业，也是出口优势产业，发展空间和潜力巨大。

济南元首集团有限公司的核心企业元首针织是国内较早进行针织服装生产的企业，见证了我国纺织服装产业的蓬勃发展。其前身是济南针织厂建于1958年，1993年进行股份制改革。在50多年的发展过程中，企业从最初的几台小圆机、缝纫机起步，逐步发展到现在拥有各类织机、染色机、缝纫机1600多台套，年产针织服装3000多万件的规模。

立足主业，不断巩固和发展针织产品的主导优势，是企业的立命之本。多年来，元首针织始终秉承着"诚实诚信、精益求精"的经营理念，持续研发棉针织服装生产技术，大力实施源流管理和全面的质量管理，形成了"从严、从细、从小事抓起"的工作习惯和"制度贯彻到底、服装整洁、说话礼貌、卫生勤打扫"的员工行为准则，营造了浓厚的质量文化。

温增利，高级政工师，针织企业家，济南元首集团有限公司党委书记、董事长、总经理，济南纺织服装行业协会会长。中国针织工业协会副会长，中国针织工业协会第三届前期代理事长，第三、第四届副理事长，第五届副会长。

从2000年起，元首针织先后通过了ISO 9001、ISO 14001、OHSAS18001国际质量、环境、职业健康安全标准的认证和WRAP认证，至今已坚持16年通过审核，使企业的标准化作业达到了国际先进水平。元首公司在长期认真贯彻执行中国针织工业协会制定的操作工行业技能标准和操作规范的基础上，积极参与针织行业国家标准的完善和山东省地方标准的制定工作，先后参与起草制定《国家纺织产品基本安全技术规范》《针织内衣规格尺寸系列》等国家标准和多个纺织行业标准、山东省针织服装制作工（T恤衫制作）操作法等，为企业的发展奠定了良好的技术基础。

依靠严格、稳定的质量标准，元首公司从1981年开始与日本郡是公司合作，至今从未中断，成为全国同行业及省市企业界对外合作时间最长、合作最稳定的典范之一。1985年，公司荣获全行业唯一一块质量金牌。1987年，全国纺织行业质量管理现场会在元首公司召开，引起了行业的关注。1996年元首品牌被列为行业重点培育和推广品牌，2005年元首内衣获中国针织内衣十强品牌殊荣，2010年企业被授予全国纺织工业先进集体称号，2013年元首获得中国驰名商标荣誉称号。近年来，在继承优良传统的基础上，企业依靠科技进步提升质量，特别是紧密结合市场需求，不断调整产品结构，实现了产品的差异化、功能化。

质量是企业的生命，也是企业参与市场竞争的核心问题。尤其是作为一家国有资本占绝大部分的企业，在民营经济突飞猛进的20年中能够越做越强，最根本的原因还是在于坚持走自己的路子，立足主业，深耕细作，形成了以产品质量为核心的竞争优势。离开了这个主业，放弃了对产品质量的追求，企业就难以获得持续稳定的发展。

二、改革创新优化升级是企业发展的动力

纺织服装产业是一个发展前景深远的产业，但是也面临着出口下滑、市场不振等周期性困难。尤其是近几年来，产业发展的环境发生了深刻的变化，要素驱动的发展难以为继，企业面临成本上升、增速放缓、效益降低的问题。企业必须依靠产业重组整合，走转型升级之路。

实施三大聚焦发展战略是元首集团产业优化升级的主要途径。其核心是按照“市场化引导、产业链布局、龙头企业拉动、园区化管理”的思

路，淘汰落后产能，对产业结构、市场结构进行重新布局，加快改革发展的进程。聚焦产业链布局，即争取在3年内完成平阴10万纱锭的棉纺项目建设，发展产业配套经济；聚焦退城进园布局，即将元首针织整体搬迁至济阳工业园，进一步扩大规模；聚焦国内市场竞争布局，即加强品牌化运作，增强国内市场开拓能力。

为延长产业链，壮大集团实力，2012年集团在济南市平阴县建设开始建设10万纱锭棉纺基地。经过一年多的艰苦努力，项目一期5万纱锭正式建成投产，年产纱线4000余吨。前期产品以纯棉普梳、精梳、半精梳20～80英支环锭纺、赛络纺针织用纱为主，主要供应元首针织以及与其合作的企业使用。元首集团内部形成了完整的产业链布局，稳定了棉纱质量，降低了生产成本，特别是在棉纱价格高企的情况下，向产业上游迈进为元首针织的发展提供了坚实有力的保障。

元首集团决定利用土地置换的方式，将元首针织搬迁到济阳工业园，加快设备更新和转型升级的步伐。该项目占地500余亩，总投资5.69亿元。预计2017年年底即可投入使用。通过实施“退城进园”，可以进一步提升主业，形成产业园区的集群效益，同时可以破解劳动力短缺、用工成本上升的难题。

在国内市场方面，继续加强产品研发和市场开拓的力度。2015年一年，元首集团相继进驻连锁商超1200家，市场覆盖东北、西北、华东等区域。建立电子商务，形成线上、线下共同发展态势。加大了化纤、混纺面料的开发，不断提高产品的功能性，通过增加中高端产品来提升产品的档次，满足不同客户群体的需求。经过坚持不懈的努力，国内销售三年来每年都保持着23%以上的增长幅度，实现了逆势发展。

在实施三大聚焦发展战略的同时，元首集团也加快实施“走出去”的步伐。通过实施产业转移，加快全球化布局，增强国际贸易的动能。同时，这也是应对国内能源、原材料、劳动用工等成本攀升的必要举措。

2016年4月，元首集团赴苏丹、埃塞俄比亚进行了项目考察，并于9月与山东高速集团达成了苏丹地区合作建厂的初步协议，利用山东高速集团在苏丹拉哈德灌区种植的2万多亩棉田，另外采取公司+农户的模式，在当地投资兴建棉纺织厂。通过对原产地进行产业投资，实现加快利用苏丹等国的国际区位优势和贸易便利条件，进一步开拓国际市场。

三、着眼长远精准施策是企业发展的保障

纺织服装企业的发展不会一劳永逸，不会一帆风顺。特别是近十年来，纺织服装产业在我国经历了大调整、大重组的过程，有的企业一跃成为行业领先企业，然而也有些看似实力很强的企业面临停业或者破产，这方面值得总结的经验教训很多。从元首集团自身发展来看，在竞争中求发展，在危机中求生存，走出了一条国有企业改革创新之路，总结起来主要有以下三点：

一是确定稳中求进的发展目标。怎样才能保持企业“稳”，能生存就能稳定，稳定就能生存，所以企业生存和企业稳定是可以画等号的，企业只有能生存才能有稳定，只有能生存才能有发展，只有能生存才能有希望，才能做强做大。所以确定企业的发展目标首先应该是生存目标，其次是做强做大目标，第三才是长期可持续发展目标。在这样的思想指导下，元首针织制订了“大三角”发展战略，即做强补贸、做大内贸、做活商贸。经过多年努力，补贸的技术管理基础进一步得到增强，内贸的总量已超过补贸并且效益良好，商贸资源达到了满负荷开发。实践证明大三角战略的实际是稳定生存战略，是改革创新战略，通过这一战略实施，元首针织奠定了稳步发展、稳中求进的基础。

二是坚持以主业为主多路并进的协调发展布局。元首集团坚定紧跟市场多路求生的信念，善谋则胜，善变则赢，“不能一条路走到黑”。元首针织在较长的一段时间一直是以补贸出口日本的补偿贸易项目支撑。随着市场形势的发展，元首在企业内部实施了体制改革和管理机制的创新，由原来的工厂制改为事业部制，将 30 多个行政管理处室和社会职能部门撤并减少，建立了以市场为龙头的三个事业部，完善了考核事业部经营效益指标为核心的管理机制。事业部体制的建立激活了企业内部的资源，增强了干部员工的责任心和创新能力。近年来自营出口事业部总量上已超过补贸事业部，并也获良好的效益，内销事业部品牌创新也有了很大的提升，市场份额也连年扩大。

三是坚持采取可持续发展的战略思路。做企业必须做到深谋远虑，从长计议，元首集团的做法是：

第一，企业领导特别是主要领导要一心一意谋发展。主要领导是企业的顶梁柱或主心骨，如果主要领导有了短期行为和想法，这个企业就不会有好的命运；如果脱离了主业搞改革发展，也不会有好的命运。特别是传统的国有企业，必须紧跟产业政策和行业导向，依托主业精心培育，不能盲目上项目、铺摊子。元首集团一直遵循持续培育主业的道路，所以企业发展比较稳健，在经历金融危机或者其他危机时，依然能够保持增长的态势。

第二，要把技术改造和产品开发放到企业发展的核心位置。实践证明科技研发能让企业不断产生加速度。元首集团始终清醒地认识到，尽管企业在行业内技术比较领先，但是行业发展的加速是显而易见的。因此，元首集团把技术开发放到事关企业生存的高度看待，依靠自身的能力每年投入500万~1000万元资金进行技术改造，不失时机地提高技术开发能力，以新奇优特的产品奉献给客户。研发出的柔丝蛋白内衣、超细莫代尔随型裁系列内衣、“轻薄暖”的新型吸湿发热内衣、“元首龙”羊毛衫、羊绒衫及其全成形内衣等高附加值产品，保持了元首针织一贯的品质。

第三，不断加强人才队伍建设，造就一支稳定的有实力的人才队伍。纺织服装这类竞争性产业，表面看是市场竞争，是技术和产品的竞争，更深层次的，是人才的竞争。人才不仅决定着企业的现在，更关乎企业的将来。元首集团不断引进、外聘专业技术人员和管理人员，为企业发展不断注入新鲜的血液，每年3~5月开展提能力强素质的技术管理培训，每年选派10~20名技术管理人员赴日本研修。已连续17年开展企业技术比武运动会，多次承办山东省针织行业技能竞赛和全国纺织行业针织操作工职业技能竞赛山东省选拔赛，激励和培养了一大批企业“金蓝领”和企业工匠，有力地推动企业产品质量的稳定。

纺织服装产业是一个永恒不衰的产业，是一个竞争力强、创造财富快的产业。尽管纺织服装产业也会面临着诸多困难和挑战，但只要主动适应经济新常态，加快产业结构调整和转型升级，一定会实现持续稳定健康发展。元首集团已经做好了准备，在新的征程中，将不断创新，完善自我，继续朝着做优、做强的方向迈进。

江西省针织行业的现状与发展

熊善平

针织行业是江西省的传统优势产业，历经多年的发展，现已成为江西纺织行业的支柱产业之一。

一、产业现状

2016年以来，江西省针织行业努力克服宏观经济下行、订单外流、生产成本上升等诸多不利因素影响，通过技术改造、牵手电商、自创品牌、完善配套、延长产业链等举措，从“为他人作嫁衣”中突围，在转型升级中获得动力，主要经济指标实现平稳增长。统计数据表明，2016年1～8月，全行业拥有规上企业278户，资产总额177.13亿元，同比增长8.29%；实现主营业务收入270.29亿元，同比增长10.18%；实现利税26.0亿元，同比增长10.16%；其中利润12.77亿元，同比增长12.52%。

南昌市青山湖区先后被中国纺织工业联合会授予“中国针织服装名城”“全国纺织产业集群过百亿先进单位”，江西省工信委授予“江西省纺织服装产业基地”“全省纺织千亿工程突出贡献单位”“江西省重点省级产业基地”等称号，在全省针织行业产生良好的示范效应。

一是产业链逐步完善。针织服装产业链已涵盖纺纱、中低档针织面料、印染印花后整理、服装加工、检验检测、电子商务等多个环节，特别是针织服装加工、印染后整理环节均有了骨干企业支撑。华兴针织、万斯服饰等部分重点企业已经应用了国内领先的智能吊挂与自动缝制设备，京东实业、福德隆实业、华远针织等针织印染企业配置了国际领先的立信染色机及后整理装备。

二是设备水平快速提高。目前，针织行业拥有各式进口的、先进的织造设备共1000多台套，其中从德国引进的单双面圆机、高速罗纹机等织造

熊善平，高级工程师，针织专家，江西省工业和信息化委员会纺织工业处副处长。

设备500多套；日本生产的各种缝纫、检针等设备300多台套以及日本田岛公司生产的电脑绣花机200多台；部分企业还从意大利、法国、日本等发达国家和地区引进了服装设计体系及计算机管理系统。其中，南昌市成立了市、区、园区三级合作的针织服装科技成果转化基地，已实施合作项目8个，转化成果16项，企业拥有研发机构6个。

三是产业园建设进展顺利。南昌市青山湖区把打造“针织服装产业300亿”作为工业主攻方向，全力推进总投资15亿元、占地约900亩的中国（江西）针织服装创意产业园，该项目将打造成集生产制造、创意设计、总部经济、精品会展、商务交流、电子商务、市场物流等十大功能于一体的培训中心、研发中心、展示中心和交易中心。同时，江西虎门纺织原辅料市场、江西品牌服饰产业园、恺丰纺织研发综合大楼等一大批配套上下游产业也将陆续竣工投产。

四是平台服务不断提升。为加快产业发展，南昌市在青山湖区搭建了为全区700余家纺织服装企业服务的纺织服装产业公共服务平台。服务平台于2013年1月投入运行，现已建成办公场地2000余平方米。平台与人力资源市场合作开设人力资源市场（散工超市），累计协助企业招聘员工3000余名。平台与两家贸易公司合作，为园区内服装企业提供外贸一手订单，总订单金额达8.5亿元，跟单额超15亿元。截至2015年年底，平台进驻服务机构11家，质量检测服务企业数达600多家，累计检测次数达10000余次，年均发布信息3200余条，服装设计培训700余次，提供验厂服务1000余次。

二、存在问题

江西省针织行业经过几十年的发展，形成了一定的竞争优势，但也存在一些比较突出的问题。

1. 出口形势严峻

随着国内生产成本不断上升以及东南亚等地区制造业的快速发展以及人民币的升值，针织服装出口在价格上已没有优势，国际纺织产业向东南亚、印巴等地区转移趋势明显，导致企业订单流失、换汇成本增加、利润被吞噬，效益下滑。

2. 生产要素成本较高

首先，劳动力成本较高，近年来全省纺织企业工人工资年均增长10%以上，工资水平达越南的3倍、孟加拉的5倍；其次，融资成本较高，纺织企业难以获得贷款，即使获得贷款，利率也经常在基准利率基础上上浮50%；第三，受内外棉价差和国家抛储棉质量较差的影响，针织企业用纱成本仍相对较高，2016年1~8月，全行业主营业务收入成本率高达87.3%。

3. 优势品牌匮乏

目前，江西省针织服装企业总体仍然处于代工这个价值链的低端，只有部分重点龙头企业拥有自主品牌，但在国内市场甚至本地市场均没有知名度，龙头作用不明显。同时，绝大多数企业考虑创品牌所需技术、资金、人才的投入较大，打造品牌风险较大，导致缺乏建立商标品牌、提升品牌形象的意愿。

4. 产业配套能力不足

虽然青山湖区正在建设江西（虎门）面辅料市场，但行业配套能力仍然不足，不能提供原辅料、纺织机械、设备零件的集中采购及产品销售的现代化专业市场，由于高档出口订单中所需要的原料、辅料需要外地采购，服装成衣质量和加工周期都会受到影响。江西省至今尚没有权威的针纺技术检测机构，企业样品检查均需依靠上海、深圳等地检测机构，检测费用偏高，不仅直接提高了产品的出厂价格，而且影响了企业的接单数量。

三、发展思路

根据江西省纺织服装发展规划，“十三五”期间，针织行业发展的主要思路为：以提升层次为核心，以培育自主品牌为重点，以建设中国（江西）针织服装创意产业园为契机，大力完善产业配套，大力提升研发设计水平，促进江西省针织产业由典型的“加工型”向“加工型+品牌经营型”转变。

主要发展思路：

一是在完善产业链配套上下功夫。结合电子商务模式高起点引导建设集纱线、针织面料、辅料供应、针织服装于一体的现代针织服装专业市场，大力推进江西（虎门）面辅料市场建设，力争通过完善配套，缩短企业采购链，提升企业快速反应能力，节约企业运行成本。

二是在推进产业园建设上下功夫。大力推进中国（江西）针织服装创意产业园建设，使之成为青山湖区及周边地区针织服装设计研发、品牌孵化、电子商务、检验检测、流行趋势发布平台，着力培育一批龙头骨干企业，孵化一批全国知名品牌，聚集一批专业设计人才。

三是在着力打造区域品牌上下功夫。依托昌东工业区和青山湖区纺织服装协会，加紧注册“青山湖针织服装”区域品牌，以统一的区域品牌形象参加各项专题活动及展会。鼓励重点龙头企业加大投入，培育产品品牌。依托创意产业园平台，积极与意大利、法国服装品牌交流，提升设计能力。

四是在依托“互联网+”战略上下功夫。依托“互联网+”战略改变针织服装产业传统格局和理念，充分发挥针织服装品类多、单价低、适合网上销售等特点，大力推进电子商务平台建设。支持骨干企业建设以商品交易为核心、现代物流为支撑、金融及信息等配套服务为保障的服装行业电子商务平台。鼓励外销企业通过设立网店转型品牌经营。加速重点电商产业园、电子产业园建设，推动电子商务成为园区针织服装交易的重要平台。

五是在强化产业招商上下功夫。充分发挥“中国针织服装名城”在业界的影响力，借助中国纺织工业联合会、中国针织工业协会、中国服装协会的力量，全方位承接东部沿海及发达省市纺织服装产业转移，主动参与国内外大企业的配套分工与协作，力争每年引进一批投资规模大、带动作用强的旗舰型项目落户，不断丰富针织服装产品，培育自主品牌，提升针织服装行业的整体水平。

六是在构筑服务平台上下功夫。加快现代化物流建设，鼓励针织服装企业采用先进的物流管理模式；利用人才市场、专业化培训机构和人力资源公司，解决针织服装集群内企业人才缺乏问题；改善金融机构对集群内企业的金融服务，完善中小企业信用担保体系，拓宽企业的外部融资渠道；建立产品质量检测机制，组建针织服装产品质量检测监督机构，努力提高服务企业的质量和水平。

张槎针织行业的现状与发展

潘英艺

广东省佛山市张槎针织产业起源于20世纪80年代初期，90年代末得到迅猛发展，张槎地区逐步成长为国内外知名的针织产业集群。在针织行业结构调整中，张槎针织也正面临新一轮的提升。

一、张槎针织行业的现状

张槎针织行业具备一定的产业链优势，张槎是全国最大的针织面料及服装生产基地之一，也是全国重要的纱线、化纤等原料的交易市场。针织产业在张槎的发展，经过了生产从分散到集中、经营从小规模到适度规模、管理从粗放到科学细化、产品从低档到中高档次、产业结构从零星小厂到大中型工厂的历程。

目前张槎针织企业达到4000余家，织造机器超过5万台，厂房面积达到600多万平方米，针织面料年产量达到300万吨，规上企业年产值超过300亿元。丝光棉针织T恤衫、针织运动面料两大系列的特色产品，针织面料辐射国内各大纺织品市场及美国、欧盟、非洲、东南亚等国际市场。

张槎针织不仅产业特色明显，同时具有较强的产业根植性。张槎针织产业第一代创业者中，70%～80%是张槎本地人，产业根基相当牢固。企业家们稳扎稳打，经历历次金融危机，逆势发展，大浪淘沙，将传统产业做成优势产业，继而做成时尚产业。张槎街道拥有的23个主题产业园区中，多数工业园区以针织产业的特色产品为主。

2009年12月，国家工商总局批准授权使用“张槎针织”品牌。2015年以佛山市禅城区政府的名义申报，国家质检总局批准筹建“全国丝光棉针织服装知名品牌创建示范区”。“张槎针织”区域品牌、中国针织名镇、

潘英艺，广东省佛山市禅城区张槎街道经济和科技发展局副局长。

中国针织产业电子商务试点基地等殊荣享誉海外。

二、张槎针织行业面临的主要问题

国内外市场针织服装竞争日趋激烈，张槎镇针织企业的生产经营方式、产品种类档次面临挑战，张槎针织行业存在一些问题：

（一）创新能力不足

张槎众多针织企业中，目前已经建立工程技术研发中心的企业只有7家。原有依托商会建立的专业镇中小企业公共创新服务平台企业，由于缺乏自身造血功能，对外服务很难满足行业发展需要。不少企业研发设计能力不足，只能为国内外知名品牌代工或贴牌生产，大部分企业仍处于产业链低端。

（二）交易平台缺失

由于缺乏大型交易市场平台，针织企业难以分享终端利润，普遍仅赚取微薄的加工费，处于产业链中低端。虽然有的企业与品牌商合作进行生产经营联盟和股份结盟，但是由于是简单代加工，赚取利润十分有限。部分服装企业已经着手培育自主品牌，借助电子商务推广，毕竟品牌培育和推广耗资巨大，对于成长中的企业来说存在较大风险。

（三）劳动力资源短缺

张槎针织企业的劳动力资源完全依附外地，外地务工人员对企业待遇和认同感不高，造成企业生产工人频繁流动和用工短缺。高技能工人、设计人员和技术人员匮乏，影响企业产品的设计提升，也制约产品质量的提升。

（四）产业规划滞后

虽然在张槎已经建立了10多个针织工业园区，但基本上都是零敲碎打，彼此相互不关联。行业管理不够规范，市场有失公平竞争、基础设施建设水平有待进一步提高。作为传统工业重镇，张槎以26平方千米的面积产生了超过千亿元的工业产值，在享受经济发展带来成果的同时，也带来了产城布局错乱、城市发育不良等后果，制约了产业的转型升级。张槎城市面貌和配套近年来已大为改善，但离佛山市“强中心”的要求仍有很大差距，需要加强城市中心区域建设，不断完善基础配套设施，创新社会治理方式，加快推进城镇体系建设。

在信息高度集中和大数据盛行的新兴力量冲击下，张槎针织行业也走向了互联网的风口，借力转型升级，利用“互联网+”战略，加快先进制造技术、信息技术和智能技术的集成和深度融合，推进针织产业大数据工程，建设针织商务平台、技术平台和服务平台，打造“智慧针织”产业。“互联网+纺织业”新型发展模式，促进张槎纺织业走向时代的洪流、融入市场发展趋势，在市场体系中形成新的竞争力。

三、张槎针织行业的发展方向及主要措施

张槎针织行业要在“结构优化作为行业发展主题，发展动力由要素驱动转向创新驱动”思路的引导下，积极探索转型之路，适应新趋势，不断优化结构，实现产业从总量到质量的全面提升。

（一）发展方向

张槎街道产业总体空间布局是“一核三翼，中心驱动”。“一核”指以华南创谷为核心的中部片区；“三翼”分别指东部片区、北部片区及西南片区。

中部片区大力发展高端装备制造、生物医药、互联网、众创空间等新兴产业和载体，建设省级“互联网+”小镇、“双创”核心区，促进“产城人”融合发展。东部片区依托佛山科学技术学院、佛山创意产业园、义乌小商品城等载体，重点发展文化创意产业和现代服务业。西南片区充分利用“双地铁”和广佛环线等交通优势，大力发展商住、商贸、休闲、教育等现代服务业，系统打造张槎城市中心。北部片区逐步打造6千米长“中国针织黄金大道”，引入展览交易环节，实行线上线下结合的新模式，同时强化研发孵化、设计创意、休闲商务、文化艺术等方面的完整和融合发展，使针织产业往产业链的价值高端转型。依托时尚针织、高端装备制造、电子信息、生命医药、现代服务等五大产业，将小城镇打造成国际化产业制造中心及华南产业服务中心，着力将张槎针织产业聚集区打造成与城市发展相融合的都市型产业聚集区。

（二）主要措施

新常态下，张槎针织行业必须求新求变，化动力为实力，引领传统产业走向“变通”与“复兴”之路。

1. 打造中国针纺黄金大道

为了更好地整合资源，引导针织产业的发展，优化产业的空间布局。张槎街道成立张槎针织产业发展促进中心，首次提出把辖区内包括针织装备、展贸市场、研发孵化等产业环节引导到塱沙路沿线，把6千米长的塱沙路及相应片区逐步打造为集研发、设计、展示、发布等多功能的时尚行业基地。强化纱线、面料展览交易环节，实行线上线下结合的新模式，强化研发孵化、设计创意、休闲商务、文化艺术等方面的完整和融合发展，使针织产业往产业链的价值高端转型。已逐步建成和盛针织工业区、塱沙国际针织商品城、张槎针织产业城、玉带制衣城中心，有针对性地解决张槎存在针织企业分散、自有品牌建设、产品研发能力弱、专业市场缺失等问题。中国针纺黄金大道项目承载了张槎针织产业转型升级的梦想，被列为区“十三五”重点项目，政府将对塱沙路沿线进行综合改造，就提升经营环境，改善交通、人文、景观出台更多的扶持政策。

2. 不断引进高新技术

不断提升产业创新能力，往高端化发展，包括产品高端化、生产流程和设备高端化。虽然张槎针织发展迅速，但针织技术研发、新型面料能力均有较大提升空间。帮助企业转型升级，使针织产业进入“智能时代”，是行业发展的关键。依托资源、针织产业基础等优势，提供花型设计服务，引入零排放数码印花设备，在数码印花、环保理念的基础上，打造了时尚设计孵化中心。引进尖端针织及相关设备，例如无缝针织机器，该设备不仅能够根据每个人的参数进行个性化定制，而且可以采用多达18种纤维5分钟完成一件成衣制作，省去了织布、印染、裁缝等一系列环节的同时，让衣服的不同位置具备特定功能。数码自动印花、无缝针织等新技术已引入张槎，污染、低消耗、高附加值、柔性化生产顺应绿色、环保、可持续化发展趋势，同时也迎合了“小批量、多品种、短交期”的快时尚之风，助力张槎针织时尚小镇的建设。

3. 发挥产业协作配套功能

以佛山童梦天下产业创新基地为载体，打造以儿童产业为主题的，集商、服、研、社区等功能于一体的经济总部，打造华南最大的儿童产业聚集地。规划和盛针纺工业区、塱沙国际针织商品城、绿地未来城、东成立亿产业园等项目，囊括衣食住行，全力打造“宜创业发展、宜生活居住”的产、城、人、文融合产业聚集地。在制造实力增强的基础上，张槎针织行业将利用产业集群的优势，继续完善产业链，并在包装、设计、营销环节不断注入时尚设计元素，全面提高产品的附加值。

4. 广泛应用电子商务

以互联网技术带动整个产业的升级。互联网经济的发展为张槎针织产业转型带来了机遇，为传统产业插上互联网的翅膀。近年来，张槎地方政府大力推动针织企业尝试电商，将传统产业与现代商业模式有机结合。金红棉与全球最大的咨询机构——IBM 全球企业咨询服务部合作，构建为消费者提供最佳购物体验的电子商务平台，为公司提供了包括人员组织架构、商品规划、仓储物流管理、市场营销管理、客服管理等在内的电子商务平台。据统计，张槎已有近 200 家针织服装企业涉足电子商务，新兴产业助推传统产业转型升级成效明显。以西伍服饰、佛山市艾蓓怡有限公司、广东佰林格都信息科技有限公司为代表的服装电商企业，通过深入研究、分析大数据，精准对接市场需求，从而有针对性地进行设计、生产、营销，实现公司的超高速发展。张槎将努力探索和实践“互联网 + 纺织业”的发展模式，在纺织业电子商务专业化、系统化和市场化方面形成新的竞争优势。积极扶持针织服装传统优势特色产业，鼓励企业应用“纺织云”建立网络销售平台，推进传统针织产业与电子商务相互融合，建设“互联网 + 针织”的示范模式，引导服装制造业从简单加工制造向研发设计、自主品牌高端延伸。使企业以最快的速度和最低的成本提高创新能力和品牌知名度。

5. 加强全行业的合作交流

通过中国针织大讲堂暨针织行业新型纤维发展峰会、中国针织产业联盟——产学研峰会、“张槎针织 · 中国针纺黄金大道”投资推介会等会议继续加强产业联盟建设，共谋张槎针织产业发展新篇章。结合行业发展要求、企业生产需求、技术发展趋势，通过职业培训和技术交流手段培养应用型技能人才。扶持职业教育产学研基地与实习实训基地，如张槎纺织企业作为广东职业技术学院、河北科技大学唐山分院、安徽职业技术学院、陕西工业职业技术学院、浙江纺织服装职业技术学院教学实验基地，与企业开展全方位合作，助推针织产业向纵深发展。

6. 积极培育企业知名品牌

推动张槎针织行业自主品牌建设，形成有利于品牌建设的长效机制和良好环境。组织一批上规模的企业集体参加国内外知名展会，张槎展团在筹划、布展、宣传中，利用电子商务平台、现代网络手段展示张槎各企业的品牌形象和文化内涵。鼓励企业提升产品，积极创品牌，超过100家针织服装企业建立数字化营销平台及电子商务平台。建立工程技术研究开发中心的企业加大产品自主创新力度，创新产品开设自主品牌连锁店。联合广东省服装设计师协会为张槎针织服装行业开展定制服务。张槎将逐步发展成为国内高档丝光棉T恤衫、针织运动面料两大系列特色产品生产基地，处于行业领导地位。进一步提升张槎针织服装区域品牌影响力，致力于推广张槎针织行业自有品牌，为张槎打造针织时尚小镇提供创意支持。

面对世界经济一体化的格局，张槎针织企业要在市场营销、经营管理等方面加强自主创新，在充分巩固国内市场的同时，积极走国际化经营之路。张槎针织行业要认真分析研究国内外市场需求，坚持国际化的视野，以产业提升为目标，科学确定规划措施，积极拓展市场和引导消费，推动行业的持续进步。

十二项举措推进行业协会工作

王卫民　杨希鹃

上海内衣行业协会的前身上海针织行业协会，成立于1987年。长期以来，协会深入分析行业发展状况，积极探索服务会员的模式，做了许多工作。近年来，上海内衣行业协会围绕行业创新、转型、发展的热点问题，研究行业发展的思路，从多个方面积极探索协会工作，取得一定成效，协会的综合服务功能也得到提升。

一、深入实际开展行业调研

企业的需求就是协会工作的第一要务，协会结合企业的实际，开展多种形式的调研和走访，掌握行业实情，积极为企业办实事。

每年协会都会安排到企业调研，走访企业30家以上，深入企业了解情况。如针对出口企业面临的困难，协会组织专业外贸出口企业领导拜访专业出口加工企业，针对政策导向、实时信息、出口形势、风险控制等进行专题交流，同时介绍出口企业调剂无法消化的订单，使一些小企业重新获得发展机遇。会员企业不乏转型发展、创新发展的新经验、新亮点。通过大量的深入走访，协会先后总结出许多创新驱动转型发展的典型，为协会有针对性地组织好专题交流和推介经验提供了最真实的样板。

二、组织多种形式行业交流

交流主题是抓住行业热点、难点，帮助企业转型发展。协会针对行业

王卫民，高级工程师，针织企业家，上海龙头（集团）股份有限公司董事长、总经理，上海内衣行业协会会长。中国针织工业协会副会长，第四届副理事长，第五届副会长。

杨希鹃，高级政工师，上海内衣行业协会副会长兼秘书长。

的发展形势和企业面临问题，在理事会和年会上组织以创新驱动、转型发展、创新商业模式等为主题的研讨与交流，与会代表共同探讨企业转型升级的措施、市场拓展的模式。

协会先后组织企业参加“中国产业国际竞争力论坛”“传统轻纺产品产业的转型发展论坛”等，多渠道全方位努力破解企业转型的各种困惑。开展“袜子企业稳增长促转型工作座谈会”“协会工作意见征询会”“行业协会评估和创新学习交流会”“内衣市场发展趋势信息发布会”等各种形式的学习交流专题会议，探索发展新的思路。

根据会员企业的需求，每年组织信息交流会议，参会人员不断增加，互动交流中不断产生新的合作成果，产品直销、订单转移等多种合作已成功实施，成为协会联系会员企业的主要信息渠道。协会在实践中探索企业交流的方式，促进企业间的协作和互动，使其获得更多的信息和更多的机遇，以此推动行业转型工作的开展。

三、做好行业经济运行分析

做好行业统计是协会义不容辞的工作。协会长期开展收集统计骨干企业的经济运行数据工作，得到会员企业的理解和支持，有近30家规模以上企业与协会长期合作，参与协会组织的重点企业统计报表工作。协会还不定期地开展了解行业运行情况的工作，特别针对一些中小企业。向会员定时通报行业运行情况，并且针对不同类型企业的数据进行深入分析，为企业的经营出谋划策。

实时掌握企业在一定时间点上的经济运行情况的同时，协会还对统计数据进行整理，结合平常掌握的行业情况，及时向政府部门通报。把企业的诉求和遇到的实际困难向政府相关部门反映，为政府制定政策提供依据。市商务委确定协会四家企业为上海市产业安全数据直报，搭建了企业和政府信息直通渠道。

四、逐步完善公平贸易工作

公平贸易工作是协会的一项传统工作。协会一直开展国内外市场分析、产品竞争力分析等工作。2011 年市商务委确定上海内衣行业协会为

"上海市商务委公平贸易工作站"挂牌以来，协会把公平贸易作为定期抓落实的一项工作。协会精心采集和分析出口数据，了解掌握最新的国际公平贸易动向，预警出口风险，数据收集分析已从单一袜品扩展到T恤衫、内裤、套头衫等出口产品大类。每季度完成一份国际市场纺织产品出口数据分析报告，印发给行业中35家出口型企业。

协会每季度做好行业22家重点企业的经济运行数据采集、分析、编报工作，及时向政府和企业报送发布。根据国家商务部的要求推荐袜子、文胸、针织等七家企业，做好产业数据直报工作。

五、推进行业技术进步

加强同上海针织科学技术研究所的合作，及时发布行业新技术、新面料、新工艺的信息，大力推行行业新原料、新产品、新技术的运用，提高产品的附加值，推动行业科技创新步伐的加快。

技术进步工作成效显著。协会组织会员企业开展以应用新原料、新工艺、新技术为主题的技术创新活动。艾谷公司研发的麻浆纤维裤子成功打入美国市场，企业出口产品附加值获得很大提高。三枪的技术研发团队有着雄厚的实力，人才集聚、专业齐全、思路前瞻、创新面广。三枪的技术团队经过严格的市场调研，2015年开始对主要面料进行了升级换代，产品开发向"全棉"倾斜，结合设备改造，开发主打高品质面料，成为引领市场、再创增量的新品类。他们还开展多品牌产品的研发，明确风格，突出特色。在设计过程中，他们做到了既使产品系列化，又注重产品每一款每一色的逐步优化，形成了以"大店模式产品系列"为基础，"专柜产品系列"和"超市产品系列"为补充的产品开发格局。

六、推进行业人才培养

协会响应行业主管部门和中国针织工业协会的号召，较早开展行业人才培育工作，如参加设计竞赛、参加专业培训、普及操作工行业标准以及多种形式的岗位练兵、技术比武活动。协会注重专业管理人才的培养，组织协会秘书处专职人员参加市商务委、市社团局等组织的专业人才培训班，提高协会专职人员的职业素质和工作创新水平。企业注重专业人才的培养，对在全国性选拔比赛中的获奖选手大力宣传，给予精神和物质上的奖励，有力推动了企业的人才成长。

2011~2016年，协会同上海纺织工会连续六年联合主办全国纺织行业针织三大工种（纬编工、经编工、横机工）职业技能竞赛上海赛区的选拔赛。在选拔赛中，三枪、嘉乐、嘉麟杰等一大批企业的优秀操作工脱颖而出，为引领行业操作工的技能提升发挥重要的作用。协会优秀组织工作使上海市多次荣获全国竞赛组委会颁布的“优秀组织奖”。六年里，上海针织企业操作工通过这些竞赛共获得两个全国五一劳动奖章、一个纺织行业劳模荣誉称号，一批操作能手晋升了专业技术职务。

七、开展社会责任建设

把创建企业诚信建设和开展社会责任建设，作为协会的重点工作。在市创建办的支持下，在行业中开展企业诚信创建工作。三枪、欧迪芬、古今等一批企业已获得三星级以上诚信企业，伟达等多家企业已认定为二星级企业。在操作过程中杜绝乱收费，委托第三方用科学数据真正体现企业的诚信档案和品牌价值。同时还针对行业中暴露出产品质量市场抽查不合格事件，与市诚信办密切合作，督促企业迅速整改，并以此为抓手，为企业建立诚信档案，制定诚信规划。

2012年年底，首次召开企业社会责任报告发布会，由歌迪等三家企业发布交流。协会总结行业中社会责任工作做得好的典型，在行业大力宣传他们的好做法和好经验，推动行业履行社会责任工作的开展。

八、帮助企业拓展市场

协会联合浙江多家袜业协会共同举办中国（上海）国际袜子采购交易会，规模一届比一届扩大，影响力在业内外不断提升，观展的专业人数一届超过一届，国外客商也一届比一届多，展会从东亚展馆扩展到上海世博展馆，成为协会成功举办专业展会的一张名片。2016年该交易会有来自17个国家和地区的358家企业参展，接待14870名专业观众。

与此同时，协会还努力推进行业电子商务发展，调研电子商务成绩突出的典型企业，总结他们的先进经验，组织下发“行业电子商务开展情况调查表”，还同上汽集团开展电商对接活动，帮助企业在开展电商工作中能享受更多的社会资源，取得双赢、多赢。

协会结合内衣行业的产业转移和创新转型，响应国家“一带一路”的大战略，积极参加市场考察活动，如组织企业赴新疆考察，实地感受阿克苏纺织工业城的宏伟蓝图。

九、积极培育行业名牌

上海市委、市政府对上海品牌发展工作非常重视。市领导亲临三枪、恒源祥等会员企业调研，还专门召开“上海市品牌建设工作会议”，发布了一系列对品牌企业的扶植和优惠政策，对在行业中开展品牌推进工作是一个极大的促进。行业中的“三枪”、“古今”被市政府列入23家重点培育的品牌。

应市工商局等部门要求，协会先后为多家企业提供“市名牌产品”“市著名商标”复评工作的相关证明材料。企业外发加工中发生质量纠纷，协会在联系市技监局等相关部门后，在协会召开质量技术鉴定听证会。协会还组织专家为企业提供法律咨询服务，为企业法律胜诉提供技术质量信誉支撑，维护企业品牌的信誉，为企业挽回经济损失。

十、拓宽会员服务

为更好地做好服务会员工作，拓展服务功能，提高服务能力，协会积极搭建交流平台，促进协会与会员的互动发展。

协会在上海市促进中小企业协调办公室的帮助下，推荐了行业中30家中小企业免费接受《中小企业信息速递》月刊，使小企业更多更快获取政策直通信息。这些服务工作的深入开展，拉近了企业与协会的距离，使企业感到协会这个大家庭更加温馨和谐，促进了协会工作的开展。协会还开展“履行中的法律风险防范”的专题讲座，专业性、实用性较强的报告受到了企业欢迎，协会增强了拓宽服务的意识。

十一、促进国际交流

协会在支持企业走出去开展国际交流、服务会员企业工作不断有新的发展。意大利时装实验室组织的时装代表团拜访协会，还同三枪、尼尔浦斯等企业开展互访合作交流。意大利蒂桦公司、日本奈依尔公司来访，协会推荐多家企业同他们合作互动，有的企业很快就开始为这两家企业生产出口产品。德国、西班牙等国家的十多家企业来访，协会组织对口交流，促进行业的国际化合作发展。法国驻沪总领馆商务处来访，与多家品牌内衣企业开展交流，促成品牌合作。协会还组织部分会员企业赴约旦参加国际内衣展，参加由世界顶级内衣品牌组织的大型内衣秀国际交流活动。组团赴西班牙、意大利考察，充分展示中国内衣行业的技术进步和国际化形象。

十二、加强协会建设

在协会规范化建设评估工作取得突破性进展的基础上，协会加强了基础建设管理，努力使协会工作更加规范有序，更加公开透明，更加充满活力，把对会员企业的服务工作做得更好。认真做好承接政府服务功能和部分职能下放的各项工作，为内衣产业发展服务，充实协会自身的造血能力和功能，为行业协会具备发展后劲打好基础。

上海针织行业协会、上海内衣行业协会得到了行业主管部门、中国针织工业协会等单位的关心和指导，取得一定业绩，实现稳步发展。上海内衣行业协会深刻地体会到：只有突出服务功能，才能提升协会凝聚力；只有坚持行业自律，才能提高协会工作能力；只有推进行业发展，才能增强协会的生命力。上海内衣行业协会决心服务国家大战略，加快融入国际大舞台，团结一致，共同努力，把协会工作做得更好。

经编机的研发方向

王占洪

经编是纺织工业中发展最快的产业之一。我国不断引进国际先进的经编设备，同时逐步提高自主研发能力，使经编行业在机器高速化、控制电子化、功能多样化、操作便利化、设计计算机化和管理网络化等方面都有飞速的发展。全行业的技术装备水平在较短的时间内得到了快速提升。国内经编机的自动化、智能化水平与国外经编机存在一定的差距，高精度、高速度智能化经编设备的推广是经编行业的重点任务之一。

国外先进经编机采用了自动化控制技术，综合运用数字化、自动化、网络化，使设备具有智能化，通过强大的数字计算和数字通信能力，提高了信息的测量、控制和传输的精度，同时也便于生产过程的集成控制。国内应当通过骨干企业的推广和示范应用，提升国产经编设备的科技含量，促进关联产业的发展。

一、经编机的数字化、网络化、智能化

1. 研发伺服驱动器产品

采用空间电压矢量控制算法组成位置、速度、电流三闭环控制系统，实现对永磁同步伺服电机位置的精确控制。研究外部脉冲和内部位置指令两种定位方式，实现高性能的闭环位置与速度控制，开发特有的逆变模块温升监控程序，实现电机噪声与温升的实时控制。新一代的智能数字伺服系统通过总线与开放式数控系统互联，可实现分布式伺服系统多电机间协调控制。

2. 研发多轴同步高精度运动控制器产品

经编机牵拉装置包括前牵拉辊、中牵拉辊和后牵拉辊，传动装置包括

王占洪，高级工程师，针织机械企业家，江苏润源控股集团有限公司董事长。

电机、第一同步轮传动机构、第二同步轮传动机构、主动齿轮和被动齿轮。多轴运动控制器能实现经编机的高速高精度定位及多轴同步运行控制，实现12轴的运动控制功能，采用IEEE1588标准（网络测量和控制系统的精密时钟同步协议标准），实现网络内各设备高精度的时钟同步，保证经编机各电机运动过程动作的协调统一。

3. 高精度温度控制技术研究

经编机油箱和成圈主轴在温度过低时，油的黏度高，轴承润滑不充分，会加剧轴承磨损，油温过高时，散热不及时，也会造成轴承损坏。可编程油温控制器可实现经编机油箱和成圈主轴恒温装置的分区温度精确控制，每一区间都可以单独控制。通过油温调控，保证各层能够独立加热和调节，将油箱油路循环和主轴油路循环有效结合起来，从而提升经编机各油路循环的温度适应性，提高成圈机件使用的稳定性、安全性和可靠性。

4. 人机界面组态与远程监控技术

为满足对经编机运行状态的监控需求，可研究人机界面组态与监控技术，开发人机界面组态软件。利用XML语言描述经编机现场设备参数、内存变量表格、通信协议、网络系统设备以及数据库表格，通过加载描述文件获得系统中设备参数、资源、变量等信息，实现变量管理、设备管理、实时数据管理、历史数据管理与通信调度等功能。支持Web发布与多客户端浏览，可通过网络实现远程监控与信息集成，具有设备监控、数据库管理等功能。通过所见即所得的组态方式完成画面开发与数据关联。实现传感器参数实时显示、数据存储、统计分析和报表管理等功能。对于经编设备制造企业，可以通过设定专门的客户服务信息，实现网络远程诊断和维护，提高售后服务的质量和效率。

5. 建立全新的工业生产方式

深度利用信息通信技术，让制造领域的资源、信息、物品和人之间相互关联，智能处理产品特性、成本、物流管理、安全、时间以及可持续性等要素，为用户提供最优化的产品制造方案。整个过程中不同组件可以相互沟通，反应更加迅速，确保仅一次性生产，且产量很低时的获利能力。产品开发、生产、服务的过程可通过软件和网络交流，不再是依照几个月或者几年前的计划，而是依照最新情况灵活调整生产工艺。客户不仅在签订合同前，而且在下订单后、设计、加工、装配、调试阶段，都可以与工厂沟通改动订单细节。从原料采购到产品生产，再到仓储和派送，整个过程全部通过网络来完成。生产时，每台机器独有的芯片储存了客户的名字和对产品的要求，以此控制机器生产不同的产品。如果需要新的配件，机器会直接通知相关车间，补充新的配件投入生产线。客户只要通过电脑就能了解产品是在生产线上，还是已在送货的路上。全新的工业生产方式使得整个生产车间、装配车间出现少人化，甚至无人化，人的聪明才智将主要发挥在设计、控制和检测等工作上。进行可视化的生产管理，保证设备在好的状态下运行，甚至可以提前预警设备故障，及时解决问题。网络系统将会及时发布市场信息，协助企业的管理得到提升和创新。

6. 经编产业国际社区平台

经编行业可以联合产业链上下游的制造商、应用商和使用商，建立一个全球性的经编产业国际社区平台。把行业内的机器、存储系统和生产设施融入到这个平台上。该平台可以作为经编行业领域内的一个交流论坛，提供产品信息、采购信息、合作信息、贸易助手、市场分析等，提供国内外经编行业最新的工艺、经编织物最新流行趋势的发布以及相关知识产权的链接，当然需要确保相互衔接的标准性和安全性。该平台可以给系统内的各企业提供一个闲置设备信息发布平台，自动撮合企业相互间的融合，让有需求的企业加以利用，提高设备的利用率，创造一定的经济效益。

此外，为满足经编机可编程控制需求，可开发通用可编程控制器产品，利用侦听、查询与请求应答等方式实现运行状态与参数配置的统一管理。通过指令描述获取功能块、梯形图与指令码的名称与输入输出参数，对网络中的设备使用图形化的方式完成程序编辑；研究编译算法，根据设备拓扑与控制逻辑将指令与变量优化编码并下载到各控制器中，实现经编机的逻辑与运动控制。通过协议描述获取通信服务的报文格式、数据定义与通信方法，实现控制系统的变量监控、程序上下载与调试等操作。

二、经编机的高速化

高速是经编机研发制造的长期追求。经编机制造企业通过改进设计和完善制造，通过与经编产品生产企业合作研发等多种手段，使经编机的实际生产运转速度稳步提升。一些机型经编机运转最高速度不断被打破，一些常被认为难以达到的运转速度成为现实。随着经编产业规模的逐步扩大，我国在引进国外先进经编设备的同时也在逐步提高自我研发能力，使经编机在高速化等方面都有飞速发展。通过碳纤维增强塑料在经编机中的应用，电子送机技术的提高及电子横移机构的景区控制等措施，使经编技术得到了进一步提高。采用碳纤维复合材料制作的梳栉，其质量减轻了25%，刚性也得到了提高。电子送经已经成为国产经编机的标准配置，它为经编企业产品质量的提高和新产品的开发提供了有力保证。新型的EL系统能使生产速度比曲线链块时的生产速度提高了30%。目前特里科两梳经编机的机速超过4000r/min，拉舍尔槽针经编机的技术达到了3000r/min。随着各项技术的不断成熟和改进，经编机也将继续朝着更高速度和更高效率发展。

三、经编机的功能化

经编行业机型众多，不同领域及不同用途的机器生产不同用途的产品，设备具有专属性。目前，经编产品无论是蕾丝花边、“三明治”鞋材、泳装布、成衣面料等各厂家品种积累和技术积累都达到了一个非常的高度。寻求新的领域，开发经编产品新的应用功能成为一个迫切需要解决的问题。比如经编间隔织物（俗称“三明治”织物），在20世纪90年代用途很单一，主要用在运动鞋上面，后来“三明治”织物又开始用在箱包上，再后来又用到办公用椅、沙发家具、床上用品上，近年来在服装应用上又是一大亮点。生产“三明治”织物的机台可以改变机号，改变送经，生产一些特殊类型的产品。一些传统的单针床可以升级改造成电子横移形式，4梳改5~8梳，可以使产品极大地丰富花型，扩大应用范围。再比如完善多轴向经编机对一些高性能纤维的编织，可以使产业用经编产品进入了高技术应用领域。采用多轴向结构，以高性能纤维为原料经树脂复合后的织物，在耐高温、耐腐蚀等方面完全超过了金属材料，而且最终材料质量明显下降。

此外，经编机部件的高精度和运转的稳定性也至关重要。例如，现代智能系统在经编设备上的使用，特别是驱动技术和引纬系统，确保了最佳的引纬频率和织机速度，同时也使纱线变得更易处理。这样不仅提高了设备的稳定性，也使经编企业经营成本能够尽量降低。

近年来，经编行业经常出现订单不足现象，也就是不分淡旺季，没有哪一款产品可以流行起来。采用降价等老办法来吸引顾客都不是长久措施。关键是不断推出新的产品，特别是时尚新品，为消费市场带来新的气息。目前经编数字化和智能化生产、在线监测和远程诊断技术也已经在一些企业得到应用，这势必将推动我国经编产业升级，提升经编产品。经编高速机向更高速、更精细方向发展，低速机向多梳和提高提花能力发展。双针床电子横移化，送经多速化，多梳化，实现更加广泛的编织功能。贾卡提花技术向“电子选针提花”方向发展，向多功能化、模块化发展。随着设备技术的改进与提升，经编产品还有很大的发展空间。

做创新型高科技纺织企业

方华玉

福建华峰新材料有限公司成立于1999年，已形成从纤维、纱线、面料、染整到服装等较为完整的产业链，是福建省莆田市打造千亿化工新材料产业的龙头企业。纺织鞋服行业是传统产业，一些厂家举步维艰，华峰却逆势而上，产品供不应求，销售保持稳定增长，为企业产业升级做出了示范。

应对结构性调整，华峰较早认识到这方面的困难和机遇，积极主动根据市场需求变化加快企业转型升级的步伐，切实加大企业技术革新，引进优秀人才，大幅度提升企业自身创新能力，提高有效供给的质量，更好地适应市场需求的变化。具体措施主要是：抓技术创新，让产品更突出；引进国际高端专业人才，让研发更符合市场；引进国际高端设备，确保产品品质；打造产业园，让产业链更完善。做到有技术、有市场、有订单，把企业做大、做强、做优。

一、坚持创新理念，为企业可持续发展提供强有力的技术支撑

推进供给侧结构性改革，核心在于提高供给对需求的匹配性，着重解决技不如人、质量不高、品牌低端等短板问题。

华峰的市场竞争优势靠的是创新。通过创新带动工艺和技术不断升级，走出更多依靠科技、人才为支撑的创新发展新路，赢得市场竞争的底气，发展自主品牌。秉持创新驱动这一发展理念，华峰注重研发创新，有些年份研发占销售收入的比重超过8%。

1. 大力完善生产工艺

纺织面料的生产工艺相对比较复杂，如鞋面制作，包括备料、冲裁、削皮、鞋头定型、鞋面折边、内里贴合或内里针车、粘贴饰物或缝饰物、

方华玉，针织企业家，福建华峰新材料有限公司董事长。

面里贴合、面里车合、修内里等十几道工序。如果需要在鞋面不同部分附着图案，还需要通过印刷、高周波压制或将图案缝制上去，不能与鞋面一次成型，否则会降低产品的合格率。在华峰，经过研发设计团队的不断努力，自主研发的“鞋面一体成型工艺”获得成功，采用最新的3D增材印刷技术，鞋面上看不到胶水黏合、针车缝合痕迹，是运动鞋鞋面生产领域的一次重大创新。

传统工艺生产的鞋服面料缺乏弹性，图案是由另外的PU材料制作后缝合在面料上，而华峰自主研发生产的“鞋面一体成型工艺”鞋面材料柔软富有弹性，图案不需要使用PU材料进行缝制。传统鞋面材料的十几道工序需要大量人力、耗费大量时间、产生大量废料，而采用新工艺，只需布料成型、水性环保印刷或升华转印两道工序，就能让鞋面一次成型，同时使用水性环保印刷材料技术直接取代PU皮料，实现节能环保。

2. 推进鞋材生产智能化

针对纺织企业招工难度大问题，华峰与科研院所合作研发智能化车间，开发运动鞋材智能生产系统，推进鞋材生产流程自动化、智能化，实现智能制造。这项智能化系统已开发成功，并投入生产试运行，待运行稳定后，车间生产运转效率将大幅提升。

通过差异化产品拓展市场，是企业应当思考的问题。一次成型、节能环保，这是华峰在业内保持引领作用比较典型的技术与产品创新举措，清晰地勾勒出华峰供给侧结构性改革实践路径：在激烈的市场竞争中，主动调整产品结构，放弃常规产品市场，把目光瞄向高端鞋服面料领域，走自主研发高附加值面料道路。

二、定位高端产品，构建企业产品的生命线

应对结构性改革的阵痛期，华峰较早地认识到这方面的困难和机遇，积极主动地根据市场需求变化加快企业转型升级的步伐，走出了“用客户技术、按客户要求和标准生产、替人家挣钱、受人家钳制”的初期发展路子。自2010年开始，公司决定将产品重心转向高端鞋服面料，在高附加值产品和服务的开发创新上，更大范围内进行资源整合运用和创新能力的提

升，开展技术研发工作，突破了一系列关键技术，一大批自主开发的面料问世，深受用户青睐。

华峰开发引领市场的产品的主要做法：一是产品升级，以研发和质量为先导，通过组建科技创新平台形成强大的研发能力，实现技术升级，技术创新让华峰站在产业发展的制高点。二是专注高端产品。华峰主动放弃常规产品市场，专注于研发生产高端鞋服面料，做精、做专、做强。凭借超前的设计理念与技术创新，华峰成为国际著名运动品牌认证的面料供应商。三是领先的产品创新模式。以市场供需为导向，推行“生产一代、试制一代、研发一代、构思一代”的产品创新模式。华峰关注运动鞋服面料流行与发展趋势，建立开发和研发队伍，分别开展产品开发和技术研发储备，提前开发储备新产品，缩短产品交货期。华峰以高品质和高附加值的产品作为核心竞争力，避开同行的模仿。四是发展全方位的产品供需平衡观。华峰重视包含供方和需方及其影响企业发展的人力、物力、财力全方位的供需平衡。依靠科技创新，实行全面改革，推动智能制造，减少能耗，提高生产效率与产品质量。

近年来，华峰主动调整产品结构，走自主研发道路，许多鞋服面料厂商举步维艰，华峰却逆势而上。

三、注重研发平台建设，全面开展国内外合作

高度重视和加速推进研发平台建设是华峰的企业战略。研发平台建设是华峰加强技术储备、提高技术创实力的主要措施。

1. 建立国际水平研发平台

华峰与中科院联合组建“鞋服面料工程技术研究中心”，进行3D打印系列材料、技术的研发。与东华大学联合设立新材料研究院、院士专家工作站，推进纺织材料制备、智能化车间的研发。华峰整合公司内外资源，成功建设了“福建省运动鞋面料产业技术创新研究院”，围绕先进运动鞋面料全产业链，建设从面料设计、织造到染整等完整的研发与中试设施，开展运动鞋面料产业新产品、新技术和新工艺的创新研发以及测试分析、培训等公共技术服务，打造成为高水平的新型鞋面材料技术研究高地、创新成果转化基地、产业升级服务基地。

华峰从美国、德国引进一流专家参与公司产品设计开发及材料开发工作，在美国和德国设有产品设计中心，在国内外多地设立产品技术开发中心。

2. 以客户为导向的市场开发战略

华峰每年参加两次国际性高端客户供需交流会，在现场华峰都提供具有自主知识产权和符合流行趋势的高端面料产品供客户选择，针对客户提出的需求概念有方向性地进行新产品开发，华峰自主设计的产品主要由华峰定价。

高端运动鞋对面料的科技含量和生产工艺要求很高，因此先进鞋面材料加工技术成为制鞋行业的制高点，国内缺乏专业的运动鞋面料创新平台，导致新型运动鞋面料研发发展滞后，影响了制鞋行业的可持续发展。华峰实现转型的核心经验，是坚持人才优先发展战略，通过加大引进和培育人才、组建科技创新平台、壮大创新驱动内核。在此基础上，华峰研究市场需求，把握客户需要。

四、引进先进设备，维护精细化管理

1. 引进国际先进设备，提高生产效率

华峰生态纺织材料产业园中大部分设备是从国外引进的高端织造设备，具有运作平稳、操作简便、产量高等优点，生产自动化程度处于国际领先水平，较传统织造设备生产效率提高30%～50%。

当今国际国内市场需求变化加快，老设备的产能及产品的品质难以跟上需求，需要舍得投入才能让产品在市场上有竞争力。华峰不断从国外引进先进设备和技术，提高生产效率的同时，充分调动研发设计团队的科研力量，不断引进吸收消化，并进行系统集成再创新，使产品品质提高，附加值倍增。

2. 维护精细化管理，让产能更高效

华峰重视从供给端入手打造支撑发展的新机制，强调供给与需求的有效匹配，加强产品品质管理，提升竞争力；加强需求侧管理，开拓市场，实现适销对路和供需平衡，用创新驱动的供给侧新结构应对新的需求升级。这是华峰精细化管理的主要内容。

"让产能更高效"，这是华峰执著的追求。华峰更加重视产业创新升级，在后工业化中以先进的技术装备为基础，加快服务上创新，在改造传统中走向现代化，以提高供给效率。与引同时，华峰大力发展绿色循环经济产业，研发纺织品从纤维到纤维的全新循环利用技术，破解纺织品回收循环利用难题，努力做绿色高端鞋服面料的领跑者，这是"让广能更高效"的更高境界。

五、广聚各方人才，推进企业可持续发展

人才是支撑创新发展的第一要素。虽然华峰处于东南沿海地区，但并不处于经济最发达地区，企业高层次创新人才缺口较大。如何引进、留住和用好人才，打造创新创业的新高地，营造人才引进培养的"洼地"，是实现华峰更快发展的重要问题。鉴于此，华峰已在全球范围内引进了多名各类高端专业人才，同时华峰一直在完善现有人才的人尽其责、培养晋升的制度，每年投入大量的人力物力做好这些工作。近些年来企业的人才战略取得了显著的成效。

企业拥有超过 120 余位来自全球各地的专业人才组成的研发设计团队。核心产品都是企业自主研发设计的，并且大部分拥有自主知识产权。产品研发需紧跟流行趋势，当前鞋服发展趋势是时尚化和功能化，产品更新换代加快，消费者的要求也在不断提高。华峰的设计研发人员为保证公司产品的设计新颖性和趋势引领性，提前两年预测流行趋势并研发设计相关产品，这种超前的研发设计理念使得公司的产品技术水平一直位居行业领先。

六、展望

华峰生态纺织科技产业园、华锦实业产业园、华峰运动用品科技产业园三大项目同时动工，建成后将成为包括长丝加弹、经编、机织、染整、运动鞋服成品生产基地，让产业链更完善。产业园专业生产运动鞋服面料的制造、面料染色及功能性整理、3D 鞋面及制品，加快推动华峰产品全面达到国际先进。

华峰目前已经推出化纤、织造等领域 10 多个系列 200 多种主力产品，

主要应用于鞋面材料、鞋服面料、婴儿推车、汽车安全座椅、家纺等领域，受到众多国内外运动品牌客户的青睐，在全球行业界占有一定的市场份额。

华峰先后获得“国家高新技术企业”“中国驰名商标”“全国纺织工业先进集体”、工信部“全国工业品牌培育示范企业”“福建省科技型企业”等多项荣誉称号，牵头成立了“全国橡标委胶鞋分技术委员会鞋面材料及饰件标准化工作组”，开展专业领域标准制定。

近年来，通过供给侧结构性改革措施的落实，华峰的发展迈上了一个新的台阶，企业的利润、规模及发展潜力都稳居行业先进水平。相信经过华峰人的不断努力，公司主营产品的科技含量将越来越高，华峰将成为具有较大影响力的创新型高科技纺织企业。

针织 CAD 系统的应用现状与发展趋势

丛洪莲

针织 CAD 技术是针织生产数字化和智能化的重要组成部分，是针织行业的一种不容忽视的重要技术与手段。它利用了计算机强大的计算功能和图形、图像处理能力，实现针织物的设计、仿真及展示。经过 60 多年的发展，针织 CAD 技术已逐步成熟，成为辅助针织物设计和生产必不可少的工具。

一、针织 CAD 系统发展现状

在经编 CAD 系统方面，主要有德国 EAT 公司与 ALC 公司合作开发的 Procad 花型设计系统，其投入市场较早，因此在国内销售份额较大；日本武村公司的 SUPER・LECS－Ⅲ花型设计系统近两年才进入中国市场，销售业绩一般；而西班牙的 LACE DRAFTING SOFTWARE SAPO3 花型设计系统在中国市场还没有销售推广。国内经编 CAD 系统的开发主要集中在高校，如江南大学研发的 WKCAD 系统、武汉纺织大学开发的 HZCAD 系统和浙江大学设计的提花织物 CAD 系统等。这些 CAD 系统经过多年的开发，功能日趋成熟，以江南大学的 WKCAD 系统为例，除了在国内使用，还在日本、韩国、中国台湾、土耳其、印度等 20 多个国家和地区的经编企业得到推广应用。

开发纬编 CAD 系统的国外纺机企业包括意大利的圣东尼公司、德国的迈耶・西公司、日本的福原公司等，这些公司开发的 CAD 系统专供其生产的针织设备使用。目前，在国外众多纬编 CAD 软件系统中，应用较为广泛

丛洪莲，教授，针织专家，江南大学纺织服装学院副院长，教育部针织技术工程研究中心副主任。

的当属日本WAC系统，其软件兼容性好，易于学习掌握。国内纬编CAD系统较国外系统起步晚，目前多家高等院校和科研机构在积极开发相关产品，如江南大学、浙江大学等。

横编CAD系统方面，主要有德国的斯托尔公司以及日本的岛精公司都为其生产的横机配备了相应的花型准备系统，即CAD系统。国内在横编花型准备系统的开发方面包括HQ－PDS系统、智能吓数系统以及KDS系统等。与国内系统相比，国外系统较为成熟稳定，功能更为强大。但国内外横编CAD系统存在彼此间不相适用、兼容性差的现象。

此外，江南大学开发了基于互联网的针织物设计系统iKDS，用于少梳栉织物设计和经编教学培训，取得进展。系统将数据存储在云数据库中，用户可在电脑或移动终端上直接通过网页浏览器随时随地设计针织物。与单机版经编CAD软件相比，iKDS客户端无须安装和维护，使用更方便更快捷。

二、针织CAD系统的优势

（一）针织工艺研究与计算机应用技术紧密结合，解决针织产品快速设计关键问题

针织工艺技术在近二十年得到快速发展，尤其在装备数控技术、提花技术和成形技术方面，针织工艺技术与计算机、控制技术的交叉更加紧密，单独掌握任何一门技术都无法完成针织CAD系统的开发。针织CAD系统以针织工艺为基础，以计算机技术为工具，深入研究了电子横移变化网眼、无地提花、定位花边、双色成形鞋面、剪线贾卡、提花毛圈、提花毛绒、分段围巾、纬编花边、局编和无缝成形等工艺技术的实现原理、数学表征方法和计算机辅助快速设计算法，并在CAD系统中实现，为针织产品的快速设计提供工具。应用这些成果可将复杂针织产品的设计时间缩短为原来的三分之一，节省产品开发时间。

（二）针织结构建模与计算机仿真技术紧密结合，解决针织产品真实感模拟关键问题

针织产品种类繁多，大部分产品结构复杂，而且织物结构和外观普遍

受组织类型、纱线形态、编织张力、染整环境、定型张力等多种因素的综合影响，织物线圈在自然状态下会产生偏移、歪斜、拉伸、扭转、起拱等多种变形。针织 CAD 系统研究针织物的结构特征，分析线圈之间的受力关系，建立几何和力学模型模拟线圈的真实形态，针对平纹、提花、网眼、毛圈和绒类等不同类型的织物，研究专门的三维渲染算法，实现织物光泽、绒感、纹理等特殊效果，并在 CAD 系统中实现织物的真实感模拟，为针织产品的模拟仿真提供工具。针织 CAD 系统可逼真模拟各类针织产品设计开发，并且生产和工艺参数动态可调，减少原有的打样环节，为企业节省开发成本。

（三）针织文件格式与国内外针织设备厂商全面兼容，解决针织产品设计文件上机关键问题

针织装备种类很多，从大类上分为经编、纬编和横编，从小类上分有平纹、提花、毛圈、毛绒、衬垫、吊线、间隔等多个种类。生产针织装备的工厂既有国外的，也有国内的，其上机文件格式和传输方式各不相同。针织 CAD 系统研究了国内外主流针织装备的上机文件格式，可以生成适用于不同公司的上机文件，为针织产品的上机生产提供通用工具。针织 CAD 系统可生成适用于各类生产设备的上机文件，方便开发部门的设计，减少开发投入。

三、针织 CAD 系统的技术要点

（一）针织物工艺设计模块标准化

针织物包括经编、纬编、横编三大分支，每一分支的针织物品种繁多。经编针织物包括普通经编针织物、双针床经编针织物、贾卡经编针织物等；纬编针织物包括纬平针织物、双面纬编针织物、纬编提花织物、纬编毛圈织物、纬编毛绒织物、纬编无缝内衣等；横编织物包含平针织物、罗纹织物、提花织物等。不同类别织物的生产设备、工艺原理、设计方法均有差别，通过深入分析织物的工艺原理、设计方法，寻求工艺设计的共同之处，为了提高设计效率，可以将不同类型织物的设计标准化，使针织 CAD 系统适应多种常用针织物的设计，同时便于设计者使用。

（二）针织物线圈结构及变形影响因素参数化

针织物品种繁多、结构复杂，织物线圈结构受多种因素影响，通过分析线圈结构特征，采用六点模型表征线圈结构，使用程序多次实验并与实际织物比对，获得线圈各点的定量关系。同时，线圈形态易受纱线类型、组织结构、编织张力、定型张力等多种因素的综合影响，织物线圈在自然状态下会产生偏移、歪斜、拉伸、扭转、起拱等多种变形。通过多尺度多因素的实验设计和分析方法，统计不同因素影响线圈变形的规律，将各种影响因素进行参数化处理，提高仿真的效率及质量，使系统具有普遍适用性。

（三）针织物几何模型及弹簧—质点模型的建立

针织物类型不同，采用建模方法也不同，通常采用的建模方法有几何建模和弹簧—质点建模。几何建模方法简单，仿真速度快，实用性强，弹簧—质点模型考虑了织物的物理特性，仿真效果好。几何建模时，通常建立线圈结构六点模型，各点坐标通过程序多次试验获得，受力分析线圈形变及偏移规律，并通过大量试验及参数修正确定各线圈偏移量与织物已知参数间的关系，最终实现织物的二维仿真。弹簧—质点模型时，假设织物是由排列规则的离散质点组成的，织物的质量均匀分布在各个质点上，质点由没有质量的弹簧连接。根据弹簧作用效果的不同，弹簧可分为：结构弹簧，剪切弹簧及弯曲弹簧。结构弹簧作用于织物经向或纬向两相邻质点间，用于模拟织物经向或纬向拉伸变形，弹性系数较大；剪切弹簧位于两斜向质点间，模拟织物斜向方向的受力变形；弯曲弹簧连接织物经向或纬向间隔的两质点，模拟织物弯曲或折叠时的变形。

（四）基于纹理映射的针织物三维虚拟展示技术

针织物三维虚拟展示需建立三维人体模型、三维织物模型及展示空间的三维场景。针织 CAD 系统从三维人体图像 POSER 软件的模型库中调用人体数据，采用二维投影法和 Alpha – Shapes 算法提取人体的特征点及特征面信息，并建立相应的截面凸包，建立了参数化标准人体模型；在参数化人体模型的基础上，采用 B – Rep 数据结构描述针织物服装原型模型的三角网格，利用水平切面切割人体顶点，求取切面的凸包模型，通过在轮廓线上进行规则化的顶点重新采样并按顺序连接相邻轮廓线上的顶点生成规则的三角网格模型，拟合结构点实现基于三维人体衣片原型模型到二维无缝服装衣片模型的建立；最后，建立二维衣片模型平面顶点与三维网格顶点的一一对应关系，提取与衣片对应的三维顶点及其三角网格面片，通过基于切割平面及重网格化的技术对三维服装原型的网格进行切割，获取不同平面衣片对应的三维服装网格顶点及三角面片，建立三维衣片原型，并利用网格平面参数化技术将三维衣片展平到二维衣片上，从而建立二维衣片顶点与三维衣片顶点的映射关系，使用纹理映射技术实现经编服装的虚拟展示。

四、针织 CAD 技术的发展趋势

（一）设计系统功能进一步拓展

目前，针织行业正面临着转型，要在激烈的市场竞争中赢得商机，提高生产效率、产品质量，降低劳动成本是必然选择。因此，针织 CAD 的设计系统功能需要更强大，设计方法更便捷、更人性化，有利于提高设计者的效率及织物质量。软件开发人员需从设计者的实际需求出发，进一步拓展设计系统的功能，提供更可靠的工艺计算功能，如原料比计算、织物克重计算、产品成本估算等，帮助企业实现生产成本的精细化管理。

（二）仿真技术进一步完善

针织物原料适用范围广，织物组织结构灵活多变，后整理方式复杂繁多，因此针织物的品种丰富，形式多样，同时模拟织物的最终形态，还需进行物理、力学性能等分析，对仿真技术要求高。虽然国内外 CAD 的仿真技术已经达到一定水平，但想要进一步提高仿真的真实性，研究人员还有很长的一段路要走，尤其是三维仿真技术。当前的 CAD 系统在三维仿真速度和仿真效果之间还很难找到一个平衡点，因此对三维仿真模型的建立及算法需进一步优化。另外，对一些特殊的织物的仿真还要进行深入研究，如轴向织物、双针床提花织物、褶裥织物等。

（三）CAD 系统趋向于网络化、智能化

现有针织织物设计通常是在单机版的 CAD 系统上完成，电子商务、云

服务器/云数据库等新技术的迅速发展，为经编CAD技术赋予新的设计理念与技术内容。基于互联网的CAD系统是未来的发展趋势。其使用环境灵活，只需可上网的电脑或智能终端，就能进行织物设计；维护成本低，客户端无须安装、维护，只要服务端系统升级，用户就能拥有最新软件功能；易于共享，企业销售部门、生产部门可以根据权限在线查看企业设计工艺。

随着针织企业向智能化、自动化方向发展，将智能技术引入针织CAD系统也至关重要，智能化的CAD系统除能存储和调用数据及信息，还可辅助设计者进行工艺分析，充分提高设计效率。

五、结束语

针织技术信息化、智能化是针织行业发展的必然趋势，因此一套完整的针织CAD系统往往成为针织生产不可或缺的工具。针织CAD系统包括经编针织CAD系统，纬编针织CAD系统以及横编针织CAD系统，其花型工艺设计功能强大，仿真及虚拟展示效果逼真，系统具有极强的兼容性，实现了针织产品的快速设计与开发。针织CAD系统代表了未来智能化花型准备系统的发展趋向，大大提高了企业针织物的设计效率，缩短了产品的开发周期，提高了产品设计质量，有助于增加产品种类，有助于企业提高产品的竞争力，而且使企业的生产效率和经济效益都得到有效提升，从而有助于推动国内针织技术的智能化升级，促进针织行业的全面提升。

会“呼吸”的经编间隔织物

苏成喻　陈志鹏

经编间隔织物是一种具有立体结构的特殊织物，丰富多彩的产品正广泛应用于许多领域。经编间隔织物是指在双针床经编机上织出两层相互独立的表层织物，再通过间隔纱将这两层织物连接起来，形成保持一定间距的三维结构的织物。早期研发者用“会呼吸”来诠释其良好的透气性十分恰当。经编间隔织物大量用于鞋材、箱包等产品，而床垫、枕头及床上用品、内衣与文胸、运动与休闲装、时尚女装、婴幼儿用品、家居用品、草坪与运动场等许多领域也广泛采用经编间隔织物。随着产品开发的深入，间隔织物的其他特性和综合特性将逐渐被深入挖掘出来，采用这种材料制成的各种产品将不断增长，这种“会呼吸的织物”已经走进人们的现代生活。

一、鞋材

经编间隔织物是理想的鞋材。经编间隔织物最大应用始于鞋材。经过十余年的持续增长，经编间隔织物已经广泛用作运动鞋、休闲鞋、童鞋、拖鞋、凉鞋、洗浴鞋及时尚鞋等许多鞋类的鞋身、衬垫等，鞋材是经编间隔织物用量最大的品类之一。经编间隔织物鞋材的设计大都是传统设计，需要增加时尚元素。鞋材的主要部位及外观风格设计必须坚持工艺设计与艺术设计相结合，以确保最终产品的美观、实用、典雅。原料主要采用涤纶和锦纶，为了获得更好的弹性，可在间隔织物两表层加入一定量的弹性纱线。为了维护织物的两个外表层和间隔层三维一体结构的稳定，具有形态记忆等特性，可以在产品设计时对织物的厚度、密度，网眼的大小、形状和布局，布面条纹、花纹等和织物的平方米克重，进行灵活调整，适当

苏成喻，高级工程师，针织工程专家，华宇铮蓥（福建）集团常务副总经理。
陈志鹏，工程师，华宇铮蓥（福建）集团研发中心主任。

掌握。经编鞋材通常需要发挥延伸性、弹性较大的特点，为此，就必须把织物的横向延伸性和纵向延伸性控制在一定范围内，并在染整过程中予以测试。普遍来看，经编间隔织物具有良好的导湿透气性，能确保空气流通，有助于汗气迅速转移，给鞋内部营造一个空气清新的微环境，即使在炎热的天气穿着也能减缓脚的闷热感。改变原料和组织结构使间隔织物的弹性和鞋的弹性更为优越。鞋底、鞋面等部位能根据脚的形状制作成型，提高运动鞋的穿着舒适性，减少行走和运动过程中的疲劳和损伤。经编间隔织物坚牢、不分层，避免了采用聚氨酯泡沫等材料的运动鞋容易出现泡沫片开裂、变形、分层的问题。各种素色、提花、网孔类经编间隔织物使各种鞋产生新的使用性能。

二、服装

服装用经编间隔织物的开发一直较少，只是在休闲类等产品得到部分开发，品种不多，服用性能的研究更为欠缺。间隔织物具有丰富的外观形态，可以满足多类服装面料的要求，换言之，几大类间隔织物可供服装设计制作时选用。这是服装面料开发的一个新领域。

（一）外套

间隔织物用于服装外套较广，如套装、夹克、裙装、套裙、时装、户外服装等。经编间隔织物作为服装流行元素之一，具有一定的时尚特征。

密实、网眼、提花等经编间隔织物可应用于各种外套试制。经典产品数量不多，但开创了研发的先机。单面网眼型（简称单网眼）经编间隔织物作为服饰面料得到一定的开发，工艺设计充分体现经编网眼的效应，织物外观风格雅致，透气性良好，是一种理想的服饰面料。

（二）运动休闲

运动服装与休闲服装很难区分开来，尤其是经编织物用于运动、休闲服装时。从间隔织物来看，织物的用途不必过于严格界定。

经编间隔休闲面料种类繁多，只要符合休闲特征，许多薄性和中厚型面料都适用于制作休闲服装，包括居家休闲服装、运动休闲服装、旅游服装等。选定网眼的形状、大小，选定织物色彩、配色，再确定织物的平方米重量及厚度，这是用于休闲服装制作的双网眼间隔织物设计的关键环节。采用大网眼（多为双网眼）提花织物制作别具一格的服装。这种面料必须区别于单针床织物：可采用涤纶与锦纶交织，利用涤纶、锦纶染色性能差异赋予织物双色效应；间隔纱采用涤纶复丝，后整理过程中增加柔软整理环节，使化纤型间隔织物手感更接近于棉型休闲面料。

间隔织物主要用于各种运动服饰、防护用品和运动场地的装饰等用品。运动服饰开发具有较大空间，重点在于扩大原料（涤纶、锦纶和各种弹力丝、各种纱线）应用，针对运动的特点和竞赛的项目，开发出厚实、轻薄、网状、柔软、致密、高弹、透气等性能不同的各种间隔织物。多数间隔织物采用一面是网状、另一面是密实的结构，也有一面起绒、另一面是密实的结构。织物两个表面加入弹性纱，则使织物具有弹性。有的织物经过涂层产生光滑或弹性效果。间隔距离度通常为2～6mm，网眼类织物较厚，但是重量不大。运动中起到保护作用的运动服装可采用间隔织物，例如滑雪服、跳水服、冲浪服、潜水服、自行车服、雪地服、露营服和保暖服等具有一定性能的运动服装。经编间隔织物具有良好的保暖性、吸湿性和导湿性，可用于抵御酷热和严寒。如用来制作保暖田径运动服，以便使用者迅速进入最佳竞技状态。经编间隔织物也可用作游泳衣的衬里，使泳装穿着舒适性提高。经编间隔织物还可以用作自行车运动短裤的臀垫和运动服的护垫，使运动者伸缩自如。

此外，经编间隔织物具有一定的防护性能，可用于运动防护服、防护垫及各种运动防护用品（手套、护膝、护肘）的制作。这类织物的防护性能需要经过试验和检测才被认可。

（三）文胸

经编间隔织物作为文胸罩杯和垫肩等，能达到一定的用量。经编间隔织物是胸衣罩杯材料的一种选择，织物结构有两面紧密或一面稀松多种选择选择。间隔织物用作文胸罩杯能发挥自身优点：织物内部有充足的间隙，具有良好的导湿、透气、温度调节功能；对原料有广泛的适应性；表面性能及尺寸稳定性好；可一次模压成型。与发泡材料不同，间隔织物的孔隙是由间隔纱线支撑起来的，具有很好的抗压性。织物较厚，不仅适体贴身、手感好，具备较佳的热湿服用性能。文胸罩杯的结构决定其可以快速水洗，并且快干，具有很好的吸湿性、透湿性。还可直接在该织物的表面进行各种提花。

三、室内纺织品

可采用间隔织物制作的室内纺织品包括帘类、罩类、毯类、垫类和浴室用品等，这些产品都具有良好的装饰效果和一定的功能性。

按实际需要织物的两个表面既可以编织成双面密实的，也可以一面密实，另一面半网孔，作为辅助的装饰，这些装饰面料的图案可与室内其他装修装饰相匹配。通常间隔距离为 1～5mm，在 E22、E24～E28 机台上生产。

除具备常规透气、弹性等间隔织物的特点外，还需要根据产品的用途，提出悬垂、轻薄、覆盖性良好以及柔软性、舒适性、便捷性等要求，有的还需要进行防火、抗菌等功能性整理，以达到较高的使用性能。

双面网眼（可以是不同网眼）间隔织物是室内装饰用纺织品采用较多的一种间隔织物。

四、床垫及床上用品

经编间隔织物在床上用品的应用包括床垫（厚型和薄型）、褥垫、床罩、被罩、枕头、抱枕和床单等。这类中空立体结构的床上用品，织物的厚度（间隔距离）差异较大，但是通风透气性能都十分优越。薄型和中厚型织物主要具有柔软、飘逸等风格，也有一定的弹性和覆盖性。织物依靠网眼结构，能确保空气流通。厚型织物较厚，但织物整体重量不大，具有十分轻柔的触感，同时具有一定的弹性和回弹性，能产生缓冲作用。织物的耐磨性和强度也十分突出。还可采用吸湿、排湿纤维提高织物的湿气传导性，或经过抗菌等整理，增加织物的功能性。产品洗涤、消毒十分方便。

床垫的品种、规格、形态正在完善，总体上按照人体工学要求设计。床垫无论是单层、多层，还是中间连接层，都能达到柔软、回弹、软硬适中。最关键的是贴身度高，能有效释放颈椎压力，全面支撑人体骨骼，使人体处于完全放松的状态，能预防脊椎变形，腰肌劳损等疾病，营造通风、透热、干爽的睡眠环境。经编间隔织物床垫能防潮防霉，保护皮肤不受污染，有效抑制细菌，而且耐磨，可卷，不易变形，易清洁，环保卫生，可回收。

五、产业用品

产业用经编间隔织物主要用于车船内饰、医疗用品、增强材料、建筑材料、农用材料等领域。这些材料均有其特色或具有部分优势。发挥间隔结构的优点，以针对性的适用为原则，是产业用经编间隔织物开发的总体思路。

三维结构的经编间隔织物具有透热、防潮、隔音、回弹、柔韧和相对质轻、高强、耐磨且防护性高、缓冲作用好等诸多综合特性，规格选择广，能够适应不同产品的使用要求。这种具有多种网孔结构的织物的表面风格还可改善最终产品的装饰性。清洗时水流可瞬间通过织物，快速带走污垢，排湿快干，而且其材料环保、可回收，是一种增长型材料。

经编间隔织物在经编产品体系中将发挥更大的作用。经编间隔织物已经从最大的应用领域——鞋材，快速向箱包、服饰、家居、运动、休闲、汽车、医疗、农业、水利、发电、交通、安全防护等领域纵深拓展。经编间隔织物作为现代经编一个典型的前沿技术性产品，具有更加广阔的需求范围和巨大的开发空间。可以预见，随着新产品设计理念的推广，先进技术的普及，产品标准的逐步完善，市场快速反应系统的建立，经编间隔织物的开发与应用将进入一个崭新的时期。

针织行业技术人才素质要求与高等教育改革

杨 昆

一、针织行业发展及对技术人才的需求

（一）针织行业发展

1. 针织行业现状

在21世纪的第一个十年，我国纺织工业得到了较快的发展，无论是品种门类，还是数量质量与20世纪相比，都有所提升。但在2008年以后，欧美国家经济下行，购买力持续萎缩，给我国的外销带来了挑战，与此同时，南亚、东南亚国家的竞争力逐渐增强，从低端产品对我国的传统出口优势发起了挑战。

面对这样的环境，纺织工业“十三五”规划为我国纺织行业的发展构建了蓝图，并将“控制总量、提升质量”作为调整和改革的一项重要任务。对于针织行业来讲，“十三五”是整体提升的关键时期。按照规划，针织行业要保持稳定增长。根据国家统计局统计，“十二五”期间我国规模以上针织企业主营业务年收入年均增长率为4.47%，利润总额年均增长率为6.70%。

针织服装出口是纺织服装出口的中坚力量。根据海关统计，2013～2015年这三年我国针织行业出口金额均占我国当年纺织服装出口总额的1/3以上。同时，内销对行业的拉动效果也非常明显。“十二五”期间，规模以上针织企业内销比重从2011年的64.48%上升到2015年的72.62%。总体上看，针织品已经从量的高速增长期进入中速增长期。

2. 针织行业发展目标

面对当前形势，针织行业需要从自身开始改变。

杨昆，副教授，针织专家，天津工业大学纺织学院针织系系主任。

（1）宏观上，针织行业发展必须针对原有产业结构进行调整，对整个产业体系进行优化，淘汰老旧、低水平和不符合市场需求的产能，加强与新兴产业等相关行业的融合，为行业的发展打下基础。

（2）微观上，针织企业要研发和生产高档次、高技术含量、高附加值的产品，加快时尚化、功能化、差别化、智能化产品的开发，以适应快速多变、个性发展的市场需求。加大加强绿色环保、节能高效的生产工艺、技术、设备的研发和使用。

针织企业要落实并做好品种丰富度、品质满意度、品牌认可度的提升工作，在市场调研、方案策划、产品设计、品控管理、营销服务等环节强化内功，深挖潜力，稳步发展。

（二）针织行业对技术人才素质要求

有别于其他纺织行业门类，针织按照编织方式一般分为纬编和经编两大类，而且按照织针排列形式的不同又常将纬编分为圆编和横编两个分类。这些类型虽都属于针织，但彼此较为独立，且在原料、设备、工艺、产品性能等方面差异很大。

针织行业对技术人才（包括技能人才），对技术人员队伍和操作工队伍有一定的鲜明的要求。这种要求随着行业的发展侧重点有所不同，但是总体呈现提升态势。根据中国针织工业协会专家多年来的调研和部分院校专家近年来的调研，针织行业对操作工素质要求，从单一的以实际操作为主加快向既会操作又懂操作基本原理的方向发展，从强调操作的速度向强调操作的综合质量提升。这种提升与行业发展，与针织产品质量的严格把控息息相关。针织行业同样需要与生产实际相结合，确实能够解决生产实际问题的技术人员队伍。技术人员的专业知识和专业技能必须符合行业发展的要求，同时技术人员还要善于从实践中获取新的知识和技能。行业技术人员是一个优势互补、相互协作的群体，这个群体包括产品开发、设备调整和产品应用等多方面人员。从整个行业看，多类技术人员凭借各自的能力，形成合力，共同完成技术创新工作。

对于针织企业来讲，专业技术人员工作内容涵盖市场调研、产品研发、设备维护、生产管理、测试分析、营销贸易、售后服务等领域。这些工作要求从业者具备将所学的基础科学知识，机械、电子等工程技术知识，纺织材料等专业知识以及针织专业知识与生产实际工作相结合的能力。除此之外，从业的高级技术人员还应具有较高的道德修养、宽阔的国际视野、良好的沟通协作和终身学习能力。

二、针织行业技术人才现状

（一）行业对人才的需求

人才是企业发展的保证。在《建设纺织强国纲要（2011—2020年）》中就提到，人才队伍建设是对产业核心竞争力具有主要支撑作用的四大核心任务之一。纲要中明确了纺织强国的人才目标是造就一支规模适度、结构合理、素质优良、活力旺盛的纺织工业人才队伍，提出了规模以上企业专业技术人员所占比例要达到20%，其中高技术人才占技能劳动者比例达到26%的具体目标。

（二）目前存在的问题

1. 高级专业人才不足

高级专业技术人员是企业生存和发展的核心力量，是企业技术创新和管理创新的设计者和参与实施人。目前我国针织企业高级技术人员占比虽较以前有所增加，但比例仍偏少。宋广礼等人曾对针织与针织服装企业的人员现状进行过调研，他们通过对18家企业数据进行分析后发现，高级专业人才不足是针织行业普遍存在的问题，而这正是制约企业和行业发展的一个重要因素。

2. 基层操作人才不足

针织行业的发展是各种专业、各种层次的人员相互配合，共同协作的结果，基层操作人员的素质对行业的发展具有不可忽视的作用。林光兴等人自1996年以来持续跟踪调研经编产业的操作队伍状况，并与有关单位合作加以培训。他们发现虽然操作人员整体素质随行业发展有所提升，但近年来高素质人员数量增长较慢，比重偏低，高技能人才匮乏，这些都与行业高速发展和产品品质提升的要求不相适应。另外各层次技术人才的数量比例不够协调，限制了企业进一步发展。

造成针织行业专业人才不足的原因既有管理方面的，也有个人方面的，而后者又可细分为知识结构层面的、能力素质层面的以及观念意识层面的。对大多数技术人员来讲，年纪较长的虽拥有丰富的实际工作经验和优良的职业素养，但他们原有的专业知识很多已经落后，获得新知识不够系统，制约了知识的掌握和融合；年纪较轻的虽观念先进，知识较新，但欠缺实际工作经验，专业知识与生产实际相结合还不足。

三、国内针织专业高等教育改革

高等院校是培养高级专业技术人才的摇篮，承载着为国家培养高级人才的重任。我国针织高级专业人才的培养单位主要是东华大学、天津工业大学、江南大学等以纺织学科为特色的高等院校。这些学校数十年来为我国针织行业培养了大批的高水平专业人才，为我国针织工业的快速发展做出了巨大贡献。即便如此，这些学校的教育仍存在很多问题，如学校发展战略趋同，定位不清晰；教育与产业脱节，弱化工程实践环节；课程体系陈旧，不适应当今产业结构；教师缺乏工程经历等。

我国的纺织工程高等教育已经开始了改革，从教育部的“精品课”“资源共享课”“视频公开课”“慕课”等以课程建设为核心的课程改革到“卓越工程师”“拔尖创新人才”等以培养方案和课程体系为核心的改革逐步展开。但这些改革措施实施时间较短，且大多是实验性质，其效果还有待检验，过程和措施还有待完善。

《华盛顿协议》（*Washington Accord*）是国际上最具影响力的工程教育学位互认协议，签订于1989年，由美国等6个英语国家的工程教育认证机构发起，其宗旨是通过多边认可工程教育认证结果，实现工程学位互认，促进工程技术人员的国际流动。经过20多年的发展，目前协议成员遍及五大洲，包括中国、美国、英国、加拿大、爱尔兰、澳大利亚、新西兰、中国香港、中国台湾、南非、日本、新加坡、韩国、马来西亚、土耳其、俄罗斯、印度、斯里兰卡18个正式成员（我国在2016年6月2日成为《华盛顿协议》成员）。教育部已经将推进工程教育认证作为其今后的一项主要工作，并且中国工程教育专业认证协会发布了《中国工程教育认证通用标准》。

针对针织行业发展需求，结合教育部对工程教育的改革规划，以及针织教学实践，针织高等教育需要进行重大改革。

（一）培养目标的改变

《华盛顿协议》是一个体系，有两个突出特点，一是“以学生为本”，强调“基于学生学习结果”；二是用户参与认证评估，强调工业界与教育界的有效对接。为此，培养目标的制订要由培养单位主导向由用人单位主导转变，考核评价培养的毕业生是否合格，是否成功的标准不再只是在校学习成绩，而是要强调在用人单位的实际表现以及发展的潜力。按照标准，对大学毕业生的评价应是在其毕业五年后，考核的内容主要是道德修养、知识能力、沟通协作、终身学习、职业发展等方面。

（二）毕业要求的变化

高等院校培养学生的时间是有限的，本科阶段一般是四年。对学生课程成绩的考核是毕业要求的主要内容。以前大多考核知识的学习和掌握效果，较少评价知识的应用能力和实际动手操作能力，更少涉及“解决复杂工程问题”的综合评价，而后者恰恰是《华盛顿协议》中对高等工程教育考核评价的一项要求。

按照中国工程教育认证通用标准，纺织专业制定毕业要求应覆盖工程知识、问题分析、设计或开发解决方案、研究、使用现代工具、工程与社会、环境和可持续发展、职业规范、个人和团队、沟通、项目管理、终身学习 12 个方面。各学校可以根据自己的定位、特色、培养目标，以及拥有的资源优势将它们细分成毕业要求指标点以便于考核评价。

（三）培养模式的改革

1. 加强教学过程管理

教学过程的执行与管理是实现教学目标的保证。教学各环节紧紧围绕教学目标和毕业要求指标展开，目的明确，针对性强。在整个教学过程中，记录、作业、报告、试卷等都是评价教学目标达成度的主要依据，并做到规范、具体，可验证和可追溯。

2. 注重能力的培养

教育理念要从以学习知识为主转变为以培养能力为主，对现有的培养方案进行修改，明确各环节与培养目标、毕业要求之间的关系，做到“明白地教”和“明白地学”；充分利用校内实验、校内和校外实习、行业竞赛等手段培养和锻炼学生知识应用、动手操作、终身学习等各项能力。在进行实验教学时，要安排多层次的实验，循序渐进地增强学生知识应用能力和解决复杂工程问题的能力。另外，参加行业竞赛还能培养和锻炼学生创新能力和合作沟通能力。

3. 产学结合，校企合作

很多针织企业已经认识到人才对企业发展的重要性。企业通过与纺织院校合作，为学生参观、实习提供机会和条件，促进了学生对企业和行业的了解，为学生毕业走向行业做好铺垫。同时，学生年轻跳动的思维和璞玉待琢的潜力也吸引着企业对他们的关注。产学结合、校企合作的模式已经得到社会的认可，随着国家政策支持力度的加大，这种模式一定会为针织行业的发展做出重要贡献。

“千亿产业集群”的提升方向

陈木珠　李新忠

经编业是长乐纺织业中发展最早的传统行业，也是长乐市的优势产业。长乐已成为全国最大的经编产业集群之一，全国针织面料重点区域之一。2013 年集群产值超千亿元，长乐也是福建省重点打造的 12 个超千亿元产业集群之一。

2006 年 1 月，长乐市金峰镇被授予“中国经编名镇”称号；2006 年 5 月，松下镇被授予“中国花边名镇”称号；2012 年 12 月，长乐市被授予“中国经编名城”称号。

一、快速发展

1. 产业规模不断扩大

21 世纪初的几年，经编花边产品受到更多消费者的青睐，产品应用更加广泛，促使长乐市经编产业得到快速提升，经编业以每年 30% 以上的速度增长，进入高速发展阶段。此后，长乐市经编业保持稳步增长，2015 年，全市共有针织企业 969 家（绝大部分为经编、花边企业），实现产值 228.77 亿元。其中规模以上针织企业 174 家，产值超亿元的有 57 家。

2. 产品市场占有率高

长乐经编企业拥有各种不同型号的设备，产品包括各类经编面料、网眼布、泳衣面料、鞋材、家纺装饰用布以及花边、内衣用布等。产品主要销往广东、浙江、江苏、上海等地批发市场，在广州中大轻纺城、浙江绍兴柯桥、浙江义乌、江苏常熟等经编市场占有较大份额，产品 70% 以上由经销商间接出口欧美、中东、韩国、日本等国家，已占据国内外主流市场。在近几年的国内外针织、内衣及纺织专业展会上，长乐作为全国最大

陈木珠，长乐市商务系统党委书记，长乐市纺织工业总公司经理。
李新忠，长乐市纺织行业管理办公室副主任。

的经编产业集群之一，以花边产品为主的展团，展示了长乐经编行业的发展与进步。

3. 装备水平大幅提高

近几年，经编行业每年都投入大量资全购置先进设备，进行了新一轮的技术改造。全市拥有经编机超过37000台，其中高速经编机约15000台，花边机超过15000台，其中引进德国高性能经编机达到7000多台。根据长乐市经编行业发展规划，“十三五”期间，全市经编机、花边机数量将达到40000台以上，经编织造产品年产量将达到80万吨以上，年销售产值将达到260亿元以上，在国内经编行业中保持优势地位。

4. 产品结构较大改变

长乐市的经编产品从蚊帐布开始，发展到网眼布、弹力布、花边布，品种不断丰富，结构不断优化，经编网眼布与弹力布系列、花边系列已经成为长乐经编行业的两大系列产品。据统计，不少规模较大的企业建立了研发机构，技术工艺得到加强，一批企业已经建立了市级企业技术中心，部分企业已建立了省级企业技术中心。东龙、永丰等一批企业在原有工艺设计机构的基础上，根据业务拓展的需要，吸纳一批国外设计人员，引进国际先进的经编产品研发模式，并完善设立在北京、青岛、广东、上海等地的经编产品工作室，开发多梳栉、贾卡、压针组合的高档提花面料。

5. 产业逐步配套完善

长乐市纺织业已经从初期的块状经济发展成为具有一定层次的区域经济，从自发聚集逐渐形成相互依托、产业配套的产业集群。长乐经编业规模优势明显，产业链逐步完善，生产工艺、研发设计、设备零配件生产加工、设备维修、后道加工印染、服装加工等上下游产业逐步配套。据统计，长乐经编企业通过集中采购、协商定价、原材料本地消化等措施，生产成本要比集群外企业降低5%～10%。

二、发展经验

长乐市纺织业从20世纪80年代的“草根工业”起步，经过30多年的培育和发展，已初步形成集棉纺业、化纤业、经编业、印染业、服装业等于一体的纺织产业集群，成为长乐的支柱产业、民生产业及竞争优势明显的产业。

1. 倾力营造产业发展环境

从20世纪90年代中期开始，长乐市经编行业与全国性行业协会、行业主管部门在行业管理、技术进步、市场开拓领域开展协作，与院校和研发机构开展技术交流、技术服务合作，不断理清行业发展思路，一批骨干企业步入稳步扩张轨道。在21世纪的前10年，长乐市经编行业实施了历史上最大规模和最高水平的项目建设，积极打造优势工业园区，在原来金峰经编、松下花边、江田棉纺等分散产业板块和经编花边园区的基础上，进一步推动产业集聚，形成"航空港工业集中区""滨海工业区"两大新型核心工业园区与原有的"闽江口工业区"相结合的三大纺织工业集中区，正在启动建设包括国际纺织品交易区、中央商务区、纺织品加工贸易保税区、创意产业园、物流园、生活园等在内的中国（长乐）国际纺织品交易市场，推动长乐纺织业实现品牌化经营。全市纺织业的产业集聚将进一步实现合理化，为产业进一步调整、优化、升级奠定坚实基础。

长乐市经信局、长乐市纺织工业总公司每年都组织近百家纺织企业参加行业技术研讨会、座谈会，邀请20余位国内外专家、学者来长乐举办讲座3~4场。面对纺织行业市场竞争加剧、企业订单减少的困难局面，长乐市每年都通过行业协会，组织广大纺织企业组团参加国内外各类大型纺织展销订货会，打出"长乐纺织"这个区域品牌，展示"长乐纺织"整体形象，提高区域品牌认可度、美誉度的同时，积极扩大市场份额、扩大市场占有率。

2. 创新金融服务体系

近年来，长乐市采取政银合作、银企合作等多种形式，帮助产品有市场、技术有优势的企业解决资金问题。针对部分企业融资困难，长乐市委、市政府每年都召开多场政银企座谈会，鼓励金融机构坚定信心，不在困难时期抽走资金、压贷缩贷，取得较好成效。2015年，长乐市政府与福建海峡银行合作推出"长乐·周转贷"，这是福建省首个以地方命名的金融产品，业务总规模20亿元，由长乐市政府出资2亿元在福建海峡银行建立专用账户，作为周转贷风险补偿金，海峡银行按风险补偿金的10倍放大比例即20亿元配套贷款，对符合条件的资金周转困难的企业给予应急贷款支持。企业以应急贷款归还原贷款行贷款后，再以原贷款行新发放贷款归还福建海峡银行贷款。其他银行推出的金融创新融资产品还有：工行“小企业设备按揭贷”、邮储银行“税贷通”、华夏银行“针织通”、兴业银行“易速贷”、民生银行“微时贷”、长乐联社“乐续贷”等。

3. 扶持产业链延伸提升

长乐市政府针对纺织业优势主要集中在棉纺、化纤、经编等中间链条的特点，积极引导企业重点向锦纶长丝、锦纶聚合、PTA 等产业链前端延伸。相比起步较早的浙江绍兴和广东的一些地区，长乐市锦纶产业依托当地发达的经编产业，最大限度地发挥区域内配套优势，在 10 多年的时间里迅速扩张、壮大，由当初的“后起者”一举变身为全国最大的民用锦纶丝和切片生产基地之一。

恒申合纤在连江可门工业区投资 400 亿元建设年产 100 万吨己内酰胺项目，锦江科技在福清江阴工业区投资 250 亿元建设年产 60 万吨己内酰胺项目，推动长乐纺织产业链向 CPL、PTA 前端延伸，打造全球最大的己内酰胺生产基地。

长乐市经编染整行业改造提升，使经编产业链得到延伸。全市规模以上经编企业中已有 10 多家企业配备经编染整生产线，如东龙、永丰、德盛、同源等配备了年产能力 3000 ~ 5000 吨的针织染整生产线。

三、发展方向

“十三五”期间，长乐市经编业的主要任务是推动产业转型升级，实现长乐由“经编大市”向“经编强市”转变，从规模扩张为特征的外延式发展向质量提升为核心的内涵式发展转变。

1. 加速行业技术创新

（1）鼓励企业和社会资金对技术创新的投入。根据国家、省、市企业技术中心和研发机构的级别，市政府在资金、政策上给予扶持。支持龙头企业与有关科研院所共同建设纺织新原料研发中心、面料技术开发中心与推广中心等，继续发挥传统设计工作室的行业引领作用。

（2）支持企业加强差别化纤维、高性能纤维等新型优质原料在经编行业生产中的试制与应用。

(3) 鼓励先进技术和生产装备的应用，依靠创新设计与研发逐步提升产品质量和档次。设立经编企业新产品开发基金，专项用于经编企业的技术创新和新产品开发；设立企业技改贴息基金，专项用于符合经编产业发展导向的技术改造投资的企业贷款贴息。

(4) 由政府采用购买服务的方式，行业协会牵头，使经编行业技术提升工作常规化。针对企业现状和发展需求，聘请国内外行业专家分期分批到企业现场交流、诊断辅导。

(5) 加快经编行业的信息化建设，推进经编行业的企业资源计划系统的开发研究，提高企业的快速反应能力。

2. 壮大龙头企业，扶持中小企业

(1) 鼓励龙头企业提高品牌意识，加大对研发的投入，培育一批具有技术与产品在某一领域具有国际领先水平，同时具有一定品牌知名度的企业群体。长乐经编行业一直拥有一批龙头企业，这些企业产销率、利润率以及人均实现利润等指标均可以处于全国行业中的前列。

(2) 引导中等规模的企业加强与国内外先进企业交流与协作，找准市场定位，不求大求全，向专、精、特方向发展，成为支撑行业发展的中坚力量。这批企业产品专业化较强，具有较大活力，在信息收集、市场推广、研发投入上不遗余力，是极具发展潜力的企业团体。

(3) 吸取各主要经编产业集群发展工业园区的经验，市政府在土地方面予以扶持，新建占地1000亩以上的经编工业园发展产业用纺织品。

3. 加大人才队伍建设力度

(1) 在成功开办长乐纺织学院的基础上，加强与有关单位在纺织类专业建设、人才培养、技术研发、社会服务等方面的合作，增强纺织企业发展后劲，促进长乐市纺织行业更好更快发展。

(2) 在长乐职专成功开设纺织类专业的基础上，加大市财政拨专款扶持力度，同时争取民间资金，开设化纤、纺织、针织、机械等学科。

(3) 政府出台更加优惠的政策，帮助企业留住人才，充分发挥各类人才的作用。

4. 向上下游适当延伸，完善产业链

(1) 支持纺织机械企业开发性能更先进、成本更低的经编机、花边机和整经机。

（2）加大力度整顿提升印染业，淘汰落后产能，支持企业引进电脑环保印花技术，提高织物的后处理能力。

（3）鼓励条件成熟的企业向内衣等产业延伸。

5. 加快公共服务平台建设

（1）以化纤、经编机械、织造、染整重点企业为主体，与省内外研究机构、纺织院校等合作，建设国内一流的地区经编产业技术服务平台。

（2）进一步鼓励企业参加重要展会，组织经编企业联合参展，提升影响力。

（3）加快专业市场建设，与国内外大型纺织专业市场合作建设一流的交易市场和现代供应链系统，启动建设电商及物流产业园区。

汉麻纤维在针织上的应用

郝新敏

大麻起源于中国，中国已有6000年的大麻种植历史。大麻中含有四氢大麻酚（THC）化学成分，被一部分人当毒品利用，以致全球对大麻采取种植限制乃至禁种措施，大麻产量逐渐下降。直至联合国1988年颁布的《联合国禁止非法贩运麻醉药品和精神药物公约》有关条款明确规定：大麻植株中含THC<0.3%，已经不具备提取THC毒性成分价值，无直接作为毒品吸食价值，专供工业用途的大麻品种称为汉麻，可以进行规模化种植与工业化利用，汉麻的开发与利用开始进入新的发展时期。

一、汉麻纤维的研究现状

（一）纤维结构

汉麻纤维截面呈椭圆形或多角形，纤维表面比较粗糙，有纵向裂隙和微孔；纤维中心有空腔与表面的裂隙和微孔相连，如图1所示。汉麻纤维的结晶度约为85%，纤维素大分子平行排列。汉麻纤维中主要含有纤维素、半纤维素、果胶、木质素、脂蜡质和灰分等，同时存在大量的酚类物

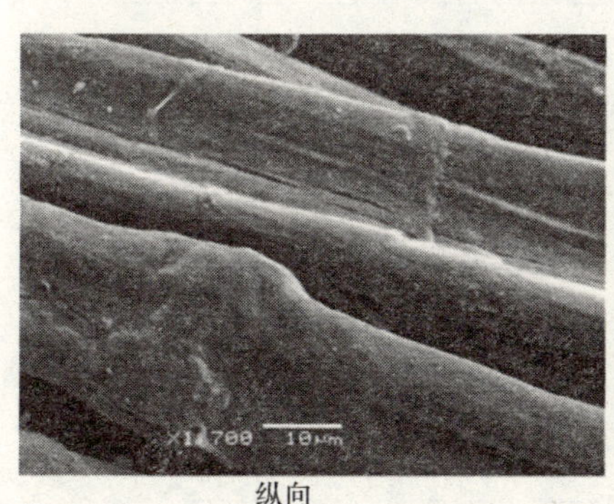

纵向

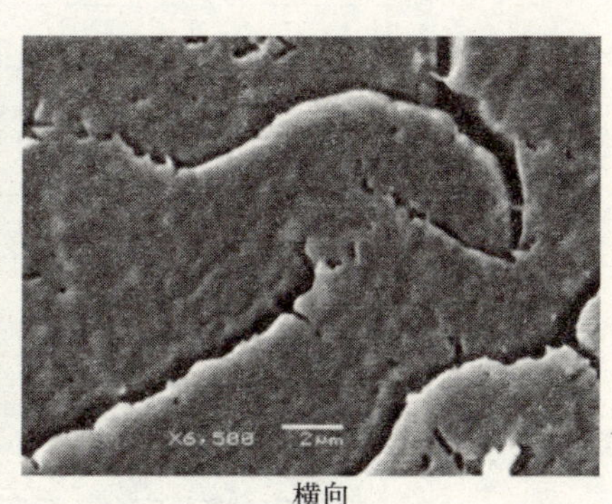

横向

图1　汉麻纤维电镜照片

郝新敏，教授级高级工程师，纺织材料专家，中央军委后勤保障部军需装备研究所。

质和少量的金属元素。其特殊的纤维结构和化学成分使得汉麻具有多种优良特性。

（二）纤维性能

汉麻作为天然纤维中的一种，由于具有优良的吸湿透气、天然的抗菌保健、卓越的抗紫外线辐射和耐高温等优点，近年来受到广泛关注，这些优点可在针织产品开发中得到运用。

1. 柔软舒适性能

汉麻纤维的单纤长度为15～25mm，细度为15～30μm，分子结构呈纵向排列，紧密整齐，结晶度及定向度很高。汉麻纤维是束纤维，经过精细加工的汉麻纤维细度仅为苎麻的1/3，接近棉纤维，且端部呈钝角形，如图2所示。因而汉麻织物手感极为柔软，无需特别处理就可避免刺痒感和粗糙感。

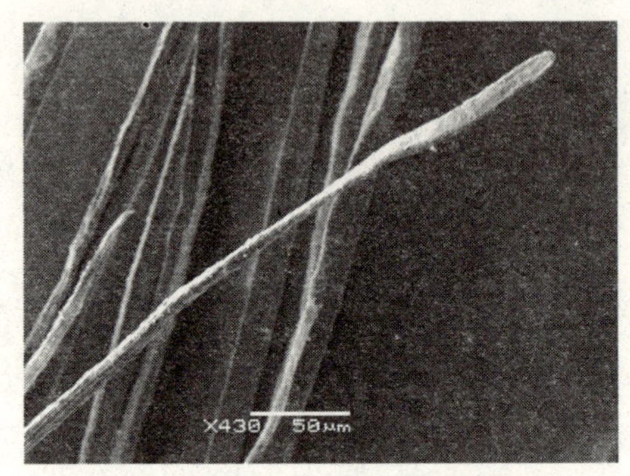

图2　汉麻纤维尖端电镜照片

2. 优异的吸湿快干性能

汉麻纤维大分子中含有很多极性基团，结构中有许多裂隙和孔洞，并与中腔相互连通。因此，汉麻纤维具有卓越的吸湿透气性能。如图3所示

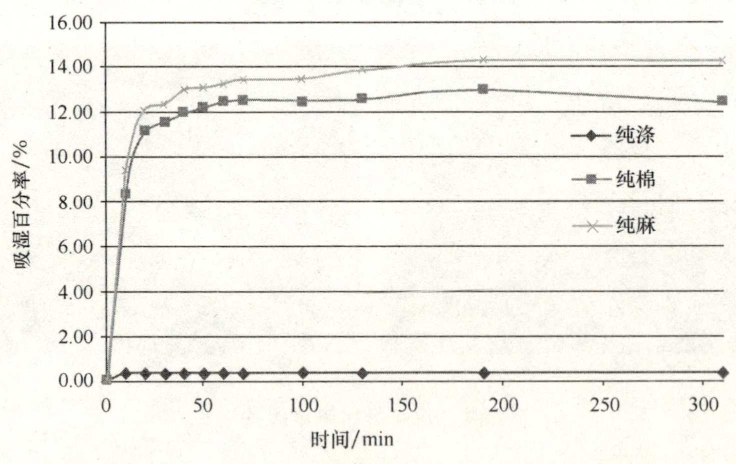

图3　汉麻、棉和涤纶织物的吸湿曲线（30℃ 100%RH）

为汉麻、棉和涤纶织物的吸湿曲线，如图4所示为汉麻、棉和涤纶织物的放湿曲线，可以看出汉麻织物的吸湿性能优于棉织物，能较快地达到吸放湿平衡。

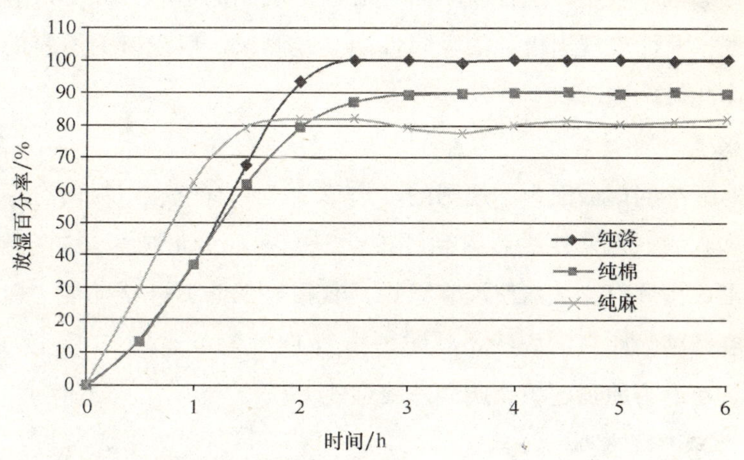

图4　汉麻、棉和涤纯织物的放湿曲线（25℃ 90%RH）

3. 天然的抗菌防臭性能

（1）结构抗菌

汉麻单纤维呈管形，表面有节，无天然扭曲，表面很粗糙，分布着许多裂纹和小孔洞。汉麻纤维截面形状较为复杂，为不规则的三角形、多边形以及圆形或椭圆形等多种形状；纤维呈现中空结构，含有大量的缝隙和孔洞，且孔洞之间相互交叉。这样的中空微孔结构可吸附大量氧气，使厌氧细菌难以生存，因此具有抑制厌氧菌的作用。

（2）吸湿快干抗菌

汉麻纤维的多角形中腔和纵向表面裂纹使其具有较好的毛细效应和透气性，散湿速率大于吸湿速率。因此，由汉麻纤维制成的织物，能使人体的汗液较快地排出，使细菌赖以生存的潮湿环境受到破坏，宏观上表现为抑菌性。

（3）化学成分抗菌

汉麻纤维中含有多种金属元素、酚类物质及其衍生物、有机酸和无机盐，能够破坏菌体的结构。特别是汉麻纤维中含有非溶出性的、天然的抗菌物质，可通过阻碍霉菌代谢作用和生理活动，破坏菌体的结构，最终致使微生物的生长繁殖被抑制。

4. 独特的吸附性能

从汉麻纤维形态结构分析可以发现，汉麻纤维是多孔而中空的结构，横截面形态极不规则，这种多纵向裂纹且不规则的形态，赋予汉麻较大的比表面积，从而表现出极佳的吸附性能。经测试，以汉麻为原料的壁纸对甲醛的净化效率为75%。

5. 抗紫外线性能

汉麻纤维的横截面为不规则的多边形、中心有空腔、纵向有不同程度的缝隙和孔洞，当紫外线照射到纤维上时，一部分形成多层折射被吸收，大部分形成漫反射，从而使汉麻织物具有很好的防紫外线功能。以未经处理的汉麻纤维为原料的织物，其防护指数 UPF 值可达到 50 以上，远高于以苎麻、亚麻为原料的织物抗紫外线性能。

6. 低碳环保特性

（1）生态性：汉麻与其他植物有良好的可共性，不与粮、棉、油争地，对土质要求不高，山坡地、荒地和盐碱地等都能种植，根系使土壤中氧含量和肥力得到提高，土壤不板结。汉麻是速生植物，其叶子更新快，对虫害的耐受力较强。与其他农作物间作，汉麻田附近的害虫会被汉麻大量的绿叶吸引过来。种植汉麻使适应并危害常见农作物的病原体及害虫的生物周期被打破，因此这些病虫害由于汉麻的轮作被迫远离。可减少农药、杀虫剂等易造成温室气体高排放的化学药剂的使用。叶子回田后可降解，养分被土壤吸收。

（2）资源性：汉麻产量高，一季汉麻生长期仅为 120 天左右，一季杆芯的产量相当于一年速生林的产量，每亩汉麻韧皮纤维产量可达 100kg 以上，最高可达 200kg。汉麻的韧皮、秆芯、花、叶和根均具有很高的利用价值，是一种高附加值特种生物资源。

（3）低碳性：汉麻种植具有显著的低碳性，从种植到收获，每吨汉麻排放的 CO_2 仅为 544kg，而棉花为 1680kg。同时汉麻也是一种优秀的“碳汇”植物，在生长过程中通过光合作用吸收空气中的 CO_2，并以有机物的形式固定于植物体内，具有明显的固碳效应，是一种很好的低碳环保经济作物。

二、汉麻纤维纺纱的研究现状

（一）脱胶技术

汉麻要制成纺织品，首先必须具有可纺性，汉麻需经过脱胶才能获得用来纺织的汉麻纤维，脱胶是汉麻纤维生产中极其重要的加工环节，与纤维可纺性相关的纤维（束）的长度、细度和断裂强度等因素，均与汉麻脱胶效果的好坏有关，因此脱胶质量的好坏直接影响着纤维的产量与应用价值。

汉麻脱胶主要有自然发酵法、化学法、生物法、生物化学联合脱胶法和物理脱胶法，如表1所示。

表1　脱胶技术介绍与对比

脱胶技术	方法/工艺	优缺点
自然发酵法	池塘沤麻、堆积发酵、青茎晒制等微生物自然发酵法	依赖于自然气候条件，时间长、杂菌多，质量难以保证
化学法	原麻扎把→装笼→浸酸→水洗→煮练→水洗→敲麻→漂白→水洗→酸洗→水洗→脱水→给油→脱水→烘干	木质素对无机酸的稳定性相当高，因此脱胶中的浸酸工序对木质素的去除效果不是很理想；易造成污染
生物法	用好氧菌和厌氧菌对汉麻纤维进行脱胶处理	菌种的酶活力还不够高，菌株适应性差，抗杂菌能力弱，经微生物脱胶后的麻含有较多的胶质
生物化学联合脱胶法	原麻→预浸酸→冷水冲洗→生物酶脱胶→热水失活→冷水冲洗→化学脱胶→冷水冲洗→打纤→冷水冲洗→脱水→烘干→精干麻	纤维平均长度增加，短纤维率明显降低，麻粒、毛羽明显减少，细纱品质指标较大提高；木质素去除效果不理想，生产成本较高
物理机械生物联合脱胶法	原麻分段→机械脱胶→生物脱胶→高温漂洗→分纤水洗→漂洗柔软→干燥→机械软麻→精干麻	成功研制了机械脱胶软麻设备、液下生物脱胶设备、高温漂洗设备、带状连续分纤水洗设备/机械软麻设备等整套新工艺和新设备，使得汉麻韧皮加工技术已有突破性进展

（二）纺纱工艺

国内汉麻纺纱技术开发至今已形成了干法纺纱和湿法纺纱两条工艺路线。干法纺纱全过程在干态中完成，采用含胶率较低的精干麻，适于纺制41.6tex以上的纯麻纱；湿法纺纱在完全湿润的状态下进行细纱加工，可以纺出62.5tex以下的纯麻纱，具体工艺路线及比较如表2所示。

表2　干法、湿法纺纱工艺

纺纱工艺		工艺路线	优缺点
干法纺纱	棉纺工艺路线	清棉→梳棉→并条→粗纱→细纱→络筒	该工艺无须做大的改动即可满足汉麻与各种棉型化纤的混纺
	汉麻棉气流纺混纺纱工艺路线	抓棉→混棉→开棉→配棉→给棉→成卷→梳棉→头道并条→末道并条→气流纺纱→并线→捻线→络筒→摇纱→成包	在汉麻落麻中配少量比例的棉纤维生产转杯纱，可以弥补汉麻纤维纺纱生产中存在的不足
	赛络纺技术纺制汉麻纱	控制工艺参数（粗纱间距、成纱捻系数）	为了克服汉麻纤维织布效率低的缺点，可尝试将赛络纺技术应用在汉麻纺纱上
湿法纺纱		打成麻→加湿养生→分束→栉梳→养生→成条→并条（5道）→粗纱→粗纱煮漂→湿纺细纱→烘干→络筒	加工生产的汉麻纱条干均匀光滑、毛羽少、强力高，缩短了工艺流程，提高了制成率，减少了生产用工，是一条较为先进的生产工艺路线

（三）纱线性能

主要是对汉麻及其混纺纱线的吸湿放湿性能及染色性能的研究。

1. 吸湿放湿性能

麻纱线的吸湿透湿性能是麻纺织品品质优劣的重要指标之一。14tex汉麻纱线30分钟时的芯吸高度为11.0cm，而纯棉纱线只有6.0cm。这是因为汉麻纤维本身为纤维素纤维，纤维中含有大量的极性亲水基团，有利于纤维与水分子结合；同时，汉麻纤维巨原纤纵向分裂而呈现许多裂缝和空洞，通过毛细管道和中腔连通，这种结构使得汉麻纤维具有较好的吸湿性能。

棉纤维可纺性能比汉麻纤维好，穿着舒适性也好，所以通常采用汉麻与棉纤维混纺来改善成纱质量。同一温湿度条件下，纱线吸湿平衡时，粗细相同的汉麻与棉纯纺纱线和棉/汉麻混纺纱线的回潮率接近；在自然条件下，汉麻纱线吸放湿速率比棉纱线、棉/汉麻混纺纱线要快一些，吸放湿性能比较好。

对汉麻/天丝五种混纺纱综合性能进行了评价与对比发现，汉麻含量在17%～70%时，大麻/天丝混纺纱线的成纱质量比较好。在实际生产中，应根据客户要求来选择不同混纺比。如果在顾客无特别要求且能满足服用性能的前提下，应从经济角度和纺纱织造角度选择混纺比。

汉麻纤维可以与棉纤维、粘胶纤维、合成纤维（涤纶、锦纶等）进行混纺，使得含汉麻纤维纱线品种多元化，拓宽汉麻制品的应用范围。

2. 染色性能

由于汉麻纤维的果胶和木质素（果胶及木质素对染色性能有一定影响）含量较高且难以去除，加之结晶度和取向度较高，通常汉麻纤维染色上染率低，色泽不够鲜艳。但经过精细化加工的汉麻纤维因胶质脱除充分，染色性能良好。

测试发现，染料浓度相同时，无论工艺和染料种类，都是棉的Integ值最大，亚麻和苎麻次之，汉麻最小；亚麻的上染率、固色率明显高于汉麻和苎麻，汉麻的上染率、固色率略高于苎麻；汉麻、亚麻、苎麻、棉四种织物的各项牢度基本相当；汉麻的结晶度最高，在衍射角$2\theta=14°\sim17°$范围内，三种麻织物的小峰高度差不多，棉要高出许多；四种织物在$2\theta=23.6°$附近的一个大峰上有明显区别，棉的峰最高，苎麻和汉麻次之，亚麻最低，从计算的结晶度来看，苎麻和汉麻都比棉高；使用扩散性好的染料（如Blue RGB）可以提高染透效果，浸染工艺时间较长，染料能充分扩散，汉麻、亚麻、苎麻、棉四种织物浸染时都有良好的染透性；棉的润湿性比亚麻、苎麻都差。汉麻的染透性略差于亚麻、苎麻和棉，这也和汉麻润湿性差、染液渗透不好有关。

使用活性染料对汉麻织物染色，可以改善其色泽。主要使用浸染、冷轧堆、轧—烘—轧—蒸等染色工艺，其工艺条件多为棉工艺。现有活性染料主要有高温型、中温型及低温型三大类。低温型活性染料的反应活性强，易水解，现在应用已较少；中温型活性染料由于反应性适中，现在应用最为广泛；高温型活性染料现在也有一定的应用，但没有中温型使用广泛。

三、汉麻纤维在针织上的应用

通过将汉麻纤维与棉、羊毛、羊绒、合成纤维等混纺或交织，无需进行后整理，即可使织物具有功能性，从而降低能耗，减少化学品对环境的污染，更符合时尚、健康、绿色环保的国际流行趋势。因此，汉麻纤维应用广泛，汉麻针织产品也较多。

（一）汉麻混纺纱的良好性能

麻纤维具有柔软、吸汗、干爽、透气、舒适、抗菌、抗静电、防紫外线辐射及绿色天然等特点，对人体健康有益，也可提升针织产品的附加值和功能性。

汉麻纤维本身的硬、脆、直，直接影响着汉麻针织产品的舒适性能，同时由于汉麻纤维强力较低，给针织面料的成形带来困难。解决的方法是对汉麻混纺纱采用紧密纺、合股、复合等手段，提高纱线的可编织性能。

针织物适合贴身穿着，所以要对面料进行肌肤刺痒感评定。通过各种不同汉麻混纺纱线的成分、线密度和混纺比的试验和刺痒感的评定测试，可以筛选出适合针织用的汉麻混纺纱线，例如加入粘胶纤维、锦纶等柔性纤维，刺痒感降低。

（二）汉麻针织面料的应用

汉麻针织面料各项服用性能指标十分理想，天然健康功能性突出，内外在质量稳定。

1. 夏季针织T恤衫

利用汉麻优良的导湿快干性能，汉麻针织面料能在使用者大量出汗时仍保持舒适。它与目前较多采用的四沟槽涤纶长丝类交织产品相比，仍具有较大的优势。汉麻纤维的吸湿能力很强，电荷不易积聚，其织物具有较好的抗静电性能，加上针织面料具有柔软的特点，因此进一步提高了T恤衫的舒适性。

2. 针织袜品

汉麻对白色念珠菌、大肠杆菌、金黄色葡萄球菌等常见菌种具有优异的抑制效果，很大程度上能抑制脚部真菌的滋生，减少皮肤病的传播。以汉麻与棉混纺纱为主体纱，采用袜头袜跟增强、增加束脚结构等设计生产的汉麻袜普遍反映良好，在大量的运动后，汉麻袜的抑菌除臭效果明显。例如袜口采用1+1罗纹组织、袜筒采用2+2罗纹组织、袜底采用纬平针组织，原料为7.5tex（70旦）锦纶、3.3tex（30旦）氨纶包覆纱和28tex×2（21英支/2）汉麻与棉（55/45）混纺纱（其中袜口选用110号橡皮筋）的军用抗菌袜子，能大幅度地降低使用者患脚气的比例，通过部分部队官兵试穿，反映良好。

3. 针织内衣

内衣是直接与人体皮肤接触的服装，素有“人体第二皮肤”之称，包括衬衫、背心、内裤、文胸。随着生活水平的提高以及健康意识、环保意识的增强，人们对内衣的要求也不断提高。所以具有良好的舒适性、功能性、卫生保健性的内衣越来越受到人们的青睐。而汉麻纤维在具有良好舒适性的同时，还具有优良的防霉抑菌、润肌养肤功能，而且还可以避免因静电而使皮肤具有针刺感。例如通过汉麻纤维与棉、抗菌锦纶色纺研制的针织内裤，具有高强、吸汗快干、透湿舒适、抗菌等特点，尤其适合在温度高、湿度大的环境中穿用，贴身内衣不会因汗水的浸湿而黏在肌肤上，穿着使用后，不会产生异味。

4. 户外防护针织外衣

利用汉麻抗紫外线性能可以研制防紫外线户外产品。中科院物理研究所检测：普通衣着仅能阻隔30%～90%的紫外线，而一般汉麻织物，无需特别整理即可屏蔽95%以上的紫外线，汉麻帆布等甚至能100%阻挡紫外线的辐射。

5. 针织裙装

汉麻针织裙装风格精致简洁，优雅而和谐，表达出追求自然回归的情怀，受到越来越多消费者的青睐。人们追求崇尚自然、返璞归真和健康环保的生活方式，麻织物正好迎合了这一心理需求。麻织物具有粗犷、挺括、典雅、轻盈、纯朴自然等优点，其独特的触感风格和视觉风格是别的纤维无法比拟的。

将新的设计理念融入汉麻产品研发中，利用新原料开发汉麻新风格的产品，进一步提高舒适性和实现易护理性，集美观、舒适、功能性于一体，并将自然生态的概念通过产品表现出来，可以使汉麻纤维在服用市场的前景更加广阔。

用丰富多彩的间隔织物拓展市场

柯文新

华宇铮蓥（福建）集团是福建省高新技术企业、福建省创新型企业。2012年，企业技术中心被福建省经贸委认定为省级企业技术中心；2014年，企业技术中心实验室被省科技厅认定为福建省经编间隔织物重点实验室；2015年，企业技术中心被省科技厅认定为福建省经编间隔织物工程技术研究开发中心；2015年，企业获得中国纺织工业联合会颁发的产品开发贡献奖。

一、实施产业链技术创新

技术创新是永恒的主题，也是未来企业的核心竞争力所在。目前在纺织行业增长趋缓的环境下，经编间隔织物产业持续保持着快速的增长，其关键在于产品创新。

（一）经编间隔织物产业群形成

晋江地区拥有全国最大的经编间隔织物生产基地。这一基地不仅为泉州地区运动鞋及箱包生产提供必备的材料，而且成为国际著名体育品牌企业、运动鞋企业及箱包企业原料的主要采购地。晋江地区经编间隔织物产业还不断通过普及先进技术、开展一系列学术活动使业界认识了这个新兴行业，为推动行业的发展发挥了积极作用。龙头企业推行先进的企业标准、国际标准，为产品的开发、提升产品质量和规范企业管理，建立健全了保障体系。产业集群内部逐步完成产业链整合，形成“化纤—经编—染整—成品”生产，再到销售全产业链运营模式。

（二）华宇集团实现产业链创新

福建省晋江市华宇织造有限公司成立于1998年，后来成立了泉州华宇

柯文新，经济师，针织企业家，华宇铮蓥（福建）集团董事长。

铮荃化纤有限公司、福建省晋江市奔达印染有限公司、福建省晋江市协盛织染有限公司、华宇铮荃进出口贸易有限责任公司等，华宇铮荃（福建）集团产业布局以国际化思维及全球化视野，在行业首创“化纤—经编—染整—销售”为一体的全产业链纺织集团运营模式。主营产品经编间隔织物属于国家重点支持的高新技术领域中的新材料技术范畴。企业年产差异化功能性化纤单丝20000吨、产业用经编间隔织物40000吨（可以做成5亿双鞋面）、高档网布染整40000吨。

1. 经编

华宇一直专注于经编间隔织物的研发和生产。已经引进国际先进经编机械和研发设备500多台套，可年产功能性网布40000多吨，是国内经编间隔织物最大的生产企业之一。近年来，华宇织造加快了发展的步伐，产品实现鞋材系列的不断完善和箱包材料系列的不断拓展，产品还广泛应用于汽车、家居、医疗、能源、服装、体育、农业等领域。同时，华宇不断引进先进的贾卡提花、电子横移设备技术，同时加大科技投入和扩大生产能力，加快发展具有国际先进水平的技术和产品。

2. 单丝

拥有先进的功能性涤纶单丝生产线56条，年产单丝（包括有色丝和功能性差异化单丝）20000多吨。采用国内首创的单板单孔新技术，解决了原有生产技术存在的单丝粗细不匀的问题，确保涤纶单丝粗细一致、着色均匀，提高产品的品质和生产效率。同时，采用先进技术、设备和全面质量管理体系打造科技型企业，加快内部创新，努力做精做优。化纤的投产，有利于经编间隔织物产业集群的加速形成，也有利于进一步完善集团公司的产业链建设和产品的系列化、专业化生产。

3. 染整

拥有各种型号的漂染机116台，定型机18台，自动包装线4条。主要从事各类涤纶、经编、纬编面料的漂染加工，年生产能力40000吨。拥有目前福建省漂染行业最先进的染色配料系统，确保产品的品质得到有效控制。印染的建成和完善推进了华宇铮荃（福建）集团“化纤—经编—印染”产业一体化的进程。

二、实施车间智能化改造

智能化是大势所趋，华宇走在行业前列。

（一）引进国际高端设备

华宇成套引进自动化、智能化程度较高的德国 KARL MAYER 经编机，并对电子送经、贾卡提花装置等进行优化配置，先期可以减少三分之一用工，提高生产效率，同时产品品质得到大幅提升。对现有部分设备进行自动化、智能化改进，与成套引进发达国家自动化、智能化机械产品对比，具有成本更低、生产效率更高等优势。

（二）数字化智造、信息化创新

华宇与哈尔滨工业大学、中国船舶重工集团 715 研究所、泉州思玛特信息技术有限公司合作，研发经编间隔织物自动断线检测系统、互联网传输中心控制系统。在经编机上，利用激光技术和视频识别技术，进行在线实时断线检测，实现设备自动控制，检测出织物产量和质量，并将检测数据通过互联网系统，传输到车间控制指挥中心。基本实现无人操作，大幅度减少用工，同时有效提高产品质量和生产效率。原来生产依靠人工检测，造成的次品率比较高，合格品率仅为 80% 左右，现在应用了自动断线检测系统，实现了自动检测，减少了坯布次品的产生，合格率能达到 95% 以上。原来每名员工管理 2 台经编机，采用自动断线检测系统后，平均每名员工可以管理 10 台以上经编机。经初步估算，自动断线检测系统每年可为企业节约近 1000 万元成本支出，产生了良好的经济效益。

项目投产后预计每年可增加产值 5000 万元，利税 1000 万元，为企业带来可观效益。华宇还将继续建设和完善“智慧”织造生产线，不断提升企业“智造”水平。

三、完善企业内部管理

“品种少，批量大”是传统制造业的模式。“多款式、小批量、快供应”，创造了行业运营新模式。目前华宇有近万种产品，通过款式不断更新增加产品的新鲜感，吸引使用华宇产品的厂商不断重复光顾，确保了产品能符合终端消费者的需求，从而引领市场。

（一）根据消费需求进行研发设计

有的企业大规模生产同质化产品只能依靠廉价来吸引消费者，而没考虑到消费者需要的是能满足自己个性化等方面要求的产品。华宇拥有专业的研发团队，除了与客户进行日常的对接外，还定期与行业协会和业内外知名专家联合举办产品流行趋势发布会，总结、发布最新的设计理念和时尚动向。华宇每年联合产品研发专家、应用专家和相关市场专家共同解读和发布间隔织物在鞋材、箱包、床垫、枕头及床上用品、内衣与文胸、运动与休闲装、时尚女装、婴幼儿用品、家居用品、座椅用品等领域的应用前景和产品流行趋势，都会引起共鸣。

（二）快速响应，管理全程供应链

华宇拥有出色的全程供应链管理：研发设计、生产、销售。从设计到生产，再到把产品送到客户指定的地点，只需15天或者更短的时间。华宇不借助外部合作伙伴进行设计、仓储、分销和物流，而是自己全包全揽，保持整个供应链在完全掌控之中。供应链管理还能对原材料和产品在流动过程中的每一个环节进行实时的追踪。最终目的就是在最终客户与设计、生产和销售等运行环节之间尽可能实现快速和直接的沟通。

（三）确定长期战略目标和发展方向

按照市场地理区域划分，确立了三大市场结构，即国内配套市场、国内售后市场及国外市场三大块。国内配套顾客关系的建立：围绕国内主机配套市场这一目标顾客群及市场定位，企业主要通过“项目管理制”“模块化供货”“三位一体服务”“统分结合”及“零距离、准时供货”等方式来满足顾客需求，与顾客建立稳固、协同发展的顾客关系。国外顾客关系的建立：针对全球采购带来的机遇，以集团进出口公司为国外业务平台，派驻项目工程师到顾客或潜在顾客工厂拜访、沟通，巩固现有业务并拓展新业务。同时，邀请国外客户来公司参观、考察，增强顾客对公司产品质量保障能力的信心，从而增多合作机会。建立国内售后市场顾客关系：依托遍布全国各地的营销平台服务网络，实施“特约经销商制 + 业务员经销制”。以独有的品牌形象，作为市场促销的手段。

营销中心作为集团重要的对外窗口，以门店为载体，以渠道为伸展线，与生产中心、研发中心构成集团研发销售的铁三角，中心下设终端业务、区域零售、新兴市场、进出口贸易四个模块，是集团公司的龙头部门。营销中心以高效为原则，通过强化内部管理，建立和完善与业务相适应的营销管理制度。及时了解客户需求，做好产品业务介绍；及时协助客户解决各种问题，虚心接受客户提出的各项意见和建议，不断提升订单达成率。有效增强服务意识和服务能力，建立规范且畅通的销售服务流程，形成高效有序的营销服务窗口，确保为客户提供最满意的产品。

四、谋求间隔产品新的发展

经编间隔织物行业作为经编前沿技术的引领者和集成者，将拥有更高的技术集成、更快的发展速度、更大的投资强度，也需要更能忍耐特殊的市场环境。只有提供“与众不同”“独一无二”的产品价值的企业才能获得市场先机。

（一）经编间隔织物市场广阔

目前经编间隔织物存在两个发展方向：一是将技术研究、产品设计等科技工作在发达国家完成，通过快速反应系统，在发展中国家实现生产，以降低成本，完成资源的最合理配置；二是集中和整合优势资源，开发高技术、高附加值产品，尤其是各种新型产业用经编间隔织物产品，以拓展经编间隔织物产品的应用领域。

随着产业的不断发展，经编间隔织物产品应用领域不断拓宽，市场容量正在不断地扩大。未来五年，经编间隔织物产业将以年均15%以上的增速持续迅猛发展，将会出现销售额达十亿元规模的企业，百亿级连通产业链集团，实现市场规模翻番。

（二）经编智能制造与示范推广

华宇除将智能装备系统应用于经编生产外，还将通过互联网+物联网技术，与企业ERP系统结合，从原料计划下单、上机生产、坯布入仓等工序，再到染厂坯布定型、溢流染色、成品定型，到最后的成品入仓，全部实现智能化生产、信息化监控管理。华宇智能装备应用工程经过一段时间的测试完善，运营成效明显，将分批次在公司各个链节的生产系统进行推广应用。争取用一年时间，打造一批少人化生产车间，在福建省纺织产业智能化升级中发挥标杆示范作用。

经编产业是纺织工业的朝阳产业，经编间隔织物以其科技含量高、产品性能独特，在经编产业中的地位越来越重要。

经编间隔织物具有环保清洁等诸多优点，较为典型的是，经编间隔织物正在全面取代能耗高、污染大的海绵制造业和复合产业，这有利于环境的综合治理。经编间隔织物的许多先进技术正在加快产业化进程，华宇将紧紧抓住市场机遇，不断加大科技投入，提高产品的研发和设计能力，加快经编智能工厂建设，使产品档次和企业的品牌价值提高到新的水平，实现跨越式的发展。

针织服装设计的发展

袁 蓉 胡 越

我国针织服装设计取得稳步发展，但与发达国家还存在着较大差距，这种差距不仅包括创意、设计和销售等观念上的软件差距，还包括纱线、机械、染整等工艺上的差距。我国针织服装设计有较大的提升空间。

一、针织服装设计及生产的特点

目前，全球服装领域出现了由机织服装向针织服装转变的发展趋势。根据国际羊毛局每年的统计数字可以发现，自 2005～2015 年全球的针织服装正在以每年 5%～8% 的速度逐年递增，而机织服装的逐年递增速度仅有 2%。

究其原因，首先从搭配的角度上讲，针织服装更易于搭配。针织服装与机织服装的搭配比两件机织服装的搭配更加容易，展示出来的效果更好。针织服装的尺寸宽容度大以及其不易受季节限制的特征也是针织服装相对于机织服装更易搭配的原因之一；其次从工艺的角度看，以毛衫这种针织服装中最常见的种类为例，其无论从面料环节的定织定染，还是在成衣制作、后整理等环节都易于同类功能的机织服装，可以说针织服装在总体的生产过程中风险性小于机织服装。

具体地说，针织服装的纹理设计也就是花纹的设计，是一种比较容易产生差异化的设计。如果针织和机织进行平行地比较，开发不同纹理的毛衫比开发同样形式的机织提花面料要容易得多。针织服装的设计和生产可以做到款式多数量少，其加工翻单速度比机织服装快得多。这样，第一批试单就可以下很少的数量，减少市场风险。企业就可以依据针织服装自身特性，从产品的设计和生产的角度最大限度地规避更多市场风险。

袁蓉，副教授，服装设计专家，上海工程技术大学服装学院党委书记。
胡越，副教授，服装设计专家，上海工程技术大学服装学院副院长。

二、我国针织服装行业的现状分析

我国针织服装业是一个年轻的产业。20 世纪 50 年代初主要以内衣为主，少量外衣织物则以横机织物为主。到 60 年代中期，化学纤维工业的迅速发展以及针织技术水平和针织机械性能的不断提高，为针织服装的发展奠定了基础。70 年代，针织服装在整个服装市场范围内日益受到人们的青睐。服装市场领域呈现出向针织服装发展的趋势。80 年代开始，针织服装的品种、质量和生产数量得到高速发展。这种发展与针织面料的发展有关，国内一些骨干针织企业不断改进和优化面料设计，推出具有较高科技含量的时尚面料，有力地助推针织服装设计的提升。

进入 21 世纪以来，由于针织服装在家用、休闲、运动服装方面具有独特优势。随着针织工艺设备和染整后处理技术的不断发展以及原料应用的多样化，现代针织物更加丰富多彩，并步入多功能及高档化的发展阶段。目前，针织服装的设计与开发在整个服装的生产和发展中已占有相当重要的地位，针织行业在我国正处在一个迅速发展的新阶段。

我国的针织服装行业近几年虽然得到了快速发展，产品数量上是生产大国和出口大国，但行业整体技术水平还不高。我国针织服装正在面临从加工到自创品牌的格局转变。经过多年的探索，虽然某些服装企业形成了鲜明的设计理念与独特的企业文化，成为亮相欧洲、参与国际对话的先例，但我国针织服装行业在设计方面存在一些不足：一是创新意识薄弱，创新能力不强；二是产品结构不合理，产品质量不高；三是针织产品行业标准制定与出台相对滞后；四是国内领导品牌不多，虽有所提升，但缺少设计与品牌互动等。

在众多原因之中，创新意识薄弱是我国针织服装行业发展的最大阻碍。总体缺乏自己的设计理念，对流行趋势把握不够，都使得我国的针织服装很难达到世界一流的水平。

三、针织服装设计未来的发展趋势

针织服装在国内外市场上显示出了巨大的发展空间，随着 2005 年 1 月 1 日起全球纺织服装配额的全面取消，针织服装业已迎来前所未有加速发展的机遇。在我国，针织服装一直是纺织工业的重要支柱之一。随着针织服装的发展趋势日益迅猛以及国内外市场对针织服装需求的不断扩大，针织服装会渗透到原来属于机织服装的领域，款式类型更广泛。

从巴黎到米兰，从东京到纽约，世界各大时装中心的T台上正演绎着轰轰烈烈的针织新篇。针织时装已成为许多世界名牌时装公司的主打成衣产品，它多元化、个性化的发展新观念，已广泛地被人们所接受。但其中很少看到我国的针织品牌。如今，我国的针织服装行业面临同一困境，需要突破原有单一的生产模式，创立集创意、设计、生产、营销为一体的综合性针织服装设计理念。具体来说，有以下几个方面的发展趋势：

1. 综合材料的组合设计

传统意义的针织服装材料无非就是纯棉、纯毛、纯绒，看重的是手感和穿着的舒适度。随着生活环境的改变，人们的穿着习惯也在改变，于是出现多种纤维成分的组合，在棉、毛、丝、绒中混合一定量的锦纶、氨纶、粘胶、天丝等成分，改善织物的手感、外观，使针织服装更加美观、新颖，便于打理。

如今的潮流瞬息万变，针织与机织结合的设计手法都已经不算新鲜，而新主张下的设计更多的是将多种材料进行混合，陪衬针织物，创造出更加新颖的服装。针织物与真丝、皮革、牛仔等多种材料的组合设计，丰富了针织服装的外观，发挥了不同材料优点的针织物的弹性和柔软用于合体的部位，机织物的挺括与飘逸用于造型和装饰，各取所长。

图1 翻毛皮拼接针织

但在实际中也经常发现不够完美的设计，原因是设计者对不同材料的性能掌握不够。即使是相同的成分、不同的织物成形原理也会制造出不同的面料风格，如果是新的组合，就要对材料性能进行检测，如可以将针织物与其他面料进行直线缝合、垂直悬挂、斜线拼合、抽褶处理等试验。掌握其造型的特点、褶痕形状以及悬垂效果后再进行设计，才能明白设计的方向。总之要突破针织服装设计的瓶颈，必须具有个性独特的产品线。单一的针织材料已经远远不能满足设计的需求，综合材料组合设计（图1）在现在乃至未来都是针织服装的发展趋势。

2. 局部设计手法创新

在针织服装设计中，细节设计扮演着越来越重要的角色。局部设计是指服装设计中能够体现功能性和装饰性的那些细节设计。细节设计是整件服装中不可忽视的一部分，也是设计师在一件服装作品中的点睛之笔。设计师所表达的设计思想和理念在这些细节设计中得到完美体现。

细节设计常用的手法包括在面料上刺绣、漂染、印花、钉镶饰物、褶皱设计等；在结构上的分割线、省道设计等；在工艺上的缝制方法、针距设计等。针织服装中细节设计的丰富变化，使针织服装设计变得更加生动、富有灵气。

图2　针织与亮布的拼贴

针织服装的细节设计与其他种类服装的细节设计相比有很大的差别，主要是因针织面料本身的特点决定的，工艺的进步也使针织服装细节设计的手法多种多样。如钉镶饰物、拼贴（图2）、做旧处理、混合设计等。这些细节的改变只是局部的处理，我们真正需要做的是抓住流行，紧跟流行趋势和市场需求。比如，随着人们生活方式的改变，休闲运动的场合相对增多，除了功能上的需求，流行感和时尚性是消费者更为关注的，尤其是一些职场白领女性，健身运动并不是仅为了锻炼身体，更多的是满足自己所追求的一种平衡的生活方式。所以，运动类针织服装深受消费者喜爱。

3. 理念创意新主张

纵观巴黎、米兰这些世界各大时装中心的T台，各种样式新颖的“另类”针织服装悄然登场，冲击着人们的眼球。个性独特、创新力强的针织服装品牌才是时代的需求。不得不提的国际针织品牌MISSONI，最令人记忆犹新的是其针织图案与迷幻的色彩。最初以一间小工坊生产高品质的针织衫，开始仅能生产出条纹的图案，逐渐将设计理念融入其中，进而发展各式的条纹如对角线、水平线、垂直线等多元丰富的花色图案，各种粗细宽窄、紧密分散的条纹图样，几何图块、不规则的锯齿图样，在视觉上始终给消费者一个新鲜的感觉。

图3　针织的线条设计

同时，在进行创意设计的同时不得不考虑针织服装特殊的面料关系，在进行设计创新时必须考虑线圈结构，更多地利用针织物性能上相对于机织物具有的独到之处，比较适合采用流畅的线条和间接造型（图3），结构变化不宜太过烦琐，同时又能保证针织服装的理念创意。

4. 廓形结构新创意

针织服装的外部轮廓决定针织服装的款式特征和第一视觉形象，是进行针织服装设计的关键。针织服装长度的变化、肩部的处理手法、服装贴边的结构变化、领的变化形式等都是外部轮廓设计的重点。通过这些位置的创意设计来塑造针织服装的与众不同的造型。因此可以说服装的外部轮廓设计的变化是针织服装造型设计的根本所在。

针织服装的内部构造在当今的流行趋势下，应当尽量以简单的线条形式来表现。分割线不应过多，以恰到好处为宜，在准确把握面料材质的基础上，可以恰当运用一些褶裥线条来表现人体曲线，或者用异料拼接形式形成分割结构线。针织服装内部结构设计既要表现服装的立体感，更要充分体现针织面料的性能特征。

在针织服装设计中，更多的是将服装分割线变化成为审美装饰与人体结构制衣需求兼具的线条，通过这些分割线的塑造，使针织服装更加符合人体结构，同样又可以装饰人体，有时还可以修饰体形，产生不同的艺术效果。

根据人体不同部位的需要，将平面的面料在人体上产生的多余的、不必要的部分修剪掉，用收省使平面的面料转化为立体的服装，制作成合体

图4　针织部件的碎褶设计

的衣身造型。省道线是捏合省量之后呈现出的线条，它的所在地也就是处理过省的地方。根据省道位置的不同来决定省道的类别，有时省道的创意变化可以成为针织服装设计的一道亮丽风景线。

此外，还可以充分运用褶裥的特殊效果。褶裥的重要组成部分是褶，平常的褶分为垂直褶和碎褶两种。因针织面料具有悬垂性，针织服装中较为多见的是垂直褶。利用针织面料的悬垂性、丝线方向以及制衣的效果，来设计针织服装的垂直褶，造型效果自然，线条也比较流畅。针织服装中褶皱是根据人体起伏变化规律，服装的适用范围和款式造型需要来设计，褶裥量的大小和多少、处理方法等的不同会产生不同的波浪效果。例如在褶皱处理上，有些部位的褶裥是按照面料预留的量和褶裥多少，将其布料进行折叠、压烫定形等方式进行；还有些褶裥设计（图4）是通过工艺缝合的方式把面料用不同形态的褶裥组合起来等。

5. 智能化个性定制新趋势

针织服装的个性化设计需要通过对不同文化思想内涵的分析，对服装文化思想进行象征性的意义分析，认识文化艺术品质。通过文化设计、形式的不同变化表达，对社会的艺术思想进行紧密联系。众多的个性化服装设计实现了个性化的设计变革，将文化思想融入设计中，对服装设计品位进行准确的定位，提高服装设计人文化的思想认识，提高针织服装设计的多样形式，不断满足人们内心的思想需求，实现对每一位设计者的个性化服装表达。

通过对不同艺术形式的思想分析，不同的设计师在设计过程中会有不同的服装设计风格。根据不同的服装设计思想进行个性化分析，从独特的设计中分析服装设计风格形式，对设计师的生活阅历、环境、教育程度进行分析，对不同设计师的服装创新设计思想进行研究，对可能产生的设计与其效果进行目标性分析。通过对设计个性表达方式的结合，提升设计师对服装设计效果的认识，加强消费者对于产品概念的分析。不同风格的服装具有不同的表达思想，不同的气质表达的思想内容有所不同。因此，针织服装设计的表达风格需要具有品牌个性化效果，设计师与品牌、品牌与消费者都是相互联系的，消费者对于服装产品的认同，往往是受服装个性化思想表达的认同，这正是个性化针织服装设计表达思想的重要性。

面向个性化的针织服装定制设计是服装设计发展的必然趋势，具有创新个性化的发展符合市场的需求，是人类思想文明发展的体现。不同的个性化服装定制设计体现了不同地域人们对于文化、历史、生态、生活等多方面内容的追求，这是一种品质思想的需求表达。个性化服装设计实现了文化思想的提升和传递，改变了人们对于服装拘泥一格的认识，使人们可以更好地利用服装表达个性化思想，促进社会文化思想的交流和发展。

四、结束语

综上所述，我国针织服装行业整体上发展势头良好，目前正处于快速发展期。时尚化必然是针织服装的消费趋势，针织服装企业还需要牢牢把握需求导向，以此强化内部管理，不断研究消费理念，提高设计水平。而加快技术进步、调整产品结构、提高产品附加值、推行品牌策略，以时尚产品引导市场从而全面提升行业竞争力，无疑将是未来针织服装行业发展的方向。

产业用高性能纤维多轴向经编增强材料的现状与未来

谈昆伦　刘时海

多轴向经编（Multi - axial Warp - knitted，MWK）技术是一种新型的多头衬纬编织技术。利用这种技术，平行、伸直、无卷曲的纱线垂直或以所需的角度被引入织物结构中，实现最有效的结构预设计定向增强。织物有尺寸稳定、延伸率较小等特点，能够更合理地利用材料中每个组成部分的优良性能，以其为增强骨架的复合材料在风电、航空航天、建筑建材、体育用品等行业领域被广泛应用。

一、行业现状

多轴向增强材料（织物）是20世纪70年代后期在国外迅速发展起来的新型材料，20世纪80年代中期开始成熟，到20世纪90年代多轴向技术得到了广泛研究和推广应用。其结构是由通过厚度方向的编链或经平组织将经向（0）、纬向（90°）和斜向（$\pm\theta$）纱线缝编形成，织物中的一层或多层丝束能够保持无屈曲的平行顺直状态。多轴向织物衬入的纱线通常为玻璃纤维，还可以根据需要，部分选用碳纤维、Kevlar纤维、涤纶、锦纶、粘胶纤维、棉纤维及聚乙烯扁丝等高强纤维。常见无捻粗纱铺放方向有：0/90°或±45°（双轴向）、0/+45°/−45°（三轴向）、0/90°/+45°/−45°（四轴向）等（图1）。多轴向织物中，常用的有玻纤经编多轴向增强材料、碳纤多轴向增强材料、芳纶多轴向增强材料等，在风电、航空航天、交通运输、建筑建材等行业广泛应用。

多轴向经编增强材料的技术水平与生产设备密切相关。目前，我国的

谈昆伦，高级经济师，针织企业家，常州市宏发纵横新材料科技股份有限公司总经理。
刘时海，工程师，常州市宏发纵横新材料科技股份有限公司科技管理部部长。

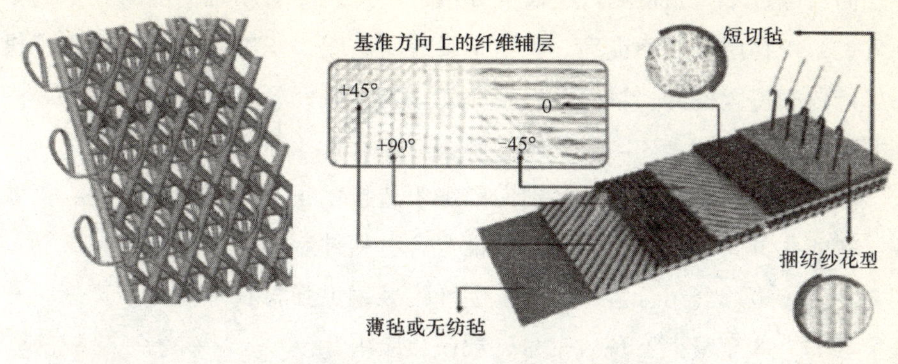

图1　多轴向经编增强材料结构示意

主要企业，基本都配置了先进的生产设备，在使用同等编织原料的情况下，产品质量能够达到跨国企业同等水平。近年来，常州市润源经编机械有限公司、常州市第八纺织机械有限公司在消化吸收再创新方面取得了重要进展，研发的设备部分指标达到国际先进水平。

1. 政策环境

多轴向经编材料是高新技术材料产品，是国家鼓励发展的材料。《国务院关于加快培育和发展战略性新兴产业的决定》提出重点培育和发展节能环保、新一代信息技术、生物、高端装备制造、新能源、新材料、新能源汽车等产业。以高性能纤维多轴向经编增强材料作为交通工具轻量化复合材料的增强基材，它的下游关联产业是一些受国家政策影响较大的战略性新兴产业，国家政策的变化对多轴向织物产业会有较大的影响。2015 年 2 月，科技部发布《国家重点研发计划新能源汽车重点专项实施方案》，指出“以动力电气化、结构轻量化、车辆智能化”为新能源汽车技术大变革的“三大技术核心”，碳纤维增强复合材料车身零部件结构—工艺—性能一体化设计与制造技术成为汽车轻量化主要研究和应用方向之一。

2. 国外产业技术和产品发展状况

国外多轴向织物产业的技术发展曾经经历了三个阶段：20 世纪 70 年代后期，多轴向经编技术作为一种新型织造技术，在国外迅速发展起来；80 年代，多轴向经编技术逐渐进入成熟期、技术水平快速提升；90 年代，多轴向经编技术开始得到广泛研究和推广应用。随着多轴向经编技术的不断发展，织物质量逐渐提高、织物重量有所减轻、织物品种日趋丰富、机器生产效率持续提升。目前，多轴向经编技术研究开发及应用水平较高的国家有德国、美国、法国、英国、挪威等。

随着工业4.0的到来，多轴向经编织造技术正大步踏向低能耗、高效率、智能化方向发展。为掌握碳纤维复合材料件制作全流程环节，宝马公司与卡尔·迈耶公司合作，建立了碳纤维经编增强材料工业化生产线，并在宝马i3、i8车身上实现大批量、规模化应用。

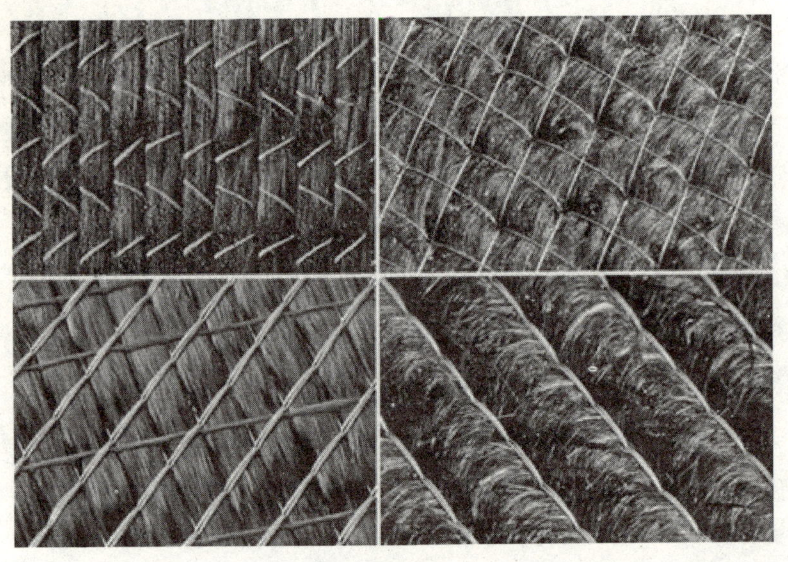

图2　宝马公司生产的车用碳纤维多轴向经编织物

为降低复合材料的制作成本，满足不同行业的应用需求，多轴向经编技术同时向多样化发展，典型的是高性能纤维之间的混编技术。混编技术体现为将不同纤维混杂排布和编织可以产生协同效应，充分发挥不同纤维的应用潜力。如碳纤维的抗拉强度和弹性模量极高，但其延伸率较低，抗冲击性能和断裂韧性较差；玻璃纤维的抗拉强度和弹性模量虽然相对较低，但其延伸率较高且价格低廉。如果将碳纤维与玻璃纤维混杂使用，可使两者优势互补，得到综合性能优异的混杂材料，扩大复合材料与构件的设计自由度，可同时满足航空航天、风电行业和汽车工业等高精尖领域未来发展对材料体系高性能和轻量化的要求。

在国外，碳/玻混杂纤维增强复合材料作为航空航天领域的结构材料得到了比较多的应用。美国海军 F-14 机翼表面的整流装置采用碳/玻混杂织物复合材料制作，使飞机减重 25%，节约费用 40%。美国的 YHO-60A、法国的海豚等直升机的主要受力结构制件旋翼、桨叶等，近年来几乎全部改用混杂纤维复合材料制造。

3. 我国产业技术发展状况

我国多轴向织物产业的技术发展始于 20 世纪 90 年代，主要标志是装备制造技术的不断提升。技术发展主要经历了两个阶段：第一阶段是 20 世纪 90 年代，天津纺织工学院与武进纺织机械厂合作，成功研制出国内第一台圆型多轴向经编机。第二阶段是 2000 年至今，国内研发关键在于集成创新，推出多种机型多轴向经编机。2006 年，常州市第八纺织机械有限公司在引进、消化、吸收国外先进技术基础上再创新，研发成功 50 英寸多轴向经编机，自此国内逐步研制出自主品牌的 100 英寸幅宽设备。2007 年，常州八纺机再接再厉，成功开发出多轴向和多梳栉带压纱板经编机。同年，常州市润源经编机械有限公司成功研发出了第一台国产智能化控制的 RCD21 型多轴向经编机，铺纬接近国外先进水平。在这两个领军企业的引导下，行业内部分关键技术已接近国际水平，但是在单台产能和布面质量稳定控制上有待提高。

2009 年，常州市宏发纵横新材料科技股份有限公司从德国卡尔·迈耶公司引进了国内第一台碳纤维多轴向经编机。在国家科技支撑计划（碳纤维多轴向经编机及技术研发）的支持下，2011 年常州第八纺织机械有限公司与宏发纵横、北航合作，成功开发了国内第一台碳纤维经编机。2012 年宏发纵横与北航、703 所等单位合作，承担了国家 863 计划课题（国产碳纤维织物制备与应用关键技术研究），初步掌握了国产碳纤维经编增强材料工程化制备技术，缩短了与国外先进水平的差距。

4. 商业模式及产业进入壁垒

多轴向增强材料产业的企业商业模式运作具有一定共性，普遍采取与上游纤维材料供应商（内部企业或外部企业）、下游主要客户建立产业联盟的方式，实现长期合作。近年来，在下游风电叶片制造产业的带动下，国内玻纤多轴向增强材料产业迅速发展，市场需求持续扩大、行业总产值持续增长、行业技术水平不断提高，越来越多的企业不断进入多轴向织物产业。产业新进入者需要面临来自以下四方面的壁垒：一是市场渠道的建立；二是经营资格准入；三是与上游供货商的合作；四是品牌影响力和生产经验。

二、行业趋势

1. 全球化趋势

由于下游产业，特别是风电产业的全球化发展，织物生产企业也将是跨国公司全球化布局的一部分。国际风电市场仍将快速发展，我国一些经营业绩好、资质高的织物企业有机会进入国际市场，成为国外下游产品，特别是叶片企业的供货商。

2. 垄断化趋势

多轴向织物所针对的领域多是垄断化特征或龚断化趋势明显的产业，下游产业的垄断对织物业走向垄断起很强的牵引作用。多轴向织物是制造风电叶片的主要原材料，由于风机发电对叶片的安全性、稳定性等性能要求较高，风电叶片制造商采购多轴向织物同样会有很高的要求（需要进行认证）。因此，在大型生产商周围形成较为固定的供货商圈子，对于新进入者形成很强的产业联盟壁垒，这些供货商对织物市场形成相对垄断状态。

3. 以技术和商业模式取胜

技术和商业模式是未来多轴向增强材料市场两个关键竞争要素。下游领域是高新技术集成的产业，织物是基础材料，下游产业的发展要求织物不断创新，对于一个有市场地位的企业同样需要不断增强技术创新能力。与下游采购商形成产业联盟、企业延伸产业链一体化经营是多轴向增强材料产业两种成功的商业模式。未来，尽管内涵会有变化，原来模式仍然会是主流的实现盈利的模式。支持这类商业模式盈利的是企业具备合理的生产成本的控制能力、先进技术的掌控能力、规模化供货能力以及品牌优势。

三、行业前景

多轴向织物的纤维具备多层结构，衬入的纱线可以根据应用产品对性能的要求，选择0/90°或±45°（双轴向）、0/+45°/-45°（三轴向）、0/90°/+45°/-45°（四轴向）等多种排列角度和结构，可以选择缝编线结合，或者通过化学黏结方式结合。结构的灵活多变赋予了经编多轴向织物很强的适应性，是风电叶片、复合材料汽车部件的关键材料，市场发展潜力大。同时，由于多轴向经编复合材料的功能和性能再造能力较强，有新产品、新市场开发潜力，产业有较好的发展前景。

1. 新能源领域的市场应用

作为减重节能、降成本减排放的最佳工业解决方案之一，汽车用碳纤维复合材料正凭借其轻质高强、可设计性好、零部件一体化、耐冲击性好、耐腐蚀性能好等优点，成为推动汽车轻量化的关键材料，先进的碳纤维复合材料制造技术成为全球汽车产业的关注点。在欧美国家，车辆中复合材料的用量约占本国复合材料总产量的三分之一。车用复合材料主要应用在汽车覆盖件（四门两盖等）、次承力构件、车身等部位，其用量呈逐年上升趋势。

2014年，宝马i3和i8的上市，实现了碳纤维复合材料在量产车型的大规模应用。宝马i3和i8作为一款零排放电动车，正是由于采用了碳纤维复合材料打造的车身，整车质量仅为1255千克，这有效解决了由于电池质量增加而带来的车辆质量增加，车辆驾控敏捷度降低的问题，创造了百

图3 宝马i3和i8碳纤维车身汽车

公里加速仅用7.2秒的牵引加速度。

2. 风电叶片领域的市场应用

叶片是风力发电机组的关键核心部件之一，它所采用的材料和设计决定叶片的性能和效率。随着风力机单机容量增大，叶片长度增长，重量增加，玻纤多轴向增强复合材料已成为兆瓦级以上风电叶片普遍使用的材料。在使用过程中，为进一步提高强度、减轻重量，织物纤维还混合部分碳纤维。根据碳纤维、玻璃纤维两种材料的特性，将两种材料进行复合编织，制备混编增强材料，根据碳纤维的含量来调整材料的模量，既能减轻叶片重量，提高叶片刚度和强度，又能兼顾叶片价格，实现低成本制造。满足不同的叶片设计要求，从而大幅度降低叶片的生产成本。国外实验证明，长度大于40m的风力发电机叶片采用高性能碳/玻混编增强材料可减重20%~30%。

根据国家发改委能源研究所发布的《中国风电发展路线图2050》，2015年，我国风电并网装机容量将达到1.5亿千瓦，到2020年、2030年和2050年，我国风电装机容量将分别达到2亿千瓦、4亿千瓦和10亿千瓦，成为五大电源之一，到2050年，风电将满足17%的国内电力需求。风电逐步上升为支持国家能源结构调整的重要地位。高性能经编增强材料的市场前景广阔。

四、新兴产品和技术

1. 碳纤维多轴向经编预定型织物及制备技术

在碳纤维多轴向经编织物编织成形工序后，利用特殊定形机械、定形材料对织物进行预定形，以满足下游复合材料件高效制备要求。针对交通工具轻量化对材料体系轻量化、低成本的需求，攻克国产碳纤维高效低损伤展纤、宽幅低损伤整经、高速成形编织技术，满足汽车工业复合材料件快速制备。

2. 碳纤维与玻璃纤维多轴向混合织物及制备技术

碳/玻混编增强材料是指碳纤维与玻璃纤维层间混铺、编织得到的增强材料，原理是将玻璃纤维、碳纤维按照不同比例，轴向混合铺层编织，充分发挥这两种不同纤维的力学性能优势，降低材料成本，满足风电行业对增强材料高性能、低成本的市场需求。关键技术有碳纤维与玻璃纤维不同混合比例下张力控制技术、层间混铺经编技术以及编织材料高速成形技术。

3. 高速经编装备及技术

高速多轴向经编机是集光、机、电、计算机信息化等技术于一体，跨领域、多学科交叉，采用高端伺服控制、智能化人机界面、数据信息化实时监控等前端设计理念的一款高新技术产品。该产品实现了纬纱最小限度的浪费；新型铺纬小车结构及动作原理更趋于完善与人性化，在铺设纬纱时稳定可靠，开车调试更为简便；增加摆轴固定（0 摆动）机构，以适应各种工艺需要，提高布面质量。

深沪内衣产业集群的发展之路

黄沂均　黄清海

福建省晋江市深沪镇位于台湾海峡西岸东南沿海突出部，三面临海，一面依山，海岸线长 18 千米，素有“崎海金狮”之美称。20 世纪 80 年代初期，深沪人以家庭作坊模式起家开始从事内衣生产，80 年代后期，织布厂、织带厂、印花厂、线厂等相关配套企业也应运而生，很快形成国内外知名的以内衣、泳衣为主要特色产品的产业集聚区。

目前，深沪内衣行业产业配套较为齐整，产品系列较为齐全，产业聚集显著，产业规模壮大。全镇有内衣生产及配套企业 600 余家，从业人员近 6 万，其中规上企业 113 家，有浔兴、浩沙 2 家上市公司。主要产品有短裤、背心、文胸、睡衣、泳装、童装、T 恤衫、保暖内衣等，年产量超 10 亿件。产品 90% 出口，主要出口东欧、中东、德国、法国、日本等国家和地区。2015 年行业主营业务收入 209.7 亿元，占地方经济总量比重超过 90%。

深沪内衣行业高速发展，但也存在一些问题。受要素成本上升、资源环境约束、订单价格下降的背景下，传统内衣出口空间受到挤压。除龙头企业生产稳步增长外，一些小企业，特别是部分小微企业资金紧张，加上订单少、利润薄，企业运营难度较大。中小企业缺设计人才和技能人才，先进实用的技术不足，创新办法不多。

深沪内衣行业产业特色明显，仍有较大的提升空间。深沪镇党委、政府高度重视深沪内衣行业发展，近年来深沪镇坚持“立园区、建平台、抓创新”的工作思路，强化政企联动，不断夯实行业基础，做强规模化、特

黄沂均，晋江市深沪镇人民政府企业服务中心主任。
黄清海，福建省晋江市深沪商会原秘书长。

色化的深沪内衣行业品牌。

一、依托园区建设，培育新增长点

2011年以来，规划中小企业园区、沿海大通道产业带、标准厂房园区等多个纺织产业园区及配套的漂染集控区，深度开发功能性面料、差异化经编面料、高性能内衣产品。

园区建设依然以内衣产业经济为主战场。目前，中小企业创业园，总用地1082亩，确定入驻企业20家，园区企业全部投产后预计新增劳动力6000人，年产值30多亿元，年纳税约2亿元。将建成深沪中小内衣企业创业发展平台。沿海大通道产业带，产业带总面积超3000亩，规划推进总投资4多亿元的各级重点项目，全部投产后年产值80多亿元，年纳税约3亿元。标准厂房园区，总用地460亩，引进内衣及配套企业20余家。现已有6家企业入驻生产，现有工人近2000人，年产值1亿多元，年纳税超过1000万元。规划为作为深沪镇内衣制造及外来工居住的专业园区。东海垵集控区，总用地1000亩，现共有15家漂染企业、1家环保有限公司（污水处理），工人总数超过5000人，年产值20多亿元，年纳税超过6000万元。规划为以发展内衣配套染整行业为主的污染集中控制区。

二、依托平台建设，完善公共服务

进一步加强行业公共服务体系建设，促进行业健康发展。做好以下几点：

1. 做好人力资源服务

依托深沪“国家纺织人才培养基地”的人才培养功能，引导龙峰、浩沙等公司与东华大学、北京服装学院对接交流，全力做好行业人才的培训、培养工作，为深沪镇乃至晋江纺织产业发展提供强有力的人才支撑。

2. 产品设计研发服务

依靠开发设计、制作工艺等优势，实现强强联合。现有一批国际知名品牌通过联合协作或工商联动的方式授权深沪镇内衣企业生产。深沪镇实现多元化市场战略，推进全方位、多渠道、多口岸的出口战略，抓好出口载体建设，提高自营出口能力，拓展国际市场。

3. 创新开展跨境电商

依托镇企业服务中心、镇商会，大力推进跨境电商发展。通过众筹方式成立跨境电商，组织企业开展跨境电商取经活动，组织企业召开专场培训会，深沪跨境电商的火苗已经点燃。将大力发展 B2B、B2C、O2O，扶持企业通过跨境电商开拓市场。深化与淘宝、京东等国内电子商务巨头的合作关系，引导企业拓展网络销售空间和销售渠道。致力将跨境电商发展为深沪内衣发展的一大增长点。还将持续组织内衣企业负责人互联网 + 培训，发挥浩沙、康雅等电商领头羊的辐射带动效应，引导传统外贸企业深度“触电”。积极探索在大型电商平台设立深沪内衣产业专区，发挥深沪内衣产业、产品的优势，并开拓海丝沿线国家市场，打造产业电商生态圈。

三、依托创新驱动，力促转型升级

坚持创新驱动，加快供给侧改革，推进以产业结构调整与升级为核心的经济转型。

1. 在智能制造方面

引导浔兴公司投资 2.2 亿元开展拉链智能化技改，鼓励优势企业引进智能喷水织机，引进高端智能经编设备，减少劳动密集型企业对人工依赖，开展机器换工。

2. 在科技创新方面

鼓励优势企业创造条件争创国家级实验室，参评国家高新技术企业，参评国家级知识产权示范企业，积极培育一批科技小巨人企业。力促浩沙公司获评国家高新技术企业、省创新型企业，龙峰公司入选全国民营企业 500 强、省高新技术企业，浔兴公司获评首批国家级知识产权示范企业、获评 2015 年泉州十佳“科技小巨人”企业及获泉州市政府企业创新奖。

3. 在品牌建设方面

政府以及商会着力培养企业的品牌意识，引导企业树立品牌形象，制订把产业做大、企业做强，品牌打响的工作方针，大力推行品牌战略，引导行业企业创立品牌。目前行业拥有“SBS”“浩沙”两个中国驰名商标，“百佳”“达丽”“嘉利”“胜洋”等 18 个福建省著名商标，为中国内衣名镇奠定一定的品牌基础。

4. 在市场开拓方面

鼓励有条件的企业引入“体育 +”“健康 +”概念，推出健康管理APP，拓展智能穿戴、健康管理、健身运动等细分市场。引导有条件的企业到越南、柬埔寨等东盟国家布局设厂，搭建跨国产业链。

5. 在产业升级方面

重点培育一批智能工厂、数据化车间。引导“政产学研金介用”深度对接，向“轻资产”战略方向发展和“微笑曲线”两端扩展，发展高端定制，植入品牌DNA。大力扶持中小企业创新发展，强化企业技术创新主体地位，培育众创空间，提升自主创新能力。培育科技小巨人企业，促进大型骨干企业加大研发投入，打造研发创新制造商。

总之充分发挥“中国内衣名镇”区域品牌效应，重点发展以内衣为主的纺织服装业，构建集面料研发、纺织化纤、坯布染整、成衣制造为一体的全产业链体系。

四、依托绿色发展，推动节能减排

以绿色发展为根本，多措并举，标本兼治，大力推行深沪内衣行业配套的纺织、漂染行业的清洁生产，推广园区循环经济体系建设，创建省级循环经济示范区。

龙峰纺织生态园区采用大量绿色环保措施。如屋顶太阳能分布式光伏发电站，年发电量可达5兆瓦，全部建成可达15兆瓦，园区大部分照明和辅助工业设备用电均实现清洁能源。园区建设中水回用系统，生活用水和工业用水全部实现二次利用，实现了园区水的循环再利用。经处理后的水质达到国家二级水质标准，水回收率可达到95%以上。

加强行业“三废”的资源化利用和再生资源回收利用，提高综合回收利用率和重点行业资源循环利用水平，大力推进东海垵集中供热工程落地建设，进一步完善集控区污水管网配套设施，启动深沪污水处理厂建设，全面抓好污水处理、生活垃圾和畜禽养殖污染综合治理等减排项目。力争在“十三五”期间，工业固体废物综合利用率、污水综合利用率等指标持续保持在全市领先水平。

五、依托行业协会，发挥积极作用

深沪内衣行业有深沪商会、外商投资企业协会及深沪内衣协会，现有会员企业300余家。福建省晋江市深沪商会后获评“全国纺织产业集群地区优秀商会”、晋江市“5A”社会组织等荣誉。今后将突出五个方面的工作：

一是加强自身建设，不断健全协会软硬件，练好内功。依托深沪内衣网和深沪人才网提升协会品牌，为会员企业做好服务，进一步发挥深沪产业协会在深沪内衣产业集群发展的重要作用。

二是组织行业交流，协会举办各类高峰论坛、政策法规培训会，引导企业掌握行业信息和市场信息，提升企业、创新发展能力。组织内衣企业开展商贸交流，学习行业先进地区经验做法，提升本土内衣行业发展视野。

三是拓展服务领域，大力宣传各级政府最新出台的各类扶持政策。搭建政银企沟通平台，帮助集群企业解决用地、用工、用水、用电、融资等问题。引导集群企业抱团走出去，参加广交会、华交会、拉斯维加斯服装展等国内外知名展会，提升深沪中国内衣名镇知名度。

四是发挥调解机制，及时化解集群企业间、企业与职工间的矛盾纠纷，切实维护集群企业和职工合法权益。进一步完善劳动合同和集体合同制度，推进劳动合同制度示范活动三年行动，积极引导劳资双方签订劳动合同，基本实现劳动合同制度全覆盖。开展小企业劳动合同专项行动，推动农民工简易劳动合同的签订。实施劳动用工备案制度，实现劳动用工动态化管理。

深沪镇将进一步发挥政府、协会、企业三者紧密相连、共建互赢的良性机制，积极引导行业健康发展。“十三五”期间，深沪镇内衣行业将以创新为主线，主动适应引领发展新常态，通过逐步淘汰落后产能，持续保持竞争优势。引导企业转型升级，不断提高企业、行业发展的质量，成为海上丝绸之路上的一抹风情，扬帆出海，美名远扬。

轻薄型针织内衣面料的生产

黄学水

随着人们审美水平的提高及对针织内衣服用性、功能性要求的提高，轻薄化成为针织内衣发展的趋势。新型原材在针织内衣领域的广泛应用，纺纱技术、编织技术、染整及后处理技术的创新以及新设备的升级，为内衣轻薄化发展创造了条件。

一、改性天然纤维生产轻薄型针织内衣面料

传统天然纤维的改性与优化，相应产品在其手感、风格上打破了以往棉型产品、毛型产品、麻型产品、丝绸型产品或化纤型产品的界限，出现了各种风格的明显交叉。如羊毛产品，一般用于秋冬季保暖外装产品中，通过改性，可应用于春夏季贴身穿着T恤产品中。

1. 凉爽羊毛针织内衣设计原理及思路

凉爽羊毛即借助化学药剂的氧化作用，羊毛角质的大分子的二硫键受到破坏，并转化成磺酸基团和磺基丙氨酸，达到部分或全部剥蚀羊毛的鳞片层的作用，即所谓的丝光（防缩）处理。目前常用的处理方法有剥鳞片处理法、氯氧化法、高锰酸钾法、酶处理法和树脂处理法等。最常用的方法是氯氧化法。

2. 工艺设计与关键点

丝光剥鳞工艺设计时，释氯剂DC溶液（释氯剂DC用量为织物干重的3%～4%），浴比为（1∶10）～（1∶15），pH调节到3～4，加入织物丝光剥鳞，时间一般控制在45～60分钟。然后用亚硫酸钠还原清洗，用碱式盐三聚磷酸钠碱洗。释氯剂DC丝光剥鳞是通过其在自身的水溶液中水解形成次氯酸，释放出浓度较低的有效氯与羊毛缓慢反应，达到丝光目的。

羊毛经丝光处理造成纤维强力下降，手感粗糙，染色不匀及纤维泛黄

黄学水，高级工程师，针织工程专家，济南元首纺织有限责任公司生产部部长。

等缺陷，所以控制 pH 下降和水温升高速度，减缓水解反应速率，是工艺的难点和关键。

编织工艺设计时，选用细特丝光羊毛纱为原料，纱线越细，针织物越轻薄，热阻越小，导湿能力增强，穿着感觉凉爽、干燥、舒适。但纱线越细，强力减小，编织难度增大。所以选用合适的纱线支数直接影响产品风格、编织顺利与否，是编织设计的关键。编织生产过程中，车速不宜太快，送纱张力偏小掌握。与棉线圈长度相比，羊毛线圈长度较大，所以坯布牵伸拉力要注意加大，防止布面太松出现涌布现象。

羊毛经丝光处理表面鳞片层受到严重的破坏，在染整处理时比常规羊毛更难以染色、更容易发生损伤，从而影响丝光羊毛的物理性能及化学性能。羊毛丝光处理后，羊毛上存在着化学残留物（如柔软剂、润滑剂等），影响羊毛染色的均匀性以及染色牢度。所以需要进行预处理去除及中和这些残留物，有利于丝光羊毛的匀染性。

毛用活性染料蓝纳素染料着率高达 93% ~98%，具有良好的湿处理牢度，特别适合机可洗羊毛的染色。匀染剂 Albegal B 是与蓝纳素染料配套使用的两性渗透匀染剂，使染料具有良好的匀染性和渗透性。在低温时，它与蓝纳素染料作用，可提高匀染性，同时还可以中和纤维表面正电荷，起缓染作用。此外，它吸附在纤维上，又可以增加阴离子型活性染料的上染速率和上染率。

染色时，控制染浴 pH，尤其是入染时 pH，可以减缓染色的不匀性。pH 范用为 4.5 ~5.5，对染色较为有利，可以有效提高匀染效果。控制好染色温度，提高染色的匀染性。染色工艺为：入染温度 30℃以下（即室温）、恒温温度 60℃，恒温时间 10 ~15 分钟，染色温度 90 ~95℃，保温时间 30 ~90 分钟。温度过高或过低，易造成丝光羊毛强力损失以及染色固着率低、染料浪费、污水处理难的问题。

3. 产品风格及特点

原料采用细特丝光羊毛，生产凉爽型移圈罗纹，克重小于 $200g/m^2$，质地细腻，轻薄、手感活络，有弹性、滑挺爽、呢面光洁平整光泽等优良特性，与其他纤维制品相比，其透气性以及清新、爽洁、舒适的感觉，均优于其他纤维制品，可用于春、夏季 T 恤衫生产。

二、天然纤维生产轻薄型针织内衣面料

随着纺纱设备、工艺的进步，许多原本不能用于纺纱的天然纤维已经可以纺成针织纱线。如植物纤维中的木棉纤维，细度仅有棉纤维的二分之一，中空率却达到86%以上，是一般棉纤维的2～3倍。动物纤维中如狐狸绒纤维。它们的特点主要体现在密度小，中空度高，适合于生产轻薄型针织内衣。

1. 狐狸绒针织内衣的设计原理及思路

狐狸绒纤维髓脏大，髓质层中存有较多的静止空气，是一种天然保暖性能的动物纤维。纤维密度为1.0182g/cm^3，小于超细绵羊毛、山羊绒，甚至小于安哥拉兔毛（密度为1.1852g/cm^3），是目前最轻的动物性纤维之一。试验证明，相同纱支、相同组织、相同密度的100%狐狸绒织物与100%山羊绒织物相比，狐狸绒织物克重仅为羊绒的78.2%，而保暖率是山羊绒织片的1.5倍，所以狐狸绒纤维特别适合于生产轻薄型针织内衣。

2. 工艺设计与关键点

狐狸绒纤维长度为32.4mm，细度集中在13～18μm，细度离散度大，强力低，可纺纱性能差。纺纱工艺设计时，尽可能不要纯纺，宜采用与棉、新型再生纤维素纤维、细旦锦纶等多组分混纺，从而解决纺纱困难，改善织物手感及服用性能。一般来说，狐狸绒含量在10%～25%比较合适，当狐狸绒含量超过30%时，织物舒适性能降低，手感变差，强力降低，而且成本较高。

编织工艺设计时，可考虑采用高机号横机生产衣片，减少原料的裁剪消耗。设备机号为E18，原料成分为20%狐狸绒纤维20%丝光羊毛50%天丝10%长绒棉，织物纵密136个线圈/10cm，横密108个线圈/10cm，男式内衣单件重量240g，女式内衣单件重量210g。花型设计时，花型不宜大，平针或1+1罗纹组织为佳。

染整及后处理过程中，由于狐狸绒中空特性，上染速度较快，易染花，所以控制好pH和上染速度是关键。染色时，先加入低温匀染剂WD－201、盐、醋酸钠或醋酸，后加入染料；染料需用水溶解成液体，再缓慢加入染液中；加入染料后，染液在室温下保温一定时间后才可升温，要求

严格控制升温速率，升温至70℃后需放慢升温速率，防止色花现象。

狐狸绒纤维含杂较多，异味较大，所以，狐狸绒在针织内衣领域应用受到较大限制。织物染色前，狐狸绒需要做除异味处理，处理方法为：热水洗→皂洗→漂白（50℃水洗）→冷水冲洗多次。其中皂洗主要作用是去除油脂和异味，提高染色鲜艳度，皂洗时间一般为30分钟，温度85℃。双氧水低温漂白是为了去除狐狸绒纤维残余的异味，同时提高白度。

织物要进行缩洗整理，缩洗时织物反面朝外，使织物反面绒毛较长，纱线内部产生轻度毡化，纤维间相互交缠，增加纤维间的抱合力。织物正面则起绒较少，仅有短密的绒毛，绒面受织物内纤维间抱合力的作用，受摩擦时不易滑出，减少掉毛现象。浴比1∶20，温度35℃，时间5~10分钟，pH为7。轻度缩绒浴比为1∶30，温度25~35℃，时间为2~8分钟，净洗剂0.2%~0.6%。

3. 产品风格及特点

狐狸绒内衣适宜采用多组分混纺（如与莫代尔、天丝等），且狐狸绒含量不宜超过30%。这类内衣产品既具有狐狸绒的华贵、轻薄、保暖、舒适的特点，又有其他纤维（如莫代尔、天丝）的良好手感、光泽和悬垂性，体现出多种纤维优点。

三、新型智能空调纤维生产轻薄型针织内衣面料

Outlast空调纤维是一种新型“智能”纤维。该纤维及其纺织品不仅具有对外界刺激（如机械、光、热、化学、应力、电磁等）感知和反应的能力，还具有适应外界环境的能力。技术关键是所使用微胶囊包裹的热敏相变材料具有能以潜热的形式，吸收储存和释放热量的功能。在温度变化中，可以固态液态互相转化，从而达到吸热、放热的效果，对温度变化有缓冲作用，具有气候调节功能，在身体和服装（或其他产品）之间形成良好的微气候，达到冬暖夏凉的效果。

1. Outlast空调纤维针织内衣的设计原理及思路

空调纤维是利用相变材料不间断地吸收和释放能量来调节温度的。目前加工技术最成熟的方法是微胶囊法空调纤维，相变材料微胶囊已应用到腈纶、粘胶、牛奶蛋白质纤维等多种纺织材料中。常用的有Outlast腈纶空

调纤维和Outlast粘胶空调纤维。

2. 工艺设计及关键点

空调纤维针织内衣，Outlast空调纤维含量是设计的关键。有资料表明，当Outlast空调纤维贴身面的含量低于60%时，会影响“空调”效果。同时含量太高，又影响产品成本。所以组织设计时，可采用覆盖关系，非贴身一面采用其他纤维。如里层贴身部分用Outlast纱，外层可采用腈纶或混纺纱。如在UP472纬编提花圆机上（机号E24针，30英寸）生产空气层保暖产品。

使用阳离子染料对Outlast空调纤维和双抗腈纶染色时，尽量选用配伍值接近的染料，有利于各染料均匀上染。温度是控制匀染性的一个重要因素，当温度从70℃开始（不同生产厂家的腈纶有差异）到纤维分子链到玻璃化温度时，上染速率会突然增大，这时必须缓慢升温或保温才能防止染色不匀现象。pH直接影响到腈纶染色效果，阳离子染料上染腈纶时，可采用醋酸起到调节染液pH作用，具有缓染和匀染的作用。染色时，浅色面料pH应控制在4左右，而深色可适当调高一些，控制在4~5.5。

由于相变材料微胶囊在生产加工过程中易受到损坏，影响织物的性能，所以在纺纱、编织、染整等过程中，要尽可能避免纱线与设备各种机件之间产生剧烈摩擦，可采用降低运转速度的方法减弱摩擦，同时不宜采用磨毛等后处理。

3. 织物风格及特点

Outlast空调纤维制成的服装，由于存在成千上百万个具有能量转换功能的相变材料，吸收和释放能量来调节温度，可产生冬暖夏凉的空调效果，使人体保持在一个舒适的温度范围。Outlast空调纤维广泛应用于航天太空服、运动服，床上用品以及普通服装类别，如衬衫、裤子、内衣、袜子、手套等，特别是滑雪衫、毛衣、毛裤等服装。

四、吸湿发热功能性纤维生产轻薄型针织内衣面料

吸湿发热纤维目前已经广泛应用于针织秋冬季保暖内衣中，替代了传统以厚重求保暖类内衣产品。吸湿发热功能性纤维一般回潮率较大，纤维吸收水分，分子中的亲水基团与水分子结合，水分子的动能降低，转换为

热能被释放出来。

1. 产品设计原理及思路

吸湿发热纤维通过吸收人体发出的汗和湿气来发热，使衣服内的空间保持温暖舒适的状态。由于人体即使没有运动，也会排出肉眼难以发现的气相的汗，所以只要身穿具吸湿发热纤维的服装，就可常保温暖。

2. 工艺设计与关键点

由于吸湿发热纤维的回潮率较大，有的标准回潮率可达26%，在纺纱各工序应严格控制车间温湿度，以便稳定成纱质量。同时在生产过程中宜降低车速，减少对纤维的过分打击。采用轻定量，并加大梳棉机大压辊和小压辊的压力，定期进行通道清洁，以便顺利出条。由于纤维弹性好、表面光滑、抱合力差，棉卷退绕时容易粘卷、分层不清，必须采取防粘措施，减少粘卷现象。

编织工艺设计应注意控制发热纤维在面料中的含量，比例不宜过大，否则会引起发热效果太好导致升温较高，影响穿着舒适度。同时，发热纤维的价格较高，减少其含量可有效降低产品的成本。

某些吸湿发热纤维在染色过程中本身不能上染颜色，相反却能在染色的一定范围内自动调节染液的pH，很容易造成面料在染色过程中出现色花的疵点现象。所以染整工艺设计时，将染液的pH尽可能控制在合理的范围，以便减少吸湿发热纤维对染液的影响。同时避免高温皂洗，防止阳离子染料脱落与阴阳离子染料反应，形成不溶性沉淀物，造成的沉淀色花现象。

采用两浴法染色工艺，选用ED型阳离子染料，染料分子结构的外面包有一层保护膜，一定程度上阻止了染色过程中阳离子助剂与其他染料阴离子部分及阴离子助剂反应产生沉淀，为同浴精练除油、染腈纶、染锦纶提供了可能。同浴精练、染腈纶时加料操作是关键，30℃加助剂，加助剂的顺序为螯合分散剂、除油剂、精练剂、匀染剂、冰醋酸、醋酸钠、沉淀防止剂，每加一种助剂后2～3分钟，助剂均加完后，再加弱酸性染料或中性染料5分钟，以1.5℃/分钟升温到80℃，保温10分钟后，加入阳离子染料5分钟，再1℃/分钟升温到100℃，保温60分钟。

面料在后整理过程中，要对柔软剂工艺和助剂进行合理的制订与筛选，目的是避免影响负离子的吸收及其作用的发挥，同时还要赋予织物柔软的手感。这是该面料生产的又一关键技术。

3. 产品的风格及特点

发热纤维生产的内衣，手感柔软，丰满，保暖性能好，光泽靓丽，穿着舒适，吸湿发热性能良好，其中 30 分钟内吸湿发热平均升温值为 2.2℃，最高升温值达 4.6℃，透气性 938㎜/s。目前，发热纤维多用于贴身内衣以及被褥絮棉、运动装、滑雪衫等服装产品中。

五、结束语

我国针织工业行业从“九五”开始的几个五年发展规划或发展思路都提出，针织面料必须加大拓展研发与应用，其中面料的薄与厚，宽幅与窄带、平实与网孔、提花与素色是发展重点。为此，针织行业许多企业从改进技术装备入手，从原料选用入手，从染整工艺入手，大力拓展面料的规格，取得丰硕成果，为服饰企业提供可供选择的多品种、多规格的原料。新型纱线原料的不断涌现，编织、印染及后整理技术的不断进步，正在推动内衣面料轻薄化快速发展。而内衣产品的轻薄化以及良好的弹性、良好的热湿性能、抗菌等功能性，已经成为针织内衣发展的整体趋势。

双针床经编绒类面料的发展趋势

蒋建良

经编行业是一个具有一定特色和科技含量的产业，双针床经编绒类产品就能够体现经编产品的特色和科技含量。

双针床经编绒类产品于20世纪80年代开始规模生产，生产能力逐步扩大。90年代初期，江苏省常熟市梅李镇生产开始起步，以锦纶、涤纶长丝为原料的主流产品，特别是长短绒广泛应用于家纺和服装，很快出现双针床经编绒类织物为主导产品的集群。这类产品经历30多年的稳步发展，已经形成一个较为完整的生产加工体系。常熟市群英针织制造有限责任公司长期致力于绒类产品开发，对产品的创新有较多的研究。

一、技术创新

从双针床经编绒类产品的开发和应用可以看出，产品创新从技术创新开始。双针床经编工艺特点：织物纱线靠编链纱、衬纬纱和毛绒纱三组纱线组成。其中编链纱、衬纬纱主要编织底布，毛绒纱是绒布的主体。衬纬纱是织物的根基，对于织物的强度起到根本作用，对于织物的厚度也产生影响；编链纱发挥握持衬纬纱、毛绒纱的作用，对于稳固织物结构也起到一定作用；毛绒纱编织毛绒部分，使织物产生毛绒效果并且形成织物的立体结构。

毛绒纱梳栉在前后针床的织针上分别编织，使两个针床织成的两块底布连接成立体织物，这个立体结构从中间剖开后，原来起连接作用的纱线就成了绒面。这种形成绒面的方法，使绒类产品结构稳定，而且有较大的厚度。绒面的高度取决于两个针床脱圈板之间的间隔距离。这一间隔距离可以在一定程度上增大，提高织物的毛绒高度，即使在一台机器上也可以

蒋建良，针织企业家。常熟市群英针织制造有限责任公司董事长，常熟市梅李镇经编印染协会会长。

生产毛高范围更广的产品。因此设备的调整就是开发产品的关键之一，而这种调整就需要根据设备状况和产品需要进行。

绒类织物染色、整理技术是双针床绒类织物产品创新的有效手段。通过染整技术，双针床绒类得以系列化，外观差异化。对于绒面的处理包括刷毛、起毛、剪毛等，可以单独处理，也可以复合进行。起毛是采用起毛针布将处于织物的工艺正面的复丝中的部分单丝拉断，使布面均匀地出现一层绒毛。通过改变起毛角度和加大布速可以得到不同的起毛效果和毛绒密度效果。刷毛的方向可以采用顺向刷毛，也可以采用逆向刷毛。顺向刷毛可使绒毛直立，毛绒感强烈；而逆向刷毛使绒毛倒伏，但是可以产生柔顺的效果。剪毛则是对剪去绒面的部分毛绒，目的是使绒面平整。为了确保毛绒效果，剪毛和刷毛等可以组合或者反复交替使用，使绒毛齐整的同时产生柔软、丰满的手感。

国内经编设备、绒类整理设备有了较大的进步。设备性能水平较高，为行业的产品提升提供广阔空间。产品创新的关键还在于不同原料的使用。原料包括涤纶、锦纶、腈纶以及部分天然纤维。值得重视的是，差别化、功能性化学纤维对绒类产品开发产生积极影响。这需要配合设备的性能和整理工艺的完善。原料选用、编织调整、整理工艺等既是对经编绒类生产技术的考验，也为经编绒类企业提供发展的机遇。

目前国内双针床经编绒类产品的产能较大，传统的较为简易的工艺众多企业都在采用。许多企业研发创新意识还不够强，对于落后技术影响产品提升的认识不足。事实上，只要企业加大技术研发力度，实施技术创新，合理利用现有设备，开发先进工艺的前景依然广阔，而一些落后的技术和设备将逐步退出行业。企业可以增加技改投入，提升技改贡献率，采用先进经编工艺技术，为造就产品新优势奠定基础。

二、产品提升

绒类产品的生产增长经历了较长的时期，产品的加速提升是一个必然趋势。瞄准国内外经编产品的先进水平，不断推出新品投放市场，扩大市场的覆盖面，才是产品提升的途径。

双针床绒类从生产技术的把控到产品设计，再推出丰富的产品是一个连续的过程，必须把控产品生产和产品性能的各个环节。首先必须掌握产品选用原料，其次必须掌握产品加工工艺，第三必须掌握产品的最终性能和用途。这三者必须综合考虑，不是简单地考虑某一方面或者简单地依次考虑。

双针床绒类产品设计时考虑主要包括绒毛特征、绒面风格、面料特性等许多因素在内的最终使用效果和感受。绒毛特征包括绒毛高度、绒毛密度和绒体的柔软度，绒面风格包括绒面光泽、色泽、细腻度、粗犷度和绒毛表面分布状况，面料特性包括面料的悬垂度、面料的平方米重量、面料的规格尺寸等。

原料包括各类化纤长丝，主要有涤纶、腈纶、锦纶、粘胶等，特别是细旦化、功能化化纤原料，能带来绒类产品手感更加柔软、质地更加细腻、绒毛更加丰满，有部分天然纤维的感觉。不同化纤原料使最终绒类产品性能不一。涤纶类较为坚挺结实，腈纶类体积大易变形，而天然纤维也能给绒类带来更大的舒适感。双针床类织物平方米重量区域分布可以在120～1000克，用途较广的在150～400克，绒毛高度通常在2～32毫米。

产品用途很广，不同的工艺有不同用途，而相同的工艺也有不同的用途。双针床绒类、经编毯有些以腈纶为主要原料，这是因为双针床经编机编织这类织物，便于达到色泽鲜艳、花型立体感强、手感丰满的效果。如双针床经编机生产玩具绒面料，可以使玩具绒表面丰满、结构多样，而且由于织物结构紧密绒毛不容易脱落。

玩具绒产品由6把梳栉编织。这类织物质量高，一方面是由于绒毛表面非常丰满，另一方面是由于地组织的尺寸稳定性非常好，适宜用来制作精致的玩具产品。

短绒类产品得到长期推广，长绒织物的应用也相当广泛，如服装、床品和毯类等。用于制作毛毯、床罩的长毛绒织物常选用腈纶短纤纱为毛绒纱。长绒织物具有良好的蓬松性，绒面丰满，保暖性能良好。产品用于制作沙发面料、窗帘、浴巾、毛巾、工艺饰品等。长绒类产品用于服饰、仿真及功能性领域等空间巨大。

毛绒纱为两种不同细度、不同长短和不同收缩率的腈纶（混纺），织物绒面经后整理便能形成仿兽皮效果。采用粘胶丝编织的长毛绒织物常用于服装，有时也用作服装和鞋子的衬里。还可以推进绒类产品的应用向浴衣、睡衣、室内休闲服领域延伸。

此外，不少企业通常开发的一些产品，包括俗称的PV绒、舒棉绒、法兰绒、水晶绒、兔毛绒以及仿真面料等各种产品在原料选用上可以相同或接近，依靠后处理生产不同风格的产品；也可以采用不同的原料，采用接近的后处理生产不同风格的产品；或者采用原料和后整理都不同生产不同风格的产品。

通常，双针床绒类产品可以考虑实际用途，确定织物厚度、密度以及绒毛的高度，采用的主体原料和加工工艺，通过技术、设计的完善达到研发的新目的。以客户需求为目标，发挥绒类工艺特点，依然是绒类产品的发展方向。

三、市场开拓

进入21世纪，经编产品用途得到较大拓展，装饰用、服装用、产业用三大领域齐头并进，顺应了市场需求和行业结构调整。而经编绒类产品生产得到拓展，但是使用领域拓展速度较慢，一些用途的拓展相对滞后，主要原因是产品消费缺乏引导，产品用途宣传不够。

随着人们物质生活水平的不断提高，舒适性面料、时尚性面料、功能性面料、低碳环保型面料需求不断增大。绒类产品整体需求平稳，消费格局将会发生新的变化，中低端产品市场会逐渐萎缩，而中高端产品市场会逐步扩大，国内的消费升级以中高端市场为主。绒类产品拓展市场关键在于分析经编产品的需求趋向，分析消费的规律。

绒类面料在舒适性方面有优势，在时尚性方面有特点，应当继续保持。而功能性的许多方面仍需大力拓展。采用功能性纤维编织，经过特殊的后整理，就能生产多种功能性绒类面料：抗污抗油面料、防紫外线面料、防辐射面料、抗菌面料等。

双针床绒类产品具有明显优点，就性能而言难有替代产品或者类似产品，因此这类产品还将有稳定的发展空间。独特的绒面、绒毛效果，成品舒适和美观等都是这类产品的优势，超柔的绒类效果是其他编织方式难以达到的。彰显独特风格的双针床绒类织物，将持续广泛应用于附加值较高的外衣、装饰、家纺领域，使这些领域的产品持续给消费者带来新的消费欲望。

产品差异化是双针床绒类产品发展的一个趋向，以产品差异为基础可以获取市场竞争的有利地位。差异化绒类产品还应当与用途相结合，根据最终用途产品的差异化来确定绒类产品的差异化，同时修正生产的工艺流程。产品的差异体现在质量和创新等方面，具有较高创新特征的差异化绒类产品将会有良好的市场前景。

产品的标准是引领产品研发销售的关键因素，目前规模较大的企业产品标准较为完整，而许多企业产品标准不完善，区域性标准有待进一步统一。标准的制定是企业拓展市场中强化服务意识、强化服务功能的一种表现。在市场上推出新型面料，就必须具备相对完善的产品标准和较高的售后服务能力，面向高端市场服务水平的提升更为重要。

此外，通过参加各种展会和考察国内外市场捕捉信息，是了解市场和消费结构的有效手段，同时可以借鉴其他类似产品品牌打造市场美誉度的做法与经验，培育绒类产品的自主品牌。

2016 年中国针织工业协会专家组调研认为，双针床绒类产品生产规模较大，主要大类品种产销量稳步增长，一些采用新原料、应用新工艺的产品产销量增长更为明显，行业已经进入一个稳定的发展时期。从梅李经编行业看，双针床绒类产品必须按照低碳生产、节能减排和节省资源的总要求，实行精细化管理，完善制造标准体系，优化产品制造，大力推进产品创新创优，创立行业有影响力的品牌，为市场持续稳定和行业的持续稳步发展营造新的基础。

从技术创新加以保障。合理选用机器的规格与产品的规格相配套，使产品规格更丰富。应用染色的色彩搭配和色织的变化推出更多色系的产品，尽量做到符合色彩的流行趋势。

3. 营销创新

首先，确立营销与开发的关系。建立顾客、分销商的产品需求信息顺畅、完整、及时地反馈的机制，迅速、准确地把握目标市场的顾客需求，真正从满足目标市场顾客的需求和期望的角度出发进行选题，真正贯彻“以顾客为本”的产品开发原则，使产品的特性契合顾客的需要。其次，树立整体供应链思维，实行拉动式营销策略。现在的市场竞争已不是简单意义上的企业之间的竞争，而是企业的营销网之间的竞争，企业的产品战略也必须发挥整个价值链的作用。营业网点销售员对成品布需求商进行一站式、菜单化的技术服务，开展全球最佳合作伙伴计划，建立了以其为主导的价值链。第三，做好客户评估，运用授信额度来调控资金风险，减少或杜绝呆死烂账。

4. 管理创新

第一，摆正新产品与现有产品的管控关系，着力培植新产品的市场份额。当新产品代替现有产品时，往往造成现有产品销售下降，库存增加。处理新产品和现有产品的关系，关键是选择新产品投入市场的时机和采取的价格策略。当新产品的成本、研制费用较高时，企业的风险和损失更大。为了降低这种风险，公司将新产品投放到现有产品没有很大渗透的小的细分市场，测试消费者对新产品的接受程度，以确定新产品的价格水平和合适的投放市场的时机。第二，建立新型企业管理体系，打破传统的针织企业管理模式。引进管理新理念，推行模块化管理体系系统工程，达到管理体系变革（环节少，流程短，责任明）。嘉谦纺织组建了信息部，自开发 ERP 系统。第三，加强库存管理，实现整个供应链及各个参与企业益的最大化。采用先进的信息管理技术，通过供应链各个企业间的合作调不仅有可能减少各个企业的库存水平，从而减少整个供应链整体的库水平，还有可能提高对顾客的服务水平。第四，引进互联网 + 信息化管实现生产经营管理的多重优化。在工业化与信息化深度融合方面，通生产线的机器联网开展信息化改造提升。管理体系的实施便于提高生产

人才、创新、品牌，针织企业发展的三大法宝

蔡景辉

佛山市嘉谦纺织有限公司位于中国针织名镇——佛山张槎，是一家专业从事针织面料研发、生产及销售的综合型企业。经过十多年的攻坚克难，已经成为针织面料行业具有相当影响力的企业。嘉谦纺织拥有自己的核心技术，具有相当规模的产品体系：传统针织面料、运动功能面料和经编布料三大系列。企业在针织文化的熏陶下迅速成长，每一步都走得踏踏实实，踏出了一条“小针织大胸襟”之路。实施人才战略、创新战略、品牌战略，“三驾马车”齐头并进，是企业发展的三大法宝。

一、实施人才战略，广纳贤才

有些企业不断进行技术设备改造，全身心地关注财务指标等“硬”数据，却忽略一些“软”数据：敬业员工的比例、忠实客户的增长率、品牌忠实度、企业文化等。嘉谦纺织用人宗旨是：把员工看作企业最重要的资源，根据员工的能力、特长、兴趣、心理状况等综合素质来科学地安排工作，通过人力资源开发和企业文化建设，使员工对公司有归属感，在工作中发挥积极性、主动性和创造性，提高效率、增加业绩，为达成企业发展目标做出自己最大的贡献。

1. 培养人才

一是选好对象，企业对有专长和基础的员工进行考察，了解员工的职业规划，让员工明确企业的发展规划，与员工签订培训协议，有的送到对应的大专院校进行学历教育或理论技术培训。近几年在途和学成归来的有30多人，他们在工作中起到关键作用。二是注重老中青的阶梯搭配，发挥

蔡景辉，高级经济师，针织企业家，佛山市嘉谦纺织有限公司董事长。

传帮带的作用。培养适合企业自身发展的实用性人才，组织公司的专业技术人员内部培训教材，涵盖经济管理、纺织服装、市场营销、财务会计、哲学政治等方面。每年通过例行集中培训辅导和现场实操讲解等形式，持之以恒地开展培训。三是鼓励员工自学成才，对在职期间获得学历或学位的、考取技术职称的按照不同的类别给予奖励，公司涌现出不少在职本科生、在职硕士生、工程师、会计师和行业优秀教练员等。

2. 引进人才

一是在大专院校和科研院所引进专职或兼职人才。他们担任各部门的技术指导，用专业知识指导岗位工作，提高了各个环节的理论和实操水平，避免了许多不必要的损失和过错，提高了工作效率和经济效益。二是在同行中交流引进。在纺纱领域、织造领域、染整领域、印花领域、服装领域，在企业管理、技术、研发、营销、物流，有的放矢挖掘人才，来之能战，战有成效。三是跨地区跨专业引进。嘉谦专一做针织面料，但用人观念不唯纺织专业、不唯广东本土，面向全国，建立以纺织为主导，配套的企业规划，人力资源，法律，外贸，营销，审计，资本运作等为辅的人才结构体系，逐步建立起现代企业管理所需的全方位人才模式，打造专业高效的管理团队。

3. 整合人才

有了人才，如何用好是关键。嘉谦纺织提出了以人为纽带创建联合研发中心。首先，积极了解和掌握行业的人才状况，掌握专业人才状况依托科研院所的研发资源和公司的硬件优势，利用中高端人才智慧，用高新技术改造传统纺织印染产业，实现研发、设计、生产、销售等环节的优化整合。其次，加强产业链整合，积极引进国内外最新原料、织造和印染技术成果，逐步开发新型环保高档功能性面料以及提高节能减排技术，走特色化纺织印染和差异化竞争路线。第三，公司成立技术创新工作小组对接科研院所，建立市场导向和人才引进并重的研发模式，根据行业趋势和嘉谦公司产品定位，形成中试产品样后重视生产工艺技术的产品化，使研发的技术产品转化率达 100%。

4. 凝聚人才

公司尊重员工的劳动。把了解员工需求、提高员工自身的价值、挖掘

员工的潜能、培养员工的干劲、提高员工的素质作为工作的出发点和落点。悉心观察员工的细微处表现，体察员工的生活甚至可能包括感情、庭生活等方面，关爱每个员工，从衣食住行开始，人才公寓、开心饭率真旅行等都让员工们觉得嘉谦公司就是一个温暖的大家庭。同时致改善员工的工作环境（包括物质环境和心理环境）。公司的高层管理充分重视与员工的对话，明确规划每个员工在嘉谦公司的职业之路，个人的尊严和价值，竭力促进员工发挥自身的才智，在企业取得业绩。

二、布局创新战略，独树一帜铺垫稳固的基石

嘉谦纺织成立之初，就把创新定为发展的永恒主题。与发展同起点定位，高标准投入，高水平选择，使产品品质一如既往地保持

1. 产品创新

嘉谦纺织主要产品有三大类。第一类传统针织面料：平纹及类、珠地类、卫衣类、罗纹类、健康布类、网眼布类、不倒绒布等。第二类运动功能面料：吸湿排汗、抗紫外线、抗菌防臭、防水透气、防静电、阻燃、抗红外线等。第三类经编布料：金平布、网眼布、经编网格布、经编土工布等。嘉谦公司将平凡面料做出不平凡的风格，例如珠地布缩水率控制在 5% 以内，同行。运动功能面料洗水色牢度是制约产品档次的一个瓶颈过三年多的试验，洗水牢度达到 4 级，成功实现批量生产。久芳香型技术开发解决了运动休闲服装面料关键性技术难“专、精、特”的发展道路，新产品开发成为常态。

2. 技术创新

产品创新的核心是技术的创新。嘉谦纺织的产品创时尚与功能实用之间的双赢，以实现技术与艺术的结合步向高级成衣、高档装饰面料延伸，特别加强差别化纟料的应用，提高产品附加值。在工艺创新上，大胆包，生产的织物创新元素突出，风格特别；布身柔软不易起毛起球，产品性价比高。嘉谦纺织重视产品自

人才、创新、品牌，针织企业发展的三大法宝

蔡景辉

佛山市嘉谦纺织有限公司位于中国针织名镇——佛山张槎，是一家专业从事针织面料研发、生产及销售的综合型企业。经过十多年的攻坚克难，已经成为针织面料行业具有相当影响力的企业。嘉谦纺织拥有自己的核心技术，具有相当规模的产品体系，传统针织面料、运动功能面料和经编布料三大系列。企业在针织文化的熏陶下迅速成长，每一步都走得踏踏实实，踏出了一条“小针织大胸襟”之路。实施人才战略、创新战略、品牌战略，“三驾马车”齐头并进，是企业发展的三大法宝。

一、实施人才战略，广纳贤才

有些企业不断进行技术设备改造，全身心地关注财务指标等“硬”数据，却忽略一些“软”数据：敬业员工的比例、忠实客户的增长率、品牌忠实度、企业文化等。嘉谦纺织用人宗旨是：把员工看作企业最重要的资源，根据员工的能力、特长、兴趣、心理状况等综合素质来科学地安排工作，通过人力资源开发和企业文化建设，使员工对公司有归属感，在工作中发挥积极性、主动性和创造性，提高效率、增加业绩，为达成企业发展目标做出自己最大的贡献。

1. 培养人才

一是选好对象，企业对有专长和基础的员工进行考察，了解员工的职业规划，让员工明确企业的发展规划，与员工签订培训协议，有的送到对应的大专院校进行学历教育或理论技术培训。近几年在途和学成归来的有30多人，他们在工作中起到关键作用。二是注重老中青的阶梯搭配，发挥

蔡景辉，高级经济师，针织企业家，佛山市嘉谦纺织有限公司董事长。

传帮带的作用。培养适合企业自身发展的实用性人才，组织公司的专业技术人员内部培训教材，涵盖经济管理、纺织服装、市场营销、财务会计、哲学政治等方面。每年通过例行集中培训辅导和现场实操讲解等形式，持之以恒地开展培训。三是鼓励员工自学成才，对在职期间获得学历或学位的、考取技术职称的按照不同的类别给予奖励，公司涌现出不少在职本科生、在职硕士生、工程师、会计师和行业优秀教练员等。

2. 引进人才

一是在大专院校和科研院所引进专职或兼职人才。他们担任各部门的技术指导，用专业知识指导岗位工作，提高了各个环节的理论和实操水平，避免了许多不必要的损失和过错，提高了工作效率和经济效益。二是在同行中交流引进。在纺纱领域、织造领域、染整领域、印花领域、服装领域，在企业管理、技术、研发、营销、物流，有的放矢挖掘人才，来之能战，战有成效。三是跨地区跨专业引进。嘉谦专一做针织面料，但用人观念不唯纺织专业、不唯广东本土，面向全国，建立以纺织为主导，配套的企业规划，人力资源，法律，外贸，营销，审计，资本运作等为辅的人才结构体系，逐步建立起现代企业管理所需的全方位人才模式，打造专业高效的管理团队。

3. 整合人才

有了人才，如何用好是关键。嘉谦纺织提出了以人为纽带创建联合研发中心。首先，积极了解和掌握行业的人才状况，掌握专业人才状况依托科研院所的研发资源和公司的硬件优势，利用中高端人才智慧，用高新技术改造传统纺织印染产业，实现研发、设计、生产、销售等环节的优化整合。其次，加强产业链整合，积极引进国内外最新原料、织造和印染技术成果，逐步开发新型环保高档功能性面料以及提高节能减排技术，走特色化纺织印染和差异化竞争路线。第三，公司成立技术创新工作小组对接科研院所，建立市场导向和人才引进并重的研发模式，根据行业趋势和嘉谦公司产品定位，形成中试产品样后重视生产工艺技术的产品化，使研发的技术产品转化率达 100%。

4. 凝聚人才

公司尊重员工的劳动。把了解员工需求、提高员工自身的价值、挖掘员工的潜能、培养员工的干劲、提高员工的素质作为工作的出发点和落脚点。悉心观察员工的细微处表现，体察员工的生活甚至可能包括感情、家庭生活等方面，关爱每个员工，从衣食住行开始，人才公寓、开心饭堂、率真旅行等都让员工们觉得嘉谦公司就是一个温暖的大家庭。同时致力于改善员工的工作环境（包括物质环境和心理环境）。公司的高层管理人员充分重视与员工的对话，明确规划每个员工在嘉谦公司的职业之路，尊重个人的尊严和价值，竭力促进员工发挥自身的才智，在企业取得良好业绩。

二、布局创新战略，独树一帜铺垫稳固的基石

嘉谦纺织成立之初，就把创新定为发展的永恒主题。与发展同步，高起点定位，高标准投入，高水平选择，使产品品质一如既往地保持稳定。

1. 产品创新

嘉谦纺织主要产品有三大类。第一类传统针织面料：平纹及弹力平纹类、珠地类、卫衣类、罗纹类、健康布类、网眼布类、不倒绒布、罗马布等。第二类运动功能面料：吸湿排汗、抗紫外线、抗菌防臭、竹炭纤维、防水透气、防静电、阻燃、抗红外线等。第三类经编布料：金光绒、有光平布、网眼布、经编网格布、经编土工布等。嘉谦公司将平凡的传统针织面料做出不平凡的风格，例如珠地布缩水率控制在5%以内，质量领先于同行。运动功能面料洗水色牢度是制约产品档次的一个瓶颈，嘉谦公司经过三年多的试验，洗水牢度达到4级，成功实现批量生产。嘉谦公司的永久芳香型技术开发解决了运动休闲服装面料关键性技术难题。嘉谦坚持走“专、精、特”的发展道路，新产品开发成为常态。

2. 技术创新

产品创新的核心是技术的创新。嘉谦纺织的产品创新综合考虑到外观时尚与功能实用之间的双赢，以实现技术与艺术的结合，从而使产品进一步向高级成衣、高档装饰面料延伸，特别加强差别化纤维及高性能纤维原料的应用，提高产品附加值。在工艺创新上，大胆运用纱线的网、捻、包，生产的织物创新元素突出，风格特别；布身柔软、弹力较高、抗皱、不易起毛起球，产品性价比高。嘉谦纺织重视产品的款式与色彩的流行，

从技术创新加以保障。合理选用机器的规格与产品的规格相配套，使产品规格更丰富。应用染色的色彩搭配和色织的变化推出更多色系的产品，尽量做到符合色彩的流行趋势。

3. 营销创新

首先，确立营销与开发的关系。建立顾客、分销商的产品需求信息顺畅、完整、及时地反馈的机制，迅速、准确地把握目标市场的顾客需求，真正从满足目标市场顾客的需求和期望的角度出发进行选题，真正贯彻“以顾客为本”的产品开发原则，使产品的特性契合顾客的需要。其次，树立整体供应链思维，实行拉动式营销策略。现在的市场竞争已不是简单意义上的企业之间的竞争，而是企业的营销网之间的竞争，企业的产品战略也必须发挥整个价值链的作用。营业网点销售员对成品布需求商进行一站式、菜单化的技术服务，开展全球最佳合作伙伴计划，建立了以其为主导的价值链。第三，做好客户评估，运用授信额度来调控资金风险，减少或杜绝呆死烂账。

4. 管理创新

第一，摆正新产品与现有产品的管控关系，着力培植新产品的市场份额。当新产品代替现有产品时，往往造成现有产品销售下降，库存增加。处理新产品和现有产品的关系，关键是选择新产品投入市场的时机和采取的价格策略。当新产品的成本、研制费用较高时，企业的风险和损失更大。为了降低这种风险，公司将新产品投放到现有产品没有很大渗透的小的细分市场，测试消费者对新产品的接受程度，以确定新产品的价格水平和合适的投放市场的时机。第二，建立新型企业管理体系，打破传统的针织企业管理模式。引进管理新理念，推行模块化管理体系系统工程，达到管理体系变革（环节少，流程短，责任明）。嘉谦纺织组建了信息部，自主开发 ERP 系统。第三，加强库存管理，实现整个供应链及各个参与企业利益的最大化。采用先进的信息管理技术，通过供应链各个企业间的合作协调不仅有可能减少各个企业的库存水平，从而减少整个供应链整体的库存水平，还有可能提高对顾客的服务水平。第四，引进互联网 + 信息化管理，实现生产经营管理的多重优化。在工业化与信息化深度融合方面，通过生产线的机器联网开展信息化改造提升。管理体系的实施便于提高生产反应速度和适应能力，积极应对服装行业“多品种、小批量”的趋势。

三、打响品牌战略，品牌效应插上腾飞的翅膀

品牌的提升决定了未来的发展之路。嘉谦纺织深谙此理，并有自己的独特体会：企业要在当今的国际化竞争市场中占据一席之地，至少需要两种因素：卓越的产品和有效的产品战略。纺织企业，特别是对处于转型中的纺织企业，产品和业务上不断做减法，不断地进行产业聚焦，做自己擅长的事情。

1. 自创品牌

通过开展企业品牌培育试点工作，建立完善的品牌培育管理体系。首先是定位，嘉谦纺织创立之初就把企业定位为有品位、有担当的百年纺织企业，产品定位为中高档针织产品；与国内外顶尖品牌及其团队合作，建立品牌研发创意中心；将互联网思维运用到品牌推广及市场营销当中，推动传统针织产业向多元化品牌发展模式转变。其次是企业文化的沉淀，公司在快速发展的同时，潜移默化地践行企业文化建设，在全体员工中宣传倡导的学习、精业、包容、博爱的企业文化精髓得以发扬光大。

2. 联姻品牌

与国内外著名品牌通力合作，这种合作关系贯通着企业发展的方方面面。织厂与针织机械厂、针织配件厂合作，为生产优质产品打下良好基础；染整与染整厂、染料及助剂商组建利益共同体，借鉴先进技术和产品，装扮嘉谦品牌产品；成品布与国际知名品牌合作，用嘉谦品牌的布料生产国内外知名服装品牌，成就嘉谦的品牌梦想。开发产品与流行机构合作，有型、有声地展示我们的产品，在流行色、流行面料、流行趋势上引领时尚。

3. 推广品牌

积极参加各类活动，做好品牌的推广工作。每年多次组织员工国内外考察、学习，参加各类招商、博览会、推介会，带着嘉谦的标志和印记到国内外旅游，开阔视野，接触前沿。坚持每年参加国内外重要展会，推介嘉谦。嘉谦承办了广东省针织行业纬编操作工技能大赛，参与广东省环保时尚面料设计大赛等，让同行看到嘉谦纺织品牌的身影的同时，积极宣传

嘉谦的生产经营理念、企业文化建设。

企业是社会的有机组成部分，企业的财富来自于社会，企业的发展更离不开社会。嘉谦纺织坚信，企业效益并不等于社会效益，衡量企业的标准不能局限于销售额、利润额等基本财务数据，更应该体现在企业对社会的贡献率上，与社会发展同步才有企业的长治久安和健康持续发展。嘉谦纺织一直以此作为企业发展的座右铭，积极投身到各项社会活动中。嘉谦纺织加入了多个行业协会，担任多个重要的协会职务，积极参加各项行业活动，在技术创新、产品开发、节能减排、标准制定和审定等方面发挥着行业领军企业的作用。

针织技术及针织产品研发的进展

缪旭红

我国针织生产技术进展表现为机器技术高精化、生产技术数字化、产品加工成形化三个方面。针织产品开发由浅入深可分为市场导向型、技术融合型综合创新和理论基础性深度研究三个方面。针织生产向智能化、绿色化方向发展，针织产品的个性化、功能化趋向更为明显。针织技术有待进一步发挥潜力，与其他现代技术融合，提供面向未来的创新产品。

一、针织生产技术进展

（一）机器技术高精化

随着机械技术的快速发展，针织机器的水平也在逐渐提高。更快的机器速度、更高的机器机号是现代针织机器技术的重要发展方向，可以满足高效生产和更多样的产品需求。

现代纬编机器技术的发展主要有三个方面：精密的超细针距，适合高档轻薄面料的生产，高机号的纬编产品对于服装穿着舒适性的改善有很大帮助；更大筒径，满足家纺产品阔幅需求；更多路数和更快速度，提高产能。

现代经编机器也一直在向高速、高机号的方向稳步发展，其中高速经编机最高机号 E50，最快速度 4400 转/分，是所有织造设备中速度最快的机器，双针床经编机的速度发展相对滞后于单针床机器，但近年来双针床经编技术的发展尤为显著，国产六梳栉双针床经编机运转速度迈上 800 转/分的台阶，并向 1000 转/分的速度接近。同时，随着双针床经编织物在服装领域应用的拓展，E24 以上机号的双针床经编机得到发展，E28 和 E32 双针床经编机的国产化使得精细的产品可以更为经济地生产。高机号双针

缪旭红，教授，针织专家。江南大学教育部针织技术工程研究中心。

床经编产品市场竞争力增强，有可能在采用其他技术生产的纺织品市场中占得一席之地。

（二）生产技术数字化

在当今高度数字化的时代，针织生产技术的数字化是发展的必然，数字生产技术不仅为针织生产带来了更快的速度和更少的用工，也为针织产品带来了更多的种类和更优的质量。

1. 纬编数字技术的发展

（1）电子提花技术：如今电子提花技术已经可以做到针盘、针筒双向提花，改变了以往纬编技术提花结构的缺点，扩大了纬编产品的花色品种。

（2）电子调线技术：也称为嵌花技术，这种技术使得纬编机可以根据织物花型任意调线，形成竖条或方格及任意图案嵌花效果，且颜色变换处织物反面无浮线，也可以形成凹凸调线电脑提花衬经组织。

（3）电子翻针技术：即针盘针筒线圈互相转移，形成网眼或单双面结构的转换，能提高纬编组织的变化能力，对于网眼类纬编织物的编织具有重大意义。

（4）电子移床技术：即针盘相对针筒移动一定针距的技术，结合翻针技术，可以实现针筒线圈或针盘线圈左右移圈。

（5）电子绕经技术：这一技术可以在纬编布面上实现局部无浮线提花效应，提高纬编产品的美观性。

（6）恒张力喂纱技术：恒张力喂纱技术可以实现电子控制多速喂纱，可根据张力传感器改变喂纱量，帮助改善产品布面效果、提高生产效率。

（7）MES 生产管理：MES 将纬编机作为终端设备，通过物联网技术使人机物相连，实现实时化、科学化的生产管理。

2. 经编数字技术的发展

电子送经/牵拉技术有效保证经纱的张力均衡，提高坯布的生产质量，是经编中应用最早的数字化技术；电子横移技术采用伺服电机取代链块或花盘来控制导纱梳的横移，织物组织变换快捷简单，开发打样非常方便，特别适合多品种、小批量的生产，而花高设计几乎不受限制，让高达几千横列大循环组织的定位设计成为可能；经编贾卡技术不仅可以控制纱线的针背横移大小，而且在双针床经编机中还可以控制纱线在前后针床是否成圈，因此贾卡组织的变化更加丰富；经编生产的信息化、网络化、实时化进程已经开始实施。经编织物 CAD 技术可以实现织物的快速设计、织物效果仿真、上机文件生成和工艺管理。MES 将经编机作为网络终端，可实现生产过程中的调度、过程监控、物料跟踪、质量管理等。

（三）产品加工成形化

无缝成形技术的出现对于劳动力成本逐渐提高的问题有着明显帮助，针织技术对于实现无缝成形有着独特的优势。

目前纬编无缝成形技术的优势主要有两方面：

1. 多筒径

适合不同管状织物，减少裁剪缝合环节，省工省料，如介于无缝机和袜机之间的筒径，可以编织整筒坯布作为一条裤腿，用于制作保暖裤［图 1（a）］，也可以编织袖管、大身［图 1（b）］等成形衣片。

2. 多功能

将移圈、调线、提花、衬经等多个功能进行组合，融棉毛机、罗纹机、提花机、移圈机为一体跨机种，可实现单双面变换，可起脚编织收边罗纹，取代缝合提花成形，如纬编无缝毛衫的编织。

(a) 无缝保暖裤　　(b) 无缝大身

图 1　无缝产品

在小隔距的双针床经编机上，两个针床编织两片织物，局部纱线在两个针床间共同编织形成两片织物的连接或者缝合，不仅可以形成不同尺寸的筒形，还可以形成多管分枝结构，实现整体成形。经编无缝成形可以有效减少缝制加工工序，无缝或少缝改善了服装的美观性和舒适性，加上双针床经编的高效性、不脱散性和多管编织的便利性，为其在服装领域的应用创造了良好的条件，同时也为异形复合材料中高性能纺织预制件的一次成形提供了重要手段。目前双针床经编成形技术重点要解决的是原料的局限性，特别是天然纤维和高性能纤维的加工问题。

二、针织产品开发进展

我国是全球最大的纺织品生产国，发达的化纤业和纺纱业、完善的产业链和先进的装备是我国针织产业的优势。与机织产品相比，针织产品具有延伸性好，柔软悬垂等特点，适合用于内衣和运动休闲类服装等。而成形结构、轴向结构、间隔结构、网眼结构等则是针织物较为独特的结构。圆纬编、横纬编和经编三大类针织产品各有特长，在各个领域的应用也不尽相同。圆纬编和横纬编织物生产无需整经，因而流程短，加工和开发都具有高度的灵活性，适合小批量多品种；横纬编特别适合成形产品的开发。经编产品生产具有高效性，其服用性能介于机织和纬编之间。针织产品从内衣向外衣，从运动休闲装向正装，从服装向家纺和产业用领域不断发展，而且形成了市场导向、技术融合、基础研究相结合的产品开发形态。

（一）市场导向型产品开发

市场导向型产品开发表现为“小批量、多品种”的短平快产品研发模式，是时尚与科技完美融合的体现。其中以设计为主体、以技术为依托，艺工相结合的小批量多品种的开发方式，保证了产品的丰富性，满足消费者追求个性的动机市场导向型产品开发还可以结合信息化和互联网化的管理模式，运作速度快，反馈周期短，是针织产品开发的主导方式。

代表市场导向型的典型产品有近年来流行的花边面料和成形鞋材。花边是柔美、神秘、优雅、性感的集中体现，近年来，花边作为流行元素在服装面料中的应用达到登峰造极的地步，各种花边面料及其服装应用见图2。经编拉舍尔花边从高级定制礼服到街头巷尾的时装，从透视装到正装，从女装到男装，从服装到服饰配件，无处不在。在此浪潮下，纬编在原材料、提花技术和工艺等方面也在进行创新，纬编花边面料应运而生，拓展了花边家族产品。

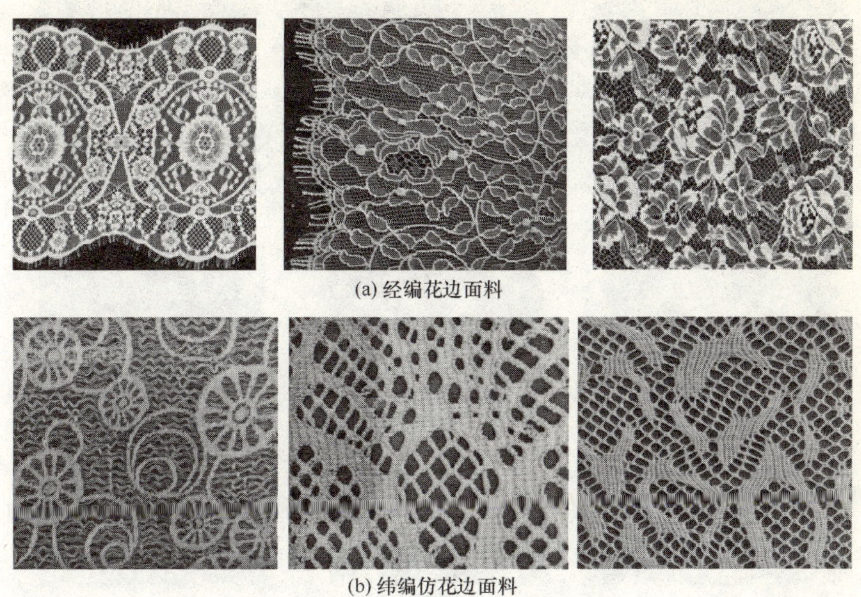

(a) 经编花边面料

(b) 纬编仿花边面料

图2　针织花边面料

廓形面料（图3）因具有很强的塑形性，是时装界的新宠，成为男女外套、裙装等时装的优选。双面圆机和双针床经编机均可以形成厚度在0.5～2.5mm的双面织物，面料立体效果强，在两层织物之间形成空气层，保证了廓形面料的轻质和优良的热湿舒适性。针织数字提花技术的应用加上多种纱线材料的组合，在织物表面形成各种凹凸结构或色彩花纹和肌理，使廓形织物更具有时尚特征。

（二）技术融合型综合创新

针织产品创新理念越来越开阔，基于最终产品的顶层设计与创新，将整个设计、生产和应用进行交叉融合，协同创新。一方面在纺织链上加强原料和染整两端的开发应用力度，关注最新的纺丝与纺纱技术，突出原料的差别化、组合化、功能化与拓展化；关注最新的染整技术，例如新型的数码印花、立体印花、生态染色技术以及抗菌、抗静电、阻燃等高附加值的后整理技术。另一方面在产业链上延伸创新理念，向前延伸到装备的创新，向后延伸到制作、应用领域和营销方式的创新，提出“服务+产品”

(a) 经编廓形面料 (b) 纬编廓形面料
(c) 廓形服装

图3 廓形面料及应用

的营销理念，创造引导型消费，即不仅提供面料，还提供基于面料的最终产品如服装款式设计和搭配等后续服务，为创新产品提供良好的市场拓展渠道。

由于针织线圈串套结构的特征，一般针织产品如丝袜、内衣等服装容易发生脱散勾丝现象，此外贴身穿着的产品，从穿着舒适性角度出发，希望边缘光滑、无痕。针对以上问题，从原料、装备和工艺角度创新综合研发了防脱散针织面料（俗称“任意剪”）。从原料角度，采用低熔点纤维、低熔点皮芯纤维和高收缩丝。低熔点纱线在一定温度条件下表层熔融，使织物线圈粘连，可以起到良好的防脱散效果；从针织装备角度，采用高机号的针织设备，如E50以上的圆机，线圈小，结构紧密，能有效防止线圈脱散现象的发生。工艺方面在织物边缘采用编链组织形成“光边”，避免了由后道裁剪导致的线圈脱散。技术融合创新生产的针织面料具有较好的防脱散性，如图4所示。

针织产品的应用范围也在不断拓宽，如医疗领域广泛使用的疝气修补

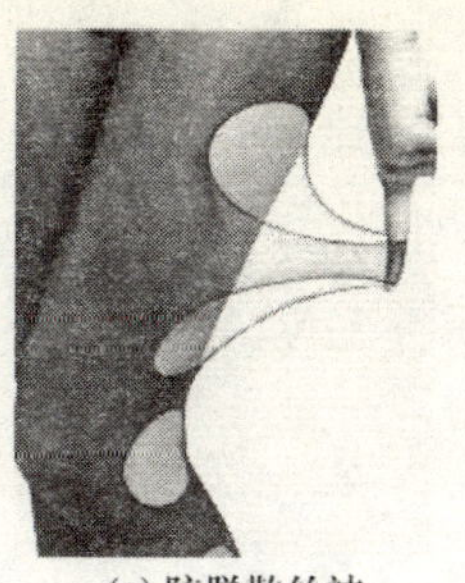
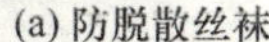

(a) 防脱散丝袜

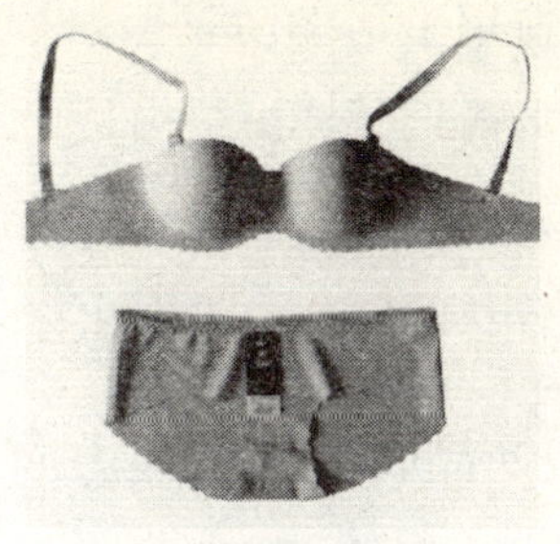

(b) 防脱散内衣裤

图 4　防脱散针织面料及应用

网是针织产品应用领域拓展的典型。经编疝气修补网（图 5）的出现为患者减少了手术的痛苦和复发的概率，网片主要在高速特里科经编机上编织，虽然组织结构是最常见的经平或经缎组织，但作为人体修补材料，必须在孔隙率、强度、柔韧性、卫生性等多方面满足临床医学的严格要求。通过拓宽医学领域的知识，从纺织专业角度给出更为优化的解决方案，从而实现了医疗材料领域的创新。

图 5　各种形状的疝气修补网

（三）理论基础型深度研究

针织产品开发不仅着眼市场需求进行技术交叉融合，对针织产品进行溯本求源、突破极限的基础性研究也在持续进行。通过理论探究，时刻关注数学、物理、化学等基础学科的进展，进行多学科交叉的综合型研究，缩短理论突破和应用技术进步的周期，为生产具有原创性、前瞻性的针织服装面料产品提供基础。

负泊松比织物是对织物的结构力学进行深入研究后的突出成果。普通材料的泊松比一般表现为正值，即材料在拉伸时的垂直受力方向会变窄，但对于负泊松比材料其尺寸变化情况则相反，即具有特殊的“拉胀性”。目前有两种设计生产负泊松比织物的方式，分别是采用具有增大效果的纤维纱线和具有增大效果的织物结构。利用负泊松比特殊的尺寸变形性和形状贴合性，可应用于运动防护服装、医疗绷带、汽车安全带和复合材料，具有广泛的市场前景。针织结构是形成负泊松比织物最具潜力的结构，特定设计的经、纬编结构均可达到一定的负泊松比效果，但离真正的产业化应用还有一段较长的路程，需要更深入的研究和突破。

三、针织产品研发的发展方向

（一）针织技术智能化与绿色化

人工智能技术已经逐渐运用到针织技术的各方面：少人化车间，即自动打结机、疵点在线检测等减少劳动力使用的机器开始在生产中应用，生产计划、统计无人化等新概念的出现也使得人们从繁忙重复的工作中解脱；标准化流程，主要包括程序化生产和连续化生产等体系开始逐渐应用，生产过程变得井然有序；自动化运输，即自动上筒，自动落布，自动包装，自动入库等一系列自动化技术和工艺，它们的出现大大减少了生产中劳动力的使用；物联网车间，人、机、物、料构成有机网络，实现产品的全流程跟踪，使得工厂具备快速化反应、最优化工艺和最低化成本等优势。

随着地球资源消耗的增加，生产企业的环境保护意识不断增强，绿色化生产越来越受到人们的关注。纬编绿色化生产主要体现在以下方面：染整的低能耗与低排放，数码印花、原液着色纤维、低温低浴比染色等在生产中逐渐取代高污染和高消耗的生产模式，水和热能的循环使用、废气及污水处理技术也在近年来得到广泛应用；产品的可降解与可回收，生物降解、光降解和热降解对于减轻环境压力有着重要作用，纤维的回收和回收纤维的再利用有效减少了生产中出现的资源浪费，并降低了企业的生产成本。

（二）针织产品个性化与功能化

由于针织技术的快速进步，针织产品的发展也越来越快，个性化的针织产品会成为未来的流行产品。产品主要有以下几个发展方向：差别化和组合化，即注重纤维在截面、光泽、加工方式、功能方面的变化，注重染色性、热缩性、光泽度、粗细度不同的纱线组合，注重原料、组织结构和染整技术的联合创新，注重面料生产的复合技术；时尚化和品质化，即关注流行趋向，重视图案、配色设计，纹样更为精细，花纹层次感更强，色彩更为丰富；功能化和智能化，即针对运动型、保健型、防护型产品进行功能开发，针对医疗监护、运动、娱乐、通信等领域进行智能纺织品的开发。

针织技术的多样性以及在无缝结构和立体结构的形成优势，为个性化、功能化和智能化的产品开发创造了无可比拟的优越条件。利用电子商务中 B2C 的模式，消费者可以对无缝成形产品进行个性化定制和在线参与设计，企业实现快速化生产。双针床特有的三维立体结构为以运动、保健和防护为主题的功能性产品的开发提供了空间，也为电子元器件和传感器的嵌入提供了空间，针对医疗、监护、运动、娱乐、通信等领域进行智能产品的开发无疑是针织产品未来的重要方向，同时成形或立体结构的针织产品在航空航天、建筑、交通、能源、医疗等产业用领域的应用非常值得期待。

针织技术是如今纺织领域最具发展潜力的技术之一，针织产品的魅力还有待更多的人去认识、发现和研究。随着数字化、网络化、智能化生产时代的到来，我国针织技术和产品必将朝着数字化、网络化、智能化的方向快速发展，针织行业将以独特的工艺技术优势成为纺织领域最具特色的产业之一，为服装、装饰和产业用领域提供面向未来的创新产品。

创新正当时（跋）

历史长河，百年一瞬。众多行业中可以在这“一瞬”之间实现巨大跨越的，其中之一便是针织。

今年一月一日，新年的钟声敲响之时，正在案边历数针织行业发展成果的我饱含着对针织的厚重情感，四句话脱口而出：

历经双甲子，宏图不绘迟；

跨越三世纪，创新正当时。

我知道，今年是中国针织工业创建一百二十周年。在针织人的不经意间，针织行业走过了一百二十年。

那天，打电话给几位老同志，他们在诧异、欣喜之余，便是希望完善规划导向以引领行业，希望行业健康发展以造福社会。于是撰写《针织人话针织》一书，请大家共同来引导这个行业的想法油然而生。

针织，作为技法，我国早已有之，手工成圈编织在我国拥有几千年的历史；作为机械，英国率先造之，英国人造出手摇针织机已有几百年的时间；作为产业，全球共推之、共盛之、共享之，行业的快速发展也只有几十年的光景。

针织品经历了从奢侈品、艺术品到日用消费品的普及，从民用向产业用的延伸，这一切关键在于创新：技术创新、产品创新和管理创新等。在这一历史进程中，我国针织行业取得了长足的进步。现在，我国针织品（可用于直接消费的终端产品）年产值超过一点五万亿元，为满足人民生活需求和促进经济发展作出了重要贡献；针织品年出口额达到一千亿美元，为满足和引导国外服饰和相关消费作出了巨大贡献。

在我国，针织行业的成长是民族工业成长的缩影，针织技术的进步是产业科技进步的范例，一部针织史（《中国针织史》在编写中）就是一部产业文明史。作为科技与时尚融合的产业，针织行业正面临着新的良好的发展机遇，几百万针织产业大军将高举创新这一旗帜，继续为我们这个伟大的时代增添光彩。

针织行业会在下一个“一瞬”实现新的更好更大的跨越。

且为跋。

林光兴

2016年8月6日晨于北京望京花园

附录

针织行业“十三五”提升思路

林光兴

“十三五”是针织行业整体提升的关键时期。行业必须紧紧把握创新、协调、绿色、开放、共享五大发展理念，把握供给侧结构性改革的科学内涵，在全面提升工艺设计、加速提高生产效率、深入优化产业结构、积极引导市场消费等方面开展扎实工作，维护行业的可持续发展。

一、行业形势

1. 产业结构加速调整是趋势

行业保持稳定增长态势。“十二五”时期，针织行业主营业务收入等年均增长率较“十一五”时期有所放缓。内销对行业的拉动作用更加明显。2013 年、2014 年和 2015 年我国针织产品出口金额分别为 1096.98 亿美元、1061.44 亿美元和 984.38 亿美元，均占我国纺织品服装出口总额的 1/3 以上。

针织品产销已经从量的高速增长、快速增长进入增速趋缓时期，针织行业处于量的增长走向质的提升的重要时期。

2. 供给侧结构性改革是关键

针织行业发展必须强化与时尚产业、新兴产业等相关行业融合，不仅从需求侧，而且从供给侧发力，造就新动能。主要包括以下内容：

全面提升工艺设计。通过技术创新、设计创新，造就新产能（淘汰不符合市场需求的产能），实现去产能、去库存、降成本、补短板。

加速提高生产效率。通过人力资源开发、智能推进、完善管理，培育新红利，实现降成本、补短板。

深入优化产业体系。通过产业链协作、产业结构优化、产业集聚，扩大新优势，实现去产能、去杠杆、降成本、补短板。

更好地引领消费趋势。通过流行研究、个性化定制、时尚导向，营造新需求，实现去库存、去杠杆、补短板。

二、科技为基

积极整合行业的研发资源，完善科技创新体系。通过开展基础研究、科技攻关和技术服务等工作，增强科技自主创新实力，全面提高行业的科技水平，进而充分发挥科技的基础作用。

1. 促进关键技术研发

编制行业技术导向。加强上下游产业的密切协作，编制行业关键技术、共性技术导向，引领行业研发，同时推进原料开发、装备开发。

扩大产品花色品种。通过生产工艺的改进等措施，加大各种新型纤维、高性能纤维及各种天然纤维在产品开发中的应用。通过充分利用原料性能和完善织物结构设计、染整工艺设计等措施，扩大针织产品的开发。

加速重点技术改进。发挥针织优势，纬编、经编各尽所能，各分行业从产的用途出发，明确研发重点解决关键技术，如整体编织、成形编织、多层编织、结构增强、编织过程的纱线恒张力技术等。

2. 加强先进技术推广

加速行业科技推广。做好科技成果的筛选、评估，优化成果转化机制，完善科技创新服务平台建设，促进先技术的普及。

加强行业技术服务。建立行业和区域性科技成果信息库，逐步掌握较为完善的科技信息资源，在此基础上提供广泛的技术服务。

保护行业科技成果。强化知识产权在企业中的核心竞争力作用，推动促进行业进步的相关成果在行业内的应用。加大对企业设计创意、专利技术、专有技术等成果的保护，维护企业权益和行业技术安全。

三、重点工程

针织行业要以科技为本，大力推进人才培养、设计完善、标准提升、管理革新、绿色发展、智能引导、品牌培育、集群转型、布局优化和国际合作十个方面的工程建设。

1. 人才培养

健全人才激励、培养机制，推进设计人才、技术人才、管理人才、营销人才以及国际化人才等各类人才的培养，造就实用型、创新型、复合型和战略型人才。

完善人才培养的各种模式。推行校企定向合作培养模式、工程教育等多种培养模式，培养具有较强实践能力和具备理论知识的人才。

开展行业竞赛和推广先进经验。持续开展行业职业技能竞赛，推动岗位练兵、技术比武活动的蓬勃发展，发挥操作能手的示范作用。开展针织不同领域的设计大赛，推行先进的设计理念和方法。

完善人才鉴定和表彰先进机制。推进行业主要职业的技能鉴定工作，推进国际化名师工程，建立人才库、发布人才信息。

2. 设计完善

以针织工艺和产品特性为基础，完善各类产品的设计，以设计为引领，拓展针织产品在各领域的应用。

多渠道提高行业产品设计水平。通过发展各类创新设计教育和培训措施，对行业设计人员加大工艺、原料、设备等相关专业知识的传授。

加强行业内外的设计交流。弘扬传统工作室的先进经验，通过行业上下游企业和跨界企业的产品设计合作，形成创意资源的无缝对接。学习国际先进经验，促进针织面料、服装与时尚文化融合。

大力扶植行业产品设计机构。鼓励建立和完善企业设计机构和具有较强影响力的针织产品设计创意中心。加强流行趋势的研究，形成良好创意设计氛围，顺应针织产品向个性化、多元化发展。

3. 标准提升

紧贴市场需求，围绕行业发展，以提高行业产品质量为目标，积极推进针织产品标准完善，为“三品战略”的实施服务。

加强标准体系建设。发挥行业组织在标准制定与推广的作用，完善团体标准管理。联合生产、流通、使用等领域，搭建多方参与平台，做到生产标准与使用标准有机结合，发挥指导生产、引导消费的作用。

推行行业优品标准。鼓励和引导企业制定高于行业标准要求的标准指标和检测方法，制定指标体系更加科学的高水平的产品标准，强化优质产品的生产。

4. 管理革新

从企业管理、行业管理两个方面入手，加强基础管理，引入科学管理新思维、新措施。

完善企业管理。以提高劳动生产率和稳定产品质量为核心，加强企业文化建设和现代管理制度建设，推进科学决策。加强企业，特别是小企业的技术管理、设备管理、现场管理等基础管理，提高管理的实用性。

加强行业管理。行业管理应当开展对行业运行的跟踪研究，组织行业关键、共性问题的调查研究，提供科技、管理等咨询服务，切实引导行业健康发展。

5. 绿色发展

完善行业清洁生产管理、加快绿色改造升级、推进绿色产品生产等，普及先进技术和发展理念，使绿色制造达到更高的水平。

完善绿色产业链。强化绿色生产和环保消费理念，推进以资源节约、环境友好为导向的绿色产业链打造与完善。

推进绿色产品生产。绿色针织产品生产涉及绿色原材料、低碳节能技术、资源回收再利用技术等方面。鼓励企业加强新型环保设备应用，加速推进行业绿色工厂建设。

6. 智能引导

加强智能化引导，从智能装备、智能工厂、智能服务等方面，构建具有针织产业特色的智能化体系。

提升装备智能化水平。加速智能化装备技术的开发、普及和应用，包括坯布疵点智能化监控系统、织物在线监测、自动裁剪、智能成衣等。

提升生产智能化水平。推进信息技术在企业普及，优化针织产品智能化生产工艺，现全流程智能化模式生产。培育少人化、无人化工厂，作为示范，加以推广。

7. 品牌培育

坚持市场为导向，树立快时尚、重服务以及时尚文化与针织品牌文化结合等先进理念，培育针织品牌。

建立快速反应体系。利用现代信息、网络手段完善供应链，根据针织产品的消费特点等因素拓展商业渠道，创新营销模式。

分领域培育名牌。在内衣、T恤衫、袜子等多个细分领域，培育具有较高市场占有率的品牌。引导企业实施差异化产品、差异化市场、差异化品牌战略。培育具有国际影响力的专业展会，组织专业买家和专业观众与生产企业进行深度交流。

8. 集群转型

加强产业导向，发挥特色产品优势和产业链优势，促进产业集群科学发展。

促进集群的创新驱动。坚持产品特色与优质原则，以设计研发机构和创新服务平台为基础，引导各类企业开发适销对路产品。强化商业渠道创新、金融服务创新，优化集群内资源配置。

打造高效产业园。以互联网思维改造传统制造模式，推进云计算、大数据、物联网的应用。搭建高效的产业服务平台和生产性服务业，推动聚集优势的充分发挥。

9. 布局优化

通过产业转移等措施，腾挪出可以发展高端产能的空间，促进产业转移地区产业结构的优化。

推动产业布局优化。利用各项优势和各类资源优势，促进行业跨地区协作，完善行业可持续发展生态。东部地区发挥设计研发、品牌营销、商贸物流等优势，发挥行业的引导、示范作用。西部地区发挥原料、市场配置等优势，实现优势互补。

形成新的产业优势。提高生产、销售、物流等环节整合能力，特别要发挥科技与设计的主导作用，实现生产与市场的深度融合。

10. 国际合作

充分利用资源的国际配置，推进国际交流合作，实现互利共赢。

国际资源有效配置。发挥我国针织行业产业链较为完整等优势，结合“一带一路”建设，进一步加强国际产业协作，积极开展国际产能合作，实现针织产业再造升级。

提升中国针织国际品牌。加强国际针织产品需求趋势分析，把握国际产业发展方向。鼓励企业设置国际研发中心、营销中心，积极推行先进的计理念，以丰富的产品、良好的质量快速提升我国针织品牌，引领国际针织制造。

姐姐声音似乎低了下来："唉！真是可怜天下父母心，她的妈妈为了她的幸福，怕她过于思念妈妈而影响她的成长，怕别人说她是领养的孩子被人歧视，却编造了这样一个谎言。可是，这么多年来，你为她付出了那么多，她呢！整个就是一个忘恩负义的东西。"妈妈急忙制止姐姐说："别乱说话，燕子不是那样的人。"妈妈的话一落，哥哥也生气地说："妈，你就是太纵容她了，你病了她都不肯回来看你，不是忘恩负义又是什么？"

燕子听到这里，再也控制不住自己的感情，一把推开门，嘴里喃喃着说："原来我真的是领养的孩子。"姐姐看到她进来，便气得大声说："对，你就是领养的孩子。领养的孩子怎么了？难道你过得不够幸福？"燕子没有回答姐姐的话，而是依然重复着这句话："原来我真的是领养的孩子。"一旁的哥哥也气急了，对着燕子大喊道："既然你什么都听到了，那我不妨再告诉你一个秘密，你听好了，当初听到你的遭遇，妈妈执意要领养你，那是因为妈妈小时候也是个孤儿，她就是被外婆领养长大的，你明白了吗？"

惊愕、羞愧、悔恨、痛苦、悲伤……顿时，各种情绪一起喷涌而来，燕子开始变得有点混乱，她不能平静，不能思想。一直过了好长时间，燕子似乎才恢复了意识，她慢慢地走到妈妈的床前，静静地注视着妈妈，又用手轻轻触摸着妈妈两鬓的白发，突然"扑通"一声跪在了妈妈的床前，大声哭着说："妈妈，真的对不起！"